تئاتر، اخلاق و تنویر افکار

سید علی نصر و نمایشنامه نویسی

جلد اول

به اهتمام و با مقدمه
فرشته کوثر

نام کتاب	تئاتر، اخلاق و تنویر افکار
	سیدعلی نصر و نمایشنامه نویسی
ویرایش و مقدمه	فرشته کوثر
صفحه آرا	ژاله خیاط
طرح جلد	سالومه سیاح
ناشر	نشر فرود - ۲۰۲۲ میلادی — ۱۴۰۱ خورشیدی

Name	Theater, Morality and Enlightenment
	Sayyid Ali Nasr and Playwriting
Editor	Fereshteh Kowssar
Cover Design	Saloomeh Sayyah
Publisher	Nashr e Forood - 2022
ISBN	978-1-66786-516-4

تقدیم به پدربزرگم ، سید علی نصر

و

به یاد مادرم سیده نصر و پدرم محمد کوثر

دربارهٔ ویراستار

فرشته کوثر، ویراستار و نگارندهٔ مقدمهٔ این کتاب، متولد سال ۱۳۲۵ است. سال‌ها مدرس زبان فارسی در دانشگاه ییل در امریکا بوده و حال دوران بازنشستگی را می‌گذراند. از او کتاب‌های *بیداد سکوت* و *چهل متل از کودکی* در انتشارات روشنگران و مطالعات زنان در ایران و *ما بچه های کوچه* در شرکت کتاب در امریکا چاپ شده است. وی نوهٔ دختری سید علی نصر است.

یادداشت ویراستار

لازم به تذکر وتأکید است که در این کتاب، سعی بر آن بوده است که در حد ممکن از یادداشت‌های خطی خود نصر، که پدر تئاتر ایران نام گرفته است، استفاده شود تا خواننده، مخصوصا دانشجویان رشته تئاتر و مورخین تئاتر و هنر ایران بتوانند تصویر روشن‌تری از او در مقابل خود داشته باشند. علاوه بر یادداشت‌های خود نصر، گاه از خاطرات دیگران که در اختیار داشته‌ایم بهره برده و گاه نظرات برخی محققین تئاتر را، البته با حفظ امانت‌داری، به این مختصر افزوده ایم. لیک، به قول معروف باید، از ب ی بسم الله اعتراف کنم که این جستار توسط نوهٔ علی نصر، یعنی این بنده، نوشته می‌شود که حرفه‌اش معلمی‌زبان است و نه رشته تئاتر. از این رو سعی من بر این بوده است که با توسل به خاطرات خصوصی که دست نوشتهٔ خود نصر هستند وقایع را به دنبال هم بیاورم و از ترکتازی در اظهار نظر در جنبه‌های تخصصی خودداری ورزم.

در استفاده از یادداشت‌های علی نصر و سایر مدارک البته سعی در امانت‌داری بوده و همه‌جا منبع ذکر شده است. در ویراستاری نمایشنامه‌ها بر آن بوده‌ایم که برای سهولت خواندن فقط به تغییرات لازم و علامت گذاری بپردازیم. هرجا تغییری در اساس جمله داده‌ایم، آن را یا در پانوشت و یا در قلاب [] مشخص کرده‌ایم. نصر طبق نثر آن دوران گاه به جای ضمیر سوم شخص «او» از «آن» استفاده کرده و گاه به جای ضمیر اشارهٔ «آن» از «او» در مورد اشاره به اجسام استفاده کرده است. ما اینها را تغییر نداده‌ایم تا حال نوشتاری آن دوره دست نخورده بماند. در آوردن نقل قول‌ها، چه آنها که از نصر بوده و چه آنها که از کتب چاپی آورده‌ایم، همه‌جا تبعیت از اصل نوشتار کرده در آن تغییری نداده‌ایم.

سپاسگزاری

تشکر اول و آخر من از همسر یگانهٔ مهربانم کـامران بایگان است کـه بـدون صبر ایـوب‌وار او ایـن کتـاب نمی‌توانست به ثمر برسد. من مدیون مهربانی، لطف و حمایت او هستم.

خانم‌ها هایده بایگان و مرسده بایگان، دوستان مـادرم و بـازیگران نمایشــنامه‌های نصر در خردسـالی و نوجوانی، نصر کارگردان را به من، کـه او را بـه عنـوان پدر بـزرگ می‌شــناختم، شناسـاندند. شناسایی هنر جویان و معلمین هنرستان را مدیون حافظهٔ بی‌ماننـد خانم مرسده بایگان هستم. آقـای غلامحسـین دولت آبادی با سخاوت کتب و مـدارک مربـوط بـه تـدریس دانشگاهی خـود را در اختیـار مـن گذاشــتند. خـانم سالومه سیاح، نگارگر هنرمنـد، تصویری را کـه خـود حتی قادر به توصیفش نبودم، با هنرمنـدی بـر جلـد این کتاب نشاندند.

فهرست جلد اول

فهرست جلد دوم

پیشگفتار

سید علی نصر، پدر بزرگ من

در دوران طفولیت من در هر خانواده‌ای شخصی را یافت می‌شد کرد که بقیه افراد آن خانواده او را بزرگ خاندان و پیش کسوت دانسته و بدو اقتدا کنند. شاید این نظر، یعنی گزینش شخص یا اشخاصی والا در خانواده، در مورد خواننده این دوران، که در جامعه‌ای می‌زید که روی به مدرنیسم آورده و تک سلولی شدن را شعار خانواده خویش قرار داده است، دیگر مصداق نداشته باشد ولی در دوران ما اهمیت خانواده و منتخب دانستن برخی اشخاص در آن هنوز معنی داشت. در دوران کودکی من، پدر بزرگ مادری من، علی نصر، مرکز ثقل خانوادهٔ مادری من، یعنی خاندان نصر، به شمار می‌رفت.

علی پنجمین فرزند پدرش، سید احمد و مادرش، بیگم خانم بود. او چهار برادر و دو خواهر داشت. دو برادر بزرگترش، سید ولی‌الله نصر، که شاید بتوان گفت نظریات پیشرو خاندان نصر تا حد زیادی مدیون او بوده است، و برادر دیگرش، سید محمد، پیش از اینکه من به دنیا بیایم، از این دنیای، به اصطلاح فانی، رفته بودند. در زمان کودکی من بازماندگان خانواده، به غیر از پدربزرگم، دو خواهر بزرگتر او، حمیده و مرضیه و دو برادر کوچکترش، سید مهدی و سید رضا بودند. در میان اولاد ذکورِ سید احمد نصرالاطبا، علی بزرگ‌ترین بازمانده بود و لذا شاید برخی کبر سن او را موجب کسب مقام اول در خانواده بدانند ولی به گمان من، وی این امتیاز را به علت شخصیت و آرامش و وقار ذاتی و فرهیختگی و دانش نصیب خود کرده بود چه روزی نبود که خانه‌اش در سر نهر کرج، حتی برای ساعتی، از فامیل و دوستان دور و نزدیک، که او را ارج می‌نهادند و دیدارش را مغتنم می‌شمردند، خالی باشد.

از قرار پدرش، سید احمد، معروف به نصرالاطباء ، موطن خود کاشان را پس از داشتن دو فرزند به قصد تهران ترک کرده بود و در تهران به طبابت مشغول شده

بود. از آنجا که جلد اول تاریخ خانواده، دست‌نوشته علی نصر، در دست نیست منبع کاملی برای عرضه تاریخچه خانوادگی او در دست من نیست. در مقدمه‌ای که او بر کتاب دانش و اخلاق، تالیف برادر بزرگ خویش، دکتر سید ولی الله نصر، نوشته است، در معرفی پدرشان تنها به این اکتفا می‌کند که پدر را "دکتر سید احمد نصرالاطباء " بخواند و در مورد لقب او در آن جا توضیحی نمی‌دهد. دکتر حسین نصر، فرزند ارشد سید ولی الله، در مرور خاطرات خود، که توسط آقای حسین دهباشی ثبت شده است، چنین می‌گویند که "این لقب را مظفرالدین شاه اوایل سلطنتش به پدربزرگم داده بود" و وی سید احمد را "طبیب سلطنتی" می‌خوانَد[1]. در اینکه سید احمد تا زمان تولد فرزند اولش در کاشان می‌زیسته شکی نیست چه پدربزرگ در همان مقدمه مذکور در بالا چنین اشارت دارد که برادر "در شهر کاشان در محله پشت مشهد به دنیا آمد". آنطور که حافظه من از گفته‌های پدر بزرگ یاری می‌دهد، فرزند دوم نصرالاطبا، یعنی دختر اولش حمیده نیز در کاشان متولد شده بوده است. در صحبتی که با نوهٔ ایشان، خانم الهه نصر،کردم صحت و سقم آنچه به خاطر من مانده روشن نشد. به هر روی، فرزندان نصر الاطباء به ترتیب سید ولی الله، حمیده، سید محمد، مرضیه، سید علی، سید مهدی و سید رضا بودند.

عشق به خانواده در پدر بزرگم بسیار قوی بود و احترام به خانواده از جمله وظایفی بود که برای خویش و فرزندانش و به دنبال آن همگان واجب می‌دانست. در روزهای عید خود به دیدار خواهر بزرگتر که ما عمه حمیده می‌خواندیمش میرفت تا مبادا او، که برای برادر احترام بسیارقائل بود، از خانه برای دیدار او خارج شود. آنطور که به خاطر دارم خواهرش مرضیه را، که اختلاف سنشان کم بود و در دوره کودکی با هم به یک مکتب رفته و همبازی هم بودند، بسیار دوست می‌داشت. به طوری که دختر بزرگش، بی بی، را به زنی به تقی، پسر بزرگ او داد که البته خواهر زاده محبوبش نیز بود. بی بی، که بس زیبا بود، به قول مادرم که از او کوچکتر بود، خواستگاران بسیار داشت که یکی از آنان پسر دیگر عمه مرضیه و دیگری پسر بزرگ‌تر عمه حمیده بودند. پدربزرگ نسبت به عمو رضا، که کوچک خانواده بود، محبت لطیفی داشت و به شوخی‌های هیچ

---

۱ . حسین دهباشی، حکمت و سیاست:خاطرات دکتر سید حسین نصر . ص ۵

کس به اندازه شوخی‌های عمو مهدی نمی‌خندید. شاید بعد از چارلی چاپلین، که در نظر پدر بزرگ خلاق ترین کارگردان عالم سینما بود، او عمو مهدی را با نمک‌ترین آدم دنیا می‌دانست. در بخشی که از قسمتی از زندگینامه‌اش می‌آوریم، از مکتب رفتن او با مرضیه و سیدمحمد سخن می‌گوییم و در بخشی دیگر به وظیفه‌ای که برادران در مورد کمک به تحصیل برادران کوچک‌تر برای خود قائل بودند اشاره خواهیم کرد.

پدر بزرگ از همان اوان جوانی آدم مستقلی بود و همیشه مایل بود تا آنجا که می‌تواند کمک دهنده باشد تا کمک گیرنده. آنچنان که از خاطرات او بر می‌آید، به محض اینکه به قول معروف دستش به دهانش رسیده بود و توانسته بود مقداری از حقوقی را که از راه معلمی‌به دست می‌آورده پس‌انداز کند، از پدر و مادر جدا شده و برای خودش خانه‌ای کوچک تهیه کرده بود تا فقط به خود متکی باشد، حال آنکه طبق رسم آن زمان بسیاری از فرزندان از خانواده جدا نشده به زندگی در یک خانه، حتی بعد از تأهل، ادامه می‌دادند ـ چنانچه برادر بزرگترش محمد نیز چنین کرده بود. (تاریخ زندگانی خانواده، جلد دوم، ص ۱۵) در دوره‌ای که به قول خودش "ترک معلمی‌کرده بخدمات دولتی کمر" بسته بود، به تشویق مادر و البته پدر، متأهل شد. این قسمت را به صورت نقل قول می‌آوریم:

یک روز که به خانه پدری رفته بودم مادرم دست در گردنم کرده گفت اگر می‌خواهی شیرم را حلال کنم باید زن بگیری و من و پدرترا شاد سازی پس از قدری شوخی که عادت من است جوابدادم حاضرم ولی بگو عروس کیست و از چه خانواده‌ایست – اظهار داشت عروس، نوهٔ برادرم می‌باشد. (تاریخ زندگانی،جلد دوم، ص ۲۴)

باز هم از قول پدر بزرگم می‌نویسم:

من تا آنروز دو سه دفعه بخانه دایقزی در محله سنگلج رفته بودم و بچه‌هایش را دیده بودم اما نمی‌دانستم منظور مادرم کدام یک از آنهاست. مادر مرا معطل نگذاشت و گفت دختر اولشرا شوهر داده و دختر دویم را که آسیه نام دارد برایت

می‌گیرم. (همانجا)

این دختر همان آسیه مادر بزرگ زیبای من است. از قرار، فردای همان روز بیگم خانم به منزل عروس آینده در محله سنگلج می‌رود و او را برای پسرش خواستگاری و به قول پدربزرگم "شیرینی خوران" می‌کند[2]. به دنبال این سخن پدر بزرگ چنین ابراز می‌کند که از "این عجله و شتاب متحیر گشته" به فکر فرو رفته بوده است ولی همانطور که خلق و خو و آرامش فطری او حکم می‌کرده مخالفتی هم نکرده بوده است. استنباط من از نوشته‌های پدر بزرگ این است که او جای خاصی در قلب پدر و مادرش داشته است. همین نکته که مادر قبل از اینکه به فکر انتخاب کردن زن برای محمد، که از علی بزرگتر بوده بیافتد، برای علی انتخاب همسر می‌کند نیز این فکر را تأیید می‌کند. از قراری که پدر بزرگ می‌نویسد، پس از همین به اصطلاح شیرینی خوران است که مادر بر آن می‌شود که پسر بزرگ ترش ، محمد، را نیز به ازدواج تشویق کند. از قراری که پدر بزرگ نوشته است هنگامی‌که محمد در آن لحظات وارد اتاق می‌شود، و با دانستن قضیه به علی "شاد باش" می‌گوید ، مادر از موقع استفاده نموده با او نیز صحبت زناشویی را در میان می‌گذارد. نصر چنین می‌نویسد:

مادر بالاخره او را نیز پخت بعد گفت حال که محمد حاضر شده بهتر است آسیه را که بزرگتر است برای او و عذرا را برای تو بگیرم. (همانجا)

علی که همواره در مقابل مادر و پدر تمکین کرده بود این بار چنین نکرده به این صورت پاسخ می‌دهد :

مادر جان چون آنروز که به خانه دایقزی رفتی آسیه را برای من گفتگو نموده‌ای و از همان ساعت اسم من در خیال او تجسم یافته تغییر را صلاح نمیدانم هرچند از برادرم کوچکترم.(همانجا)

این دو نکته نیز، از نظر من، آیینه‌ای در مقابل ما برای بیشتر شناختن نصر و

---

۲ . تاریخ زندگانی، جلد دوم، ص ۲۵

خانواده‌اش و احترام آنان برای سُنَن می‌گذارد- بگذریم که که مادر بزرگ من بسیار زیباتر و شیرین‌تر از خواهرش عذرا بود ولی از آنجا که حفظ حجاب در خانواده آنها کاملا رعایت می‌شد، می‌توان به جرئت گفت که تصمیم علی بر اساس همین فکری بوده که خود بیان کرده و نه مقایسهٔ وجاهت دو خواهر. از قراری که می‌گوید، هر دو برادر در یک روز عقد می‌کنند ولی جالب این است که می‌نویسد "سید محمد پس از اجرای صیغه بدیدار زنش رسید". آیا این اشاره فقط به این معنا می‌تواند باشد که پیروی از سنن در این خانواده رعایت می‌شده یا بدین معناست که علی خود روی آسیه را قبل از جاری شدن صیغه عقد دیده بوده؟ از آنجا که مادر بزرگ من یکی از زنان پیشروی بود که بعدها از کشف حجاب استقبال کرده بود، شاید بتوان چنین پنداشت که پس از شیرینی خوران آسیه و علی خود را محرم یک دگر می‌دانسته‌اند و لذا آسیه از روی خود برای همسر آینده پرده برداشته بوده است.

پدر بزرگ که همواره در فکر آموزش فرزندان بود، محض اطلاع آنان عین متن قباله عقد را هم در خاطرات خود آورده و در این باره می‌گوید:

چون در آنموقع اداره ثبت اسناد تأسیس نشده بود و طرز انشاء قباله وضع دیگری داشت لذا آنرا در اینجا نقل مینمایم تا از وضع تحریر و انشاء آن مستحضر گردید. (تاریخ زندگانی،جلد دوم، ص ۲۵)

قسمتی که نام عروس و داماد در این قباله آمده را در اینجا می‌آوریم :"*عقد مزاوجت صحیحه قطعیه ملیه و مزاوجت صریحه لازمه اسلامیه دائمه باقیه واقع شد فیمابین جناب جلالتماب عالی آقای آقا میرزا سید علیخان دام مجده فرزند ارجمند جناب مستطاب اجل آقای آقا میرزا سید احمد خان نصرالاطباء دام اقباله العالی و علیامخدره محرّمه مجلله العاقله البالغه الرشیده الکامله البکر آسیه خانم دامت حذارتها صبیه مرضیه جناب جلالتماب اجل آقای آقا میرزا حسینخان رشتی الاصل طهرانی المقر دام مجده.*[3]

---

۳ . تاریخ زندگانی، جلد دوم، ص ۲۶-۲۷

از آنجا که جلد اول تاریخ زندگانی در دست نیست، در مورد انتخاب نام خانوادگی نصر ما در اینجا به قول دکتر سید حسین نصر، برادرزادهٔ علی نصر، بسنده می‌کنیم. بنا بر دکتر نصر، در دوران رضا شاه و زمانی که انتخاب نام خانوادگی اجباری شد، پدر ایشان، دکتر سید ولی الله نصر، با استفاده از لقب پدر، یعنی نصر الاطباء، نام خانوادگی نصر را برای خود برگزیده و بقیه فامیل نیز به او تاسی کرده بوده اند. [4] پدر مادر بزرگ من، در قبالهٔ عقد "میرزا حسینخان رشتی الاصل" خوانده شده که بعد از اجباری شدن نام خانوادگی با نام "رئیس" مسمی‌شدند. خاندان مادر بزرگم از طرف مادر "صبا" بود و از همین طریق با پدربزرگم بستگی خانوادگی داشتند.

علی و آسیه صاحب سه فرزند شدند، بی بی، سید احمد و سیده، مادر من، که او را صدیقه می‌خواندند. بی بی، همانطور که اشاره شد ، با پسر عمه‌اش سید تقی نصر ازدواج کرد و سیده با دکتر محمد کوثر، پدر من. تنها پسرش یعنی دایی من که او را به نام پدر، سید احمد، نامیده بود، در نبود پدر که به اروپا رفته بود، در سن ۱۶ سالگی به علت مردود شدن در یکی از دروس تحصیلی در کلاس نهم خودکشی می‌کند و داغ نبود خود را برای همیشه در دل پدر و مادر می‌گذارد. نصر دلیل این عمل را عدم توجه اولیای مدرسه و اینکه "می‌بینند همدرسان دیگرش که از او پست تر بوده با دادن رشوه و یا با نفوذ پدر و کسانشان ارتقاء یافته اند" می‌داند. (تاریخ زندگانی، جلد دوم، ص ۵۰) آنچه پدر بزرگ در این باره می‌نویسد بیانگر آرامش ذاتی و حس تسلیم اوست:

سیزده روز بعد از این واقعه مولمه از اروپا بطهران وارد شده و چون مادرتان قضیه را برایم شرح داد چشمم سیاه گشت و فوراً گفتم رضیت برضاءاله و مادرتانرا مجبور نمودم که لباس عزایش را درآورد و از خداوند برای روح پاک او مغفرت بطلبد." (تاریخ زندگانی، جلد دوم، ص ۵۱)

البته درد این مصیبت تا سال ها او را ترک نمی‌کند چه به دنبال آن می‌گوید از آنجا که "مرگ او را یکدفعه برایم گفته بودند مبتلا بمرض حمله گشته و این

---

۴ . حکمت و سیاست:خاطرات دکتر سید حسین نصر ، مجموعه تاریخ شفاهی و تصویری ایران معاصر، به کوشش حسین دهباشی، ص ۷۹

بیماری شش سال بطول انجامید و در تمام قوایم اثر نمود.» (همانجا)

پدر بزرگ در کتاب دوم تاریخ زندگانی عین شرحی که در کتاب موسوم به "شیرین"، که به یاد احمد نوشته بوده، را چنین می‌آورد:

آن جوان معصوم بسیار باغیرت و چون وضعیت اسفناک معارفرا در مدرسه ملاحظه نمود و همراهی‌های بیجای معلمین و اولیاء معارفرا به بعضی شاگردان برأی العین مشاهده کرد دماغ جوانش تاب نیاورده در روز پنجشنبه ۲۹ اسفند ۱۳۱۳ در سن شانزده سال و بیست و شش روز این دنیای فانیرا بدرود گفته خود را مستخلص ساخت و باین جهت روی سنگ قبر پاکش که در امامزاده عبداله می‌باشد این اشعار را نقر نمودم:

احمد ای نور بصر رفتی بخواب — تو برای خواب بودت بس شتاب
ای شده قربانی علم و هنر — ای نبرده هیچ لذت از شباب
تو شدی محشور با جد کبار — چونکه در دنیا نکردی جز ثواب

پدربزرگ در مورد خلق و خوی پسرش چنین می‌نویسد "*از صغرِ سن بسیار حساس و از جزئی ناملایمتی رنج می‌برد. بی نهایت به من علاقه داشت و مادر و خواهرانش را بحد پرستش دوست داشت.*" کمی‌پایین‌تر می‌نویسد:

در نوشتن انشاء و مخصوصاً موضوع‌های غم‌انگیز و و حزن‌آور استعداد غریبی داشت و گاهی جسته جسته عباراتی مبنی بر خرابی مدرسه و مملکت و امثال آن از زبانش تراوش می‌کرد و من نمی‌فهمیدم چه آتشی در قلب او مشتعل گشته. (همان کتاب، ص ۴۹)

به گمان من، شاید این فقدان در علاقه بی‌حد او و مادر بزرگم به برادرم[5]، حسنعلی، بی تاثیر نبوده است. داغ از دست دادن پسر هرگز تا آخر عمر برای هیچ یک از این دو التیام نیافت چه هر وقت ذکر او می‌شد و پدر بزرگم می‌خواست داستانی از پسرش بگوید، هنگامی‌که جمله را با کلماتی چون "دائیت

۵. پدر بزرگ بعد از انتصاب به سفارت پاکستان، برادرم حسنعلی را، که به او بسیار علاقمند و وابسته بود، با خود برد.

احمد" یا "پسرم احمد" آغاز می‌کرد اشک در چشمانش پر می‌شد. اما مادربزرگ حتی دل نداشت که نام پسر را بر زبان بیاورد چه رسد به اینکه بخواهد داستانی از او نقل کند.

پدر بزرگ من ایمانی محکم داشت و زندگیش را بر اخلاق بنیان گذارده بود. اگرچه در بیشتر موارد چشم خطاپوش داشت اما از کسانی که پا روی اصول اخلاقی می‌گذاشتند دوری می‌کرد و گاه آنها را نمی‌بخشید. در خانواده بودند کسانی که به همین علت هرگز مورد عفو پدر بزرگ قرار نگرفتند. اخلاق، به معنی جامع آن، برای او نه تنها پایه تمام اصول انسانی بود بلکه دین و مذهب شخصی او هم به شمار می‌رفت.

در برداشتی که من از او داشتم او عالِم اخلاق بود ـ هم اخلاق نظری و هم اخلاق عملی. بخش‌های کتاب‌های خاطرات و سفرنامه ها معمولاً همگی با نام خداوند آغاز می‌شوند و بحث‌های مختلف به زیب احادیث پیامبر آراسته‌اند. دیندار به معنایی که برخی از آن کلمه استنباط می‌کنند، نبود ولی با مطالعه کتاب پنجم در مورد دوران سفارتش در پاکستان، که قبلاً ذکر آن شده است ، با کمال تعجب دریافتم که به امت مسلمان قائل بوده است – چیزی که در آن دوران یا مورد توجه نبود و یا من و امثال من بدان آگاه نبودیم. علاقه قلبی او به ملت پاکستان و اینکه همواره آنان را برادر می‌خواند نشانهٔ آن نوع جهان بینی او هم می‌تواند باشد. اما اهل غلو نبود و همه ادیان را محترم می‌داشت چه اصولی که بدان اعتقاد داشت را در همه ادیان می‌یافت. به امر به معروف و نهی از منکر قائل بود ولی نه به معنای فروعی که علمای دین اساس قرار می‌دادند بلکه به معنای اصولی که او به عنوان شخصی اخلاقی به آن رسیده بود و در واقع تعابیر خود او به شمار می‌رفتند. این نکات را در بیشتر آثار او، چه آنها که نوشتهٔ خود او هستند و چه آنها که اقتباسی از آثار دیگرانند، و به خصوص در مونولوگ‌های او، به وضوح می‌توان دید. مونولوگ **یک فال از حافظ**، نمونه روشنی از عقاید نصر است. آنجا که باغبانی از قول ارباب خود معانی پنهان اشعار حافظ را، که حال دریافته است، بیان می‌کند، در واقع نظر نصر را در مورد رند و دین و صراط مستقیم به ما می‌نمایاند. در همین مونولوگ است که وی به صراحت معنایی که خود برای مسلمان بودن قائل است را آشکارا بیان می‌کند و به تعبیر خود از قول

حافظ چنین می‌گوید:

حافظ می‌گوید اگر بخواهی خوب باشی و خدا را بشناسی باید چشم و دلت پاک باشد، قلبت بی‌غل و غش باشد، راست و درست باشد، تا بهت بگویند مسلمان- مسلمان یعنی سلامتی نفس داشتن، یعنی خوب بودن و همه را خوب دانستن. وقتی آدم خوب شد، دیگر صومعه رفتن و مسجد رفتن و الغوث الغوث کردن ندارد.

قبلاً اشاره کرده‌ایم که در این نوع دیدگاه تأثیر برادرش دکتر سید ولی الله نصر را، که حدود ۱۸ سال از او بزرگتر بود، نباید نادیده گرفت. شهرت ولی الله خان به مردی اخلاقی و نازک بین و نازک اندیش در دورانی که او در آن می‌زیسته زبانزد خاص و عام بوده است. مقدمه‌ای که پدر بزرگم بر کتاب دانش و اخلاق[۶] ولی الله نصر نوشته است، نه تنها به شناخت برادر کمک می‌کند، بلکه شخصیت خود وی و آنچه ما در اینجا سعی در تحلیلش داریم را نیز ، به ما می‌نمایاند. در آن مقدمه سخن را با بحث درباره بانی شریعت اسلام می‌آغازد و معتقد است که پیامبر توانست " با دانش و اخلاق" مردمان شبه جزیره عربستان را به راه راست بیاورد. در صفحه اول آن کتاب در تاکید در اهمیت دانش، از مولانا چنین آورده است:

مولانا در مثنوی میفرماید:

گفت پیمبر که احمق هر که هست	*او عدو ما و غول رهزن است*
هر که او عاقل بود او جان ماست	*روح او و بوی او ریحان ماست*
عقل دشنامم دهد من راضیم	*زانکه فیضی دارد از فیاضیم*
احمق ار حلوا نهد اندر لبم	*من از آن حلوای او اندر ستم*

و به دنبال نقل از مولانا چنین می‌گوید:

برادر مرحومم اوامر جد بزرگوارش را شعار خود قرار داده در دینداری مانند فولاد محکم و در اخلاق نیک ممتاز بود در پیروی از تعالیم عالیه شرع انور مدت پنجاه

---

۶ .دانش و اخلاق تالیف دکتر سید ولی الله نصر تاریخ چاپ بهمن ماه ۱۳۳۸

سال تا آنجا که در قوه داشت و باصطلاح از دستش برمی‌آمد در تشریح و تعمـیم آن اصول کوشید و چون عقیده‌اش بر این بود که ترقی و تعالی هر جامعه منـوط باخلاق حَسَنه افراد آن جامعه است از هر فرصتی بمقتضای شغل خـود اسـتفاده نموده و بایراد مطالبی برای تنویر افکار هم میهنانش پرداخت. (همانجا)

آنچه پدر بزرگم در اینجا شعار برادر خوانده است در واقع همـان شـعار زنـدگی داخلی و حرفه‌ای خود او نیز بوده است که تاثیر آن را، همانطور که اشـاره شـد، در آثار نوشتاری او به خوبی مشاهده می‌کنیم.

مقدمه

علی نصر که او را پدر تئاتر ایران خوانده‌اند

آقای محمد ایوبی در مقدمه‌شان بر کتابی که در معرفی علی نصر و برخی نمایشنامه‌ها و سخنرانی‌های وی نوشته‌اند چنین می‌نویسند:

سال ۱۲۹۵ خورشیدی را باید نقطه عطفی در تاریخ تئاتر معاصر ایران به شمار آورد.[۷] *چرا که از سویی مرکز خاصی برای فعالیت هنرمندان این عرصه و هم گردآوری و تمرکز و تکامل آنان به وجود آمد و از سوی دیگر، چهره برجسته‌ای در عرصهٔ نمایش ایران ظهور کرد، که کوشید با تلاش بی وقفه و خستگی ناپذیر خود، بنیادی تازه و تحولی اساسی در نمایش ایران، پی ریزی کند. این تلاش به قدری چشمگیر و مثمر ثمر بود که او را بسیاری از هنرمندان نمایش، پدر تئاتر ایران خواندند.* (ایوبی ص ۷)

شرحی از احوال کودکی و جوانی علی نصر

علی نصر، همانطور که قبلا ذکر شد، پدر بزرگ من بود. پدر مادرم، سیده صدیقه نصر-کوثر. من و برادرم او را آقا جون می‌خواندیم و مادرم و خاله‌ام او را "آقام" خطاب می‌کردند. بعدها دانستم که تقریباً همه کسانی که همکاران او در کار هنر نمایش بوده‌اند، از استادان هنرستان هنرپیشگی گرفته تا هنرمندان و هنرجویان، همگی او را فقط "آقا" می‌خوانده‌اند.

علی نصر در پیش صفحهٔ جلد سوم از تاریخ زندگانی خانواده که به خط خویش نگاشته است[۸]، نام خود را همراه با نام تبار خویش: "سید علی بن سید احمدبن

---

۷. اشاره است به تاریخ آغاز کمدی ایران که نصر پایه گذاشت.

۸. نمونه هایی از خط نصر را در صفحات بعد ملاحظه خواهید کرد.

سید نصرالله بن سید احمدبن سید عبدالحی بن سید ابراهیم بن سید ماجد" آورده است. از دقتی که در این نوشته‌ها ملاحظه می‌شود چنین بر می‌آید که منبع نصر تنها حافظه نبوده و وی در نگارش مطالب شاید به یادداشت‌ها و مدارکی که خود در طی سال‌ها گرد آورده بوده مراجعه می‌کرده است . جلد اول این تاریخ را نصر به شرح احوال اجداد ، پدر و مادر و برادران و خواهرانش اختصاص داده بوده. این جلد که من در ایام کودکی و نوجوانی دیده بودمش و شامل عکس‌های خانوادگی متعدد بود، چند سال پس از درگذشت پدربزرگم مفقود شد و گناهکار هرگز شناخته نشد و اطلاعات مهم خانوادگی از دست رفت. از این رو متاسفانه اطلاع بیشتری از خاندان او در دسترس نداریم. جلدهای دوم و سوم، که خوشبختانه در اختیار این نگارنده است، به خود پدر بزرگم، علی نصر، اختصاص دارد و در آن او از خاطرات کودکی و جوانی و برخی مشاغل دولتی که داشته سخن می‌گوید. بر طبق آنچه پدربزرگم برای من گفته بود، پدرش، سید احمد، که بعدها به نصرالاطباء شهرت یافته بوده، مسقط الرأس خود نصرآباد کاشان را رها کرده به تهران می‌اید و در این شهر به تکمیل تحصیل طب می‌پردازد. اگرچه از این لقب می‌توان چنین برداشت کرد که او می‌بایست از جمله پزشکان دربار بوده باشد، لیکن نصر در مقدمه‌ای که بر کتاب اخلاق و دانش، تالیف برادر بزرگش، دکتر سید ولی الله نصر، نوشته‌است به این منصب اشاره نکرده فقط پدر خود را دکتر سید احمد نصر الاطباء می‌خواند. همانطور که قبلاً اشاره شد و آنطور که در خاطر من از سخنان پدربزرگ مانده است، نصرالاطباء در هنگام این مهاجرت فقط دو تن از فرزندان خود را داشته است. یکی از این فرزندان سید ولی الله بوده است که به دکتر ولی الله نصر معروف است و بعدها در مجلس اول به وکالت انتخاب شده بود و دیگری دختر بزرگش حمیده. توصیف نصر از تولد خود این شبهه را که برخی محققین درباره محل تولد او داشته اند از بین می‌برد.

در سر آغاز جلد دوم تاریخ زندگانی خانواده که **"من"** نامیده اش، دربارۀ کودکی خویش چنین می‌نویسد:

تولد من در طهران محله شاه آباد کوچه حمام وزیر[۹] در شب سیزدهم رمضان و گویا در سال ۱۳۱۱ هجری[قمری] بوده لکن در ورقه سجل احوالم سه سال کمتر و در ورقه دیپلم سه سال زیادتر قید کرده اند.[۱۰]

نام پدر را سید احمد و نام مادر را بیگم خانم و سال تولد خویش را به سال شمسی ۱۲۷۴ ذکر می‌کند. می‌دانیم که محل تولد ولی الله در کاشان و همانطور که اشاره شد محل تولد حمیده نیز به احتمال زیاد در آنجا بوده است. به نظر می‌رسد که محل تولد بقیه فرزندان همگی در تهران بوده باشد. نصر دربارهٔ دوران طفولیت خود داستان هایی ذکر می‌کند که خالی از لطف نیستند. بر اساس آنچه می‌نویسد، وقتی پدر و مادر بر آن می‌شوند که برادرش محمد و خواهرش مرضیه را برای فراگیری قرآن نزد خانمی‌که از قرار مادر یکی از آشنایان، یعنی میرزا محمد ناظر عزیز الدوله بوده، بفرستند، علی را نیز، که هنوز چهار سال هم نداشته است ، با آنها همراه می‌کنند. از قراری که نصر می‌نویسد آن خانم وقتی می‌خواسته است بیرون برود، علی را "بواسطه صغر سن و شیطنت زیاد و بالاخره برای اینکه از جائی پرت" نشود یا در حوض آب نیفتد به پایه صندلی می‌بسته است تا شیطنت نکند . (تاریخ زندگانی، جلد دوم، ص ۳) احوالی که پدر بزرگم از خردی خود می‌نویسد حکایت از بچه‌ای پر شور و بازیگوش دارد ـ خلق و خویی که با آن شخص متین و موقری که نه تنها من می‌شناخته ام که دیگران نیز وصفش کرده اند، بسیار متفاوت است. پس ازمدتی به همراه همان برادر به مکتب حاجیه آخوند که پسری معمّم داشته می‌رود. این مکتب در خیابان الماسیه که بعدها باب همایون نام گرفت واقع بوده است. از شیطنت های خود در این مکتب چنین می‌گوید: " *دو دفعه آفتابه را در مستراح انداختم و برادر بیچاره ام را در مستراح کرده آن را درآوردند*" (همانجا) در عین حال به اطاعت های خود در مکتب نیز اشاره می‌کند چه در مقابل آموختن

---

۹. آقای وحید ایوبی ، متأسفانه دسترسی به این مدرک نداشته، محل تولد نصر را همان کاشان یعنی محل تولد خاندان او فرض کرده اند. شاید هم استفاده از مدرکی که ذکر نکرده اند، ایشان را به این شبهه انداخته باشد. در مورد زمان تولد هم دیدیم که خود نصر هم اقرار دارد که در مورد تاریخ تولدش اختلاف زمانی سه سال وجود دارد.

۱۰ . جلد دوم از تاریخ زندگانی، ص ۲

قرائت قرآن، علی وظایفی نیز به عهده می‌گرفته است ولی از قرار این اطاعت از مکتبدار هم با شیطنت آمیخته بوده است:

یکی از کارهایم دیزی بار کردن بود آنهم با پِهِن و چون رطوبت داشت آنقدر فوت می‌کردم که اشک از چشمانم جاری می‌شد. ولی در مقابل این زحمت که با جان و دل می‌کردم بی اجر نبودم زیرا مرغهای مکتبخانه در پشت مطبخ تخم می‌کردند و من فوراً آنها را خورده و داغ تخم مرغها را بر دل مکتبدار می‌گذاشتم و گاهی نوه اش فاطمه در اینکار با من شرکت می‌کرد. (همانجا)

از قرار علی شاگرد محبوب حاجیه خانم بوده چه از اوهنگام تنبیه شاگردان استفاده کرده یک طرف چوب فلک را به دستش می‌داده است. در یادآوری خاطرات مکتب، علی فراگرفتن قرآن را مدیون مکتب حاجیه خانم دانسته "آمرزش او را از خداوند" می‌خواهد. (تاریخ زندگانی، جلد دوم، ص ۴)

دوران تحصیل

پس از به پایان رساندن مکتب، علی را به مدرسه شرف می‌فرستند. بنا بر آنچه خود نوشته، برادر بزرگشان دکتر سید ولی الله، که در مدرسه علمیه معلم شده حقوق می‌گرفت، متقبل می‌شود هزینه تحصیل سید محمد را، که بزرگتر از علی بوده است ، بپردازد. لذا سید محمد به آن مدرسه می‌رود و پدر و مادر " از نظر عدم استطاعت پرداخت ماهیانه"[11] مجبور می‌شوند علی را به مدرسه شرف، که به قول نصر، "متعلق به یتیمان و مجّانی بود" بفرستند. (تاریخ زندگانی، جلد دوم، ص ۵). محل مدرسه "در محله عرب ها پشت خیابان ناصر خسرو و خیابان برق" (همانجا) و با منزل آنها در محله شاه آباد فاصله‌ای طولانی داشته است. در این باره می‌گوید:

"در آن موقع درست شش سال داشتم و این راه طولانی را روزی دو مرتبه می‌پیمودم". (همانجا)

ولی مشکل راه دراز و خستگی آمد و رفت هرگز مانع علی از درس خواندن نشد. خود می‌گوید "خوب درس می‌خواندم و بهمین مناسبت مدرسه کتابی چاپ نمود و اسم آنرا کتاب علی گذاشت". از برخی اشارات نصر پی می‌بریم که خانواده وی با آن تعداد بچه مجبور بوده اند با قناعت زندگی کنند. این امر از اشاره به پوشاکی که برای رفتن به مدرسه بر تن می‌کرده و خوراکی که به مدرسه می‌برده است نیز مشهود است:

یکی از همشاگردان علی اکبر نام داشت و او پسر آشپز صنیع الدوله، داماد مظفرالدین شاه، بود و هر روز نهار خوبی با خود میاورد و با هم میخوردیم- غذای من عبارت از قدری گوشت کوبیده با نخود و لوبیا بود که مادرم در نعلبکی مسی می‌گذاشت با قطعه‌ای نان در دستمالی می‌بست.(همان کتاب، ص ۶)

در باره پوشاک خود چنین می‌گوید "لباسم قبایی بود پنبه‌ای که روی آن شال سبزی می‌بستم و کلاهم ماهوت کرکی بود که متعلق به پدرم بود و با وجه مختصری برای من اندازه کرده بودند" (همان کتاب، ص ۵) .ظاهراً شال سبز را به مناسبت سیادت بر کمر می‌بسته است. در اینجا شاید این اشاره لازم باشد که پدر بزرگم نسبتش را به خاندان سیادت قسمتی از وجود و شخصیت خود می‌دانست. نام خود را همیشه سید علی نصر امضا می‌کرد و خویشان و آشنایان و حتی اشخاصی که با او کار میکردند از او به نام "میسد علی خان" که مخفف میرزا سید علی خان باشد یاد کرده اند. برادران او نیز لقب سید را استفاده می‌کردند. به دنبال همین عشق، پدر بزرگم نام دختر کوچکش، یعنی مادر مرا، سیده گذاشته بود.

درباره شیطنت های کودکی از سفرهایش به حضرت عبدالعظیم حکایت می‌کند:

نه نه هر شب جمعه دو قران از پدرم می‌گرفت که بزیارت حضرت عبدالعظیم برود و چون محتاج بود کسی آهسته و به تأنی[12] برایش زیارت نامه بخواند و از

---

۱۲ . در اصل سرهم نوشته شده که برای تسهیل در خواندن جدا نوشتیم.

طرفی خرج رفت و آمد بر او تحمیل ننماید مرا با خود می‌برد.(تاریخ زندگانی خانواده، جلد دوم، ص ۱۰)

در این سفرها چندین بار علی به علت شیطنت در حوض آب صحن افتاده یا در خانه قوم و خویشهای ننه اش به طمع چیدن انگور از آلاچیقِ روی حوض در آب افتاده بوده و یک بار هم در چاه کثیف قبرستان سرنگون شده بوده و به قول نصر "نیمه عور" به خانه بازگشته بوده است. (تاریخ زندگانی، جلد دوم، ص ۱۲)
در جایی دیگر می‌نویسد:

در خانه دائم با مرضیه وسید محمد به بازی های خطرناک پرداخته و در محرم و صفر با سیخ و چوب و شلیتهٔ زنانه و امثال آن علم و کتل ساخته آنی راحت نمی‌نشستم.(جلد دوم همان کتاب، ص ۶)

دستبرد زدن به لانه کبوترها و دزدیدن تخم کبوتر ها هم یکی از بازی های دوران کودکی علی کوچک بوده است که روزی موجب افتادن و شکستن سرش هم می‌شود. (همان کتاب، ص ۷) از قرار به زندگانی مورچگان علاقمند بوده چه از تفریحات خود از سایبان سازی برای مورچه ها و شکار مگس و سایر حشرات به عنوان غذا برای آنها نام می‌برد. (همانجا) سرگرمی‌دیگری که درآمدی هم برای او در کودکی محسوب می‌شده است سقایی در تاسوعا و عاشورا بوده است:

در نهم و دهم عاشورا سر و ته کوزه آبی را به طنابی بسته به گردن می‌انداختم و به تکیه آقا سید هاشم رفته به مردم آب می‌دادم و شب عاشورا به تقلید تکیه ها سینی مسی ای را پر از گل نموده روی سکوی خانه می‌گذاشتم تا مردم در آن شمع روشن نمایند".(همانجا)[13]

دوران تحصیل در مدرسه شرف بیش از یک سال به درازا نمی‌کشد چه از قرار روزی "حاج نجم الدوله، منجم و ریاضیدان مشهور آن زمان" (همانجا) به مدرسه شرف می‌رود و از شاگردان امتحان هایی می‌کند. نصر درباره‌ء این دیدار چنین

---

۱۳ . این حکایت را از زبان خود او هم شنیده بودم.

می‌نویسد:

چون مرا از همه بهتر و باهوشتر دید بمدرسه علمیه آورد و در آنجا به کلاس سوم که معلمش اسدالله میرزا و امروز استاندار کرمانشاه و شهاب الدوله لقب دارد وارد شدم. (همانجا)

مختصری که نصر دربارهٔ این مدرسه و معلمینش ذکر می‌کند نشان از اهمیت این مدرسه دارد.

مدرسه علمیه بعد از دارالفنون بزرگترین مدرسه طهران و دو ناظم داشت یکی محمد صفی خان ناظم العلوم و دیگری میرزا کاظم خان. آقایان محمد علی فروغی ذکاءالملک، شمس العلما قریب، شمس الکتّاب، آقا شیخ حمزه، آقا شیخ عبدالجواد و برادرم دکتر سید ولی الله نصر معلمین آنجا بودند.(همانجا)

نصر در این مدرسه نیز هوش و استعداد خویش را به اثبات می‌رساَند و به قول خودش پس از دو سه ماه شاگرد اول کلاس شده و مدرسه کتاب دیوان فرخی را به رسم جایزه به او اعطا می‌کند. به نظر می‌رسد که این کتاب در زمان نگارش این خاطرات هنوز در اختیار نصر بوده است چه حاشیه نویسی داخل کتاب به دقت آورده شده است: *"محض کثرت مواظبت و حسن مراقبت میرزا سید علیخان سلمه الله تعالی در تحصیل، این کتاب مولانا فرخی را مدرسه علمیه به عنوان عطیه به ایشان بخشید.*

تحریرا فی ۲۴ شهر رجب المرجب ۱۳۱۸ مهر مدرسه علمیه"

از قرار پیشرفت درسی او در مدت تحصیل در مدرسه علمیه آنچنان بوده است که بعد از سه سال فارسی را به عربی و عربی را به فارسی ترجمه می‌کرده است (همان کتاب، ص ۹). درباره دروسی که خوانده چنین می‌نویسد:

فیزیک گانّ [۱۴] را نزد آقای محمد علی فروغی خوانده و علم عروض را در خدمت آقای شمس العلماء تمام کردم و با طلاب مدرسه سپهسالار در صرف و نحو و اعلال و غیره مباحثه می‌نمودم. (همانجا)

همین استعداد را وی در فراگیری زبان های خارجی از خود نشان می‌داده است. اگرچه ذکر نکرده است که فراگیری زبان فرانسه را با چه کسی شروع کرده است ولی شاید بتوان حدس زد که برادرش سید ولی الله در این زمینه او را کمک کرده باشد چه آنطور که بعد نصر ذکر می‌کند، برادر به معلمی‌در مدرسه آلیانس فرانسز نیز گماشته شده بوده است. در بارهٔ آموختن فرانسه فقط می‌گوید "*موقعیکه قوه ام در زبان فرانسه قوی گردید مدتی در مدرسه به معلمی‌پرداخته و از آنجا بمدرسه آلیانس فرانسز [۱۵] برای تکمیل زبان رفتم.*" (همانجا) شواهد برای قدرت او در این زبان بسیارند. تعداد نمایشنامه هایی که ترجمه و اقتباس کرده، اشعاری که به این زبان گفته و نامه های اداری و تجاری که او به این زبان از طرف دولت ایران به دول خارجی نوشته همگی شاهد توانایی او در این زبان هستند. برادرم هم که چند سالی را با او در خارج ایران گذرانده بود همیشه می‌گفت که "لهجهٔ فرانسهٔ آقاجون با فرانسوی ها فرق نداشت و کسی تشخیص نمی‌داد که او فرانسوی نیست ولی آقاجون انگلیسی را، اگرچه درست و عالمانه حرف می‌زد ولی با لهجه و مثل ایرانی ها تلفظ می‌کرد." نمونه هایی از خط و نگارش او به زبان فرانسه را در انتهای کتاب خواهیم آورد.

همزمانی دوران تحصیل و دوران معلمی

آغاز معلمی‌نصر همزمان با شروع تحصیل وی در مدرسه آلیانس فرانسز و همزمان با آغاز مشروطیت بوده است. می‌گوید :

موقعیکه بمدرسه آلیانس فرانسز وارد شدم مشروطیت آغاز گشت و پس از یکی

---

۱۴ . در کتاب آقای ایوبی اشتباهی چاپی رخ داده و اسم این کتاب به عنوان فیزیک گاز درج شده است

۱۵ . آقای جمشید ملک پور نام مدرسه را سن لویی ذکر کرده اند که در اینجا تصحیح می‌شود. ملک پور،جلد سوم، ص ۴۴

دو ماه بمعلمی‌ریاضیات در مدرسه اسلام که متعلق بآقا سید محمد طباطبایی معروف به سنگلجی بود مفتخر شدم - مشارالیه از پیشوایان بزرگ مشروطیت و مدرسه در آخر خیابان شاهپور واقع بود." (جلد دوم تاریخ زندگانی، ص ۱۳)

از آنجا که معلمی‌در مدرسه اسلام مقداری از وقت تحصیل او را می‌گرفته است "هفته‌ای سه روز بعد از ظهر ها از رفتن بمدرسه آلیانس معذور" بوده است. درباره حقوق دریافتی خود در مدرسه می‌گوید "حقوق ماهیانه ام هفت تومان [بود] که دو تومان آن را برای مخارج انجمن دروازه قزوین کسر می‌کردند"(همانجا) نصر در اینجا پرانتزی باز کرده به این نکته که در آن دوران هر محله و حتی هر گذر انجمنی خاص خود داشته اشاره می‌کند. از آنچه نصر می‌نویسد آشکار است که در خانواده نصر هر برادری که استطاعت نسبتاً کافی می‌یافته است، دستگیر برادر کوچکتر از خود می‌شده است و همانطور که سید ولی الله کمک سید محمد بوده است، سید علی نیز از مقرری ماهانه خود ماهی ۱۵ قران برای مخارج مدرسهٔ برادر کوچکترش، سید مهدی، می‌پرداخته است. (همانجا)

بنا بر نصر، مدرسه آلیانس در خیابان لاله زار در کوچه پشت شهرداری واقع و دو معلم فرانسوی به نام های Muller و Vizioz، که مدیر هم بوده ، داشته است. مولر، که دوره متوسطه زبان را درس می‌داده، پس از چندی به فرانسه بازمی‌گردد و سید ولی الله نصر جانشین او می‌شود (همانجا). پس از یک سال و نیم تحصیل در آلیانس، چون وزیر مختار فرانسه، آقای Lamartimier، که رئیس هیئت ممتحنه مدرسه بوده است، امتحانی کتبی و شفاهی از شاگردان می‌گیرد، علی شاگرد اول می‌شود. نصر با دقت عمل مخصوص خویش این مدارک را نگهداری کرده، ورقه قبولی و جوایزش را به صفحه ۱۳ جلد دوم خاطرات الصاق کرده است. این ورقه مورخ سال ۱۹۰۷ و برابر با ۱۳۲۵ هجری قمری است. نصر در این زمان ۱۴ سال داشته است. پس از اخذ دیپلم، علی در آلیانس به سِمَت معلمی‌کلاس Intermediaire با ماهی چهارده تومان حقوق منصوب می‌شود و خود نیز به تکمیل تحصیلات و خواندن کتب فرانسه همت می‌گمارد. (تاریخ زندگانی، جلد دوم ، ص ۱۵) علاقه بی‌حد او به ادبیات فرانسه، که موجب ترجمه و اقتباس آثار نمایشی آن کشور به فارسی می‌شود، ناشی از

مطالعاتی است که وی در این دوران داشته است.[۱۶] در همـین دوره اسـت کـه نواختن سنتور را نزد میرزا علی اکبر خان معروف بـه شـاهی فـرا می‌گیـرد.(همانجا). شناخت نصر از موسیقی ایرانی و دستگاه ها و گوشه ها در مکالمـه هـای برخی از شخصیت های نمایشنامه ها کاملاً عیـان اسـت. نمایشـنامه‌های جنـاب خان، روزنامه ذوذنب و عروسی آقا حسین آقا نمونه هایی از این مواردنـد. حتی در نمایشنامه عروسی زورکی که برای احمد شاه نمایش داده بود نیز از موسـیقی ایرانی استفاده کرده بوده و به قول خودش "یکـی از مـدعوین [منظـور بـازیگران است] تصنیف مشهور عارف قزوینی را در سه گاه" خوانده بوده.

دوران معلمی

در قسمتی که دوران معلمی‌نامش داده است به خریدن خانۀ کوچکی دو اطاقه به مبلغ ۳۵۰ تومان اشاره می‌کند که ۱۰۰ تومان از وجه این خانه از طریق پس انداز مقداری از حقوقی که از راه معلمی‌به دست آورده بوده فراهم می‌شود و بقیه را قرض کرده تقبل می‌کند به صورت ماهانه ۲۵ تومان بپردازد. (صفحات ۱۵ و ۱۶ کتاب بالا) برای اینکه بتواند از عهدۀ این مخارج برآیـد، مجبـور بـه تـرک مدرسه آلیانس و تدریس در چند مدرسه مختلف می‌شود. در صفحه ۱۶ همان کتاب، نام مدارس، موضوع درس و میزان حقوقی که می‌گرفتـه را می‌نویسـد کـه عیناً نقل می‌شود:

مدرسه علوم سیاسی برای زبان فرانسه و علوم طبیعی با ماهی سی تومان
مدرسه نظامی‌برای زبان فرانسه با ماهی سی تومان
مدرسه اقدسیه برای هندسه با ماهی پانزده تومان
مدرسه قاجاریه برای تاریخ با ماهی ده تومان

درس فرانسه خصوصی نیز به کسب درآمد او کمک می‌کرده است. در این مـورد می‌نویسد "ضمناً بآقایان حسین عدل الملک و فرج الدوله دبیر اعظـم و یوسـف مشار و محمود محاسب الممالک درس فرانسه می‌دادم." (همانجا)

---

۱۶ . آقای ایوبی نیز در مقدمه خود به این نکته اشاره کرده اند.

در دوران معلمی‌در این مدارس است که نصر با عده‌ای از فرهیختگان آن دوران مراوده برقرار می‌کند. از قراری که می‌نویسد پس از جلسات ناهار در مدرسه نظامی‌او و معلمین دیگر، نظیر میرزا غلامحسین رهنما، میرزا عبدالعظیم قریب، سید ابوالقاسم مهندس و میرزا رضا خان، به دکان کتاب فروشی شیخ حسن زیر شمس العماره می‌رفته‌اند و در آنجا به صحبت دربارهٔ مسائل مختلف، خواندن کتاب و اشعار، که گاه نیز از اشعار فکاهی آن دوران بودند، وقت می‌گذرانیده‌اند. به نظر می‌رسد که این گونه مراودات فرهنگی در تشویق نصر به ترجمه آثار تاریخی و علمی‌و حتی ادبی، بی‌تاثیر نبوده باشد چه در همین دوران است که او به قول خودش "بر طبق پرگرام وزارت معارف" به تألیف و ترجمه کتبی برای تدریس در مدارس می‌پردازد. کتاب‌هایی که در این زمینه تألیف کرده را در اینجا چنین می‌آورد:

"۱ – ترجمه تاریخ یونان تألیف سنیبوس برای مدرسه علوم سیاسی در سال ۱۳۲۸ هجری [قمری][۱۷]

۲- تألیف تاریخ ایران تا جلوس احمد شاه قاجار در سال ۱۳۲۸ برای مدارس متوسطه

۳- ترجمه فیزیک کارِ برای کلاسهای پنجم و ششم در سال ۱۳۲۹

۴- تألیف شش جلد علم الاشیاء در سال ۱۳۳۱ هجری قمری

۵- تألیف شش جلد هنر آموز دوشیزگان در سال ۱۳۳۴

۶-تألیف حفظ الصحه برای سال ششم [سال را ذکر نکرده]

۷- ترجمه تاریخ عمومی‌برای سال ششم [سال ذکر نشده است]

۸- تألیف یک جلد حساب مقدماتی[سال ذکر نشده است]

۹- تألیف خلاصه تاریخ عالم و شورش / انقلاب] *فرانسه تا انقراض سلطنت ناپلئون در سال ۱۲۹۵* شمسی

۱۰-ترجمه کتاب آتالا از تصنیفات نویسنده فرانسوی شاتوبریان که بیاد برادر شهیدم سید محمد نصر تهیه کرده و تا به حال به چاپ نرسیده است.(تاریخ زندگانی، جلد دوم، ص ۱۷)

---

۱۷ . عکس در آخر کتاب آمده است.

از کتب مذکور در بالا یک جلد از شش جلد علم الاشیاء چاپی و کتاب آتالا اثر شاتوبریان به خط خود او در اختیار من است که امید داریم آن را نیز به چاپ برسانیم. بنا بر آنچه نصر می‌نویسد حق طبع شانزده جلد از کتاب‌های بالا را به آقا محمد باقر، مدیر کتابخانه اقبال و بقیه را به آقا محمد مهدی خوانساری میفروشد. نصر دربارهٔ تصمیم خود برای فروش این حق طبع، با تأسف چنین می‌نویسد:

در مملکتی که علم و دانش و زحمت قدر و قیمتی ندارد [این حقوق] بیش از پنج هزار تومان نبود در صورتی که اگر در مملکت دیگری این کار را کرده بودم تا چند نسلم از حیث اعاشه در رفاه بودند. (همانجا)

در همینجا به مسأله‌ای که به نظر می‌رسد همیشه موجب کدورت خاطر او می‌شده، یعنی عدم رعایت حقوق شهروندان و نبود امنیت از هر حیث اشاره می‌کند:

علت واگذاری این حق برای این بود که وزارت معارف حتی تا این تاریخ نمی‌تواند و یا نمی‌خواهد حق مصنفین و نویسندگان را محفوظ دارد زیرا همانطور که امنیت جانی و قضائی وجود ندارد، امنیت فرهنگی [نیز] برای نویسندگان موجود نیست. (همانجا)

اما البته ناگفته نباید گذاشت که علی‌رغم گلهٔ بالا، نصر در جای دیگر به گرفتن دو نشان علمی از طرف وزارت معارف اشاره می‌کند. از قراری که می‌گوید در سال ۱۳۳۳ هجری [منظور هجری قمری است] یک قطعه نشان علمی مطلا از درجه دوم و یک قطعه نشان طلای علمی از درجه اول دریافت کرده بوده است. نشان اولی به حکم و امضای میرزا نظام الدین غفاری مهندس الممالک به نمره ۱۹۸۱ و دومی به امضای میرزا ابراهیم حکیم الملک به نمره ۲۲۴ بوده است.(تاریخ زندگانی، جلد دوم، ص ۱۹) این نشان ها متأسفانه در اختیار من نیستند اما احکام آنها را نصر در دفتری جداگانه به همراه سایر احکامی که برای مشاغل مختلفش دریافت کرده بوده، گرد آورده است. این مدارک را نیز ما در انتهای

کتاب خواهیم آورد.

شِکوهِ نصر از اوضاع زمانه در جای جای کتاب به صورت مستقیم به چشم می‌خورد و می‌تواند در تحلیل نوشته ها و اقتباس های او به کار رود. در قسمتی که دربارهٔ یکی از دامادهایش، تقی نصر، در سال ۱۳۲۵ شمسی نوشته، از قدرنشناسی دولت ایران می‌گوید و به وضوح می‌بینیم که شکایت او فقط گله از کم لطفی دولت به داماد او نبوده و بُعدی تاریخی یافته است:

حقیقتهً جای تأسف و تاثر است که دولتهای ایران هیچوقت نخواسته اند مأمورین صدیق و آگاه خود را بشناسند تا بدین وسیله عده‌ای مأمور لایق و خادم فراهم کنند و بتوسط آنها ترقیاتی از هر حیث بکشور دهند — این طرز ناپسند حتی در زمان معاصر نیز تغییری نکرد چنانکه سید ابوالقاسم فراهانی ملقب به قایم مقام را با آن فضل و دانش خفه مینمایند و حاج میرزا آقاسی نادان را بصدارت عظمی‌منتخب می‌سازند ـ میرزا تقی خان امیر کبیر و اتابک اعظم را در باغ فین کاشان یعنی تبعیدگاهش رگ میزنند و اعتماد الدوله نوری را به جای او می‌گمارند. میرزا محمود خان مشاورالملک، بزرگترین منجم ایران ناظم تلگرافخانه می‌شود و ناظم العلوم بختیاری، استاد ریاضیات با تریاک و الکل خود را می‌کشد.[۱۸]

و سپس می‌گوید:

معلوم نیست کِی و در چه تاریخ این ملت بدبخت حق را از ناحق تمیز و خود را از زیر بار رنج عده معدودی، که بر او افسار زده و باین سو و آنسو می‌کشند، خلاص خواهد ساخت.

حتی در در جایی که درباره صفات داماد دیگرش ،یعنی پدر من، دکتر محمد کوثر، سخن می‌گوید، بحث را به ناسلامتی جامعه می‌کشاند و چنین می‌گوید:

---

۱۸ . جلد دوم تاریخ زندگانی، ص ۴۸

[او] در زندگی بسیار ساده و هنوز جامعه را چنانکه باید نمی‌شناسد و نمی‌داند که در این کشور مَثل دوغ و دوشاب یکی است همیشه شایع و رایج خواهد بود و البته یقین است که مرور ایام او را تعلیم خواهد داد. جوانان بیچاره این کشور همه با قلبی صاف و پاک از مدارس بیرون می‌آیند و چون در جامعه وارد می‌گردند تدریجا می‌فهمند که بیجهت بخود زحمت داده و ذره‌ای معلوماتشان برای این جامعه حق نشناس فایده ندارد و جامعه بواسطه جهل و نادانی و فقرِ عقل جز شیادی و حقه بازی بند چیز دیگری نیست- کِی و چه وقت جامعه اصلاح خواهد شد خدا می‌داند. (تاریخ خانواده، جلد دوم، ص ۵۷)

اشاره به این امر در اینجا لازم میافتد که یکی از راه هایی که نصر برای نجات جامعه از "جهل" و "فقرِ عقل" در نظر داشت همانا هنر تئاتر بود که وی آن را هنری بالامرتبه می‌دانست. عشق نصر به تئاتر و اهمیتی که او برای نیرو و قدرت صحنه و نمایش قائل بود، موجب می‌شد که او همواره این هنر را راهی برای ارشاد مردم و بهبود جامعه بداند. ما امیدواریم با چاپ نمایشنامه ها بتوانیم خواننده را با این موضوع بهتر آشنا کنیم.

نصر آخرین دوره معلمی‌خویش را در مدرسه نظام که به دست "نصرت اله خان امیر اعظم، پسر وجیه اله میرزا سپهسالار" تأسیس شده بوده و در بالا نامش ذکر گردید، می‌گذرانَد. این مدرسه پس از مدتی از عهده پرداخت حقوق معلمین بر نیامده و بنا بر نصر "تصدیقی" به معلمین مبنی بر طلب آنها می‌دهد و بالاخره نیز منحل می‌شود. پس از انحلال این مدرسه، وی تصمیم به ترک معلمی‌می گیرد:

چون مدرسهٔ نظام منحل و حال مزاجیم در نتیجهٔ چندین سال معلمی‌و مطالعات زیاد تحلیل رفته بود، ترک معلمی‌کرده به خدمات دولتی کمر بستم (تاریخ زندگانی،جلد دوم، ص ۲۴)

همانطور که قبلاً آمد، در سال ۱۳۳۲ هجری [قمری] نصر با نوهٔ دایی خود، آسیه رئیس ازدواج می کند. نتیجهٔ این ازدواج سه فرزند به نام های بی بی، احمد و سیده، مادر من، بودند.

علی نصر و هنر تئاتر

این قسمت را با نقل قولی از آقای جمشید ملک پور، پژوهشگر تئاتر، می‌آغازیم. ایشان در تحقیق مفصلی که درباره تئاتر در ایران کرده و **ادبیـات نمایشـی در ایران** نامش داده اند، در بارهٔ اهمیت علی نصر در تاریخ هنر تئاتر در ایران چنین نوشته است:

"سید علی خان نصر" در هنر نمایش ایران جایگاه ویـژه‌ای دارد. زیـرا او یکـی از بنیانگذاران گروه های نمایشی در ایران و نیز مؤسس هنرستان هنرپیشگی بـود. در کنار این فعالیت ها البته باید از نمایشنامه نویسی او نیز سخن به میان آورد چه او با تالیف بیش از پنجاه نمایشنامه و تغذیه گروه های نمایشی آن روزگار در این زمینه نیز نقش موثری داشت.[۱۹]

در کتاب تاریخ زندگانی ، نصر پس از به پایان آوردن خـاطرات دوران طفولیـت، جوانی، تحصیل و تأهل،که قسمت هـایی از آن را در بخـش قبلـی آورده‌ایـم، و افزودن شمه‌ای دربارهٔ فرزندان خویش، به مبحث تئاتر و اهمیـت آن در زنـدگی خویش می‌پردازد. در مبحثی کـه با شـماره ۶ در جلـد دوم تـاریخ زندگانی مشخص شده و "تاتر" نامش داده است، در مورد شروع عشق خود به تئاتر چنین می‌نویسد:

چهارده ساله بودم که اشتیاق وافری به تئاتر پیدا کردم و علت این بود که عده‌ای آزادیخواه گرد هم جمع گشته تئاترهای ملی و قدری انقلابـی بـرای تنـویر افکـار اهالی نوشته در پارک اتابک (محل فعلی سفارت شوروی) و خانـهٔ امین الدولـه بـه معرض نمایش گذاشتند و خوب به خاطر دارم تئاتر دوم موقعی بـود کـه محمـد علیشاه از راه ترکستان به استرآباد آمده و ارشد الدوله را به ریاست قشون نامنظم خود روانه کرده و مشارالیه تا ورامین آمده بـود. (تـاریخ زنـدگانی، جلـد دوم، ص ۵۹)

۱۹ . ملک پور، جلد سوم، ص ۱۵۵-۱۵۶

اسامی‌آزادیخواهانی که این جمعت را تشکیل داده بودند و همگی دارای مشاغل دولتی بوده ولی به نوشتن و اجرای نمایش نیز همت گماشته بوده اند را چنین می‌آورد:[۲۰]

"در اثر این اشتیاق وارد جمعیت که عبارت از آقایان سید عبدالکریم محقق‌الدوله و میرزا هاشم خان و میرزا حسن خان دبیر مخصوص و انتظام الملک (اعضاء وزارت امور خارجه) و محمد علی فرزین (عضو دارائی)، محمد علی ملکی عضو شهرداری و محمود منشی باشی بهرامی‌عضو نظمیه و حسن طبیب زاده عضو عدلیه بودند شدم. (تاریخ زندگانی، جلد دوم ،ص ۵۹)

ضمناً متذکر می‌شود که در نمایش‌های آن گروه " نقش زن را پسر بزرگ مشارالسلطنه آقای مشارالسلطان و احمد علیخان بازی *می‌نمودند.*" (همانجا) .
درباره همکاری های اولیه خود با این گروه های آزادیخواه چنین می‌نویسد:
چند پیس با این آقایان در پارک ظل السلطان که فعلاً اثری از آن نیست و در خانه اتابک در لاله‌زار و باغ ظهیرالدوله در خیابان فردوسی بازی نموده و از عوائد آن در خیابان امیریه مدرسه‌ای باسم مدرسه فرهنگ ساختیم.(همانجا)

نصر به نکته بالا در جلسهٔ بحث و مناظره‌ای که توسط انجمن کتاب در روز یکشنبه دهم اردیبهشت ۱۳۴۰ در باشگاه دانشگاه تهران برگزار شده بوده چنین اشاره می کند:

مقارن جنبش مشروطه عده‌ای از جوانان آزادیخواه که در صدد روشن کردن افکار مردم برآمده بودند و به خصوص عده‌ای از کارمندان وزارت خارجه و دادگستری دور هم جمع شدند و بفکر نمایشهای وطن پرستانه افتادند و وقتی که مشروطه خواهان قیام کرده بودند و صدای توپ در شهر شنیده میشد در پارک امین الدوله نمایشهای ملی بر ضد استبداد میدادند.(نقل از راهنمای کتاب،

---

۲۰ . آقای جمشید ملک پور بخش مفصلی از کتاب نام برده خود را به نقش روشنفکران و معارف خواهان و آزادی خواهان در به قوام رساندن آرمان های مشروطیت اختصاص داده اند. پژوهشگران تاریخ تاتر می‌توانند با مراجعه به آن کتاب از نتیجه کار ایشان بهره مند شوند.

شماره چهارم، سال چهارم، ص ۳۱۰)[۲۱]

نصر در باره اولین فعالیت های تئاتری خود در دوران مشروطه، در مصاحبه‌ای که با آقای م. دوامی‌برای اطلاعات ماهانه انجام داده بوده و به نام **"پدر تئاتر ایـران"** در آن مجله چاپ شده بوده است، چنین گفته است:

مجاهدین در سنگرها با تفنـگ و گلولـه بـرای بـه دسـت آوردن آزادی و اصـلاح نقایص اجتماعی و تامین سعادت مردم می‌جنگیدند، ولی ما روی صحنه تئاتر بـه کمک قلم و نمایش به جنگ معایب رفته بودیم. اما قلب من به من می‌گفت کـه پیروزی ما قطعی تر و وسیع تر از پیروزی های باروت است.[۲۲]

قسمتی از این مقاله با عنوان **"آتشی که خاموش نمیشود"** در مجلـه خوانـدنیها به شماره ۱۰۴، سال ۱۵ ، صفحات ۳۹-۴۰ بدون ذکر نام گزارشـگر چـاپ شـده بوده که نصر آن را هم به صفحه ۱۸۰ کتاب خطی نام برده در بالا ملصـق کـرده است. اینطور که از این مقاله بر میاید، یکی از این نمایش ها ارشـد الدولـه نـام داشته که در پارک ظل السلطان بر روی صحنه رفتـه بـوده اسـت. بنـا بـر ایـن گزارش، مدعوین، که اکثراً از رجال مملکتی بوده اند، آن چنان با کف زدن خـود پارک را به لرزه درآورده بوده اند که "مردم کوچه و بازار برای آنکه بداننـد علـت این غلغله و هیاهو چیست از دیوارها و تیغه های پارک بالا میرفتنـد و در همـین بالا رفتن ها چندین دست و پا"می‌شکنند.(ص ۳۹ همان مأخذ) از قـراری کـه در مقاله خواندنیها ذکر شده است "همان روز میر سید علی خان با خود عهـد کـرد برای اینکه جواب مثبتی باین تظاهرات پر شور مردم هنـر دوسـت بدهـد، در راه توسعه و تعلیم هنر تاتر تا آنجا که در قوه دارد بکوشد." (همانجا)

در همین مقاله نصر به آغاز نمایشنامه نویسی خود نیز اشاره کرده و از تماشـای

---

۲۱ . اقای ایوبی بدون ذکر ماخذ به این سخنرانی در صفحه ۸ کتاب خود اشاره کرده اند.

۲۲ . این نقل قول را من از مقاله ای به نام پدر تئـاتر ایـران کـه نصر بـه صـفحه ۱۷۸ مجموعـه خاطرات خطی خود در جلد "وقایع و اتفاقات از سال ۱۳۲۶" ملصق کرده، آورده ام. این مقالـه در صفحه ۲۳ مجله اطلاعات ماهانه که شـماره و تـاریخ آن در نسخه ای کـه در دسـت مـن اسـت مشخص نیست چاپ شده بوده.

نمایش بورژوا ژانتیوم[۲۳] اثر نمایشنامه نویس فرانسوی ،مولیر، که توسط فرانسویان در مدرسه آلیانس فرانسز بازی شده بوده، یاد کرده است. از قراری که مصاحبه کننده می‌نویسد، نصر پس از دیدن این نمایش آنچنان تحت تاثیر قرار می‌گیرد که فوراً به یکی از دوستان که در فرانسه بوده نامه نوشته از او درخواست مقداری کتاب راجع به هنر تاتر و پیس نویسی می‌کند و "تصمیم می‌گیرد که از پای ننشیند مگر آن که تاتر بزرگی در ایران تاسیس کند."(همانجا) یکی از نمایشنامه هایی که آن دوست برای نصر می‌فرستد همین بورژوا ژانتیوم بوده که نصر آن را به نام **"جناب خان"** ترجمه کرده بعدها به نمایش می‌گذارد. (همانجا)

آقای ایوبی نقل قولی از عبدالله مستوفی، که از قرار تحقیق ایشان، از اعضای هیأت مدیره و از مترجمان نمایش های اروپایی شرکت [شرکت علمیه] بوده، در مورد نصر می‌آورند [۲۴] به این قرار:

اول دفعه‌ای که جناب سید علی نصر هم برای بازی وارد صحنه نمایش شد، در نمایشنامه‌ای بود که من ترتیب دادم و در تالار بزرگ مسعودیه به معرض نمایش گذاشته شد. موضوع این نمایش اوضاع نظام قدیم و طرزی که باید در نظام جدید اتخاذ شود بود.(ایوبی، ص ۱۰)

متاسفانه نصر نام و تاریخ بازی های خود را قید نکرده است و حتی اضافه نکرده که کارگردانی کدام نمایشنامه ها را بر عهده داشته است. شاید بتوان چنین گفت که خضوع و خشوع و مناعت طبع او وی را از این کار باز می‌داشته و شاید بتوان چنین نیز استنباط کرد که وی به علت علاقه شدید و انکارناپذیرش به هنر تئاتر، که مورد تأیید همه کسانیست که همکار او در کار تئاتر بوده اند، همواره در تهیه همه نمایشنامه‌ها، حتی آنها که دیگران نوشته و کارگردانی می‌کرده اند، حضور داشته و لذا لزومی‌در تاکید بر اینکه در کدام نمایش نقش مستقیم تری داشته است نمی‌دیده.

---

۲۳. Le Bourgeois Gentilhomme

۲۴. آقای ایوبی ماخذ خود را ذکر نکرده اند.

اگرچه مدرسه تازه تأسیس فرهنگ که در بالا ذکر شد، سعی در اجرای مداوم نمایش داشته است، اما از قراری که نصر می‌گوید، موفقیتی پیدا نمی‌کند چه "اجرای نمایش های این جمعیت غیر منظم و سالی سه یا چهار تئاتر" بیشتر نبوده است. (تاریخ زندگانی، جلد دوم، ص ۵۹) لذا گروه تصمیم می‌گیرد شرکتی به نام شرکت تئاتر ملی در بالاخانه چاپخانهٔ فاروس در خیابان لاله زار تأسیس کند. ریاست این شرکت بر عهده سید عبدالکریم خان محقق‌الدوله بوده و هر پانزده روز یک تئاتر می‌داده است (همانجا). در این دوره عنایت الله خان شیبانی هم به این شرکت پیوسته بوده است. این شرکت یک سال و نیم دوام می‌کند و بنا بر تحقیق آقای ملک پور پس از مرگ محقق الدوله، بنیان گذار آن، شرکت از هم می‌پاشد. (ادبیات نمایشی در ایران، جلد سوم، ص ۳۷) نصر طول دوره همکاری خود با شرکت را یک سال ذکرمی‌کند و در آن مدت نمایش های زیر را می‌نویسد: (تاریخ زندگانی، جلد دوم، ص ۵۹)

تاتر یکی از عملیات انوشیروان پادشاه ساسانی و تاج گذاری هرمز
نمایش حمیده با پسر عمویش
ترجمهٔ تاتر عروسی فیگارو تصنیف بومارشه Baumarchais به اسم عروسی حسن وکیل باشی.[۲۵]

تأسیس کمدی ایران

پس از یک سال همکاری با شرکت تئاتر ملی، نصر به علت مأموریت اداری به اروپا می‌رود. در باره فعالیت های تئاتری خود در فرنگ و بازگشت خود به ایران چنین می‌نویسد:

چون به فرنگستان رفتم در آنجا چندی در تئاتر آنتوان در پاریس کار کرده صورتسازی را [نیز] بخوبی آموختم و در مراجعت چون آقای باقرف رشتی در لاله زار گراند هتل را بر پا کرده و جنب آن سالونی که پانصد نفر جا میگرفت

---

۲۵ . متاسفانه این نمایشنامه ها در دست ما نیستند.

ساخته[۲۶] *و تمام لوازم آنرا از صندلی و غیره فراهم کرده بود برای ماهی چهار شب اجاره نموده شرکتی باسم کمدی ایران تاسیس و امتیاز آن را از وزارت معارف گرفتم.* (تاریخ زندگانی، جلد دوم، ص ۵۹)

و اما انتخاب اسم کمدی ایران برای شرکت بی شک متأثر از دوران اقامت نصر در فرانسه و مطالعاتی است که در آنجا درباره تئاتر به طور کلی و برنامه‌های کمدی فرانسز COMEDIE FRANCAISE به طور اخص انجام داده بوده است. آقای ملک پور در بارهٔ کمدی ایران چنین می‌نویسند: "*تأسیس کمدی ایران در سال ۱۲۹۵ شمسی توسط "سید علی نصر"" اولین گام جهت ایجاد گروه های نمایشی حرفه‌ای ثابت در ایران بود.*"(ملک پور، جلد سوم، ص ۳۱) ایشان در عین حال که یادآوری می‌کنند که این موضوع به معنای آن نیست که در آن دوره گروه های حرفه‌ای پا گرفته باشند، تاکید می‌کنند که "*آغاز تشکیل*" گروه های حرفه‌ای را " *باید از این دوره به بعد به حساب آورد. چنان که کلیه‌ی این تلاش ها بالاخره با افتتاح تاتر دائمی‌تهران [*منظور تماشاخانه تهران است که نصر بنیان‌گذارش بود] *در سال ۱۳۱۸ شمسی به ثمر می‌نشیند و پس از این واقعه است که ما شاهد گروه های حرفه‌ای ثابت در سال های بعد هستیم.* (همانجا)

آقای داریوش اسدزاده[۲۷] که از هنرمندان قدیم تئاتر و هنرجوی هنرستان هنرپیشگی بوده‌اند نیز چنین معتقدند که نصر با تأسیس کمدی ایران "*اعتبار و آبرویی به تئاتر بخشید و سبب شد بدنامی‌و نامطلوبی تئاتر در نگاه عامه مردم کمتر شود.*"به قول ایشان وقتی نصر "*در هیأت یک مرد دولتی، مسئولیت "کمیسیون نمایش" را در "سازمان افکار" [منظور سازمان پرورش افکار است]*

---

۲۶ . آقای ملک پور در پانوشت شماره ۲ صفحه ۳۷ از جلد سوم ادبیات نمایشی در ایران به این فرضیه که برخی فکر ساختن چنین سالنی را به نصر منسوب می‌دارند اشاره کرده اند. با توجه به آنچه نصر آورده است ساختن تالار ابتکارخود آقای باقرف بوده و نصر ادعایی در مورد تشویق او به این کار نداشته است ولی از خلال نوشتهٔ او چنین استنباط می‌شود که شاید او اولین کسی بوده است که از این سالن به عنوان یک تئاتر بهره برداری کرده است.

۲۷ . متاسفانه آقای اسدزاده که ما از خاطرات ایشان بسیار بهره بردیم در طول نوشتن این جستار درگذشتند. یادشان ماندگار است.

به عهده می‌گیرد" و به دنبال آن "هنرستان هنرپیشگی و تماشاخانهٔ تهران را تأسیس می‌کند" به هنرمندان تئاتر "چهره‌ی تازه و اعتبار و آبرویی" می‌بخشد. (صفحه ۴۳ از کتاب تماشاخانه تهران به روایت داریوش اسد زاده)

در صحبتی که با آقای دکتر احمد اشرف، جامعه شناس و استاد ارجمندم داشتم، ایشان نیز بر همین نکته تأکید می‌کردند که علاوه بر تأسیس هنرستان هنرپیشگی، که از خدمات مهم علی نصر بوده است، و دایر کردن یک تئاتر مستقل، به این مسئله نیز باید توجه کرد که "وی موجب شد تئاتر در جامعه ایران جایی برای خود باز کند و به عنوان یک هنر مورد توجه قرار بگیرد و بازیگری هنر باشد و نه "مطربی" به معنای غلطی که در زبان فارسی از این کلمه مستفاد می‌شد." بنا بر دکتر اشرف "از این نظر شاید بتوان شباهتی بین نصر و کلنل علینقی وزیری دید ـ اولی در زمینه تئاتر و دومی در زمینه موسیقی."

اعضاء کمدی ایران در بدو امر عبارت بوده اند از خود نصر، محمود منشی باشی، محمد علی ملکی و عنایت الله شیبانی که قبلاً هم با او در شرکت مدرسه فرهنگ همکاری داشتند. بعداً برادرش سید محمد نصر، فرخ صبا و کمال الوزاره نیز به این شرکت وارد می‌شوند. (تاریخ زندگانی، جلد دوم، ص ۵۹). مدیریت این شرکت با خود نصر بوده است . لازم است توجه کنیم که از قراری که او خود تأکید می‌کند، در اوان کار "نقشهای مهم و صورت سازی و رژیسوری [کارگردانی] " را شخصاً عهده دار بوده است. (همان کتاب، ص ۶۰)

متاسفانه نصر در مورد نحوهٔ اجرای نمایشنامه ها، نام بقیه کارگردانان، یا به قول خودش "رژیسور"های آنها ، و حتی هنرپیشگان اطلاعات چندانی نمی‌دهد. اگرچه بنا بر آنچه در بالا آورده‌ایم در یک جا اشاره می‌کند که خود بیشتر اوقات در ابتدای کار "نقشهای مهم"، "صورت سازی" و "رژیسوری" را عهده دار بوده است ولی به جزئیات نرفته نقش هایی که بازی کرده یا نمایشنامه هایی که کارگردانی کرده را دقیقا نام نمی‌برد. در یک مورد خاص و آن هم در جایی که دربارهٔ پسر ازدست رفته‌اش سخن می‌گوید به بازی خود اشاره می‌کند. این در قسمتی است که در مورد پسرش احمد و نازک دلی او نوشته است. در آنجا درباره یکی از نقش هایی که خود ایفا نموده بوده چنین می‌گوید:

گاهی او را با خود به تاتر میبردم و یاد دارم در شبی که تاتر Les Fourberies de Scapin *بازی میشد و نقش اسکاپن را خود عهده دار بودم در آنجائیکه اسکاپن خود را باصطلاح به مرگ میزند نتوانست تاب بیاورد [منظور احمد است] و به پشت صحنه دویده میخواست به بیند پدرش چه شده و چه بسرش آمده است و چون مرا صحیح و سالم دید آنقدر خوشحال شد که حد نداشت.* (تاریخ زندگانی، جلد دوم، ص ۵۰)

در مجموعه نمایشنامه هایی که ما در دست داریم این نمایشنامه را نصر حسن جنی نام داده است . [۲۸] به دنبال این روایت نصر اشاره دیگری به عکس العمل پسرش به نمایشنامه حسن رعیت، که از کارهای اولیه‌اش است ، می‌کند. اگرچه با اطمینان نمی‌توانیم بگوییم ولی تحلیل جمله زیر و استفاده از کلمه "بازی" به جای نمایش شاید اشاره به این باشد که در آن نمایش هم نقش اول با خود او بوده است. در ارتباط با مطلب این اشاره را هم اینجا می‌آوریم:

"در بازی دیگری که به اسم حسن رعیت برای سوسیالیستها نوشته بودم [احمد] گریه زیادی کرد و می‌پرسید آیا حال رعایای ایرانی همیشه اینطور خواهد بود؟ (همانجا)

نصر از مردان و زنانی که در کمدی ایران تربیت تئاتری دیده بوده اند چنین نام می‌برد:

دکتر مهدی نامدار ، سید رضا هنری و آقا رفیع حالتی، محمود ظهیرالدینی، محتشم، معز دیوان فکری، فضل‌اله بایگان، سید مهدی فصیحی، میرزا نصراله خان و عظیمی. (تاریخ زندگانی ، جلد دوم، ص۵۹)

از قرار در آن دوره زنان مسلمان در تئاتر بازی نمی‌کرده اند اما نام تعدادی از

---

۲۸ . این نمایشنامه با عنوان های "نیرنگ های اسکاپن"توسط آقای نادعلی همدانی و "تردستیهای اسکاپن" توسط آقای بدرالدین مدنی به ترتیب در سال های ۱۳۵۴ و ۱۳۶۵به فارسی برگردانده شده است. و بعد از انقلاب نیز توسط چند گروه به روی صحنه رفته است.

زنان هنرمند بدین ترتیب آورده شده است:*"سارای کلیمی، لوسی ارمنی و مرضیه ترک".* (همانجا) به دو خانم هنرمند دیگر که اسمشان برده نشده نیز فقط با عنوان "دو خانم ارمنی" اشاره شده است.(همانجا) در مقاله‌ای که آقای ایوبی از نصر با عنوان **"دیدگاه های علی نصر دربارهٔ تاثیر تاتر در جامعه "** در انتهای کتاب خود آورده اند، نصر به بانوان ساره و شمسی اشاره می‌کند که در کمدی ایران فعال بوده اند. (ایوبی، ص ۱۸۵) اما در متن خطی که ما در دست داریم نام ایشان ذکر نشده و احتمال دارد "ساره" همان "سارای کلیمی" باشد لیک می‌توان چنین پنداشت که این دو نام اشخاص دیگری بوده و از قلم نصر در **تاریخ زندگانی** افتاده باشند. آقای جمشید ملک پور هم به خانم ملوک حسینی، سارا خاتون و شکوفه اشاره میکنند که به گروه کمدی ایران پیوسته بوده اند ـ اینان نیز از قلم نصر افتاده اند.

نصر درباره کمدی ایران و خدمت خود در تاسیس آن چنین اظهار نظر می‌کند:

با این شرکت خدمات مهمی‌به عقیده خود بکشور نموده و در روشن کردن افکار زحمت زیادی کشیدم و حتی بدولتها کمک نمودم بدون اینکه ذره‌ای تشویقم نمایند یا دیناری کمک و استعانتم کنند چون وضعیت دولت و جامعه همیشه برایم روشن و واضح بوده و میباشد. من هرچه کرده ام برای عشق به میهن و جامعه بوده و هرگز انتظاری از کسی نداشته و توقعی ننموده ام. (تاریخ زندگانی، جلد دوم، ص ۶۰)

شاید دلیل اینکه نصر در خاطرات خود در مورد خدماتش به تئاتر ایران به جزئیات بیشتری نپرداخته است همین کدورت خاطر باشد.

در پایان این مبحث نصر فهرستی از نمایشنامه هایی که خود تصنیف یا اقتباس کرده[۲۹] ارائه داده و در پایان آن مجدداً گله‌مندی خود را از دولت ابراز میدارد:

رویهمرفته چنانکه فوقا صورت داده شد تا اواخر دیماه ۱۳۲۵ سی و دو تئاتر

---

۲۹ . این فهرست بعدا خواهد آمد.

تصنیف و شصت و نه تئاتر ترجمه و اقتباس کرده و سی و یک منلگ[۳۰] *نوشته ام و نه دولت و نه ملت هیچکدام قدردانی ننموده بلکه کارشکنی نیز کرده اند در صورتیکه اگر در مملکت دیگری چهار یا پنج تاتر نوشته بودم امروز از حق تصنیف آن مرفه الحال زندگانی می‌نمودم. فاعتبروا یا الوالابصار.*(تاریخ زندگانی، جلد دوم ، ص ۶۶)

فعالیت در سازمان پرورش افکار

نصر با این اظهار ناامیدی که در بالا ذکر شد، قسمت مربوط به تئاتر و خدمات تئاتری خود را در جلد دوم خاطرات خود به پایان آورده به خدمات اداری و سیاسی خود می‌پردازد ولی در جلد سوم تاریخ زندگانی خانواده مجدداً به مبحث مورد علاقه خود یعنی هنر تئاتر بازمی‌گردد و آن دفتر را با تئاتر می‌آغازد و از میان خدمات دولتی خویش این بار به شرح خدمت خود در سازمان پرورش افکار، که در اواخر سال ۱۳۱۷ شمسی به دستور رضا شاه و به قول نصر "برای تنویر افکار ایرانیان" [۳۱] پایه گذاری شده بود، اشاره می‌کند. (تاریخ زندگانی، جلد سوم، ص۱۲۱) رئیس این سازمان، وزیر فرهنگ و ناظر آن، نخست وزیر بوده است[۳۲]. از قراری که نصر می‌نویسد فعالیت این سازمان تا سال ۱۳۲۰ شمسی ادامه می‌یابد. بنا بر آنچه نصر می‌نویسد این سازمان در هر سال در چهارم یا پنجم اردیبهشت جشنی بر پا می‌کرده و گزارش فعالیت های خود را به اطلاع عموم می‌رسانیده است. (تاریخ زندگانی، جلد سوم، ص ۱۲۲) نصر در بسیاری از نمایشنامه های خود، نظیر نمایش **حرف های بکر** و **زندگانی آقا محمد**، و برخی دیگر، به اهمیتی که این سازمان از نظر او داشته است، اشاره می‌کند.

این سازمان به کمیسیون های زیر تقسیم شده بوده است (تاریخ زندگانی، جلد

---

۳۰. مونولوگ

۳۱ . در تأسیس کمدی ایران دیدیم که یکی از آمال نصر هم برای تئاتر روشنگری و روشن کردن افکار بود.

۳۲ . در این دوران وزیر فرهنگ علی اصغر حکمت و محمود جم نخست وزیر بوده است.

سوم ، ص ۱۲۱):

کمیسیون سخنرانی یا کنفرانس به ریاست مظفر اعلم، وزیر امور خارجه
کمیسیون رادیو به ریاست محمد حکیمی، معاون وزارت پست و تلگراف
کمیسیون کتاب های درسی به ریاست غلامحسین رهنما
کمیسیون موسیقی به ریاست سرگرد مین باشیان
کمیسیون مطبوعات به ریاست محمد حجازی
کمیسیون نمایش به ریاست علی نصر

کمیسیون نمایش، بنا بر آنچه نصر می‌نویسد، در تمام ایام سال "*هفته‌ای یک مرتبه در سالن دارالفنون در خیابان ناصر خسرو و در دبستان باغ فردوس یک سخنرانی که منضم به چند قطعه موسیقی و یک نمایش بود میداد.*" (تاریخ زندگانی، جلد سوم ، ص ۱۲۲)

نصر تکیه می‌کند که " *کلیه نمایش ها را من عهده دار و یک کنفرانس هم راجع به اهمیت تاتر و تاثیر آن در جامعه شخصا دادم*".[۳۳] بالاخره و با توجه به استقبال تماشاگران، کمیسیون نمایش به اجرای نمایش در کانون بانوان نیز اقدام می‌کند. تعداد نمایش هایی که برای پرورش افکار داده بودند را نصر ۵۱ نمایش ذکر می‌کند که بی شک تعداد بسیار قابل توجهی است.(تاریخ زندگانی، جلد سوم ، ص ۱۲۲)

در همین دوران است که نصر به قول خود "برای اینکه تاتر سر و صورتی در ایران پیدا نماید" (همانجا) به فکر دایر نمودن هنرستانی برای آموزش هنرپیشگی و کارگردانی تئاتر میافتد.

تأسیس هنرستان هنرپیشگی

در صفحه ۱۲۲ از جلد سوم تاریخ زندگانی، در ذیل قسمتی که **۱۰- پرورش**

---

۳۳. آقای وحید ایوبی این سخنرانی را در ملحقات آخر کتاب خود در صفحات ۱۷۹-۱۸۸آورده اند. برای مطالعه آن به کتاب ایشان مراجعه شود.

افکار نامش داده است، در مورد تأسیس هنرستان هنرپیشگی چنین می‌گوید:

برای اینکه تاتر سر و صورتی در ایران پیدا نماید هنرستانی باسم هنرستان هنرپیشگی دایر نموده و زنان و مردان در سال اول که دورهٔ آن یکسال بود استقبال شایانی نموده و چندین دفعه هیئت دولترا بهنرستان دعوت نمودم تا از ترقی هنرجویان مستحضر گردند.

خانم معصومه تقی پور مجموعه ای را که از برخی نمایشنامه های تک پرده‌ای علی نصر به چاپ رسانیده اند، با نقل نقل قولی از علی نصر، که در کتاب دستنویس آقای فضل الله بایگان مشاهده کرده بوده اند، آغاز می‌کنند.[۳۴]

اکنون که مدرسه‌ای نیست [منظور برای آموزش تئاتر است] و وزارت فرهنگ هم به این کار علاقه‌ای ندارد و شاید کفر هم می‌داند، چرا ما باید ساکت باشیم؟ نباید این ذوق خداداد در جوانان ما کشته شود. باید به وسائل ممکن تشویق کرد تا روزی بتوانند به مقصود نهایی خود برسند. (تقی پور، نمایشنامه های تک پرده، ص ۱۲)

این گفتهٔ نصر ، که دست اندرکاران تئاتر آن دوران نیز بر آن اذعان دارند و پایین تر ملاحظه خواهیم کرد، تأکید بر این امر دارد که اگرچه هنرستان هنرپیشگی زیر چتر کمیسیون نمایش قرار می‌گرفته است، پایه گذاری آن کاملاً به ابتکار خود نصر و به علت عشق عمیقش به تئاتر بوده و بستگی به برنامه ریزی سازمان پرورش افکار و سایر نهادهای دولتی نداشته است. با داشتن همین هدف، نصر فعالیت های خود را در سازمان پرورش افکار ادامه می‌دهد و زمانی نمی‌گذرد که به آرزوی دیرین خود جامه عمل می‌پوشاند و در تایخ ۱۵ اردیبهشت ۱۳۱۸ هنرستانی را افتتاح می‌کند که در درجه اول به آموزش هنرپیشگی اختصاص داشته است.(تاریخ زندگانی، جلد سوم ، ص ۱۲۳) آقای داریوش اسد زاده در

---

۳۴ . خانم هایده بایگان فرزند آقای فضل الله بایگان این کتاب را در اختیار خانم تقی پور قرار داده بودند ولی از آنجا که متاسفانه آن کتاب هرگز برگردانده نشد، خانم بایگان نتوانستند آن را در اختیار من بگذارند لذا مطالعه مستقیم نوشته های این دوست و همکار دیرین نصر برای این بنده ممکن نشد.

مصاحبه خود با آقای غلامحسین دولت آبادی و خانم اعظم کیان افراز در بارهٔ
هدف نصر از تأسیس هنرستان هنرپیشگی می‌گویند:

سید علی خان نصر عاشق تئاتر بود و هدفش این بود که برای آینده تئاتر ایران
پشتوانه سازی کند. او که خود مرد دولتی و مورد اطمینان حکومت بود بهترین
راه برای ادامه‌ی تئاتر در ایران را تأسیس جایی برای آموزش تئاتر می‌دانست.
(اسدزاده، تماشاخانه تهرا ن، ص ۲۰)

آقای جمشید ملک پور "مهم ترین خدمت نصر به هنر تئاتر را" در "مدیریت و
برنامه‌های آموزشی" می‌دانند "که بالاخره منجر به تاسیس هنرستان
هنرپیشگی در سال ۱۳۱۸ شمسی" می‌شود. (ادبیات نمایشی، جلد سوم، ص
۴۴) در صفحه ۲۶۴ همان کتاب آقای ملک پور پس از اینکه اشاره می‌کنند که
هنرستان به دنبال تعطیلی کلاس تئاتر شهرداری که آقای دریا بیگی به وجود
آورده بودند، تاسیس شده بوده، در باره این هنرستان چنین می‌نویسند: "سید
علی نصر در نظر داشت هنرستان را تبدیل به "کنسرواتوار هنرهای نمایشی"
کند و ریاست هنرستان را نیز خود برعهده داشت و ضمناً تاریخ تاتر و نمایشنامه
نویسی و کارگردانی تدریس می‌کرد." ایشان در دنباله چنین نتیجه می‌گیرند که
"این هنرستان را باید پایه دانشکده هنرهای دراماتیک و دپارتمان تاتر دانشکده
هنرهای زیبا دانست که سال ها بعد تاسیس شد." آقای دولت آبادی نیز در
یکی از سؤالهایشان از آقای اسدزاده جمع بندی خود را به صورت پرسش چنین
می‌آورند که "... شکل گیری نگاه آکادمیک و آموزشی به تئاتر در ایران به عنوان
یکی از هنرها که باید تعلیم داده شود نخستین بار توسط نصر به جامعه و دولت
وقت ایران القا شد؟ " درجواب، آقای اسدزاده این برداشت را درست دانسته بر
آن تأکید می‌کنند. (اسدزاده، ص ۲۰)

بر اساس آنچه نصر نوشته است بودجه این هنرستان از عوارضی که طبق
تصویبنامه‌ای توسط شهرداری تهران از بلیط های سینما و تئاتر گرفته می‌شده،
تأمین می‌گشته است. (تاریخ زندگانی، جلد سوم، ص ۱۲۲) آقای اسدزاده نیز به
این نکته که شهرداری به بودجه هنرستان کمک می‌کرده است اشاره دارند.
(اسدزاده، صفحه ۲۱)

از قرار، هنرستان با استقبال زیاد زنان و مردان روبرو می‌شود. به طوری که تعداد کسانی که از دوره افتتاحیه در هنرستان ثبت نام کردند "۸۲" نفر بودند که از میان آنان "دوازده نفر بانو و دوشیزه بودند " (تاریخ زندگانی، جلد سوم، ص ۱۳۱) خانم ها هایده بایگان[۳۵] و مرسده بایگان و برادرشان عنایت‌الله بایگان، [۳۶] فرزندان آقای فضل‌الله بایگان، که همکار نصر در کمدی ایران و استاد هنرستان هنرپیشگی بود، از جمله هنرجویان و هنرآموزان دوره اول هنرستان بوده اند که بنده از طریق مادرم افتخار آشنائیشان را داشته و دارم.

گزارش نصر به هیئت دولت در پایان سال اول هنرستان

نصر در پایان سال اول هنرستان، هیئت دولت را به جشنی که هنرستان بر پا کرده بوده دعوت میکند و گزارشی به اطلاع آنان می‌رساند که ما عیناً در اینجا می‌آوریم:[۳۷]

هنرستان هنر پیشگی شعبه ایست از کمیسیون نمایش و کمیسیون نمایش یکی از هفت کمیسیون فرعی سازمان پرورش افکار است. هنرستان هنرپیشگی در ۱۵ اردیبهشت ۱۳۱۸ افتتاح یافت و به طوریکه مستحضرند دو ماه پس از افتتاح مقرر گردید کمیسیون نمایش در برنامه هفتگی سازمان پرورش افکار شرکت نموده و هر هفته نمایشی توسط هنرجویان داده شود. با وجود اشکال زیادی که این شعبه از حیث نوشتن نمایشنامه و حاضر کردن هنرجویان تازه کار داشت، معذلک در اثر همت و جدیتی که به عمل آمد این اِشکال مرتفع و کمیسیون نمایش موفق گردید که نه تنها در سالن دارالفنون و باغ فردوس شرکت کند بلکه در کانون بانوان نیز از چند ماه پیش نمایشهایی داده و می‌دهد.
علاوه بر کامیابی در این باب افتخار بزرگی نصیب کارمندان کمیسیون نمایش و هنرجویان در این مدت شده و آن عبارت از شش نمایش است که در پیشگاه

---

۳۵ متاسفانه در طول تهیه این پژوهش خانم هایده بایگان درگذشتند. روانشان شاد و همیشه زنده است.

۳۶. عکس های این هنرمندان در کتاب گنجانده شده است

۳۷ . تاریخ زندگانی، جلد سوم، ص ۱۲۳- ۱۳۳

شاه و خاندان جلیل سلطنتی داده شده است. رویهمرفته در این مدت برای [سازمان] پرورش افکار و کانون بانوان پنجاه و یک نمایش داده شده که ۳۰۴۰ نفر در آنها شرکت کرده اند.۳۸

چنانکه در گزارش سالیانهٔ کمیسیون نمایش در پنجم اردی بهشت امسال در سالن دارالفنون وعده داده شد، پس از امتحان نهایی از اول خرداد ماه هفته‌ای یکمرتبه روزهای سه شنبه نمایشی علاوه بر آنچه عرض شد در این سالن داده شده است و چون ملاحظه گردید اهالی پایتخت استقبال شایانی از این بابت دارند و رغبت همگان بنمایش زیاد است و در پایتخت وجود یک تماشاخانه دائمی از ضروریات است با تمام اشکالاتی که از آن مستحضرند بهمراهی بعضی از هنرآموزان و تمام هنرجویان ۳۹ تصمیم گرفتم این مشکل را از پیش بردارم و بحمدالله موفقیت حاصل کرده و از اول بهمن ماه تماشاخانه دائمی شروع شد که برنامه آن در هر هفته نو و تجدید میگردد و تا امروز در همین سالن هشتاد و یک نمایش داده شده است.

مجموع نمایشنامه هائیکه تا بحال نوشته شده ۱۰۱ و مصنفین آن از اینقرار:

خودم ۶۹

آقای فکری ۶

آقای حالتی ۵

آقای بایگان ۸

آقای شیبانی (عنایت الله) ۲

آقای گرجی ۵

آقای گرمسیری (علی اصغر) ۲

آقای سارنگ ۱

آقای امینی ۱

آقای فضلی ۱

بطوریکه ملاحظه میفرمایند این سالون بسیار کوچک و برای تمرینات است و چون بیش از صد و پنجاه صندلی گنجایش ندارد هر شب کارکنان تماشاخانه بواسطه نبودن جا از گروه زیادی که با شوق و رغبت بتماشاخانه می‌آیند پوزش

---

۳۸. این باید تعداد کل همه تماشاگران نمایش ها باشد

۳۹. آیا اساس تمایزی که نصر بین هنرجو و هنرآموز قائل شده از نظر سنی بوده است؟ برای ما روشن نیست.

می‌طلبند که بعقیده این بنده اخلاقاً پسندیده نیست و بهمین جهت از موقع استفاده نموده از هیئت محترم دولت خواهش مینمایم بذل توجهی در این باب بفرمایند که تا تماشاخانه شهرداری در خیابان فردوسی تمام نگشته پایتخت دارای تماشاخانه دائمی‌و آبرومندی از حیث جا و تزئینات باشد.
هزینه تماشاخانه از بودجه هنرستان بکلی جدا و هیچ کمکی از طرف دولت یا سازمان پرورش افکار بآن نمی‌شود. سرمایه آن کار و زحمت این بنده و بعضی از هنر آموزان و جدیت هنرپیشگان و استقبال اهالی پایتخت است ولی موقعیکه سالن آبرومندی با کمک سازمان پرورش افکار مهیا گردد برای اجاره و تزئینات آن نیازمند بکمک هزینه از طرف دولت خواهیم بود.

پس از این اشاره نصر سخنان خود را درباره هنرجویان و درسهای هنرستان چنین ادامه می‌دهد:

چنانکه در ابتدای گزارش خود عرض کردم هنرستان هنرپیشگی در پانزدهم اردی بهشت ۱۳۱۸ با داشتن ۸۲ نفر هنرجوی رسمی‌و غیر رسمی[۴۰] که دوازده نفر آنها بانو و دوشیزه بودند افتتاح گشت و درسهایی که به آنها آموخته شده عبارتند از تاریخ نمایش و انواع آن و تاریخ لباس و تزئینات و آرایش و رخ سازی و سلفژ علمی‌و عملی و رقص های سالن و بالت و ادبیات و روان شناسی و طرز بیان(همانجا).[۴۱]
از این ۸۲ نفر چهل نفر از امتحانات علمی‌و عملی قبول گشته اند که امروز گواهی نامه آنها داده میشود. از ۳۲ نفر بقیه[۴۲] سه نفر بانو در اثر بیماری درگذشته اند و پنج نفر از امتحان نهایی رد گشته و ۲۴ نفر بواسطه غیبت و یا

---

۴۰ . نصر به هنرجویان «رسمی» و «غیر رسمی» در هنرستان اشاره می‌کند. به نظر می‌رسد که منظور از هنرجویان غیر رسمی‌باید هنرجویانی نظیر مرسده بایگان باشند که به علت صغر سن نمی‌توانسته اند هنرجوی رسمی‌به شمار آیند

۴۱ . باتوجه به متن سخنرانی متوجه می‌شویم که برنامهٔ درسی هنرستان نه تنها بسیار مفصل و متنوع بلکه پیشرو نیز بوده است.

۴۲ . در اینجا اشتباهی باید رخ داده باشد چون جمع دانشجویان با یک حساب ۷۲ و با حساب دیگر ۸۲ می‌شود. منبع دیگری برای محاسبه در دست نیست. ولی به هر روی تعداد هنرجو برای آن دوران قابل ملاحظه است.

برنیامدن از عهده امتحانات سه ماهه اخراج گردیده اند.
بنابراین با کمال افتخار عرض میکنم اینک که دوره اول هنرستان هنرپیشگی ایران باتمام رسیده و چهل نفر هنرپیشه تحصیل کرده و کارآزموده و مجرب امروز معرفی میشوند توجه هیئت دولت و سازمان پرورش افکار را بسمت آنان معطوف داشته و از آنجائیکه باید تمام رعایای دولت شاهنشاهی در هر کجای کشور که هستند از منظور مهم سازمان پرورش افکار که عبارت از تجسم نقاط ضعف اخلاق جامعه و نشان دادن راه راست و مستقیم زندگی و بالاخره شاه پرستی و میهن دوستی است استفاده نمایند و دسته هایی از این هنرپیشگان تشکیل داده باستانها و شهرستانها اقلا سالی سه ماه اعزام دارند. هزینه اینکار در مقابل نتایج نیکویی که از آن حاصل میشود ناچیز و امید است مورد قبول واقع گردد.
در پایان از آقایان معلمین سپاس گزاری نموده استدعا مینمایم هیئت محترم دولت با بزرگواری خود گواهی -نامه ها را که بسه طبقه است به هنرپیشگان مرحمت فرمایند: یازده نفر با مدال چهارده نفر با تمجید و پانزده نفر گواهی نامه ساده (تاریخ زندگانی، جلد سوم ص ۱۳۳-۱۲۳)[۴۳]

به دنبال ثبت این گزارش نصر اشاره می‌کند که " پس از توزیع ([مدارک] ، نمایش یک و دوی زن و شوهر داده شد". اصل این نمایش در این مجموعه گنجانده شده است.

نصر دوره هنرجویی را بعد از دوره دوم به دو سال افزایش می‌دهد. بنا بر گفتهٔ او یک سال از این دو سال به دروس علمی، نظیر آنچه در بالا به آن اشاره شد، و یک سال به دوره عملی اختصاص داشته است.(تاریخ زندگانی ، جلد سوم، ص ۱۳۳) نصر در مورد اینکه آیا هنرجویان برای ثبت نام شهریه می‌پرداخته اند سخنی نمی‌گوید ولی آقای اسد زاده در جواب سوال آقای دولت آبادی که آیا هنرستان از هنرجویان شهریه می‌گرفته است ، می‌گویند:

---

۴۳ . دلیل زیادی تعداد صفحات این است که نصر عکس هایی از نمایش ها و هنرمندان را در این صفحات جا داده است. این عکس ها را در کتاب گنجانده‌ایم.

خیر، رایگان بود. حتی به بعضی ها کمک هزینه‌ای در حد ماهی ۲۰ تومان می‌دادند. خودشان تحقیق می‌کردند، از خود هنرجو هم می‌پرسیدند. این کار از بزرگواری های سید علی نصر و همکارانش بود. (اسدزاده، ص ۲۳)

نصر ،که برای هنر تئاتر ارزشی والا قائل بوده است و آن را همطراز سایر رشته های علم و هنر می‌دانسته است، تصریح می‌کند که وی بعد از تهیه "پرگرام جامعی برای دورهٔ چهارم" آن برنامه را از شورای عالی فرهنگ می‌گذراند و بدین ترتیب باعث می‌شود دیپلم هنرستان ارزش سیکل دوم تحصیلات متوسطه را پیدا کند. (همانجا) آقای دکتر جنتی عطایی گرفتن این امتیاز را به دکتر نامدار نسبت داده اند (جنتی عطایی، بنیاد نمایش در ایران، ص ۷۸) که اشتباه است چه بنا بر یادداشت های نصر و تصریح آقای اسدزاده این کار در دوره او صورت گرفته بوده است. شاید این اشتباه از آنجا رخ داده باشد که در آغاز همین دوره چهارم است که نصر به نمایندگی دولت شاهنشاهی ایران در چین مأمور می‌شود و لذا مدیریت هنرستان را در تاریخ ۱۳۲۳ /۳/۲۰ به دکتر مهدی نامدار می‌سپارد. مدرک این انتقالِ مسئولیت را در این کتاب آورده‌ایم. در باره این مأموریت در جلد سوم تاریخ زندگانی چنین نوشته است:

در بهمن ۱۳۲۲ شمسی مرا خواستند و در چهارم خورداد ۱۳۲۳ فرمان ذیل درباره ام صادر گردید:

با تأییدات خداوند متعال

ما

محمد رضا شاه پهلوی شاهنشاه ایران

بنا بر استدعای جناب محمد ساعد مراغه نخست وزیر و وزیر امور خارجه بموجب این فرمان همایونی جناب علی نصر را بسمت مأمور فوق العاده و وزیر مختار خودمان در چین قرین افتخار فرمودیم.

بلافاصله زیر همین فرمان، نصر از کارشکنی های اولیاء وزارت امور خارجه اظهار شکایت کرده می‌گوید:

اینان که از قدیم الایام اتحادیه‌ای بین خود ایجاد کرده و مانعند از اینکه از وزارت خانهای دیگری کسی در آنجا رخنه کند با این انتصاب مخالفت نموده دائما کار شکنی میکردند و حوائجم را رفع نمی‌نمودند و بهمین جهت حرکتم تا سی و یکم تیر طول کشید. (تاریخ زندگانی، جلد سوم، ص ۱۵۱)

از خلال سطور خاطرات چنین برمیاید که شاید قبول این مأموریت و در نتیجه رها کردن هنرستان، بیشتر به خاطر انجام وظیفه بوده است تا علاقه. نصر در حالی که به تأثیر منش و اخلاق خود بر هنرمندان و هنرجویان، مخصوصاً زنان، اشاره می‌کند، چنین تأسف خود را نشان می‌دهد:

مادام که در رأس این مؤسسه بودم مردم با اعتمادی که داشتند، دوشیزگان یا بانوهای خود را به هنرستان می‌فرستادند ولی چون آنجا را ترک نمودم، با [وجود] تبلیغاتی که هنرستان نموده و کمک خرجهایی که معین کرده، هنرجوی اناثی تا به حال پیدا ننموده است. (تاریخ زندگانی، جلد سوم، ص ۱۳۳)

دکتر مصطفی اسکویی در کتاب خود به نام **پژوهشی در تاریخ تئاتر ایران** به واگذاری هنرستان به آقای مهدی نامدار و تماشاخانه تهران به آقای احمد دهقان اشاره کرده و به دلایلی، که روشن نکرده اند، مسئله واگذاری هنرستان و تماشاخانه را نوعی توطئه از جانب این دو شخص دیده چنین گفته اند:

سزای محبت ها و بزرگواری های نصر نسبت به دو دستیارش احمد دهقان، در تماشاخانه، و مهدی نامدار، در "هنرستان" ، گرفتن تماشاخانه و هنرستان از دست او، و دور کردن نصر از تهران، به عنوان سفیر ایران به دهلی بود. (اسکویی، ص ۱۷۵)

در تصحیح اشاره بالا باید خاطر نشان شویم که نصر زمانی این دو مؤسسه را که خود تأسیس کرده بود، به آن دو نفر واگذار کرد که به عنوان وزیر مختار چین برگزیده شده بود. دوره سفارت نصر نه در هندوستان، که آقای اسکویی اشاره کرده اند، که در پاکستان بوده و از سال ۱۳۲۸ شمسی شروع شده بود. دکتر

اسکویی سپس اشاره می‌کنند که "*نصر پس از بازگشت از مأموریت و بازنشستگی، بر اثر دل آزردگی از اعمال ناشایست دوستان قدیم تا آخر عمر، سال ۱۳۴۰، در خانه عزلت گزید.*" (همانجا) در ابتدای این نوشتار دیدیم که نصر پس از پایان خدمتش از سفارت پاکستان چند سالی به ایران بازنگشت ولی این تصمیم نباید ارتباطی به دل آزردگی او از همکاران قدیم داشته باشد. اما از خلال برخی جملات نصر، نظیر آنچه در بالا از صفحه ۱۳۳ جلد سوم خاطرات آوردیم ما هم می‌توانیم به این نتیجه برسیم که نصر از راهی که هنرستان و تماشاخانه بعد از او پیموده بوده احساس رضایت نداشته و شاید تا حدی دلگیر هم بوده است ولی از آنجا که او هرگز شکایت از چنین اموری را در شأن خود نمی‌دانست، هرگز حتی در خانواده هم سخنی در این زمینه به میان نمی‌آمد.

در اینجا لازم است از برخی از هنرجویان هنرستان یاد کنیم. همانطور که قبلاً اشاره شد، خانم ها هایده بایگان و مرسده بایگان و برادرشان آقای عنایت الله بایگان از هنرجویان و هنرآموزان دوره اول بوده اند. خانم هایده بایگان، به قول خود ایشان، همواره از حمایت، تشویق و راهنمایی ها و تعالیم نصر بهره گرفته بوده اند. خانم مرسده بایگان که از خردسالی کار هنرپیشگی را آغاز کرده و در دوران خود به شرلی تمپل ایران نیز معروف بوده اند، از توجه نصر ، که هنوز "آقا جون" خطابش می‌کنند داستان ها دارند که یکی دو تا را عینا اینجا می‌آوریم.

خونهٔ ما در انتهای لاله زار نزدیک محل سالن تابستانی تماشاخانه تهران بود. آقاجون که هر بعد از ظهر برای دیدن تمرین ها و آماده شدن نمایش ها به تئاتر می‌رفتند، سر راه به خانه ما می‌آمدند و پیشِ ددی [منظور مهدیه خانم مادرشان است که او را دَدی می‌خواندند] یک چای می‌خوردند. وقت رفتن به من می‌گفتند قلکت رو بیار و خوب یادم هست دست در جیب جلیقه شون که ساعتشون را در اون میگذاشتن می‌کردن و هرچه پول خورد داشتن، کم یا زیاد، به من می‌دادند و می‌گفتند برای آینده پس انداز کن.

این داستان به ظاهر ساده نشان دهنده ابعاد ظریف رابطه نصر با هنرمندان و خانواده آنهاست. در دنباله همین حکایت و در همان نشست، خانم مرسده

بایگان چنین اظهار داشتند که " *در ضمن خونه ما هم به نوعی یک تئاتر تابستانی بود چون آشنایانی که بلیط پیدا نکرده بودند به خانه ما می‌آمدند و از روی پشت بام ما به تماشای نمایش می‌نشستند."* این نکته برای من جالب بود چه می‌رساند که آن تئاتر و نمایش هایش چقدر مورد استقبال اهالی بوده است.

مورد دیگری که ایشان برای من گفته اند گرفتن جایزه های متعدد از نصر به علل مختلف نظیر حفظ بودن نقش سایر هنرپیشگان بوده است و اینکه ایشان می‌توانسته اند گاهی، قبل از سوفلور، اول هر خطی را به بازیگر همبازی خود برسانند. داستانی هم در مورد یک بار که نقش یتیم را بازی کرده بودند نقل می‌کنند که نه تنها نشان از هوش و خلاقیت خود ایشان در آن سن کم دارد بلکه توجه دقیق نصرِ کارگردان را به همهٔ اجراها و زیر نظر داشتن تمام بازیگری ها نیز می‌رساند و نشان می‌دهد او چگونه رابطه‌ای خاص با همه هنرمندان از کوچک و بزرگ برقرار می‌کرده است.
یک مرتبه که من نقش یتیم رو بازی می‌کردم ـ هایده هم این نقش رو قبل از من بازی کرده بود ـ خانمی که نقش عابر داشت و قرار بود از من بپرسد "دختر جون اسمت چیه؟" چون چند شب این نقش رو بازی کرده بود از من به اشتباه پرسید "مهین جون، اسمت چیه؟ " من در اونجا بلافاصله دیالوگ رو تغییر دادم و گفتم "خانوم شما همون خانومی‌نیستین که دیشب اسمم رو پرسیدین؟" و اون هم جواب داد "چرا" و نمایش ادامه پیدا کرد. آقاجون به من بعد از پایان نمایش نه تنها جایزه دادند تشویق بسیارم هم کردند.

آقای محمد علی کشاورز، هنرپیشه تئاتر و سینمای ایران نیز ، بر اساس مصاحبه شان با آقای امیر اسماعیلی، هنر جوی هنرستان هنرپیشگی بوده اند. (اسماعیلی، چهره به چهره، ص ۲۵۸) ایشان در مصاحبه خود از دقت هنرستان در انتخاب هنر آموز و هنرجو صحبت کرده از شرکت در "کنکور هنرپیشگی" و قبول شدن در آن سخن گفته اند که باید منظور همان مصاحبه، که در بالا به آن اشاره شد، باشد. از دیگر هنرمندانی که هنرجوی هنرستان بوده اند نصر خود چنین نام برده است: "اغلب آقایانی که امروز کارگردان سینما و تئاتر هستند، مانند آقای [علی اصغر] گرمسیری و مجید محسنی و عطاءالله زاهد، [محمد علی] جعفری، دکتر جنتی، [مصطفی] اسکویی و [صادق] بهرامی‌و سارنگ از

آنجا [منظور هنرستان هنرپیشگی است] بیرون آمده اند[۴۴]. (نقل از ضمیمه های کتاب آقای وحید ایوبی ص ۱۹۷)

دکتر اسکویی در مورد شرکت خود در هنرستان چنین می‌گویند:

نویسنده [منظور خود دکتر اسکویی ست] *با استاد نصر، نخست برای کسب موافقت ایشان به منظور نام نویسی (به علت آنکه واجد شرط سنی هیجده سال برای ورود نبودم) و سپس برای استماع درس "تاریخ تئاتر ایران"، که وی بر اساس جزوه خصوصی خود تدریس می‌کرد، آشنا شدم. سال ۱۳۲۱ نیز برای بازی نقش یک سیاه "گانگستر" امریکایی (جوئه)، در نمایشنامهٔ "کلوپ جانیان"* [۴۵] *انتخاب شدم. این نمایش به کارگردانی نصر بود و بیش از دو ـ سه شب بازی نشد، و بر اثر یک حرکت سیاسی علیه دولت قوام السلطنه، به شکل چپاول مغازه های خیابان لاله زار متوقف شد.*(اسکویی، ص ۱۷۴)

مدرک مهمی‌که از نصر در مورد هنرستان هنرپیشگی به جای مانده بود آلبوم مفصلی بود که در آن عکس های هنرجویان و استادان هنرستان و اسامی‌آنان جمع آمده بود. من در کودکی و نوجوانی این آلبوم را ورق میزدم و در خیال خود این نمایشنامه ها را در مقابل خود می‌دیدم. آنچه حال برای من موجب تأسف است این است که به جای پرسش از پدربزرگ درباره نمایشنامه های او، خود را به توسن خیال می‌سپردم و برای خود داستان پردازی می‌کردم. عکس های خانم ها بدری هورفر، پرخیده و آقایان گرمسیری، نقشینه و مجید محسنی هنوز از تماشای آن آلبوم در خاطر من به جای مانده است. متاسفانه این آلبوم دیگر وجود ندارد. دلیل این فقدان هم این است که پس از جانشینی جمهوری اسلامی‌بر حکومت پهلوی، مادر بزرگ من، آسیه نصر، که گمان می‌برد هنر تئاتر ممکن است در ایران اسلامی‌مورد بی لطفی قرار بگیرد، دچار ترس می‌شود و بدون مشورت با کسی، تمام صفحات آلبوم را پاره می‌کند و به این ترتیب سند بسیار مهمی‌از تاریخ هنر تئاتر ایران را از بین می‌برد. خوشبختانه پدر بزرگم تعدادی عکس از هنرجویان و استادان هنرستان را در کتاب های خاطرات خود

---

۴۴. اگر درست در خاطرم باشد آقای نصرت کریمی‌هم از هنرجویان هنرستان بوده اند.

۴۵ . این نمایشنامه در اختیار ماست.

گنجانده است که در این کتاب خواهد آمد ولی بسیاری از اسامی و عکس های هنرجویان و استادان متأسفانه از بین رفته است. تعدادی دیگر نیز، که در میان دست نوشته های آقای فضل‌الله بایگان گنجانده شده بود، همانطور که قبلاً اشاره شد، دیگر در دسترس ما نبودند. خوشبختانه پیش بینی مادر بزرگ من کاملا به وقوع نپیوست و جمهوری اسلامی ایران روی هم رفته با تئاتر از در نفاق بیرون نیامد و برخی هنرمندان تئاتر توانسته اند به کار خود ادامه دهند و در پیشرفت آن بکوشند – اگرچه جای آقای بهرام بیضایی و مقام رفیعشان در تئاتر داخل ایران خالی مانده است.

تعداد پژوهشگرانی که در دوران حاضر به تحقیق و نگارش و تهیه فیلم های مستند در مورد تئاتر و هنرپیشگان تئاتر همت گماشته اند شاهد این ادعاست که عشق به هنر تئاتر و بازیگری که نصر از مشوقینش بود کاملا در ایران زنده است. امید ما این است که انتشار این مجموعه نیز موجب افزایش اینگونه فعالیت ها شده و کسانی که خود جزو هنرجویان تئاتر بوده اند، یا اسامی برخی دیگر از هنرجویان را در اختیار دارند، بر آن شوند که با اطلاع رسانی به کسانی که به جمع آوری تاریخ تئاتر ایران به طور کلی و تاریخ آموزش تئاتر در ایران به طور اخص همت گماشته اند، مدد برسانند.

آقای داریوش اسدزاده، که ما مکرر از گنجینه خاطراتشان بهره برده‌ایم نیز، بنا بر خودشان، هنرجوی دوره سوم هنرستان بوده اند. (اسد زاده، ص ۲۱) مصاحبه ایشان با آقای دولت آبادی سند مهمی درباره تاریخ هنرستان و تماشاخانه تهران است.

آقای مجید محسنی یکی دیگر از هنرجویان هنرستان بوده است. این نکته را آقای پرویز خطیبی هم در کتاب خود به نام **خاطراتی از هنرمندان** ذکر می‌کنند. هنگام ذکر دلیل خود برای ثبت نام نکردن در هنرستان، وی به مکالمه اش با مجید محسنی اشاره کرده می‌نویسد:

به آقا [منظور نصر است که همانطور که قبلاً اشاره شد " آقا" خطابش می‌کرده اند] گفته ام که تو [منظور خطیبی است] هم مثل من عاشق هنرپیشگی هستی ولی به خاطر پدرت که از تجار باسابقهٔ لاله زار است، نمی‌توانی در

هنرستان اسم بنویسی و حالا قرار بر این شده که بیایی تا دربارهٔ اشعار فکاهی پیش پردهٔ [تو] مذاکره کنیم.

از این سخنان پی می‌بریم که در آن دوران هنوز همه طبقات با تئاتر از در آشتی درنیامده بوده اند و ظاهراً پدر آقای خطیبی نیز در آن زمره قرار داشته اند.

ما در بارهٔ آقای خطیبی و ارتباطش با نصر اندکی پایین تر سخن خواهیم گفت.

تأسیس تماشاخانه تهران

همانطور که نصر در سخنرانی خود اشاره کرده است، استقبال، به قول او، "شایان" مردم از نمایش هایی که کمیسیون نمایش به روی صحنه می‌برده است، وی را به این نتیجه رسانده بوده که "وجود یک تماشاخانه دائمی" در پایتخت "از ضروریات است". لذا وی بر آن می‌شود که به همراهی تمام هنرجویان و استادان مشکلات موجود را نادیده گرفته " تماشاخانهٔ دائمی‌را آغاز کند". (تاریخ زندگانی، جلد سوم ، ص ۱۲۴) محل تماشاخانه در همان محل سابق کمدی ایران بوده است. (تاریخ زندگانی، جلد سوم، ص ۱۳۳) .[۴۶]

نصر در این باره چنین می‌نویسد : *"تماشاخانه تهران را در همان محل سابق کمدی ایران دایر ساختم و هر ده روز بده روز برگرام را تغییر میدادم."* (همانجا)[۴۷] تماشاخانه هزینه اش از بودجه هنرستان جدا بوده و از طرف دولت یا سازمان پرورش افکار هیچگونه کمکی دریافت نمی‌کرده است. بنا بر آنچه نصر در گزارش خود بیان داشته است تنها سرمایهٔ تماشاخانه "کار و زحمت " خود او و "بعضی از هنرآموزان " و " جدیت هنرپیشگان" و "استقبال اهالی پایتخت "

۴۶. به کپی قرارداد تاسیس تماشاخانه تهران که بعدا میاید مراجعه کنید.

۴۷ . آقای ملک پور در قسمتهایی که به خدمات نصر اشاره کرده اند افتتاح تماشاخانه تهران را از قلم انداخته اند و فقط در صفحه ۳۲ جلد سوم وقتی درباره گراند هتل صحبت می‌کنند با اشاره به تغییر نام های سالن نمایش آن، نامی‌از تئاتر تهران که در واقع همان تماشاخانه تهران است می‌برند و این تئاتر را با علی نصر مرتبت نکرده اند . شاید تکمیل این قسمت را برای جلد چهارم تحقیقات خود که منتظرش هستیم گذاشته اند.

بوده است.
نصر با سربلندی به هنرمندی هنرجویان هنرستان و هنرپیشگان تماشاخانه تهران اشاره کرده چنین می‌گوید:
خوب به خاطر دارم در موقع اشغال ایران (۱۳۲۰ - ۱۳۲۴) از روسیه جمعی هنرپیشه که تحصیلات عالیه در آنجا داشته و موفق بگرفتن مدالهایی شده بودند بطهران آمده در تماشاخانه تهران بازیهایی کردند و چون هنرپیشگان ما نیز در آن شرکت داشتند روسها از مهارت آنها متعجب گشته از من میپرسیدند چگونه است که در این مدت کم به چنین ترقیاتی نائل شده اند. (تاریخ زندگانی، جلد سوم، ص ۱۳۴)

نصر از تاثیر برنامه های تماشاخانه تهران بر مردم و کسانی که به هنر تئاتر به عنوان حرفه نیز علاقه مند بوده‌اند اظهار خشنودی می‌کند و چنین می‌گوید:
با دقت و مواظبتی که داشتم روز بروز استقبال مردم زیادتر و صنعت تاتر رواج شایانی گرفت و در اثر تشویق، عده‌ای از هنرجویان دیپلمه شرکتی تاسیس کرده تماشاخانه‌ای باسم هنر ایجاد نمودند بعد اشخاص دیگری تماشاخانه هایی باسم گیتی و فرهنگ و باربد[48] *در پایتخت احداث کردند و رفته رفته در شهرستانها جوانان تشویق شده در این راه اقدامات مفیدی نمودند.*

همانطور که در بالا هم گفتیم سفر چین نصر را مجبور می‌کند که از ریاست تماشاخانه تهران و هنرستان هنرپیشگی چشم بپوشد و اولی را به احمد دهقان که حسابدار و ناظم هنرستان هنرپیشگی بود واگذارَد و دومی‌را به مهدی نامدار بسپارد.

در صفحه ۱۳۴ از جلد سوم تاریخ زندگانی خانواده، نصر در حالی که به برنامه سفر چین، که وی را مجبور به جدایی از هنرستان هنرپیشگی و رها کردن تماشاخانه تهران کرده بوده، اشاره می‌کند، با لحنی تند، که کمتر در قسمت های دیگر خاطرات مشاهده می‌شود، از اینکه بعدها تئاتر از مسیر اصلی خویش منحرف شده اظهار تأسف می‌کند:

---

۴۸ . منظور تئاتر جامعه باربد است

اما افسوس که در نتیجه ماموریت چین و واگذاری تماشاخانه تهران منظور و هدف اصلی از میان رفت و بازار تجارت آغاز گشته تماشاخانه محلی برای شیادی و هوچی گری شد .(تاریخ زندگانی ، جلد سوم، ص ۱۳۴)

و کمی‌پایین تر در همان صفحه چنین می گوید:
باری امروزکه این یاد داشت ها را می‌نویسم صنعت تاتر را از بین برده اند و هنرپیشگان بیچاره که برای زندگی مجبور به کارند همه شاکی و لعنت به متصدیان خود مینمایند.

در خاتمه این قسمت بد نیست اشاره کنیم که اقدام نصر برای تاسیس این تئاتر ، همانطور که خودش هم تاکید کرده است، دایر کردن محلی دائمی‌برای نمایش بوده است و وی آن را "تماشاخانه" نامیده بود که نامی‌عام و قابل درک برای همه فارسی زبانان باشد. با نام گذاری این تئاتر به نام "تماشاخانه تهران" قصد او البته این بود که تهران دارای تماشاخانه‌ای دائمی‌باشد تا تئاتر بتواند به عنوان یک هنر مستقل جایگاه خود را در پایتخت داشته باشد و بعد از آن سایر شهرها نیز به تهران تأسی کرده صاحب تماشاخانه شوند. از اینرو نامگذاری آن تئاتر به نام خود وی هرگز مد نظرش نبود اما بعد ها که او از مدیریت تئاتر کناره گرفت، این تئاتر اسامی‌مختلفی پیدا کرد تا بالاخره بعد از مرگش آن را به نام او، که پایه گذارش بود، تئاتر نصر نامیدند. این نام گذاری که بی شک به قصد قدردانی از او انجام شده بود، متأسفانه همزمان با دورانی شد که خیابان لاله زار افول کرده و دیگر به عنوان مرکز مدرنیته و هنر های مترقی شناخته نمی‌شد و حتی کلمه‌ای به نام " تئاتر لاله زاری" سکه زده شده بود که در ذهن آنان که تاریخ تئاتر ایران را دنبال نکرده بودند، به معنای تخفیف این هنر بود.

علی نصر در حدیث دیگران

برای شناساندن شخصیت نصر، به جز آنچه به عنوان نوهٔ او در آغاز نوشته ام، راهی بهتر از سخنان کسانی که با وی سابقهٔ هنری داشته اند، سراغ ندارم. هنرمند ارجمند، آقای علی اصغر گرمسیری، یکی از استادان هنرستان هنرپیشگی بوده است که قبل از اخذ این سِمَت، به همراهی نصر به بازیگری در

کمدی ایران اشتغال داشته است. وی در مصاحبه با آقای امیر اسماعیلی که در کتاب چهره به چهره ثبت است، دربارهٔ آشنایی با نصر و پیوستنش به جمعیت کمدی ایران چنین می‌نویسد: "جمعیت کمدی ایران، *در حقیقت نخستین گروهی بودند که تئاتر ایران را به صورت جهانی مطرح کردند و ادامه دادند.* "(اسماعیلی، چهره به چهره، ص ۲۷۸)

بنا بر آقای گرمسیری، فعالیت ایشان در تئاتر تا آخر حیات جمعیت کمدی ایران ادامه یافت تا "*آقای نصر، هنرستان هنرپیشگی را تأسیس کرد.*" (اسماعیلی، چهره به چهره، ص ۲۷۹) در این زمان است که گرمسیری به معلمی‌هنرستان گمارده می‌شود. خاطره‌ای که گرمسیری از اولین کار نمایشی خود در کمدی ایران نقل می‌کند، می‌تواند به شناخت نصر به عنوان مربی تئاتر و مدیر و برنامه ریز کمک کند. گرمسیری در ضمن اشاره به بازی در نمایش " **تا اینجوریم همین است**" ، چنین می‌گوید:

یادم هست وقتی برای اولین اجرا روی صحنه می‌رفتم، آقای نصر، که خدا رحمتش کند، زنجیر ساعتش را باز کرده و به من داد و گفت: کسانی که تازه روی صحنه می‌روند، نمی‌دانند دستشان را چگونه حرکت بدهند. شما هم چون تازه کار هستید، ممکن است دچار این اشکال بشوید. این ساعت دستت باشد که هر وقت دستت بیکار شد، با زنجیر آن بازی کنی. من هم همین کار را کردم و وقتی نمایش تمام شد رفتم خدمت استاد، زنجیر را به او دادم. استاد زنجیر را گرفت ولی بعد مرا صدا کرد و گفت دستت را بیار جلو. اول منظورش را نفهمیدم ولی بعد که دستم را مقابلش گرفتم، زنجیر را باز کرد و توی دست من گذاشت و دست مرا بست و گفت این جایزه برای بازی خوب تو در اولین شب.(همانجا)

گرمسیری که همواره عاشق تئاتر و بازیگری مانده بود، دربارهٔ تأثیر آن رفتار از استعارهٔ جالبی استفاده می‌کند و خطاب به آقای اسماعیلی می‌گوید :

این زنجیر باریک قلاده‌ای شد که یک سرش به قلب من بند بود و یک سرش به صحنه تئاتر و همین زنجیر طلای باریک بود که چهل سال مرا به صحنه تئاتر

میخکوب کرد و تصور می‌کنم اگر آقای نصر این محبت را به من نمیکرد، من هرگز کار تئاتر را دنبال نمی‌کردم. مخصوصاً که مادرم اصلاً راغب به این کار نبود و مرتب مرا از ادامهء کار منع میکرد و من مدتها در این کشاکش در گیر بودم. (همانجا)

آقای پرویز خطیبی، شاعر طنز پرداز و نمایشنامه نویس، که قبلاً به دلایل عدم ثبت نامش در هنرستان هنرپیشگی اشاره شد، در کتاب خود درباره نصر و رفتار او چنین می‌گوید:

یکی دو بار من او [نصر] را در راهروی باغ سهم الدوله، محل هنرستان هنرپیشگی، دیده و سلام کرده بودم و او در جواب من با لبان متبسم و چهره‌ای گشاده کلاهش را از سر برداشته و جواب را با یک دنیا محبت و لطف پدرانه نثارم کرده بود. (خطیبی، ص ۴۴۰)

از خلال گفته های آقای خطیبی چنین به نظر می‌رسد که رفتار و منش نصر بر او تأثیرگذار بوده. وی اولین ملاقاتش را با نصر چنین توصیف می‌کند: "*در دفتر هنرستان هنرپیشگی آقا [منظور نصر است] با قدی بلند و موهای کوتاه فلفل نمکی و لباس بسیار شیک و تمیز خاکستری ایستاده بود و فنجان چای را از دست مستخدم میگرفت.*" (همانجا) در این ملاقات نصر که از قبل شعر سرودهٔ خطیبی را مطالعه کرده بوده، از او می‌خواهدکه شعرهای فکاهیش را در اختیار مجید محسنی قرار دهد تا آن ها را در "آوانسن " ، یعنی پیش پرده ، اجرا کند. (خطیبی، ص۴۴۱) آقای خطیبی، که در جای دیگر نصر را در تئاتر نویسی "مشوق اصلی" خود می‌داند، (خطیبی، ص ۴۴۴) در اینجا از گشاده دستی او در پرداخت دستمزد هنرمندان چنین می‌گوید:

با آنکه قرار نبود بابت اولین شعر پولی دریافت کنم، اما پس از اجرای سه پیش پرده، احمد دهقان به دستور نصر صد تومان به من پرداخت[۴۹]*. برایم قابل قبول نبود که روزی بتوانم از طریق شعر ساختن پولی به دست بیاورم مخصوصاً که آن*

---

۴۹ . این مقدار بسیار بالاتر از ارقامیست که آقای اسدزاده در مصاحبه شان برای مواردی این چنین ذکر می‌کنند.

روزها برای روزنامه فکاهی توفیق هم مجانی یا به قولی افتخاری کار می‌کردم.
(خطیبی، ص۴۴۱)

به نظر نمی‌رسد که احترامی‌که هنرجویان و هنرمندان و حتی استادان برای نصر قائل بوده اند و از آن رو وی را فقط " آقا " خطاب می‌کرده اند، موجب وجود حجابی بین آنان و وی شده باشد. صحبتی که از خطیبی با او در زیر می‌آید، خود دلیل این مدعاست:

یک روز بعد از ظهر که آقا فراغتی داشت و لبخند زنان با اطرافیان صحبت
می‌کرد جرأت کردم و به او گفتم: دلم می‌خواهد یکی از نمایشنامه های من در
تماشاخانهٔ تهران به روی صحنه برود. آقا خندید و گفت: اینکه آرزوی محالی
نیست پسر جان ولی رسیدن به آن شرط و شروطی دارد. شرطش این است که
نمایشنامه های زیادی بخوانی. (خطیبی، ص ۴۴۲)

نمایشنامه‌ای که به دنبال این گفت و گو خطیبی ارائه کرده بوده، روایتی طنز آمیز از داستان امیر ارسلان نامدار بوده که در آن، این قهرمان افسانه‌ای، شخصی ترسو تصویر شده بوده است. نصر این نمایشنامه را می‌خواند و برای اجرا تصویب می‌کند. نمایش به کارگردانی رفیع حالتی و با بازیگری جمشید شیبانی در سالن تابستانی تماشاخانه تهران به مدت سه هفته به روی صحنه می‌رود. خطیبی روایتی از یکی از شب های اجرای نمایش، که بر حسب اتفاق جمشید شیبانی بیمار بوده است، در کتابش می‌آورد که می‌تواند بیانگر قسمت دیگری از شخصیت نصر باشد. نصر در آن شب از خطیبی می‌خواهد که خود نقش امیر اسلان را بازی کند زیرا کسی جز خود او نقش امیر ارسلان را از بر نبوده و نمی‌توانسته از عهدهٔ خواندن اشعار آهنگین برآید. خطیبی در عین اینکه اقرار دارد بازیگریش هرگز به پای جمشید شیبانی نمیرسیده است، از تأثیر تشویق نصر بر اعتماد به نفس خود چنین می‌گوید:

حاصل آن کار برای من حد اقل یک درس بزرگ از استادی بود که مرا به بی
پروایی تشویق کرد و به روی صحنه فرستاد. علاوه بر آن یک هدیه از او دریافت
کردم که برایم بسیار ارزنده بود. یک ساعت مچی اُمگا. (خطیبی، ص ۴۴۴)

همانجاست که خطیبی نصر را "مشوق اصلی " خود در تئاتر نویسی می‌خواند.

آقای غلامحسین نقشینه، که نقش دائی جان ناپلئونش را، حتی جوانتر ها را که کارهای تئاتری او را ندیده اند، می‌شناسند، از هنرمندانی بوده است که تحت راهنمایی های نصر کار تئاتر را مشغله روحی و جسمی خود قرار داده بوده. نقشینه در مصاحبه با آقای اسماعیلی چنین گفته است:

در آن زمان تئاتری نبود. اگر هم بود مردم نمی‌شناختند و به آن شائق نبودند. تا اینکه مرحوم میر سید علیخان نصر که در خارج بود و در چین و فرانسه تئاتر را شناخته بود، به ایران آمده و اساس تئاتر را پی ریزی کرد.[50] (اسماعیلی، ص ۳۱۵)

وی در دنبالهٔ این بحث به کمدی ایران اشاره می‌کند:

بله، در همین ایام بود که تئاتر به کوشش آقای نصر راه افتاد. ایشان یک گروه ده نفری تشکیل داده بود که اسمش را گذاشته بودند کمدی ایران[51]. این گروه عبارت بودند از مسیو[52] سید علی خان نصر، مرحوم محمود معاون مدیر مجله شهربانی علاوه بر این دو نفر، طبیب زاده و میرزا محمد علیخان ملک نیا رئیس سازمان آب شهرداری، مرحوم محمود اخوان معروف به محمود ظهیرالدینی، احمد[53] نامدار، معزالدیوان فکری و حاج رفیع حالتی و فضل الله بایگان بودند.

---

۵۰ . می‌دانیم که توجه نصر به هنر تئاتر قبل از رفتن او به اروپا و بعد چین بوده است و دیدیم که خود متذکر شد که از چهارده سالگی در کنار مشروطه خواهان با این هنر آشنا شده بدان دلبسته بوده است.

۵۱. همانطور که در قبل خواندیم تشکیل کمدی ایران، همانطور که نقشینه هم اظهار می‌کند، بعد از سفر نصر به فرانسه بوده است.

۵۲ . چون این مصاحبه به صورت صوتی انجام شده و بعد نسخه نویسی شده بوده، به نظر میرسد که یا ماشین نویس میسدعلیخان (میر سید علیخان) را به اشتباه مسیو سید علیخان شنیده بوده یا در حروف چینی کتاب اشتباهی رخ داده است.

۵۳ . منظور مهدی نامدار ست. احمد نام اول دهقان بوده است.

(اسماعیلی، ص ۳۱۶)

نقشینه در مورد آغاز کار خود به عنوان مربی در هنرستان هنرپیشگی چنین می‌گوید:

من در وزارت پیشه و هنر در قسمت معادن کار می‌کردم. آقای گرمسیری هم در همین وزارت رئیس حسابداری قند بود. اکبر دست ورز و احمد منزوی هم در قسمت نوغان کار می‌کردند. یک روز پیشخدمت آمد که آقا کارتان دارد. منظور از آقا، میر سید علی خان نصر بود که در آن زمان معاون پیشه و هنر بود.[54] وقتی به دفترش رفتم، بعد از تعارف و محبت‌های بسیار گفت: من این مدرسه هنرپیشگی را درست کردم که امثال شما بیایید. بقیه هم به هوای شما می‌آیند. من قبول کردم. دوستان هم پذیرفتند و به این ترتیب، از همان ابتدا به من و گرمسیری حکم دستیار کارگردان را دادند. من شدم معلم فن بیان و گرمسیری شد معلم تاریخ و هنر، اکبر دست ورز و احمد منزوی آمدند و ما شدیم اولین‌های این مدرسه و بعد هم گروه‌های دیگر آمدند. (اسماعیلی، ص ۳۱۸)

وقتی از خانم‌ها هایده بایگان و مرسده بایگان، که ذکرشان آمد، پرسیدم "چرا همه هنرمندان و هنرجویان و کارکنان، آقا جونم رو فقط "آقا" صدا میزدند" هر دو یک صدا و با قاطعیت جواب دادند: "برای اینکه آقا بود" و در دنبال آن هیچ نگفتند. فقط نگاهی همراه با لبخند به یک دیگر و من انداختند بدین معنی که بیش از این چیزی لازم نیست - به حکم آنکه آنچه گفته‌اند چیزی که عیان است چه حاجت به بیان است، برای هر دو روشن بود که علی نصر شخصیتی داشته است که احترام دیگران را بر میانگیخته است.

حال که از دو دوست قدیم مادرم نقل قول آورده‌ام، ناگزیرم از خواننده‌ٔ کتاب پوزش بخواهم و مجدداً به خاطره‌های شخصی خود رجوع کنم و تصویر پدر بزرگ را، که همچون یک تابلوی نقاشی در مقابل چشمم است، از نظرشان

---

۵۴. برای فهرست کارهای اداری علی نصر به فهرست فراهم آمده مراجعه کنید.

بگذرانم و بگویم:

آرام بود و مصاحبتش برای همصحبتانش آرامـش بخـش. همـواره خوشـرو بـود، آنچنان که گمان می‌کنم کمتر کسی اخمی‌بر چهره اش دیده بوده باشد. تا آنجـا کـه تـوان مالیش را داشت در بخشش گشاده دسـت بـود. قـدی بلنـد داشـت و صـورتی دلپـذیر. زمسـتانها کت و شلوار و جلیقه بـه رنگهـای خاکسـتری یـا شیرکاکائویی می‌پوشید و تابستانها کت و شلوار و جلیقه‌ای شیری رنگ. سـاعت جیبیش را در جیب جلیقه اش نگاه می‌داشت. یکی از آنها را مـادر بـزرگم بـه برادرم داد و آن یکی را به من ـ که دارمش. کلاه شاپو بـر سـر می‌گذاشت و در معبر به احترام پیر و جوان کلاه از سر میداشت و سر را با احترام خم می‌کـرد. مَنشی داشت به منتهی درجه با وقار. این را تنها من نمی‌گـویم ـ آنـان کـه او را می‌شناخته‌اند و درباره‌اش نوشته اند نیز، همانطور که دیدیم، چنین گفته‌اند.

در خاتمه شاید روا باشد که قسمت آغازین جلـد دوم تـاریخ زنـدگانی خـانواده را که نصر "**من**" نامش داده است در اینجا بیاوریم. شاید سخنان او در ایـن بخـش بتواند روزنه‌ای دیگر بر شخصیت و طرز فکرش بگشاید. وی صفحه اول ایـن کتاب را با "بسم الله الرحمن الرحیم به نستعین" می‌آغـازد و سپس کلامـش را درباره آنچه "من" خوانده است چنین ادامه می‌دهد:

برای اینکه بشر اشرف مخلوقاتی خود را ثابت و مدلل باید شخصیتی بـرای خود قائل گردیده و اصلیرا دارا باشد-همانطور که کبریایی اصل الوهیت است بشر هم باید منیت را اصل خود قرار دهد. هیچ اصلی بدون دلیل و منطق قابل قبول نیست و خود بخود از میان میرود و تاریخ این مسئله را کاملا نشان می‌دهد بدین جهت نیت بشر باید روی پایه و اساس محکمی‌بنا گردد.

کمی‌پائین تر می‌گوید:

چرا سقراط گفت خودت را بشناس و چرا محمد جد ما صلی الله و علیه و آله فرمود من عرف نفسه فقد عرف ربه برای اینکه در انسان نفخـه الوهیت دمیـده شده و اکتشافات و اختراعاتیکه تا ایـن تـاریخ شده شاهد آنسـت. شـیخ عطار

می‌گوید:

آنچه گوئی و آنچه دانی آن توئی　　　خویش را بشناس صد چندان توئی

شاه نعمت الله می‌گوید:

تو منی من توام دوئی بگذار　　　من نماندم تو هم توئی بگذار

منیت یعنی خود را شناختن و چون آدم خود را شناخت توئی از بین خواهد رفت:

من کیم لیلی و لیلی کیست من　　ما یکی روحیم اندر دو بدن گفتهٔ مولانا جلال الدین است و بیت زیر از ظهیرالدین فارابی است:

بر رگ لیلی بزد فصاد نوک نیشتر　　　عشق را نازم که خون از دست مجنون می‌رود

پس بشر وقتی من شد و معنی آدمیت را درک کرد صفات رذیله از میان رفته و آنوقت است که آنچه بر عهده دارد خوب انجام میدهد و بخود میگوید مال من است."

و به دنبال آن، فرزندان خود ، یعنی مخاطبین اصلی این کتاب ها را، مورد خطاب قرار داده چنین می‌گوید:

پدر شما این اصل را شعار خود ساخته و تا اینزمان که پنجاه و چهار سال از عمرش گذشته در هر کاری که داشته است متدین و امین بوده آزارش به احدی نرسیده و تا از قوه اش برمیامده کمک بجامعه نموده و بهمین جهت باوجودیکه تملق و تعظیم و مدیحه سرائی در ایران همیشه جاری و ساری میباشد در مقابل هیچکس سر فرود نیاورده و بحمدالله همیشه خوش و خرم و زندگی را بخوشی گذرانده است. من از شماها که بازماندگانم هستید خواستارم همین شیوه مرضیه را دنبال کنید و یقین بدانید ضرری نخواهید نمود. (تاریخ زندگانی، جلد دوم ، ص ۱)

اختتامیه

با خواندن قسمتی که بخش دوازدهم جلد سوم تاریخ زندگانی خانواده را تشکیل میدهد و "**مذاکرات با بزرگان و گفته های آنها**" نامش داده است، یک بار دیگر

می‌بینیم که نصر به انتقاد از اولیای امور می‌پردازد. از احمد شاه انتقاد می‌کند و می‌گویدکه در زمان قحطی، که موجب تلف شدن نود هزار نفر در تهران و حومه شده بوده ، به همراه "*لامبر مولیتر بلژیکی،*[55] *رئیس ارزاق، برای خرید گندم هایی که در قراء ساوج بلاغش [منظور قراء شاه است] داشت بعمارت گلستان رفته پس از شرح وضعیت رقت‌بار مردم امیدوار بودیم که دو هزار خروار گندمش را مجاناً یا بقیمت نازلی واگذار خواهد کرد ولی مع التأسف بطوریکه همه می‌گفتند پس از مستدعیات زیاد حاضر گردید که جنس را تحویل دهد مشروط باینکه از قیمت معین خرواری دو تومان زیادتر باو پرداخت شود."* (تاریخ زندگانی، جلد سوم، ص ۱۷۸) این واقعه در زمانی بوده که نصر معاونت ارزاق را داشته است.

در همان صفحه، پس از توضیحی کوتاه درباره ملاقات با محمد حسن میرزا، ولایتعهد احمد شاه، چنین می‌گوید:

ولیعهد مانند کسی که سالهای متمادی با من خصوصیت و صمیمیت دارد مرا روی صندلی نشانده بعد خودش دوزانو روی زمین نشسته دستهایش را بروی پاهایم تکیه داد و گفت علی جون من سلطنت آباد و اقدسیه را در مقابل مطالباتی که از دولت دارم از تو میخواهم و میلدارم طوری دستور تقویم قیمت آنها را دهی که چیزی بدهکار نشوم در مقابل این خدمت یک انگشتر برلیانی که پنجهزار تومان ارزش داشته باشد بتو میدهم."(همانجا)

و سپس خطاب به فرزندان چنین شکوه می‌کند " *شماها که این یادداشت را می‌خوانید کاملاً از پستی شاه و ولیعهدش مستحضر شده و خودتان علت انقراض این سلسله را درک می‌کنید."* (همانجا)

از نوشته ها اینطور برمیاید که شناخت نصر از رضا شاه از زمانی بوده که وی هنوز بر تخت ننشسته و عهده دار وزارت جنگ بوده است. یکی دو واقعه را ، که به تئاتر مربوط می‌شود، در اینجا می‌آوریم چه هر دو مورد نشان دهنده این است که رضا خان از همان دوران نه تنها به تئاتر علاقه نشان می‌داده بلکه حتی با فعالیت های تئاتری نصر هم آشنا بوده است. از قرار رضا خان در همان زمان

---

۵۵. Lambert Molitor

که سردار سپه بوده از نصر دعوت می‌کند تا برای نقد یک نمایش به وزارت جنگ برود. نصر چنین می‌نویسد:

چون بدانجا رفتم ایشان را در لباس قزاقی مشاهده کردم. سرش را بالتمام بسبک آنوقت تراشیده بود. مرا با خود سوار درشکه کرده بسمت قصر قاجار، محل ییلاقی قشون برد (در آنموقع هنوز تشکیلات آرتش داده نشده بود و همان فرم های سابق وجود داشت) در راه بمن اظهار داشت که غرض از تصدیع شما این است که من احمد شاه و وزراء و رجال دربار را برای فردا بعد از ظهر جهت سان قشون و شب نیز برای تاتری دعوت کرده ام. چون دادن تاتر را اعضای موزیک قزاق خانه عهده دار شده اند خواستم با شما قبلاً آنرا به بینم تا اگر نواقصی داشته باشد رفع نمایند. (تاریخ زندگانی، جلد سوم، ص ۱۷۸)

رضا خان و نصر نمایش را تماشا می‌کنند ولی به قول نصر، رضا خان، بدون اینکه رای او را بخواهد، اظهار می‌دارد که "نه داداش، این نمایش برای یک شاهی دیدنی نیست. خواهشدارم خود شما برای فردا شب تاتری تهیه و مرا سرافراز کنید". [۵۶](همانجا)

نصر و گروهش نمایش عروسی زورکی [۵۷] را ، که از مولیر ترجمه و اقتباس کرده بوده، در جلوی احمد شاه به نمایش می‌گذارند. از قرار رضاخان یک بار دیگر هم در زمان ریاست وزرائیش، از نصر می‌خواهد که "تاتر نادر شاه[۵۸] را در سالن باغ شعاع السلطنه" که در آن زمان محل مدرسه افسری بوده ترتیب داده و اوضاع هرج و مرج آن دوره را مجسم [نماید]. (تاریخ زندگانی، جلد سوم، ص ۱۷۹) این نمایشنامه باید همان نمایشنامه‌ای باشد که نریمان نریمانف، دربارهٔ نادر شاه نوشته است. به نظر ما می‌رسد که انتخاب این نمایشنامه فطانت رضا خان را می‌رساند و اینکه او می‌خواسته با نشان دادن ضعف برخی شاهان و استبداد برخی دیگر در احمد شاه ارعاب ایجاد کند. نقل قولی از آقای ملک پور در بارهٔ اثر نریمانف در اینجا می‌آوریم که به اثبات این برداشت ما کمک می‌کند:

---

۵۶ . این هم نشانه آن است که رضا خان میدانسته که نصر نمایشنامه هایی برای اجرا آماده دارد.

۵۷ . این نمایش را در این مجموعه آورده ایم.

۵۸ . به احتمال زیاد این نمایشنامه باید همان نوشتهٔ نریمان نریمانف باشد .

زمانی نریمانف به نگارش این نمایشنامه دست زده که ایران بیش از هر چیز از بی‌کفایتی شاهان و استبداد آنها و بالنتیجه بذل و بخشش های ارضی و سیاسی و اقتصادی آنها رنج می‌برده است به همین منظور و برای نشان دادن اوضاع حکومتی در ایران دوره قاجار روی به تاریخ کرده و زمان حکومت شاه سلطان حسین و طهماسب دوم و بعد هم حکومت نادر را موضوع نمایشنامهٔ خود قرار داده است. نریمانف از یک طرف بی کفایتی شاهانی چون سلطان حسین را نشان می‌دهد و از طرفی سفاکی و استبداد حکومت نادر را. و این دقیقاً همان چیزی است که تاریخ ایران برای قرنها بدان دچار بوده است. (ملک پور، جلد دوم، ص ۱۲۶)

نصر با گروه هنرمندان مدت دو ماه به تمرین آن نمایش مشغول می‌شود ولی از قراری که می‌نویسد:

چون احمد شاه از عواقب این نمایش هراسان شده بود از رضا خان خواهش کرد از دادن آن صرف نظر شود و مشارالیه (منظور رضا خان است) یک روز قبل از نمایش، امیر لشگر محمود آقا معروف بامیر اقتدار را نزدم فرستاده و با تشکر از زحماتم مخارجی که برای اینکار شده بود پرداخت.(همانجا)

انتخاب این نمایش ، که به قول ما، همانطور که رضا خان قصد داشته، توانسته احمد شاه را به هراس بیاندازد، نشانهٔ دیگری از آن است که رضا خان به قدرت تاثیر نمایش آگاه بوده است.

از آنجا که قسمتی از دوران خدمات اداری نصر در دوران رضا شاه بوده است، بی‌مورد نمی‌دانیم چند نمونه، که رابطه محترمانه این دو را نشان می‌دهد، در اینجا برای اختتام بیاوریم. به نظر می‌رسد که از همان دوران تاثیر اخلاق و منش نصر رضاخان را تحت تاثیر قرار داده بوده است. نصر در صفحه ۱۸۷ جلد سوم تاریخ زندگانی چنین می‌نویسد "رضا شاه که همه از او واهمه و هراس داشتند با من بی‌نهایت لطف داشت و حتی بعضی را عقیده بر این بود که مرا دوست دارد و حتی وقتی عصبانی باشد بدیدن من حالش تغییر و تسکین

می‌یابد."

از نظر من، که او را می‌شناختم و حال نظر کسان دیگری که او را می‌شناخته‌اند مطالعه کرده‌ام، این اظهار نظر، حتی در مورد آدم خشنی چون رضا شاه نیز، بعید به نظر نمی‌رسد چه به راستی ملایمت کلام و رفتارنصر، بنابر همه آنان که با او آشنایی داشتند، کم‌نظیر بود. نصر در صفحه ۱۸۶ همان کتاب می‌گوید زمانی که "آقای فروهر مرا برای معاونت وزارت پیشه و هنر در قصر سعدآباد باو معرفی نمود رضا شاه گفت ما تو را برای وزارت کشاورزی می‌خواستیم ولی دیدیم اینجا قبائی است که بقامت تو دوخت اند و بدان که ما ترا بنظر معاونت نگاه نمی‌کنیم " و به دنبال آن می‌گوید " رضا شاه امر کرده بود با وجودیکه سمت معاونت داشتم همیشه در هیئت وزیران حضور بهم رسانم" . (تاریخ زندگانی ص ۱۸۶) مواردی که رضا شاه در جلسات سایرین را تشویق به پیروی از رفتار نصر می‌کرده است کم نیست ولی ما برای جلوگیری از اطناب از ذکر آنها خودداری می‌کنیم. ۵۹ دلیل اینکه این چند مورد را هم ذکر کردیم این است که نشان دهیم آرامـش و متانت نصر رضا شاه را تحت تاثیر قرار داده بوده و لذا احترام متقابل این دو نفر را ممکن کرده بوده است.

نصر در جمع بندی از شخصیت رضا شاه در صفحه ۱۷۹ جلد سوم تاریخ زندگانی از هوش فوق العاده و در عین حال کم سوادی رضا شاه سخن می‌گوید: "رضا شاه در اوایل تصدی معلوماتی نداشت و بسیار غلط املائی مینمود که البته از این راه تقصیری باو وارد نبود لکن هوش و فطانتش بی نظیر و جز خدمت و بالا بردن ایران و ایرانی منظوری نداشت ۶۰." در صفحه ۱۸۳ از همان جلد چنین می‌گوید:" "رضا شاه شخصی جدی و سریع الخشم و بسیار با انضباط و منظم بود. چون از سربازی به پادشاهی رسیده بود مردم را خوب می‌شناخت و فرق بین خادم و خائن را میداد." بنا بر نصر ، رضا شاه صراحت لهجه را می‌پسندیده ولی اشخاص امینی که با صداقت و صراحت با او صحبت کنند دور او کم بوده انـد. در

---

۵۹ . در صفحه ۱۸۳ از کتاب سوم می‌نویسد رضا شاه "اظهار رضایتش با سکوت معلـوم میشد ولی درباره من بیش از صد دفعه رضایتش را بزبان آورد و حتی روزی گفت ای کاش ده نفر ماننـد آقای نصر داشتم."

۶۰ . یادداشتی که به صفحه ۱۸۰ کتاب خطی ملصق است و مـا در ایـن کتـاب آورده ایـم نمونـه خوبی از غلط های املائی رضا خان است.

صفحه ۱۸۶ جلد سوم تاریخ زندگانی درباره اینکه اطرافیان شاه صریح اللهجه نیستند چنین اشاره می‌کند:

" حقیقته اگر شاه را این قبیل اشخاص احاطه نکرده بودند رضا شاه کارهای مفیدی انجام می‌داد ولی افسوس که این اشخاص پست بی اطلاع جز مداحی و تملق کار دیگری نداشتند".

انتقادی که نصر از اطرافیان مدیحه گوی شاه می‌کند نظیر همان است که درباره اطرافیان محمود غزنوی در نمایشنامه فردوسی گفته بود. تحلیل درست آنچه بین محمود و فردوسی گذشته بوده البته به عهده مورخین است، اما آنچه ما در نمایشنامه فردوسیِ نصر به آن بر می‌خوریم شباهتی است که بین تحلیل او از رضا شاه و اطرافیانش از یک طرف و محمود غزنوی و اطرافیانش از طرف دیگر وجود دارد. در هر دو مورد بار انتقاد نهایی بر دوش آنان است که دور شاه گرد آمده اند. برای نصر وجودرضا شاه و رهبری او به منزله حفظ استقلال و یک پارچگی ایران بوده است لذا با نظر اغماض به شاه و نقایصش نگریسته است.

آنچه درباره آخرین صحبتش با رضا شاه، در صفحه ۱۸۸ همان کتاب می‌نویسد را در اینجا در ختم موضوع می‌آوریم:

روزیکه فردایش رضا شاه از طهران خارج و از راه بندر عباس به جزیره موریس و بعد از آنجا به جنوب افریقا رفت شب که به خانه رفتم (در اراضی باغ صبا) مستخدم اظهار داشت تا بحال چند مرتبه از دربار تلفن کرده اند و شما را خواسته اند- در آنموقع ساعت هشت بعد از ظهر بود. فوراً تلفن را گرفته تحقیقات نمودم. ناگهان صدای سرفه شاه را شنیده اظهار تاسف از غیبت خود کردم. شاه با صدای متاثر گفت " فلانی، تو میدانی این کارخانها با چه خون دلی ساخته شده و ثروت مملکت بدبخت میباشد. متخصصین آلمانی رفتند و هیچکس در آنجا نیست. اگر دو روزی بی سرپرست باشد یک مشت آهن پاره خواهد ماند. فورا از کارخانجات اصفهان چند متخصص و استادکار احضار نموده بدانجا بفرست."

در این قسمت، می‌بینیم نصر با شاه همدردی می‌کند و می‌نویسد " این دستور چنان با دلسوزی و از روی تاثر گفته می‌شد که اشک از چشمانم جاری گردید" و در دنباله، بر پیش بینی رضا شاه چنین صحه می‌گذارد و می گوید "حق با او بود" چه " بهره برداری این کارخانجات پس از یکماه به صفر رسید."(همانجا) تاثری که نصر در این خداحافظی نشان داده و در جمله آخر او نهفته است، به عقیده ما، بیش از آنکه برای خود شخص شاه باشد به خاطر تاثر شاه در ترک ایران است و نگرانیش که ثروت مملکت از دست خواهد شد. نصر شاه را برای حفظ ایران می‌خواسته است.

در به پایان آوردن مقدمهٔ زندگانی علی نصر ، در اینجا لازم می‌بینیم که از مشاغلی که وی در طول زندگانی داشته است مختصر سخنی بگوییم. همانطور که قبلاً آوردیم، نصر از چهارده سالگی به کار مشغول شده و ابتدا از راه معلمی‌گذران زندگی کرده بود. در قسمتی که **"خدمات دولتی"** نام داده است به ذکر مناصبی که داشته و حتی حقوقی که می‌گرفته می‌پردازد که برخی از آنها را در اینجا می‌آوریم. چنین می گوید:

"از امور معلمی‌که خسته شدم به پیشنهاد وزارت کشور بمترجمی‌و معاونت کلنل یالمارسون سوئدی که برای تشکیل ژاندارمری ایران استخدام شده بود منصوب گشتم." (جلد دوم از تاریخ زندگانی صفحات ۶۷ و ۶۸)

از آنجا که دلایل کناره‌گیری او از آن منصب، نمونه‌ای است برای شناخت اوضاع داخلی ایران و حدود کنترل دول خارجی ، آن را در اینجا می‌آوریم:

موقعیکه بودجه ژاندارمری فارس تدوین و ماژّر سیفورت فرمانده آن گشت کلنل خواهش نمود که سه نسخه از آن بزبان فرانسه تهیه نمایم و پس از دو سه روز که حاضر گردید و تمجید نمود که به احسن وجه نوشته شده امر نمود که دو نسخه را به سفارتهای انگلیس و روس بفرستم. من که تا آن وقت از سیاست و وضعیت کشور اطلاعی نداشتم بدو اعتراض کرده جواب دادم حاضر بانجام این امر نمی‌باشم. مشارالیه برآشفته پرخاش کرد و حتی مرا مانع کارکردنش در ایران دانست. چون یک و دو را با او جایز ندانستم از کارکردن با او دست برداشته

وارد خزانه داری کل یعنی وزارت مالیه گشتم.

در جای جای خاطرات می‌بینیم که هرگاه تصدی مقامی با اصول اخلاقی او سازگار نبوده، از آن مقام چشم پوشیده و استعفا می‌داده است. یکی دیگر از نمونه هایی که نشان می‌دهد نصر ارزشی برای مناصب اداری قائل نبوده و قصدش فقط خدمت بوده، استعفا از ریاست هیئت مدیره ایست که شهرداری برای ساختن اپرا در زمان محمد رضا شاه تعیین کرده بوده. (تاریخ زندگانی، جلد سوم، ص ۱۸۶) در همانجا می‌خوانیم که ابتدا رضا شاه او را برای مدیریت اپرایی که خیال ساختنش را داشته می‌خواسته و به فروهر که وزیر کشور بوده معرفی کرده است. عین نوشته را در اینجا می‌آوریم:

در یکی از جلسات شهرداری شاه رو به ابوالقاسم فروهر وزیر کشور نموده گفت "خان، استاد [اشاره به نصر] تا کی باید اینجا بنشیند" مشارالیه ملتفت نشد. ایندفعه شاه مرا نشانداده فرمود مقصودم این است که اپرا کی تمام خواهد شد و آقای نصر آن را اداره خواهد کرد؟ فروهر عرض کرد تا سه ماه دیگر کار اپرا تمام است. شاه از من پرسید راست میگوید یا خیر جواب دادم خیر اولاً ساختمان اپرا در صورتیکه دو میلیون تومان حاضر باشد دو سال طول خواهد داشت و ثانیاً تزئینات آن محتاج یک میلیون تومان است بنابراین اپرا به این زودی تمام نمی‌شود – شاه نگاه تحقیرآمیزی به فروهر نموده چیزی نگفت و پس از ختم جلسه بمشارالیه [منظور فروهر است] گفتم چرا چیزیکه نمی‌دانید بشاه می‌گویید و آن بیچاره را فریب می‌دهید.(همانجا)

در ادامه این مبحث و در توضیح قصد رضا شاه برای ساختن اپرا می‌گوید:

موقعیکه رضا شاه دستور زیبائی طهران را داد قسمت جنوبی خیابان علاء الدوله که امروز به خیابان فردوسی موسوم است محل اصطبل و کالسکه سلطنتی بود. رضا شاه امر نمود اپرا در آنجا ساخته شود و نقشه را از اطریش خواستند و قرار شد کوچه کلیسا عریض گشته و در مقابل آن کوچه معروف به حاج معین التجار بوشهری نیز گشاد شود که منظره جلوخان اپرا نمایان باشد. رؤسای شهرداری از روی نادانی و جهالت اراضی اطراف اپرا را به ثمن بخسی فروخته و خودشان

بساختمان آن قیام کرده و آنقدر از مصالح و کار دزدیدند که اسکلت بنا خودبخود خراب میشد و ناچار شدند سقف آنرا بکمپانی اشکودا واگذارند. (همانجا)

در دنباله این قسمت، نصر به مساله برنامه ریزی مجدد برای ساختن اپرا، ایـن بار در اوایل دوره محمد رضا شاه، که همزمان با زمان بازگشـت او از چیـن بـوده است، اشاره می‌کند. از قرار، شهرداری نصر را به سمت ریاسـت هیئـت مـدیرهٔ شرکتی برای ساختن اپرا انتخاب کرده بوده ولی چـون بـه قـول او "در بعضی روزنامها از نظر حسادت و احمقی صحبت هایی در اطراف این کار" شـده بـوده، وی از قبول این مسئولیت خود را مستعفی و به قول خودش "خـود را راحـت" می‌کند. (همانجا) البته می‌دانیم که اپرا در آن تاریخ ساخته نشد و از قـراری کـه نصر می‌گوید بنای آن "بهمان وضعیت" تا مدتی مانده "و اطرافش مزبلـه دان محل و خودش انبار عرابه ها و سایر ادوات و آلات شهرداری" شده بـوده اسـت." (همانجا)

برخی مشاغل دیگر او عبارت بوده اند از : مفتشی درجه اول بعد از کودتای سید ضیاء الدین طباطبایی و رضا خان، معاونت ارزاق، ریاسـت ممیـزی کـل کشـور، معاون اداره خالصجات مملکتی، ریاسـت انحصـار دولتـی تریـاک، پیشکار مالیـه کرمان، پیشکار مالیه اصفهان، پیشکار مالیه خراسان، رئیس موسسه بـرق تهـران، انتصاب به حکومت مازندران به دستور رضا شاه، معاون وزارت پیشـه و هنـر و بازرگانی، معاون وزارت کشور، وزیر پست و تلگراف و تلفن، وزیر مختـار ایـران در چین، سفیر ایران در پاکستان و مشاور مخصـوص هیئـت نماینـدگی ایـران در پنجمین مجمع عمومی‌سازمان ملل در سال ۱۹۵۰.

نصر جلد سوم تاریخ زندگانی را با بخش ۱۴ که "تقسـیم دارائـی و شمـه‌ای از اوضاع" نامیده است، به پایان می‌رساند. این قسمت را چنین می‌آغازد:

چنانکه مکرر در این تاریخ / منظور خاطرات است/ ذکر نموده ام هر چه داشته و دارم دارائی است که خود تحصیل نموده و بعلاوه تماماً حلال و طیّب است زیرا مال احدیرا در این سی و شش سال خدمتی که تا این تاریخ کرده ام زیر و رو نکرده دیناری رشوه نگرفته و دیناری از احدیرا حیف و میل ننموده ام. از حیث

کمک نقدی و کمک جنسی و کمک فکری به خیلی اشخاص نموده و بـدون اینکه توقعی از آنها داشته باشم زندگانی کرده ام – چنـد نفری را از مـرگ نجات داده بخود و خانواده شان کمک کرده و کمک رسانیده ام بـاین جهت باصطلاح مردم حتی الوتد فی الجدار یعنی تا میخ دیوار مال خود من است". ۶۱

دارائیش پس از سال ها خدمت دو قطعه زمین بـوده کـه یکی را بـه پسـرش بخشیده و پس از مرگ فرزند به همسر خود، آسیه، داده بوده و قطعه دیگری که هنگام ازدواج مادر من به او بخشیده بود، کـه او بـا فروش آن بـرای خـود خانه‌ای خریده و مدتی با پدر و مادر همگی در زیـر سـقف آن زنـدگی می‌کـرده انـد. در مقابل این تقسیم دارایی، و از آنجا که ذکری از دختر دیگرش بی بی نکرده و سهمی به او اختصاص نداده، تاکید می‌کند که " مخارج بی بـی را ماننـد دخـتری که پدرش میلیونر باشد مدتیکه اروپا بود پرداختم و بتصـدیق مـامورین دولـت از هیچکس کمتر نداشت و بخوبی و راحتی زندگانی نمود".

در جمله آخر که حکم وصیت نامه را هم دارد آرزو می‌کنـد کـه " آنچـه بـرایم باقیمانده امیدوارم کفاف مدت زنـدگانی خـوم و مادرتـان را بدهـد و در زنـدگانی محتاج بکسی نشوم." ۶۲

شاید مُحق باشیم برای اختتام کلام بیتی از حافظ را، کـه خـود او در مونولـوگ یک فال از حافظ آورده است، در اینجا در رثای او ذکر کنیم:
حافظا لطف حق ار با تو عنایت دارد
باش فارغ ز غم دوزخ و شادی بهشت

علی نصر با احترام زیسـت و خـاطره‌ای نیـک از خـود در دل و اذهان آنان کـه می‌شناختندش باقی گذاشت. کمال خوشوقتی من است که شـنیدم در کاشـان، شهر مورد عشق و محبت نصر، به همت آقای اکبر رضـوانیان ، کـه هنـوز فـیض دیدارشان نصیبم نگشته، تئاتری به نام او و در بزرگداشت او بـه نـام تماشاخانه نصر تأسیس و مشغول فعالیت است و بسی باعث افتخار اسـت کـه تماشاخانه

۶۱ . تاریخ زندگانی، جلد سوم، ص ۱۹۵

۶۲ . تاریخ زندگانی، جلد سوم، ص ۱۹۶

تهران / تئاتر نصر قرار است به همت شهرداری تهران تبدیل به موزه تئـاتر ایـران گردد. در خانه‌ای که به نام خاندان طباطبایی به خانه طباطبائی‌ها موسوم است، و من در یکی از سفرهای اخیرم موفق به دیدنش شدم، ویترینـی بـه علـی نصـر اختصاص داده شده بود و به این ترتیب یاد آور خدمات فرهنگی و تئـاتری ایـن فرزند کاشان گشته بودند. این فرزنـد همـواره بـه شـهری کـه اصـلش بـدان بـاز می‌گشت می‌نازید.[۶۳]

فهرست نمایشنامه‌ها و مونولوگ‌ها

نصر دو فهرست از نمایشنامه هایی که نوشته است را در دو مجموعه مختلف بـه خط خود گردآورده است. یک فهرسـت را در جلد دوم خـاطرات آورده و در آن نام نویسنده هایی را، که کارشان را ترجمه و یا اقتباس کـرده اسـت، نیـز عنـوان کرده است. فهرست دیگر در کتاب خطی دیگریسـت کـه آن را بـه جمـع آوری امثال و حکم فارسی اختصاص داده و در کنار آن جُنگی از نوشته های متفرقه در باره آداب و رسوم، تقویم ایرانی و غیره نیز ثبت کرده است. در آن فهرست فقـط به انتخاب علامت اختصاری "تص" بـرای تصـنیف و "ت" بـرای ترجمـه بسـنده کرده است. نوشته ها به سه قسمت شده اند: نمایشنامه ها، مونولوگ ها و لطایف و گفتارهایی که اکثراً برای رادیو تهیه شده بوده اند. در فهرستی که در جلد دوم تاریخ خانواده آمده و مأخذ ما بوده، یک صفحه جا افتاده است و لـذا شـماره نمایشنامه ها قطع شده و بعد از شماره ۲۰ به شماره ۳۴ می‌رسیم. از آنجـا کـه نمایشنامه شماره ۲۰ در آخر صفحه ۶۰ آمده و نمایشنامه ۳۴ در اول صفحه ۶۳ قرار دارد، و نصر هم اشاره‌ای برای تصحیح به این مورد نکرده،به نظر ایـن بنـده، صفحات ۶۱ و ۶۲ که پشت و روی یک برگ بوده انـد را کسـی بعـد از او از ایـن جلد خارج کرده است و چون دو صفحه با قطع ۲۳ سانتیمتر در ۳۳ سـانتیمتر قاعدتاً با ذکر ۱۳ نمایشنامه پر نمی‌شده است لذا باید چنین انگاشـت کـه ایـن صفحات نیز مانند بسیاری از صفحات خاطرات حاوی چندین عکس بوده است و

---

۶۳. نگارنده در سفری که چند سال پیش به کاشان داشت موفق شد این ویترین را در اتاقی که به مفاخر کاشان اختصاص داده اند ببیند. در این ویترین پوستری به علی نصر و تئاتر اختصاص داده او را از جمله افراد شهیر کاشان آورده بودند. ما عکسی قاب کرده از نصر را بـه آن مـوزه اهدا کرده ایم.

حدس من این است که یا کسی از افراد خانواده و یا شخصی از محققینی که آنها را از مادر بزرگم به امانت می‌گرفته اند ،آن برگ ها را به خاطر عکسهایشان از کتاب جدا کرده باشند. خوشبختانه، همانطور که ذکر شد، فهرستی دیگر در کتابی دیگرداریم که این نقص را جبران می‌کند و ما عکسی از آن آن فهرست را نیز به طور جداگانه در کتاب می‌آوریم.

تئاترهای تصنیفی و تألیفی[۶۴]

۱- حسن رعیت در سه پرده که برای حزب سوسیالیست[۶۵] نوشتم.
۲- کار آگاه در سه پرده.
۳- روزنامه ذوذنب در سه پرده که برای جشن روزنامه فکاهی ناهید نوشته بوده.
۴- تا اینجوریم همین است. در سه پرده
۵- کورس کبیر در سه پرده
۶- در جزیرهٔ لی لی پوت ها یک پرده
۷- قوزی سه پرده با شعر. [در این نمایش نصر خود بازیگر هم بوده است]
۸- یک و دوی زن و شوهر [اشاره شد که در حضور احمد شاه و رضا خان اجرا شده بوده]
۹- طلسم خانم بزرگ یک پرده
۱۰- خانم خانه دار در یک پرده
۱۱- سه خواهر خجول در یک پرده
۱۲- یتیم در یک پرده . [عکس خانم هایده بایگان را در نقش دختر یتیم در کتاب خاطرات آورده است.[۶۶]]
۱۳- آشتی کنان زن و شوهر در یک پرده
۱۴- حرف های بکر در یک پرده

---

۶۴ . به نظر میرسد که منظور نصر از تألیفی نمایشنامه هایی باشد که اقتباس کرده است.

۶۵ . متأسفانه این نمایش، که می‌توانست جنبه انقلابی تر نصر را به ما نشان دهد، در دست نیست . وی در قسمتی که درباره پسرش احمد نوشته است به اجرای این نمایش اشاره کرده که ما در این مقدمه آورده‌ایم.

۶۶ . در مصاحبه با خانم مرسده بایگان دریافتم که ایشان هم بعدها نقش دختر یتیم را بازی کرده بوده اند.

۱۵- زندگانی فردوسی در سه پرده
۱۶- یک بخش از زندگی در یک پرده
۱۷- گلنار و نوروز در سه پرده [در این مجموعه آورده‌ایم]
۱۸- نتیجهٔ تعدد زوجات
۱۹- عروسی آقا حسین آقا [در این مجموعه گنجانده‌ایم]
۲۰- تحلیل

+++

۳۴- چاه مکن بهر کسی، اول خودت دویم کسی در سه پرده اثر لابیش[۶۷]
۳۵- لن ترانی را پس بگیر در یک پرده ترجمه از لابیش Labiche[68]
۳۶- عنایت و دخترش در یک پرده ترجمه از لابیش
۳۷- مجید و خانمش دریک پرده ترجمه از لابیش
۳۸- قدم اول در یک پرده ترجمه از لابیش
۳۹- دو خجالت کش در یک پرده ترجمه از لابیش
۴۰- محجوب دیوان در سه پرده ترجمه از لابیش[۶۹]
۴۱- خسرو خان اوقاتش تلخ است در سه پرده ترجمه از لابیش
۴۲- سی و هفت شاهی جناب میرزا در یک پرده [در زیر اقتباسات از لابیش آمده است و ما به همین نام در مجموعه آورده‌ایم.]
۴۳- پدر بیسوادی بسوزد در یک پرده ترجمه از لابیش[۷۰]
۴۴- پز دادن به درد نمی‌خورد در دو پرده ترجمه از لابیش
۴۵- نه نه صمد در یک پرده ترجمه از لابیش (در این نمایش مرسده بایگان نقش اصلی را داشته است.)
۴۶- حاج حکیم باشی در یک پرده ترجمه از لابیش
۴۷-مجید و کلفتش در یک پرده ترجمه از لابیش

---

۶۷ . اینجا نصر کلمه ترجمه را جا انداخته است

68 . بیشتر ترجمه های نصر در واقع اقتباس بوده اند ولی معمولاً از این واژه استفاده نشده و به کلمه ترجمه اکتفا شده است

۶۹ . این شماره در اصل به اشتباه ۴۹ نوشته شده که تصحیح گردید

۷۰. نصر شماره ۴۳ را در لیست خود جا انداخته و بعد از شماره ۴۲ شماره ۴۴ را نوشته است. این اشتباه را ما تصحیح کردیم.

۴۹- پری در یک پرده ترجمه از لابیش

۵۰- عجول دیوان در یک پرده ترجمه از لابیش

۶۰- عروسی حسن وکیل باشی در سه پرده ترجمه از بومارشه

۶۱- استر و مردخای در سه پرده ترجمه از Racine

۶۲- تاجر ونیزی در سه پرده ترجمه از شکسپیر

۶۴- حسن جنی در سه پرده ترجمهٔ Les Fourberies de Scapin اثر مولیر. در خاطرات آمده است که نقش Scapin را نصر خود بازی کرده بوده.

۶۵- بدری جون در دو پرده ترجمه و اقتباس از مولیر

۶۶- حسادت آمدلی در یک پرده ترجمهٔ Jalousie de Barbouille اثر مولیر [در مجموعه حاضر آمده است]

۶۷- عروسی زورکی در یک پرده ترجمهٔ Mariage Forcé اثر مولیر. همانطور که در بالاتر اشاره شد، این نمایش را نصر در جلوی احمد شاه قاجار اجرا کرده بوده است. آقای ملک پور هم ذکر می‌کنند که این نمایشنامه توسط نصر در سال ۱۳۱۹ به روی صحنه برده شده است.] (ملک پور، جلد سوم، ص ۴۵)

۶۸- جناب خان در سه پرده ترجمهٔ Bourgeois Gentilhomme اثر مولیر. (آقای ملک پور در صفحه ۴۵ جلد سوم ادبیات نمایشی این نمایش و

---

71. نمایشی است به نام The Game of Love and Chance

نمایش عروسی زورکی را از کارهای مهم هنرستان می‌دانند که به اجرای نصر
در سال ۱۳۱۹ بر صحنه رفته بوده اند)

۶۹- طلبکار و بدهکار در یک پرده ترجمه از مولیر

۷۰- عوام فریب سالوس در سه پرده ترجمه   Tartuffe   اثر مولیر

۷۱- نجفقلی بیک در سه پرده ترجمهٔ   George Dandin   اثر مولیر

۷۲- مگر ول می‌کند در سه پرده ترجمه از مولیر

۷۳- دکتر زیرک در یک پرده ترجمهٔ   Le Medecin Volant   اثر مولیر

۷۴- حاج مفتون الایاله در سه پرده ترجمهٔ   Monsieur de
Porceaugnac   اثر مولیر[۷۲]

۷۵- میرزا قهرمان در یک پرده ترجمهٔ   Le Sicilien ou l'Amour
Peintre   اثر مولیر

۷۶- پزشک اجباری در سه پرده ترجمهٔ   Le Medecin Malgre Lui   اثر
مولیر[۷۳]

۷۷- راه آهن نصف شب در دو پرده ترجمه از   Ludovic Helevy

۷۸- بال ماسکه و فوکس ترت در یک پرده ترجمه از   Marc Michel et
Albert Maurin

۷۹- ناپلئون تنها در سه پرده ترجمه از مارک میشل و آلبر مورن

۸۰- چگونه هنرپیشه شدم در دو پرده ترجمه از مارک میشل و آلبر مورن

۸۱- مهرانگیز و سیاوش در سه پرده ترجمه از مارک میشل و آلبر مورن

۸۲- این هم یک جور عروسی است در یک پرده ترجمه از مارک میشل و آلبر
مورن

۸۳- کوچول موچولو در سه پرده ترجمه از مارک میشل و آلبر مورن

۸۴- پذیرایی گرم در یک پرده ترجمه از مارک میشل و آلبر مورن

---

۷۲. این نمایش در سال ۲۰۱۵ توسط گروه نمایش سام به کارگردانی خانم سوسن فرخ نیا به
روی صحنه رفته است.

۷۳. نام فرانسوی بیشتر نمایش های مولیر را از سواد نامه ای که نصر در جواب یکی از
دانشجویان ایرانی دانشگاه سوربن پاریس به نام آقای اسحاق نعمان، نگاشته نسخه برداری
کرده‌ایم. در آنجا نصر به دو نمایشنامه دیگر ، خسیس   L'Avare   و میرزا سبحان   Tartuffe
نیز اشاره کرده . نصر نمایشنامه دوم را با عنوان عوام فریب سالوس در جلدهایی که ما در
اختیارداریم آورده و نام شخصیت اصلی را در آنجا فقط "آقا" خوانده است.

مونولوگ ها[۷۴]

---

۷۴ . در زیر این عنوان نصر چنین آورده: " ابتکار و اشاعه منلگ های اجتماعی و انتقادی در تـاتر و رادیو از کارهای هفت سال قبل من است و آنچه تا بحال نوشته ام ذکر میشود"
۷۵ . شماره گذاری مونولوگ ها از ماست.

---

۷۶ . پدر بزرگم به این شخصیت رمان ویکتور هوگو فوق العاده علاقمند بود و به ظلمی که در مقابل دزدیدن یک قرص نان به وی وارد آمده بود معترض. هرگاه این داستان را می‌گفت اشک از چشمش جاری می‌شد.

نصر در پایان این فهرست ها که در تاریخ دی ماه ۱۳۲۵ شمسی نگاشته شده، با اشاره به گله‌ای که از دولت و ملت هر دو دارد می‌نویسد:"۳۲ *تاتر تصنیف و ۶۹ تاتر ترجمه و یا اقتباس کرده و سی و یک منلگ نوشته ام و نه دولت و نه ملت هیچکدام قدردانی ننموده بلکه کار شکنی نیز کرده اند*" . نصر با وجود ذکر این مطلب اشاره‌ای به اینکه این کارشکنی ها به چه صورت بوده و عاملین آن چه کسانی بوده اند نمی‌کند.

دربارهٔ نمایشنامه های علی نصر

آقای جمشید ملک پور در بخش سوم از جلد سوم کتاب " ادبیات نمایشی در ایران" در آن قسمت که به نصر پرداخته است برای نصر در هنر نمایش ایران "جایگاه ویژه‌ای" قائل است و پس از اشاره به اینکه او یکی از بنیانگذاران گروه های نمایشی در ایران و نیز مؤسس هنرستان هنرپیشگی بوده است به تالیفات نمایشی نصر و اهمیت آنها در " تغذیه گروه های نمایش آن روزگار" اشاره می‌کنند.[۷۸] خوانندگانی که این نوشتار را به اینجا رسانده اند، بی شک فهرست نمایشنامه هایی که او ترجمه و اقتباس کرده را از نظر گذرانده و به میزان فعالیت خستگی ناپذیر او پی برده اند. در صفحه ۶۶ جلد دوم تاریخ زندگانی خانواده، نصر تعداد نوشته های خود را "تا آخر دیماه ۱۳۲۵ " تصنیف سی و دو تاتر، ترجمه یا اقتباس شصت و نه تاتر و نوشتن سی و یک مونولوگ ذکر کرده است. قطعات رادیویی که در سال های بعد نوشته و کتاب های علمی‌که قبلاً چاپ کرده بوده را در این شمارش نیاورده است.

برای درک دیدگاه نصر از تئاتر و تاثیر آن در جامعه، باید ابتدا از اخلاق و اخلاقیات که برای وی مهمترین مقام را در زندگیش داشت سخن گفت.

---

۷۷ . در آخر این فهرست نصر شماره ۱۰۱ را که مربوط به نمایشنامه هاست وارد کرده وارد کرده و در مقابل آن نوشته است نیرنگ اقدس. ما این نمایش را در فهرست نمایشنامه ها با شماره ۱۰۰ مشخص کرده ایم.

۷۸ . در قسمت بررسی موضوعی نمایشنامه ها به انتقادات ایشان به برخی از نمایشنامه ها اشاره خواهیم کرد.

اگرچه نصر به کرّات در نوشته های خود فرزندانش را مورد خطاب قرار داده و درباره اخلاق و اهمیت آن برای هر فرد و به دنبال آن برای استحکام زیربنای جامعه و پیشرفت آن سخن گفته است ولی شاید برای خواننده این کتاب آنچه او به طور خلاصه در مقدمه‌ای که بر کتاب دانش و اخلاق برادرش، سید ولی الله نصر، که قبلاً بدان اشاره شد، نوشته است ، از هر چیز موجزتر و موثرتر باشد. در آنجا که در اخلاق و منش برادر سخن می‌راند می‌گوید برادرش " برای اصلاح جامعه بخود رنج فراوان" می‌داده است چه به قول او "خوب شدن بآسان و ریاضت کم صورت نمیگیرد". وی سپس عقیده خود را به این نظر برادر میافزاید:

" بعقیده بنده هر فردی باید بهر وسیله که دارد خوبی را بیاموزد و مردم را براه راست بیآورد. همانطور که عالم بی عمل بگفته سعدی علیه الرحمه زنبور بی عسل میماند کسی هم که در هدایت هم‌نوع خود کوشش ننماید و بگوید من فقط خود را نیک میکنم شخصی است خودپسند و خودپسندی عیبی است بزرگ." (دانش و آخلاق، ص ۳)

با این اشاره بلافاصله چنین نتیجه گیری می‌کند که " مسلمان یعنی سلامتی نفس داشتن خوب بودن و همه را به نیکی ترغیب کردن و به ترک صفات مذمومه وادار داشتن." و بالاخره اشاره به آیه قرآن می‌کند و می‌گوید "مقصود از المومنون اخوه" برادری خشک و خالی نیست بلکه هزاران نکته باریکتر از مو اینجاست".(همانجا)

انتقادهای اجتماعی و سیاسی او هم بیشتر انتقاد از اخلاق فردی، اخلاق جامعه و همچنین پایبند نبودن عُمّال مملکتی به اصول اخلاقی است. نمایش **قوزی** که در این کتاب آمده است نمونه بسیار خوبی از انتقاد نصر از انحطاط اصول اخلاقی در جامعه است.

نصر نمایشنامه نویس رابابد در سایه همین عقاید شناخت چه اخلاق برای او اساس همه چیز و در واقع فلسفه زندگانیش بوده است و تئاتر در حکم وسیله‌ای برای القاء آن عقاید . از زبان ملیحه در نمایشنامه **تا اینجوریم همین است**

می‌شنویم که تئاتر "مدرسه‌ای اخلاقی" است که " "تمام معایب را مجسم می‌کند " و بالاخره نظر نصر را درباره نقش تئاتر در جامعه ، که می‌تواند موجب روشنگری جامعه شود، در پایان نمایشنامه **حرف های بکر** به خوبی در می‌یابیم. در این نمایش ، قبل از پایین آمدن پرده، همگان با هم چنین می‌خوانند:

به نمایش برو اکنون بنگر
زشتی خویش نمی‌دانی اگر
در نمایش بنمایند به تو
زنگ زشتی بزدایند ز تو

البته نباید منکر شد که نصر در برخی نمایشنامه ها انگار به عمد و به اصطلاح خودمانی ـ برای شیر فهم کردن تماشاگر ـ به نتیجه گیری های اخلاقی بس واضح می‌رسد که گاه اغراق آمیز بوده و از لطف نمایشنامه نویسی او تا اندازه‌ای میکاهند ولی بی شک این نوع نتیجه گیری ها هم ریشه در اصول اخلاقی او داشته اند . همانطور که دیدیم، کسانی که نصر را میشناخته و به اهمیت اخلاق نزد او پی برده بوده اند، او را در گفتارها و نوشته هایش به علت همین پایبندی به اصول اخلاقی ستوده اند.

اما در برخی منابع دیگر به اشاراتی گاه گذرا و گاه نهفته برمی‌خوریم حاکی از آنکه این منابع نتوانسته اند نصر را شخصیتی مستقل و جدا از مناصب و مشاغلی که بر عهده داشته ببینند. کاملاً روشن است که این منابع، فرهنگی که نصر با آن بار آمده بوده، اعتقاداتی که در شکل گیری او و نظریاتش نقش داشته، خانواده‌ای که در آن رشد کرده، تاثیر برادر مشروطه خواهش که در دوره اول مجلس به وکالت انتخاب شده بود و همه جا به سرسپردگی به اخلاق و اخلاقیات شناخته بود،[۷۹] و مشروطه خواهی خود او از نوجوانی و علاقه او به تئاترهای دوران مشروطه، مطالعه عمیق او از ادبیات فرانسه، به خصوص مولیر، همه و همه را نادیده گرفته و لذا مورد توجه قرار نداده اند. شاید علاوه بر این بی توجهی‌ها بتوان به جهت گیری سیاسی روشنفکران دوره پهلوی دوم و عدم

---

۷۹ به برادر بزرگش دکتر سید ولی اله نصر و مسئله اخلاق و شباهت های اخلاقی دو برادر قبلاً اشاره کرده ایم.

التفاتشان نسبت به گذشته و تاریخ آن ، و در نتیجه طرد تمام آنچه به هر عنوان با دوره رضا شاه مربوط می‌شد، اشاره کرد. کم لطفی به آنچه عنوان "اوانگارد" به آن تعلق نمی‌گرفت نیز البته در شمار این دلایل قرار می‌گیرد. البته خواننده ممکن است گمان بَرَد که ما در اینجا مسئله کمبود منابع را ، که یکی از مهمترین عوامل در عدم شناخت دوره یا افراد هر دوره‌ایست، از قلم انداخته‌ایم. مخصوصاً شاید به نظر خواننده‌ای که اهل پژوهش است این عامل از همه عوامل اساسی تر باشد چه متاسفانه نصر در دوران خود به انتشار نوشته های خود اقدام نکرد. ولی آیا تعداد قلیل مصاحبه هایی که با نصر در دوران زندگی و در سال های بازنشستگی وی شده بود، نشانه‌ای از این نوع بی توجهی ها نسبت به این شخصیت نیست؟

دانشجویی به نام آقای اسحق نعمان،که پس از فارغ التحصیل شدن از هنرستان هنرپیشگی و به دنبال آن دانشکده ادبیات دانشگاه تهران ، برای ادامه تحصیل به فرانسه رفته بوده و در دانشگاه سوربن ادامه تحصیل می‌داده و دربارهٔ **مولیر و تئاتر مدرن ایران** رساله دکتری می‌نوشته، برای نصر نامه‌ای فرستاده از او سوال هایی کرده بوده است. نصر آن نامه را با نظم همیشگی خود نگهداری کرده بدان پاسخ داده و سواد پاسخ خود را هم نگاه داشته است. ما اصل نامه آقای نعمان را به این کتاب ضمیمه خواهیم کرد ولی در اینجا برخی نکات آن را مورد توجه قرار می‌دهیم.

آقای نعمان در پرگراف چهارم نامه خود چنین می‌نویسد:

جناب آقای نصر
پس از مطالعاتیکه در این باره اخیراً کرده ام بر من پوشیده نیست که به یقین میتوان جنابعالی را پدر تآتر جدید در ایران دانست. بخصوص آنچه راجع به مولیر در ایران است بیشتر متوجه شما میگردد. زیرا اکثر پیس های مولیر ترجمه و یا اقتباس جنابعالیست و حتم دارم نمایش آنها برای اولین بار زیر نظر جنابعالی بوده و بازی و میزانسن آنها اعم از سالون عمومی و یا در سالن پرورش

افکار زیر نظر شما اجرا شده.[۸۰]

و اندکی پایین تر، آقای نعمان از کمبود اطلاعات خود درباره نصر می‌نویسد و به این نکته اشاره می‌کند که نتوانسته است مدارک کافی در مورد نصر به دست بیاورد تا "چنانچه شایسته است بذکر آن حقایق " بپردازد.
کاملاً واضح است که این دانشجوی دانشگاه سوربن، که دو سال پس از اینکه نصر هنرستان را به مهدی نامدار سپرده بوده در هنرستان هنرجو بوده، نصر و خدمات تئاتری او را می‌شناخته است. لیک به نظر می‌رسد که این شاگرد از عدم توجه دیگران به خدمات نصر شِکوِه دارد. در ادامه وی چنین می‌گوید:

در سخنرانی که آقای دکتر پرویز خانلری استاد دانشگاه راجع به" نثر فارسی در دورۀ اخیر" در مجمع نخستین کنگرۀ نویسندگان ایران ایراد داشته و تمام متن سخنرانی ایشان و دیگران در آن کنگره بهمان اسم بچاپ رسیده، قسمتی را نیز به تآتر اختصاص داده اند.

سپس آقای نعمان چنین اظهار نظر می‌کند:
بعقیدهء من سخنران محترم در باب معرفی جنابعالی و زحمات شما در راه تآتر جدید ایران کوتاهی کرده یا از آن آگاهی نداشته و فقط نامی‌از تاسیس شرکت کمدی ایران تحت ریاست جنابعالی برده در صورتیکه برعکس درباره شناسایی آقای نوشین سخنی مفصل رانده است.

البته چون ما متن سخنرانی آقای دکتر خانلری را در دست نداریم ، نمی‌توانیم اظهار نظر دقیقی در این مورد ارائه دهیم ولی به نظر می‌رسد که آقای نعمان، که خود به خدمات نصر واقف بوده ، از اینکه ترجمه ها و اقتباسات نصر و تاسیس هنرستان هنرپیشگی همگی نادیده گرفته شده متعجب بوده اند . دلیل اینکه آقای خانلری فقط به خدمات آقای عبدالحسین نوشین، که به راستی شایستگی تعریف را هم داشته اند، توجه کرده و از خدمات نصر به سرعت گذشته بوده اند، برای ما روشن نیست ولی شاید بتوان گفت متاسفانه رگه هایی از برخی نکات،

---

۸۰ می‌دانیم که قبل از نصر مولیر هم ترجمه شده و هم اجرا گردیده بوده. برای این نکته رجوع کنید به کتاب آقای جمشید ملک پور، بنیاد نمایش در ایران.

که بدان در بالا اشارت داشتیم، حتی در کلام استاد بزرگی چون دکتر خانلری هم یافت می‌شود چه در زمان این سخنرانی دست یافتن به نمایشنامه های نصر و آشنایی با نثر او، به خصوص در زمینه طنزی که بی تعارف به راستی استادانه در اقتباس هایش به کار می‌برده، چندان مشکل نمی‌بایست بوده باشد.

نصر در پاسخ آقای نعمان، با فروتنی ذاتی خویش ، تنها به ذکر نام کتبی که چاپ کرده و نمایشنامه هایی که نوشته بوده اکتفا می‌کند و سپس اسامی‌فرانسوی آنچه از مولیر ترجمه و اقتباس کرده را می‌آورد اما در مورد خدمتش به تئاتر ـ از آنجا که می‌داند روی سخنش با دانشجویی است که در هنرستان هنرپیشگی تحصیل کرده و لابد با خدمات او آشناست ـ تنها به این بسنده می‌کند که بگوید :

" راجع به تآتر، چون چیزی که عیان است چه حاجت به بیان است، روده درازی نمی‌کنم و همینقدر میگویم که اولین تآتر هفتگی یعنی کمدی ایران را در ۴۰ سال قبل و تاتر دائمی‌را که تاتر طهران باشد در ۱۶ سال قبل پس از تاسیس هنرستان هنرپیشگی دائر نمودم." سپس اظهار خشنودی کرده می‌نویسد *" در خاتمه بسیار خوشحالم که زحماتم بهدر نرفته و درختی که کاشته ام به ثمر رسیده است."*

ثمره زحمات نصر در فعالیت های هنرمندان تئاتر و حتی در سینمای ایران مشاهده می‌شود. در اینجا به نظر دکتر مصطفی اسکویی، که یکی از خدمتگزاران و مروجین هنر تئاتر در ایران بوده و خدمات و تحقیقاتشان بر اهل این هنر روشن است، اشاره می‌کنیم. ایشان در بخشی که " هنرستان هنر پیشگی تهران و علی نصر" نامش داده اند، پس از توضیح درباره گامهایی که نصر در راه ارتقاء هنر تئاتر برداشته است، دربارهٔ او و تأسیس هنرستان هنرپیشگی چنین نتیجه گرفته اند:

"باید یادآور شد که هنرستان کار خود را از سال ۱۳۱۷[۸۱] آغاز کرد، زیرا نویسنده

---

۸۱ شروع هنرستان، همانطور که قبلاً آمد، در سال ۱۳۱۸ بوده است.

[منظور خود اسکویی است] خود از سال ۱۳۱۹ که دوره مدرسه به سه سال افزایش یافت، به عنوان شاگرد دوره سوم وارد آن شد. برنامه یاد شده خود گویای کیفیت و سطح آموزش هنرستان است، که تأسیس آن بی تردید گامی‌بزرگ در راه رشد آتی هنر تئاتر ایران بود. برداشتن این گام در زمان خود تا آن حد دارای اهمیت است که استاد علی نصر را به سطح یک "رفورماتور" و کسی که به تئاتر جامهٔ فرهنگی پوشانده و هنرمند و مطرب را از هم تفکیک نموده است، ارتقاء داد." (مصطفی اسکویی، پژوهشی در تاریخ تئاتر ایران، ص ۱۷۳)

حال من، به عنوان نوهٔ او، باید با خوشحالی بگویم که اگر در دوران پهلوی دوم برخی بودند که خدمات نصر را در پرورش و آموزش تئاتر نادیده گذاشته بودند، پژوهشگران راستین تئاتر آن دوران نظیر آقای اسکویی، به خدمات او ارج می‌گذاشته اند. التفات پژوهشگران دوران کنونی، نظیر آقای ملک پور و جوان ترها، نظیر آقای غلامحسین دولت آبادی و توجه اخیر دولت و تصمیم شهرداری تهران که تئاتر نصر را به موزهٔ تئاتر ایران اختصاص دهند در واقع اثبات همان نکته ایست که نصر در پاسخ به آقای نعمانی اشارت داشته بود: درختی که او کاشت به ثمر رسیده است.

نگاهی به نمایشنامه ها

همانطور که در ابتدای کلام اشاره شد، بررسی دقیق و عمیق و تحلیل مونولوگ ها و نمایشنامه هایی که نصر ترجمه و اقتباس کرده و یا خود نوشته است کار متخصصین فن است. از آنجا که ترجمه ها و اقتباس های نصر تقریباً اکثراً از نویسندگان فرانسوی است، مطمئناً متخصصین تئاتر ایران، که تئاتر فرانسه و تاریخ آن را نیز مطالعه کرده اند، خواهند توانست با مطالعه اوضاع اجتماعی دوران نصر و مقایسه آن با دورانی که اصل این نمایشنامه ها در آن نوشته شده بوده اند، برخی شباهت ها و یا حتی اختلاف ها را مورد بررسی قرار داده به نتایج مفیدی در بررسی تاریخ تئاتر ایران برسند.

در اینجا لازم به تذکر است که ما در این مبحث فقط به بررسی موضوعی چند نمایشنامه پرداخته‌ایم. چنانچه نمایشنامه نوشته خود نصر بوده، به سبک و زبان و نیزمحتوای آن اشاره داشته‌ایم ولی چنانچه نمایشنامه ترجمه و اقتباس بوده است فقط اشاره به زبان و نثر آن کرده‌ایم.

در بررسی آثار نصر، اعم از آنچه به قول خودش تصنیفی ، یا ترجمه و تألیفی بوده، اولین چیزی که به چشم می‌خورد ارزشی است که او برای تئاتر به عنوان یک مکتب اخلاقی ـ اجتماعی قائل است. لذا هدف بیشتر نمایشنامه ها و مونولوگ ها ارتقاء و به قول خود او " تنویر افکار" تماشاگران است. در نمایشنامه هایی که نصر ترجمه و اقتباس کرده، وی، همانند مولیر، با خنداندن تماشاگر از راه طنز و هزل، تئاتر را مرکز تعلیم و تربیت قرار می‌دهد. در اینجا از ابیاتی که آقای بدرالدین مدنی از مولانا در صفحه سه ترجمه خود از نمایشنامه تردستیهای اسکاپن[۸۲] مولیر آورده اند، بهره می‌گیریم تا قدمت اهمیت هزل و طنز را در فرهنگ ایران هم نشان داده باشیم:

هزل تعلیمست آن را جد شنو
تو مشو بر ظاهر هزلش گرو
هر جدی هزلست پیش هازلان
هزلها جِدّست پیش عاقلان

البته در نمایشنامه ها و مونولوگ هایی که نصر خود نوشته، آنجا که پای اخلاق و اهمیت آن به میان می‌آید، این نوع تعلیم صریح تر است. این صراحت گاه باعث کاهش طنز کلام گشته و موجب می‌شود لحن نصر به لحن آموزگار تبدیل شود. در بعضی قسمت های نمایش **"تا اینجوریم همین است"**، که به قلم خود نصر نوشته شده و قبلاً به آن اشاره کردیم، به این مسئله بر می‌خوریم.

در سن نهم از پرده اول این نمایشنامه ملیحه با محمد خان که هنرپیشه تئاتر است چنین گفتگو می‌کند:

---

۸۲. Fourberie de Scapin نصر به این نمایشنامه عنوان حسن جنی داده است که در این مجموعه آمده است.

ملیحه ...اما عجب پریشب رل قشنگی بازی کردید.
محمد خان خواهش دارم زیاد تعریفم را نکنی و - به اصطلاح - پر و پایم مده که دیگر من هم مثل جوان ها، که عصرها توی لاله زار قدم میزنند، هزارتا فیس و افاده خواهم کرد.
ملیحه نه مرگ عزیزت. من میل ندارم هیچوقت اغراق بگویم - این کارِ شُعَراست. من می‌دانم که تئاتر یک مدرسه اخلاقی است و یک مدرسه‌ایست که تمام معایب را مجسم می‌کند و همانطور که حقیقتاً دولت برای فوتبال، که ورزش است، زمین می‌خرد، باید اساساً مثل تمام ممالک یک تئاتر دولتی کامل هم داشته باشند که مردم تربیت بشوند.

درپرده دوم همین نمایش، نوروز به کل تقی که با عیالش دعوایش شده و خیال خانه رفتن ندارد پیشنهاد می‌دهد که با هم به تئاتر بروند و کل تقی چنین پاسخ می‌دهد " آی چه خوب گفتی. مرگ تو از آن شبِ [نمایشِ] عروسی آقا حسین آقا کیف بردیم چه چیزها بود که یاد گرفتیم. راستی خوب جور شیوه مدرسه درست کرده اند". در قسمتی دیگر از همین پرده، ننه فیروز در جواب اقدس که به یکی از نمایش های کمدی ایران اشاره کرده می‌گوید " به خدا این تیاتر حق به گردن تمام ما ایرانی ها دارد...".

در نمایشنامه **روزنامه ذوذنب هم** از قول مخبرِ روزنامه مقایسه‌ای بین روزنامه و تئاتر می‌بینیم، آنجا که می‌شنویم می‌گوید "روزنامه مثل تئاتر می‌ماند- مدرسه اکابر است".

اما در **عروسی آقا حسین آقا**، نصر از هنر تئاتر فراتر رفته به حفظ و تعالی همه هنرها می‌پردازد و به خصوص به حفظ موسیقی ایرانی اشاره می‌کند. البته در بالاتر اشاره کردیم که نصر به موسیقی ایرانی علاقه فراوانی داشت و سنتور هم میزد ولی در نمایشنامه های مختلف پی می‌بریم که او نه تنها شناخت کاملی از دستگاه ها، قوانین و گوشه های موسیقی داشته است بلکه به ترویج حفظ و نگهداری سازهای سنتی و رقص نیز اهمیت می‌داده است. در نمایشنامه **روزنامه ذوذنب** می‌بینیم که او از اینکه کمانچه از مقام سابقش افتاده گله می‌کند و در جای دیگر به اهمیت رِنگ در پایان و رقص ایرانی و جایگاهش در موسیقی

سنتی هم اشاره می‌کند. در اینجا با اجازه خوانندگان می‌خواهم از یکی از هنرمندانی که به دعوت نصر، با هنر رقص خود در برنامه های تماشاخانه تهران شرکت داشت یعنی خانم اقدس ملک محمدی یاد کنم که دوست مادرم هم بود. خاطره رقص های زیبای خانم ملک محمدی در ذهن من مانده است و یادم هست که پدر بزرگم او را تامارای[۸۳] جوان می‌نامید. البته در اهمیت رقص به عنوان هنر دیدیم که در برنامه تحصیلی هنرستان هنرپیشگی رقص یکی از دروسی بوده که هنرجویان می‌آموخته اند و رقص فرنگی را حسنعلی نصر، خواهرزاده نصر، تعلیم می‌داده است.

از شرح زندگانی نصر و خدماتش برای تئاتر ایران پی برده‌ایم که مقام هنر و هنرمند برای نصر بس ارجمند بوده است. در نمایشنامه **چگونه هنرپیشه شدم،** که از کارهای ترجمه و اقتباسی نصر است و در این مجموعه آمده، نصر به هنرپیشه و مقام او در جامعه می‌پردازد. در این نمایشنامه دختری به نام حوری می‌خواهد هنرپیشه شود و مادرش، بی بی، البته مخالف است. نصر در بیان این مخالفت، این بار از زبان بی بی، به نمایشنامه هایی که نوشته و به روی صحنه برده است اشارت دارد:

فکر و ذکرش را گذاشته روی این کتاب های تیارت - یک روز آبجیِ ابول را می‌خواند، یک روز می‌بینم هِرّ و کِرّش راه افتاده. می‌پرسم دیگر چی است. می‌بینم دارد از خنده غش می‌کند. آنجایی که حاجی مفتون الایاله را لباس زنانه پوشاندند که فرار کند برای من نقل می‌کند. آخر بابا جان، تو را به این سن و سال چکار به این جور چیزها!

و از زبان حوری دوباره از هنرپیشه ها تقدیر می‌کند: " ...هنرپیشگی یکی از کارهای مشکل دنیا است " و هنرپیشه را کسی می‌داند " که اخلاق جامعه را باید درست کند" و به دنبال این نظر، حوری می‌پرسد:" ترا بخدا این شغل بد است؟" و خسرو، که به قول نصر " خاطرخواه حوری" است، در اهمیت هنرپیشه از این هم فراتر می‌رود:

---

۸۳ . تامارا یکی از فراریان انقلاب روسیه بود که در زمان کودکی من در تهران شهرت داشت و حتی برخی به او ماتاهاری لقب داده بودند.

کسانی که روز و شب خودشان را وقف مردم و جامعه کرده اند، کسانی که تصنیفات نویسندگان بزرگ را زنده می‌کنند، کسانی که برای پیشرفت اخلاق اهالی کشوری حاضر شده اند معایب و محاسن را مجسم نمایند و این فداکاری را می‌کنند، مردمان عالی‌قدر می‌باشند و همه مردم باید احترام آنها را به جا بیاورند و درس اخلاق از آنها بگیرند.

همانطور که در اشارات بالا ملاحظه کرده‌ایم، با همین دید بوده است که نصر خود به نمایش روی آورده و در کنار معلمی، خدمات اداری و سپس دولتی، نه تنها هنر تئاتر را برای متحول کردن جامعه و پیشرفت فرهنگ ایران برگزیده بوده، بلکه خود به روی صحنه رفته بوده تا تئاتر و بازیگری هر دو دوشادوش یک دیگر در اجتماع ارتقا پیدا کنند. در نمایشنامه **قوزی**، که خود نوشته بود و شاید مشکل ترین نقش نمایشنامه های او به حساب بیاید، خود بازی کرد (مصطفی اسکویی، ص ۱۷۴) و نقش اسکاپن که در بالا به آن اشاره شد و **"حسن جنی"** نام نهاده بودش را نیز خود به عهده گرفت. می‌توانیم حدس بزنیم که کارگردانی بسیاری از نمایشنامه‌هایی که خود نوشته بوده را شخصا عهده دار بوده ولی متأسفانه از تعداد نمایش هایی که خود در آن بازیگر بوده با خبر نیستیم ولی مطمئناً تعداد آن ها، مخصوصاً در دوران آغازین کار هنریش ، باید بسیار بالاتر از این دو که برشمردیم بوده باشد. همانطور که قبلاً هم اشاره شد، نصر به دنبال توجه فرهیختگان به هنر تئاتر، که از دوران مشروطه شروع شده بود، خود به هنر تئاتر روی آورده و به دنبال آن از سایر کارمندان دولتی نیز دعوت کرده بود تا در کنار او در صحنه حضور پیدا کنند. تأسی این چنین افراد به نصر، که همگی شاغل به مشاغل دولتی بودن، و حضورشان در صحنه، به اهداف نصر برای ارتقا بخشیدن به هنر تئاتر و التفات جوانان به هنر هنرپیشگی کمک شایانی کرد. هدف نصر از تأسیس هنرستان هنرپیشگی و به دنبال آن "یک تئاتر دائمی" نیز همین بود.

در ادامه بررسی آثار نمایشی نصر بار دیگر به نمایشنامه **تا اینجوریم همین است** بر می‌گردیم. عنوان این نمایش به طور واضح حکایت از نمایشی انتقادی دارد که موجب می‌شود بیننده یا خواننده منتظر نظر نمایشنامه نویس درباره مملکت و ملت بماند. این نمایشنامه، در سه پرده تنظیم شده ولی صورت

متداول بقیه نمایشنامه ها را ندارد. این نکته از همان آغاز مشخص می‌شود. پرده اول به ۹ سن یا به قولی ۹ Vignette تقسیم شده و این سن ها، اگرچه مونولوگ نیستند ولی در حکم مونولوگ برای نصر کار می‌کنند تا نقد خود را از مشکلات جامعه و مردم و دولت به گوش و چشم تماشاگر برساند و به قول معروف به روشنگری اذهان بپردازد. پرده های دوم و سوم هریک فقط از یک سن یا vingette تشکیل شده اند. در مورد این نمایش آقای علی اصغر گرمسیری چنین گفته اند:

در آن موقع "جمعیت کمدی ایران" مشغول تمرین یک نمایش کاملاً انتقادی به نام "تا این جوریم همین جوره" بود. در این جا لازم است نکته ای را عرض کنم که نویسندگان تئاتر در آن زمان خودشان را نسبت به تماشاچی متعهد و مسئول می‌شناختند یعنی چون اکثر مردم بیسواد و غیر اجتماعی بودند و نمی‌توانستند راه و رسم زندگی را از طریق جراید و مطبوعات ـ حتی از معلم مدرسه بیاموزند و رادیو تلویزیونی هم نبود که مردم را ارشاد کند و اصول زندگی اجتماعی را به آنها بیاموزد ناچار هر نویسندهٔ تئاتر خود را موظف و ملزَم می‌دانست که به نمایش نامه های خود جنبهٔ آموزندگی و انتقادی بدهد و در کپسول تئاتر، داروی اصلاح جامعه را بریزد و به مردم بخوراند. چنان که آقای نصر در نمایش نامه "تا اینجوریم همین جوره"، همان طور که از اسمش پیداست، نکات اجتماعی بسیاری را در پیِس گنجانده بود." (وحید ایوبی، زندگی و گزیده آثار علی اصغر گرمسیری، ص ۸۰)

در واقع ما می‌توانیم اینطور نتیجه بگیریم که نویسنده‌ای که ما در این دوران متعهد می‌خوانیمش همان نویسنده‌ایست که در آن دوران خود را ملزم به ترویج اخلاقیات می‌دانسته است. البته باید اذعان داشت که لحن و بیان مستقیم نویسندهٔ پایبند به اخلاقیات آن دوران برای نویسنده و خواننده کنونی گاه حکم درس اخلاق را پیدا می‌کند ولی به نظر ما این مانع از آن نیست که بتوانیم بگوییم ریشهٔ هنر این هر دو ، در واقع، تعهد نسبت به اجتماع و مردم بوده و هست.

از قراری که آقای گرمسیری برای ما روشن می‌کنند، نصر این نمایشنامه را در

دو پرده نوشته بوده و قبل از ملاقات با وی، همهٔ هنرمندان بـرای ایفـای نقـش های مختلف انتخاب شده بوده اند.

...به هر حال وقتی جناب نصر در من استعدادی سراغ کرد و دید نقـش هـا را در این نمایش تقسیم کرده است، مخصوصاً یک پرده به این نمایش اضافه کـرد و ماجرای جوان چهارده سالهٔ پدر مرده‌ای را به نام حسن علی شـیک میـرزا در آن گنجاند که عده ای مفتخور و کلاش بعد از مـرگ پـدر، او را دوره کـرده و قصـد دارند این حضرت والا را به مشروب و قمار و تریاک آلوده کنند تـا بهتـر بتواننـد میراثش را از کفاش بربایند. (ایوبی، ص ۸۱)

نقل قول بالا ما را به جنبه های دیگری از شخصیت نصر یعنی پویایی فکر و انعطاف پذیری او راهنمون است چه نشان می‌دهد کـه او نمـایش و نمایشـنامه نویسی را امری ایستا تلقی نکرده بلکه آن را، نظیر زندگی، منعطـف می‌دانسـته است.

به سن یا وینیت هفتم از این پرده، که در نظر من یکی از بهتـرین قطعاتیسـت که نصر نوشته و به خصوص گیرا و کمیک و حتی باید گفت بسیار مدرن اسـت نگاه می‌کنیم. مراد نصر از این قطعه نشان دادن آن است که جامعه از هـیچ نـوع ضابطه‌ای برخوردار نیست. اما آنچه در اینجا قابل تأمل است این اسـت کـه ایـن نتیجه گیری ، بر خلاف بسیاری نمایشنامه ها و مونولوگ های دیگـر وی، حالـت نتیجه گیری اخلاقی ندارد و فقط به صورتی بسیار ظریـف قصـد نویسـنده را بـه تماشاگر القاء کرده بر احساس بیننده و یا خواننده اثر می‌گذارد.

سن کوچهایست که توصیفی از آن داده نمی‌شود و لذا برداشت این است که هیچ آرایشی ندارد. در این وینیت سه نفر بازی دارند که از این سـه بـازیگر ، دو نفـر بـازیگران اصلی روی صحنه هستند و سومی را تماشـاگر ابتـدا بـا صدایـش می‌شناسد تا بالاخره او هم خودی نشان می‌دهد ولی این خود نشان دادن فقـط در درگاه خانه، یعنی مرز بین عالم بیرون (صحنه/ کوچه) و عـالم درون (خانـه) صورت می‌گیرد. این شخصیت "ننه " است و تماشاگر در ابتـدا فقـط او را بـا صدایش می‌شناسد. دو شخصیت دیگر، "بچه " و "عسلی" نیـز، نظیـر ننـه، از

داشتن اسم خاص برخوردار نیستند. با این بی نـامی، **بچـه و عسـلی** در واقع شخصیت های فردی نبوده نماینده دو گروه به حسـاب می‌آینـد. ننـه هم زنی است، یا بهتر بگوییم، مادر یا مادر بزرگی است نظیر همه مادرها یا مـادر بـزرگ ها و در واقع نمونه‌ایست از شخصیت یک مادر و بهتر بگوییم یک زن که اجتمـاع سعی داشته است همیشه او را در پشت صحنه نگاه دارد. در ابتدای کار حتـی او به عنوان ننه هم در نمایشنامه به ما معرفی نمی‌شود. در آغاز این وینیت دو شخصیت با عنوان " از بیرون"، یعنی صداهایی از بیرون صحنه، بـه مـا معرفـی می‌شوند. یکی از این "از بیرون" ها عسلی است که هنوز به روی صحنه نیامـده و " از بیرون" دیگر ننه است که از بیرون صحنه، کـه "اندرون" یـا " خانه " می‌دانیمش، سخن می‌گوید.

صحنه و آنجا که ماجرا در آن به وقـوع می‌پیونـدد از یـک طـرف عـالم بیرون است، چه بچه را از عالم اندرون و خانه به درآورده است و از طرف دیگر در واقع عالم "درون" نمایش به حساب می‌آید چه صحنه جاییست که داستان در آن اتفاق می‌افتد و لذا برای تماشاگر عالم " درون " و آشنا محسوب می‌شود.

"از بیرونِ" اول صدای عسلی یعنی فروشندهٔ دوره گرد یست که بدون ورود بـه صحنه ، با ندای" آی عسل، آی عسل!" پیام خود را به اهالی کوچـه، کـه حـال تماشاگران سالن هستند، می‌رساند و آنان را از وجود خود آگاه می‌کند.

بچه اولین کسی است که تماشاگر روی صحنه می‌بیند. وی که صدای عسلی را شنیده است، ظاهراً به دستور ننه، که نظیـر بسـیاری زنـان آن دوران از بچـه بـه عنوان رابط با عالم بیرون استفاده می‌کند، بـه روی سـن می‌آیـد و عسلی را می‌طلبد: "عسلی، عسلی!" پس از این نـدا، صـدای عسلی را می‌شـنویم کـه بـا رغبت می‌گوید: "آمدم، آمدم" و سپس او را می‌بینیم که وارد صحنه می‌شود.

عسلی همان فروشنده دوره گرد آشنایی است که تماشاگر هم در کوچه و خیابان های شهر خود دیده است. از این رو صحنه برای تماشاگر کاملا آشنا می‌نمایـد ـ صحنه‌ای نظیر زندگی خودش. لذا تماشاگر منتظر میماند تا ببیند چه پیش رو دارد و معامله بچه با عسلی به کجا می‌رسد. بـا همین دو سه ثانیه، تماشاگر

رابطه‌ای کاملاً شخصی با این صحنه برقرار کرده است. بچه از عسلی قیمت را جویا می‌شود. مکالمه در عین آشنا بودن صورتی انتزاعی و آبستره هم دارد. نامی‌از متاع مورد نظر، یعنی عسل، برده نمی‌شود. فقط بچه می‌پرسد "چارکی چند؟" پس از شنیدنِ جوابِ "چارکی شش قرانِ " ، بچه بدون لحظه‌ای تامل پاسخ را با صدای بلند از دم در به گوش ننه می‌رساند که: " ننه، میگه شش قران." این بار ننه با عنوان "از بیرون" صدای خود را به ما می‌رساند: **از بیرون**: "بگو بره، بگو بره". بچه به عسلی: "نمی‌خواهند بابا، برو!" بچه رابط ننه با عالم خارج است. حتی آنجا که ننه به مرزِ "دم در" و در عالم خارج و بیرون پا می‌گذارد باز این بچه است که رابطه با عالم خارج را برقرار می‌کند.

از این چند کلمه‌ای که رد و بدل شده است چه می‌فهمیم و در این ارتباط چه می‌بینیم؟ زنان اندرون؟ زنانی که ارتباط مستقیم با عالم بیرون نداشتند؟ زنانی که به نام بچه هاشان خوانده می‌شدند و نام و شخصیت مستقل از آنان سلب شده بود؟ بچه را چطور می‌بینیم؟ بچه‌ای که بار مسئولیت بر دوشش است. رابطه با عالم خارج برای بچه خردسال کار کمی‌نیست. برای خواننده‌ای که این پژوهش را به اینجا رسانده است، کودکی خود نصر هم در این صحنه عیان می‌گردد. مگر نصر از کودکی سینی برای شمعِ نذری نگردانده بود؟ مگر او از همان آغاز مسئولیت مراقبت از دوستان و دفاع از آنها را در کوچه و خیابان بر دوش خود نگذاشته بود؟ مگر او با ننه که در خانه شان کار می‌کرد به زیارت شاهزاده عبدالعظیم نمی‌رفت و زیارتنامه خوان او نمی‌شد؟ مگر او از سن چهارده سالگی معلمی‌را شروع نکرده بود؟ مگر اندکی بعد قسمتی از مخارج برادر کوچک تر از خود را قبول نکرده بود؟ مطمئناً ماجرای این صحنه، علی کوچکی را، که به خواننده شناسانده‌ایم ، به یادمان می‌آورد. این ماجرا در ظاهر البته همان ماجرای آشنای چانه زدن است و نبودن سنگ میزان برای توزین اجناس، که عسلی می‌گوید "هنوز توی این ملک درست نشده "، و بالاخره مسئله نرخ که عسلی می‌داند "الحمدالله توی این ملک نیست" و نتیجه گیری آخر عسلی که "این ملک نیست، هرکه هرکه است". اما آنچه نصر در آخر در ذهن تماشاگر ماندگار می‌کند تصویر درماندگی عسلی است و گیوهٔ گل آلودش و حسرت بچه که طعم عسل را نچشیده باید به خانه برگردد. در این وینیت، نصر بدون گفتار، لایه های بسیاری از واقعیت های زندگانی روزمره را به ما یادآور

شده است. قدرت این پرده هم در همین ناگفته هاست.

آنچه در مونولوگ ها و ترجمه ها و مخصوصاً در اقتباسات نصر بیش از هر چیز توجه خواننده را جلب می‌کند، احاطه نصر به زبان مردمی‌و استفاده از اصطلاحات روزمره زبان فارسی در دوران اوست. در فهرستی از آثار خطی نصر که از نظر خواننده خواهیم گذراند می‌بینیم که نصر دو مجموعه از امثال و حکم فارسی تهیه کرده بود که نمایانگر علاقه او به زبان مردم است. آنان که نصر را می‌شناخته اند مطمئناً اذعان دارند که وی خود را از اقشار پایین تر جامعه، که فرصت دست یافتن به دانش و قدرت را نداشتند، جدا نمی‌دیده است - همچنان که پدرش نیز مستخدمین خانه را از خانواده خود جدا ندانسته نام خانوادگی نصر را برای آنان برگزیده بود. شاید همین نزدیکی موجب حشر و نشر بیشتر او با گروه های مختلف و در نتیجه آشنایی عمیق او با اصطلاحات عامیانه شده باشد.

در نماشنامه **تا اینجوریم همین است** با اصطلاحات انواع حِرَف آشنا می‌شویم. زبانی که "عسلی" حرف می‌زند با باقالی فروش و چینی بند زن متفاوت است و می‌رساند که نصر با زبان واقعی صنف های مختلف آشنا بوده و می‌توانسته است از قول آنان و به زبان آنان سخن گوید. در نمایشنامه **چگونه هنرپیشه** شدم وی با اصطلاحات نجاری ما را آشنا می‌کند و همه اینها با روانی و به صورتی حقیقی بر زبان شخصیت ها جاری می‌شوند، و به اصطلاح خودمانی، زورکی نیستند.

آقای جمشید ملک پور نیز با ما در این زمینه توافق دارند. ایشان در بخش سوم جلد سوم **ادبیات نمایشی در ایران** که به نمایشنامه نویسی اختصاص دارد، در نقد نمایشنامه نویسی نصر، به اهمیت نثر و زبان نمایشی آثار او اشاره می‌کنند زیرا اگرچه شخصیت های نمایشنامه های او را ساده می‌دانند ولی در عین حال اذعان دارند که "مهم ترین ویژگی آثار نصر" این است که "هر شخصیتی در آثارش به زبان خود سخن می‌گوید" (ص ۱۶۰)

البته باید گفت که نصر برای محاوره ها از زبان نوشتاری دقیقی استفاده نکرده است. دلایل آن به نظر ما قابل تحلیل است. اول اینکه نه تنها در آن دوران،که

هنوز هم و در همین دوران ما، قوانین دقیقی برای نوشتن زبان محاوره وضع نشده است. هنوز ما روشی برای نوشتن مثلاً ماضی نقلی و گذشته ساده نداریم که از هم قابل تشخیص باشند. حتی می‌توان گفت که بهترین نویسندگان محاوره نویس نیز از این مشکل بری نبوده اند و شاید هنوز هم نباشند. نکته دیگر اینکه، احتمال می‌رود چون متون برای بازیگری و نه مطالعه نوشته شده بوده اند، هم هنرپیشه و هم کارگردان می‌دانسته اند که هنگام اجرا، سخنان باید به نحو مکالمه ادا شوند و لذا نویسنده سعی خاصی برای محاوره نویسی نمی‌کرده است. علاوه بر این، گاه ضمیر جمع و فعل مفرد و یا بر عکس استفاده شده که می‌بینیم گاه در زبان محاوره هم پیش می‌آید و اغلب شاید باید آن را به حساب تساهل در تند نویسی گذاشت. تعداد نمایشنامه ها و مونولوگ های ترجمه شده و یا تصنیف شده توسط نصر خود حکایت از ضیق وقت نویسنده می‌کند که خود را ملزم می‌دانسته در کنار مسئولیت های اداری و دولتی در ترویج هنر تئاتر، که هنر محبوبش بوده است، بکوشد.

از متن نمایشنامه ها معلوم است که برای نصر مسئله بی سوادی مهمترین معضل جامعه به شمار می‌رفته است. در بیشتر نمایشنامه ها وی سعی دارد به انواع حیَل به اهمیت سواد آموزی برای رشد فکری مردم و جامعه اشاره کند. زندگی خصوصی او هم البته شاهدی بر این امر بود چه او سوادآموزی را از درون خانه خویش آغاز کرده ،نه تنها خودش مدام سعی داشت به تمام مستخدمین خود سواد بیاموزد بلکه از نوشته زیر یکی از عکس های کتاب خاطرات مشخص می‌شود که مادر مرا هم از زمان نوجوانی تشویق کرده بود ه به حوا که در خانه شان کار می‌کرده خواندن و نوشتن را تعلیم دهد. پدر بزرگ سعی داشت همه را به آموختن فنی که در آن استعداد داشتند نیز تشویق کند. آخرین نوجوانی که تحت نظر او، نه تنها سواد آموخت بلکه برای پرورش استعداد هنریش به کلاس نقاشی نیز فرستاده شد، حال نقاشی حرفه‌ای است که مدتی در فرانسه تحصیل کرد و حال به کار هنری در ایران مشغول است. **عروسی آقا حسین آقا** و **تا اینجوریم همین است**، از آثاری هستند که در آن ها به مسئله آموزش و پرورش به کرات اشاره شده است.

در بسیاری از نمایشنامه ها هم وی ، هر گاه راهی داشته، به مسئله سواد

پرداخته است. نمایشنامه تعدد زوجات از نمونه هاییست کـه نصـر روال طبیعـی داستان را دنبال نکرده بلکه فرصت را غنیمـت شـمرده ، در نقـش آموزگـار بـه اهمیت سوادآموزی اشاره کرده است. در پایان این نمایش وی از زبـان عنایـت خطاهای پدر را به "بی علمی" او نسبت می‌دهد و درنتیجه پدر و به دنبال آن تماشاگر را نیز ترغیب بـه اسـتفاده از کـلاس هـاس سـواد آمـوزی "سالمندان می‌کند چه معتقد است آدم بی سواد کور است.

در نمایشنامه **گلنار و نوروز** کـه عکسی از آن ضمیمه است، نصر قـدرت تفکـر و تحلیل گلنار را ستایش می‌کند و آن را نتیجه سواد او می‌داند چه وی بـه کمـک سواد خود می‌تواند مسائل را، که در اینجا خطر دست اندازی بیگانگـان بـر ایـران است، بهتر از شوهرش، نوروز، بشکافد.

پیام نمایشنامه گلنار و نوروز از صرف مسئله سواد آموزی فراتر می‌رود چه این نمایش در چند لایه عمل کرده، درواقع نمایشـی سیاسـی- میهنـی اسـت. ایـن نمایشنامه، در درجه اول، به خطری که بیگانگان و کشورهای همسایه میتوانسته اند بعد از جنگ های جهانی اول و دوم از شمال و جنوب بـرای ایـران داشته باشند، اشاره دارد. در صحنه پرچم سه رنگ ایران افراشته است[۸۴] و در فهرست نام اشخاص نمایشنامه به "مادر وطن " هم بر میخوریم که در اواسط نمایشنامه به صورت شَبَح بر نـوروز ظاهـر می‌شـود. نمـایش در دهکـده‌ای می‌گـذرد کـه می‌توانـد منطقه‌ای در شمال ایران باشد. عبدالخالق که محضردار است بـا لهجـه ترکی سخن می‌گوید. آیا نصر به آذربایجان اشاره دارد یا گیلان؟ مشخص نیست ولی آنچه روشن است این است که ناحیه در خطر تهاجم همسایه‌ای بیگانه است که با فرستادن جاسوس میخواهد در ایران اعمال نفوذ کنـد. نصـر ظاهـراً نگـران تهاجم روسیه بلشویکی بوده است و افرادی که میخواهند نوروز را فریـب بدهنـد هم شاید جاسوسانی باشند که می‌خواهند در کشور نفوذ کنند. به دنبال دوره‌ای که واهمهٔ از هم گسیختگی ایران همه دلها را به هراس آورده بود و موجب شـده بود بسیاری منتظر یک رهبر باشند تا تمامیت ارضی ایران را حفظ کند، نصـر به

---

۸۴ . عکسی از یک صحنه این نمایش را در این کتاب آورده ایم.در بالای عکس در صفحه ۱۳۱ تاریخ زندگانی نصر نوشته است که این نمایش در دوره ولایتعهدی محمد رضا پهلوی به او تقدیم شده است.

اهمیت یک پارچگی ایران توجه می‌کند و به دنبال آن به شاه می‌رسد کـه ایـن یکپارچگی را ممکن ساخته بود.

در نمایشنامهٔ یک پرده‌ای **حرفهای بکر** نیز توجه نصر بـه رضا شـاه و خـدمات اوست. راهسازی و امنیت راه ها از مسایلی هستند که نصر در این نمایش مـورد بررسی قرار داده است. **حرفهای بکر** در واقع بیلان خدمات رضا شـاه اسـت. نمونه هایی چند در اینجا می‌آوریم.

صحنه در قهوه خانه‌ای می‌گذرد و اشخاص نمایش چهار زن و بقیه مرد هستند. اسمعیل که ظاهرا روز پیش از اهواز وارد شده از سفرش می‌گوید و اینکه چگونـه تحت تأثیر پیشرفت راهسازی در کشور شده است:

اسمعیل ...به مرگ تو اگر بدانی چـه کیفی داشـت ـ همـین جـور از پنجره و صحرا و دهات و شهرها بود که یکی پشت دیگـری رد می‌شد [منظور ماشین است]. این کوه هایی که خدا می‌داند چی چی است، توش را سوراخ کرده اند، ماشین مثل برق می‌رود توش و از آن طرف در میاید. استاد حسینقلی، بخدا کاری شده که هفت جدمان هم به خواب ندیده اند.

و در جای دیگر همین شخصیت، در صحبت با حسینقلی کـه در سـال هـای گذشته "پشت دروازه پایتخت" راهزنان لختش کرده اند، به امنیت راه ها، که آن را مدیون رضا شاه می‌داند، اشاره کرده و ضمناً همـه را تشـویق بـه سوادآموزی می‌کند و "آدم " شدن و کار کردن و کمک به دولت.

پیش آهنگی، داشتن شناسنامه، احداث راه آهن، خـدمت زیـر پـرچم و بـالاخره تأسیس سـازمان پـرورش افکـار از جملـه کارهاییسـت کـه رضا شـاه در دوره سلطنتش انجام داده بود. نصر در این نمایش راه افراط را در نمایشـنامه نویسـی پیش گرفته و همه اقدامات دوره رضا شاه را، یک پس از دیگری، از زبان اسمعیل به اطلاع بقیه افراد قهوه خانه و در نتیجه تماشاگران می‌رساند.

مشغله ذهنی دیگر نصر مبارزه با تریاک است که در تعداد زیادی از نمایشنامه ها به آن دل‌مشغول بوده است. بر اساس فهرستی کـه نصـر از مشـاغل اداری خـود

آورده است می‌دانیم که او "در سی ام فروردین ۱۳۱۴ بریاست شرکت سهامی‌انحصار صدور تریاک ایران نامزد و پس از چندی بشرق اقصی مسافرت" می‌کند و حدود یک سال و اندی در آن مقام می‌ماند و بعد کناره گیری می‌کند.(جلد دوم تاریخ خانواده ص ۷۹) وارد دلایل او برای کناره گیری نمی‌شویم ولی این نکته را لازم به اشاره می‌دانیم که وی می‌نویسد :

مکرر در این باب نوشته و گفته ام که دولت نباید از چندین میلیون تومان عایدات صرف نظر کند بلکه باید زراعت خشخاش را در اراضی مستعدی که درجه مرفین تریاک در آنجاها بیشتر است مانند ورامین و بروجرد و سبزوار و یزد و نهاوند زیادتر نموده و از نقاط دیگر مانند فارس بکاهد و تدخین تریاک را با نهایت جدیت و سختی ممنوع داشته و فقط بتجارت آن برای تهیه ادویه طبی و امثال آن اقدام کند متاسفانه تا این تاریخ کسی گوش نداده و این عایدی مهم چنانکه مشاهده می‌گردد از بین خواهد رفت بدون اینکه قایم مقام آن زراعت مفید دیگری از قبیل چای و انگور یا پیله بشود. (ص ۸۱ همان جلد)

در پایین تر خواهیم دید که نصر یکی از مهمترین خدمات خود را همین ریشه کنی تدخین در مازندران می‌داند.
واضحترین نمونه انتقاد از مصرف تریاک در آثار نمایشی نصر البته نمایشنامهٔ **زندگانی آقا محمد یا نتیجهٔ اثرات تریاک** است. نصر بعدها این نمایشنامه را به صورت سناریو درآورد و خلاصه آن را به زبان فرانسه برای هالیوود فرستاد تا شاید مورد قبول برای تهیه فیلم قرار بگیرد. (تاریخ زندگانی خانواده، جلد سوم، ص ۱۴۱) امید نصر با خوش‌دلی این بود که چنین فیلمی" با کمک دولت ها، در تمام ایران از ولایات و قصبات نمایش داده شود " تا بکلی تریاک کشی از ایران رخت" ببندد . (تاریخ زندگانی خانواده، جلد سوم، ص ۱۴۸) در این نمایشنامه نصر با مضرات تریاک شروع می‌کند و در آخر ، نظیر نمایشنامه حرف های بکر، بحث نمایش را به لزوم و فایده ترک، اقدامات شاه برای پیشرفت مملکت و حتی اهمیت سازمان پرورش افکار می‌کشاند. اشاره به آنچه بین او و رضا شاه در زمان حکومت مازندرانش در مورد مسئله ترک تریاک گذشته می‌تواند این اشتغال فکری او را برای ما روشن تر کند:

روزی در طهران به کاخ مرمر رفتم (رضا شاه بمن گفته بود در هر موقع می‌توانم او را به بینم) و مبتلا به عِرق النساء بودم. شاه تا مرا دید احوالپرسی نموده از کسالتم جویا شد بعد فرمود فلانی تو از تمام حکام با ثروت تری. چون مرا متعجب دید اظهار داشت مقصودم تو نیستی منظورم این بود که من هفته‌ای یک میلیون پول برای کارخانجات صفحه حکومت تو میفرستم. عرض کردم افسوس ـ شاه بشنیدن این حرف از پشت میزش بلند شده مقابل من آمد و علترا جویا شد. جواب دادم مساحت مازندران معادل بلژیک میباشد و بلژیک هفت میلیون و نیم جمعیت دارد و مازندران فقط جمعیتش ۳۴۵۰۰۰ است و تازه این نفوس بدرد نمی‌خورند زیرا دو ثلث آن بچه و زن و ثلث دیگر در اثر استعمال تریاک رمق ندارند و سال گذشته ۶۵۰۰۰۰ تومان درآمد دولت از انحصار تریاک آنجا بوده. رضا شاه بسیار متاثر و اشک در چشم هایش جمع شده در اطاق مشغول قدم زدن شد و پس از یکی دو دقیقه گفت این پدر سوخته ها هیچوقت از این حرفهائی که تو میزنی برای من نمی‌گویند. حالا تصور می‌کنی در عرض شش ماه بتوانی تریاک را از آنصفحه [آن صفحه] براندازی؟ عرض کردم مدت کافی است شاه اظهار داشت هر چه لازم داری بوزارت کشور صریح بگو باری همانطور که وعده داده بودم در عرض شش ماه تریاک فروشی و تریاک کشی را از مازندران برانداخته و فخر میکنم که بزرگترین خدمتم در موقع زندگی این مسئله بوده است. (جلد سوم تاریخ زندگانی، ص ۱۸۵)

نگاه به نمایشنامه **گلنار و نوروز** ما را به اهمیت مبحث مهم نقش زن در ادبیات نمایشی نزدیک می‌کند ولی از آنجا که تخصص ما مطالعات زنان نیست و قصد ما در این قسمت فقط اشاره به برخی موارد در نمایشنامه هاست، چاره‌ای نداریم جز اینکه تنها به چند موضوع، که آشکارا در نمایشنامه ها به چشم میخورد، اشاره کرده تحقیق در این مبحث را برای گزارش های دیگر و متخصصین مطالعات زنان باز بگذاریم. علاوه بر موضوع سواد آموزی که در بالا بدان اشاره شد، بُعد دیگری که در نمایش گلنار و نوروز از اهمیت بسزایی برخوردار است و لازم است مورد توجه خواننده و تماشاگر قرار بگیرد، تاکید نصر بر برتری و قدرت فکری گلنار بر نوروز و بی پروایی اوست. در سن چهارم از پرده اول، هنگامی‌که گلنار با دو بیگانه، که از "مرز" بی اجازه گذشته داخل ایران شده‌اند، روبرو می‌شود، می‌بینیم که گلنار بدون واهمه با آنها مقابله کرده آنها را متهم

می‌کند که بدون "پروانه" از مرز تجاوز نموده وارد خاک ایران شده اند. در سن دوم از پرده دوم وقتی گلنار نوروز را در فکر می‌بیند، اوضاع روز را حلاجی کرده به این نتیجه می‌رسد که شاید آن دو بیگانه نوروز را فریفته باشند لذا به او هشدار می‌دهد که "مبادا گول بیگانگان را بخوری!" نوروز در این نمایش آسیب پذیر است و بیگانگان امید فریب او را دارند. اول بار که تماشاگر از تماس نوروز با دو بیگانه باخبر می‌شود در سن اول از پرده دوم است یعنی وقتی نوروز از خود می‌پرسد چرا آن دو نفر به او گفته اند "وقتی که میائیم، گلنار نباید ما را ببیند" . وی در تحلیل این درخواست، خود را قانع می‌کند که "به نظرم محض بی احترامی‌است که آن روز به آنها کرد و پروانه خواست". تاکید نصر بر اینکه تا چه حد نوروز می‌تواند در تحلیل خود به بیراهه برود نشانه واضحی‌ست از آنکه وی قصد دارد بر قدرت فکری و هوش گلنار تاکید کند. اگرچه در سن دوم از پرده دوم می‌بینیم که گلنار،با زیرکی و برای اینکه نوروز در مقابل او احساس ضعف نکند، به او می‌گوید "هر چند من زنم و نمی‌فهمم ولی چیزهایی در پیشانی و چشم آنها می‌بینم که بدنم می‌لرزد"، ولی نصر کمی‌بعد زبان نوروز را به اعتراف می‌گشاید و از زبان او در سن سوم می‌گوید " نه، من هم بچه نیستم. تا مقصود و منظورشان را نفهمم هیچ وعده و قولی به آنها نخواهم داد. چشم و گوشم باز است و اگر تا اندازه‌ای هم بعضی چیزها را نمی‌فهمیدم، گلنار هشیارم کرده است." عاقبت هم هشیاری گلنار است که باعث می‌شود نوروز و به دنبال او، سایر اهل دهکده ، از خطر بیگانگان برهند.

در نمایش تک پرده‌ای **خانم خانه دار** نصر در شخصیتی به نام قمر زنی را وصف می‌کند که شاید بتوان آن را تیپ ایده آل او دانست. این نمایشنامه را نصر به مناسبت افتتاح باشگاه هواپیمایی کشوری نوشته بوده است. در صحنه پنج زن مشغول صحبت دربارهٔ زن ششم، که حضور ندارد، هستند. برخی از او تمجید می‌کنند و برخی او را نکوهش. این زن، قمر، یعنی همان **خانم خانه دار** نمایش است. ولی این قمر تنها زنی خانه دار به مفهوم معمول آن نیست . وی از رسیدگی به خانه و زندگی فراتر رفته به فکر اقتصاد مملکت و ترقی وطن هم هست. نظریه نصر درباره تحریم واردات اشیاء لوکس که در خاطرات و مونولوگ ها و بسیاری از نمایشنامه های او به وضوح به چشم می‌خورد، در اینجا به عنوان نظر قمر عنوان می‌شود. قمر طرفدار مشارکت زنان با مردان است و مایل است

دوستان خود را به کمک به مملکت، که در اینجا به صورت کمک به باشگاه هواپیمایی وصف شده، تشویق کند. وی طرفدار حقوق کارگران هم هست و به زنان دیگر می‌فهماند که پیشخدمت های خانه هم کارگران مملکت هستند و باید از حق مرخصی با حقوق بهره مند باشند. در این نمایشنامه خانه در واقع همان وطن است و خانم خانه دار کسی است که کشور خود را دوست بدارد و آن را همچون خانه خود بداند. در اینجا به قسمتی از آنچه در جلد دوم تاریخ زندگانی در صفحه ۳۱ درباره همسرش، آسیه، نوشته اشاره می‌کنم که نشانه های زن ایده آل نصر در اوصاف او دیده می‌شود. از آنجا که خطابش به فرزندانش است جمله را بدین ترتیب شروع می‌کند:

"مادرتان اساساً زنی زحمت‌کش می‌باشد و علت آن این بود که از طفولیت در خانه پدری بزرگ کردن و مواظبت و مراقبت خواهران و برادر فردش به عهده او بوده است و ضمناً خانه پدری را با آن جمعیت اداره می‌کرده است لذا در خوشی و ناخوشی هیچوقت بیکار ننشسته ـ در خانه داری و صرفه جویی و جلوگیری از افراط و تفریط منتهای جان‌فشانی را نموده و با روش و اخلاقی که من دارم می‌توانم بگویم اگر او شریک زندگیم نبود، از اموال منقول و غیر منقول هیچ نداشتم."

آسیه، همسر نصر، سواد را ابتدا در خانه پدری آموخته بود ولی خود به تکمیل آن همت گماشت به طوری که حافظ را خوب می‌خواند و می‌دانست، انگلیسی را تا حد رفع احتیاج در کنار همسر آموخته بود و دراکثر مأموریت های خارجی با نصر همراه بود و قدرت خود را در تطبیق با محیط های نا آشنا و شرکت در مراسم سیاسی به خوبی آشکار کرده بود. البته نصر، که با زمان پیش می‌رفت، برای فرزندان خود بیشتر از آنچه آسیه در دوران کودکی و نوجوانی داشته بود آرزو می‌کرده است. از اینرو دختر بزرگش بی بی را به بروکسل برد تا دندان پزشکی بیاموزد و به مادر من ، سیده ، که در کودکی قدرت شنواییش را از دست داده بود، زبان فرانسه آموخت و او را به مدرسه ژاندارک فرستاد تا با تاریخ و ادبیات و فرهنگ فرانسه هم آشنا شود . قدرت مادرم در استفاده از آن زبان بدان حد بود که در سفری که در مدت اقامت پدر بزرگ و مادر بزرگ و برادرم در پاریس به آن شهر کردیم، با وجود ناشنواییش ،خود می‌توانست به تنهایی از

عهده امور لازم برآید و در آن دیار ناآشنا مرا، که هنوز هفت سال هم نداشتم، به تنهایی به گردش و مغازه گردی هم ببرد.

توجه نصر به زنان و مسائل و مشکلاتشان در خانواده در بسیاری از نمایشنامه ها به وضوح به چشم می‌خورد و جای جای می‌بینیم که نصر مردان را مسئول بیشتر مشکلات خانوادگی می‌داند. در نمایش تعدد زوجات از زبان عنایت پسر حاجی می‌شنویم که در انتقاد از پدر می‌گوید "هرچه به سر زن ها می‌آید از دست مردها است. اگر مرد خوب باشد، هم زنش خوب می‌شود و هم بچه هایش" . یکی از مشکلاتی که نصر به آن می‌پردازد مسئله خیانت شوهران به زنان است. نمونه‌ای خوب و موفق و در عین حال ساده و واقع گرایانه در این زمینه، نمایش تک پرده‌ای **مردها اینجورند** است. در این نمایشنامه فقط دو شخصیت در صحنه ظاهر می‌شوند. از بقیه شخصیت ها تنها نامی‌برده می‌شود. در آغاز این نمای کوتاه از زندگی دو زن ، صغرا را می‌بینیم که با حال پریشان نزد ربابه آمده است تا درد خیانت شوهر را برای او باز گوید. پس از اندکی زاری کار دو دوست به مشاجره کلامی‌می‌کشد و پس از رسیدن به مسالمت بالاخره ربابه، که به وفاداری شوهر خویش امید داشته، پی می‌برد که شوهر او هم در خیانتکاری دست کمی‌از شوهر صغرا ندارد. داستان پرداختی غیر منتظره و بدون اغراق دارد و تماشاگر را ناخودآگاه به دلسوزی برای شخصیت ها و در عین حال خنده‌ای کنایه آمیز وا میدارد. اسامی‌انتخابی این نمایش "ربابه" و "صغرا" به اسامی‌زنان طبقه متوسط دوران پهلوی تعلق ندارند ولی توصیف صحنه و استفاده از القاب "حنظل دیوان " و " صبورالملک" برای شوهران ، که البته نصر به استهزاء برگزیده است،اشاره به تفرعن مردان دارد.

نصر به تقدس ازدواج آشکارا معتقد است و در نمایش **طلسم مادر بزرگ** وی هم زن و هم مرد را در موارد زیر پا گذاردن حرمت ازدواج مقصر میداند. از آنجا که خانواده برای نصر اهمیتی بسزا داشت وی مسئله مشاجره‌های بی اهمیت بین زن و شوهران جوان را، که می‌تواند به از هم پاشیدن خانواده بیانجامد، مورد بحث قرار داده ولی با خوشدلی و بدون موعظه آن را حل می‌کند. نمایشنامه های تک پرده‌ای **یک و دوی زن و شوهر** و **سر به سر گذاشتن جمشید و زینت** دو نمونهٔ خوب از این مبحث است که در طول آنها نصر با نثری روان و ساده توانسته

شخصیت هایی بسازد که با صحبت هایشان یادآور آدم های آشنایی باشند که که تماشاگر هم می‌شناسد یا حتی خود را نظیر آنها می‌داند.

در اینجا لازم است به نثر سهل و روان نصر در برخی از ترجمه ها ، به خصوص در اقتباس ها بپردازیم. از جملهٔ بهترین نمونه های نثر و پرداخت داستانی در کارهای نصر باید به نمایشنامه تک پرده‌ای **عجب پوکری** اشاره کنیم. راحتی کلام و نزدیکی زبان این نمایشنامه در مکالمه ها به زبان روزمرهٔ فارسی تا بدان حد است که آقای جمشید ملک پور آن را از جمله نمایشنامه های نوشته خود نصر دانسته اند (ملک پور، جلد سوم، ص ۴۸۲)، در حالیکه وی در یکی از کتب دست نوشته اش آن را ذیل ترجمه ها قرار داده و بنا بر فهرستی دیگر به دستخط خود، آن را در زیر نمایشنامه هایی که از مارک میشل و آلبر مورن ترجمه و شاید اقتباس کرده قرار داده است. بازیگران این نمایشنامه دو زوج هستند که برای بازی پوکر دور هم جمع شده اند. کار هر دو زوج بر سر هیچ وپوچ به دعوا می‌کشد. محتوا و روال گفت و گوها آن چنان به زندگی واقعی نزدیک است که خواننده خود را در جمع آن دو زوج می‌بیند و البته نثری که نویسنده به کار برده است نیز خواننده را وا می‌دارد که در ذهن خود دنبال شواهدی نظیر آن در زندگی خویش بگردد و در واقع سخنان آنان را شبیه برخی از سخنان خود یا آشنایان خود بداند. آقای ملک پور در باره زبان نصر در نمایشنامه **عجب پوکری** چنین می‌نویسند :

نمایشنامه عجب پُکری نمایشنامه‌ای در یک پرده است که به نظر ما یکی از بهترین آثار نمایشی نصر به شمار می‌رود. نمایشنامه‌ای فوق العاده ساده که به دلیل شناخت نصر از آدم هایش، یعنی آدم های تحصیل کرده ی طبقه متوسط اداری که به تازگی از محیط و شرایط سنتی خارج شده اند، تبدیل به نمایشنامه‌ای واقعی و مؤثر شده است. (ملک پور، جلد سوم، ص ۱۵۸)

ما با آقای ملک پور در باره شناخت نصر از آدمهای نمایشنامه هایش کاملا توافق داریم ولی باید اضافه کنیم که شناخت نصر از آدم ها فقط منحصر به شناخت آدم های طبقه متوسط جامعه نبوده و همانطور که در بالا اشاره کردیم حیطهٔ بسیار وسیع تری را در بر می‌گرفته است. خود آقای ملک پور هم در همین

زمینه مثالی از صحبت مشهدی احمدِ نوکر در نمایشنامه **عوام فریب سالوس** آورده اند که احاطهٔ نصر بر زبان طبقات مختلف را می‌رساند:

احمد (به علی) *باید حرف این قدیمیا را با آب طلا نوشت. خدا همشون را بیامرزد. یک همچه وقتی نور به قبرشان ببارد. راستی اگر آدم احمق بلا نسبت توی این دنیا نبود کار مخلوق خدا چه می‌شد. بله قدیمیا می‌گفتند تا که ابله یافت گردد در جهون/ مفلسان باشند جمله در امون. خدا قربونش برم خوب است به مخلوقش هیچ ندهد مگر یک خورده اقبال.* چون همه صبح *تا شام یک لنگه پا مثل سگ حسن دله این ور و اون ور می‌زنیم، یکی به ما نمی‌گه خرت به چنده.*

به راستی نثر علی نصر گاه آن چنان طبیعی و از نثر ترجمه به دور است که تشخیص اینکه کدام نمایش از آن اوست و کدام از زبان خارجی به فارسی راه پیدا کرده مشکل می‌شود. اما نمی‌توان منکر شد که نمایشنامه هایی که تحت عنوان ترجمه و اقتباس فهرست شده اند معمولاً از نظر نثر موفق تر از متونی هستند که صرفا ترجمه شده اند، چه اقتباس دست نصر را برای جان دادن به کلام و سخنان افراد و در نتیجه شخصیت‌سازی باز می‌گذاشته است. برای مثال قبول اینکه نمایشنامه **۳۷ شاهی جناب میرزا** اثری است که ترجمه شده ،کاریست بس دشوار. این نمایشنامه به دستخط نصر ذیل آثار لابیش آمده است. اگرچه شاید ما شناخت شخصیت ها را مدیون لابیش بدانیم، ولی پرداخت شخصیت ها مدیون زبان فارسی این ترجمه و اقتباس نصر است زیرا این زبان آنچنان سهل و روان و زبان کاراکترها آنچنان با زبان کسانی که ما با آنان آشنایی داریم نزدیک است که خواننده با اعجاب می‌تواند آن را اثری از نویسنده‌ای غیر از خود نصر بداند. خواننده این مجموعه خود می‌تواند در این زمینه قاضی باشد.

یکی دیگر از بهترین نمونه های اقتباس های نصر نمایشنامه **حسن جنی** اوست که، همانطور که در بالاتر اشاره شد، از اثر مولیر به نام Les Fourberies de Scapin به فارسی برگردانده و خود نقش اول آن را بازی کرده بوده است است. این اثر، همانطور که قبلاً در فهرست آورده‌ایم، سال ها بعد توسط آقایان نادعلی همدانی و بدرالدین مدنی به ترتیب با عنوان های نیرنگ های اسکاپن و تردستی

های اسکاپن ترجمه شده است. از آنجا که در ایران این اثر مولیر مورد استقبال بوده و اجراهای مختلفی از آن به روی صحنه رفته است[۸۵]، ما آن را انتخاب کردیم تا سهولت کلام نصر و نزدیکی نثر او با زبان فارسی محاوره و استفاده او از اصطلاحات زبان فارسی را نشان دهیم. چند جمله را در این سه ترجمه با هم مقایسه می‌کنیم. لازم به تذکر است که مقصود ما از این مقایسه برتر دانستن یک ترجمه بر دیگری نیست چه هر مترجمی‌بنا بر قوانین ترجمه سبکی برای خود انتخاب می‌کند و ممکن است به خود اجازه دهد، یا ندهد، که از کلام نویسنده دور شده یا صرفاً بر آن شود که باید هر چه بیشتر به متن اصلی نزدیک بماند. ابتدا از دو ترجمه دیگر مثال می‌آوریم:

پرده اول را مولیر با مکالمه اکتاو و سیلوستر چنین می‌آغازد. در ترجمه آقای نادعلی همدانی می‌خوانیم:

اکتاو: *آه! خبرهای اسفناکی برای یک قلب عاشق! در چه مخمصه‌ای گرفتار شدم! سیلوستر، تو در بندر شنیدی که پدرم بر می‌گردد؟*

در ترجمه آقای بدرالدین مدنی چنین می‌خوانیم:

اکتاو *آه! خبرهای ناگوار برای یک دلباخته! سرانجامی‌سخت در پیش دارم! سیلوستر، می‌خواهی به بندر بروی و از آمدن پدرم خبر بگیری؟*

و اما نصر، که برای نزدیک تر کردن شخصیت ها به تماشاگر معمولاً اسامی‌را در ترجمه ها و اقتباسات خود به نام های فارسی بدل می‌کرده، در اینجا هم اکتاو را به خسرو و سیلوستر را به زیرک تبدیل کرده است. او قول مولیر را از زبان خسرو چنین می‌آورد:

خسرو *راستی که هیچ چیزی بدتر از خبر بد برای آدم عاشق نیست. ببین زیرک، یک دقیقه دنیا به کام من بدبخت نمی‌گردد. (آه می‌کشد) حالا راست بگو ببینم، گفتی پدرم امروز وارد می‌شود؟*

---

۸۵ . از جمله به اجرای این نمایش توسط هنرجویان رشته تئاتر در شهرهای ارسباران، شهر ری و بیجار اشاره می‌کنیم.

سهولت کلام موجب می‌شود که خواننده یا تماشاگر حجابی بین خود و بازیگر نبیند و کلام او را کلام خود بداند. در ادامهٔ همین مکالمه، آنجا که اکتاو می‌خواهد بداند عمویش از ماجرا با خبر است یا خیر، هر سه مترجم، با کمی‌اختلاف، به هم نزدیکند ولی نصر برای جواب زیرک، یعنی سیلوستر، از اصطلاحات زبان استفاده می‌کند. کلام او دیگر ترجمه تحت اللفظی نیست:

خسرو پس عمو یم از تمام ماجرای ما باخبر است؟
زیرک *از تمامش - از کاف می‌داند تا لامش.*

و کمی‌پایین تر در ترجمه آقای مدنی می‌خوانیم:
اکتاو *آه! خوب دیگر حرف بزن و کاری مکن که کلمه ها را بزور از دهانت بیرون بکشم.*
سیلوستر *دیگر بیش از این چه حرفی دارم که بزنم؟ شما هیچ وضعی را از یاد نبرده‌اید و مسائل را درست همان گونه که هستند بیان می‌دارید.*

ترجمه آقای همدانی در این قسمت از ترجمه آقای مدنی به زبان محاوره نزدیک تر است. وی این گفت و گو را چنین آورده است:
اکتاو *آه! ترا خدا حرف بزن! نگذار این طوری کلمات را از زبانت بیرون بکشم.*
سیلوستر *چی بیش از این دارم بگویم؟ شما هیچ موردی را فراموش نمی‌کنید و همه چیز را آن طور که هست می‌گویید.*

نصر همین جملات را به این صورت برگردانده است:
خسرو *مرگ من، زیرک، هر چی خبر داری بگو! من که خسته شدم بسکه ذره ذره از دل تو درآوردم.*
زیرک *اختیار دارید آقا جان، ماشاء الله همه خبرها را خودتان دارید و همه را خوب می‌دانید. ما دیگر چه عرض بکنیم؟*

و در جای دیگر حسن جنی، یعنی اسکاپن مولیر، چنین می‌گوید:

راستی که شما مردمان پزوائی هستید که هر دوتان برای یک همچو مسئلهٔ جزئی وامانده‌اید و نمیدانید چکار کنید. زیرک، راستی خجالت نمی‌کشی؟ آدم به این گندگی، برای یک همچو چیز کوچکی مثل - بلا نسبت، بلا نسبت - الاغ تو گل گیر کند؟ بخدا قسم من عارم می‌آید برای این کارهای جزئی فکر کنم.

خواننده این کتاب خود با خواندن نمایشنامه حسن جنی پی خواهد برد که چگونه نصر در این نمایشنامه بهره کاملی از گنجینه اصطلاحات زبان فارسی برده است، لذا ما خود را از آوردن شواهد بیشتر معذور می‌داریم. غرض در اینجا از یک طرف نشان دادن استفادهٔ بجای نصر از بازی های زبانی و سهولت کلام وی بود، که امیدواریم منظور را رسانده باشیم ، و از طرف دیگر تشویق دانشجویان تئاتر به اجرای اقتباس نصر که به نظر ما به علت نثر روانش می‌تواند برای تماشاگر ایرانی دلنشین باشد.

اگرچه نصر در اقتباسات خود به خود اجازه میداده که از زبان نویسنده دور شده و کلام را به زبان تماشاگر نزدیک کند ولی هر جا لازم بوده با ظرافت به اصل نمایشنامه وفادار مانده است. این نکته در نمایشنامه **جناب خان** Le Bourgeois Gentihomme اثر مولیر و در مکالمه جناب خان با معلم فلسفه اش تجلی می‌کند. در آن قسمت که جناب خان از مربی فلسفه اش مدد می‌طلبد تا او را در نوشتن نامه‌ای عاشقانه راهنما باشد، نصر با ظرافت مولیر را دنبال می‌کند. معلم فلسفه می‌خواهد بداند که جناب خان می‌خواهد نامه به شعر باشد یا به نثر:

جناب خان نه نه، نه نثر می‌خواهم، نه شعر.

معلم فلسفه این غیر ممکن است، قربان.

جناب خان چطور غیر ممکن است؟

معلم فلسفه اداء هر عبارت یا به نثر است یا به شعر و نظم. هر چه شعر نیست نثر است و هرچه نثر نیست شعر است.

جناب خان الان که ما داریم حرف می‌زنیم به آن چه می‌گویند؟

معلم فلسفه نثر.

جناب خان صحیح! مثلاً وقتی من می‌گویم اسمعیل، کفش

راحتی مرا بیاور، این نثر است؟

معلم فلسفه بله آقا.

جناب خان (به مردم) پنجاه سال است که من نثر می‌گویم و خودم نمی‌دانستم. چیز غریبی است!...

اگرچه این نمایشنامه در واقع آدمهای تازه به دوران رسیده را ،که مقصودشان از یادگیری هنر های مختلف تنها تقلید است و بس، به سخره گرفته، ولی مولیر و به دنبال او نصر، آنان که راه غلو پیش گرفته در نازیدن به هنر خویش به افراط می‌روند را نیز با ظرافت مورد انتقاد قرار داده اند. با مطالعه نمایشنامه ها شوخ طبعی نصر، که شاید بر کسانی که او را از دور می‌شناخته اند نهان مانده باشد، کاملاً روشن می‌شود.

در نمایشنامه **نجفقلی بیگ** نازیدن به آباء و اجداد به صورتی کمیک مورد تمسخر قرار گرفته و با چاشنی شوخ طبعی نصر دوچندان گشته است چه اینگونه بازی های کلامی‌همواره بر ظرافت کار او افزوده است. مکالمه کوتاهی از آنچه بین مقرب السلطان، پدر زن نجفقلی بیگ، که به خاندان خود می‌نازد، و سهراب، که سعی دارد با دختر او، یعنی همسر نجفقلی بیگ ، سر و سرّی پیدا کند، در اینجا می‌آوریم. مقرب السلطان خود را معرفی می‌کند:

مقرب السلطان بنده مقرب السلطان اشکبوسی.

سهراب بی نهایت مفتخر و مشعوفم.

مقرب السلطان در جنگ ابرقو اول کسی که سنگر را گرفت، والد ماجد بنده بوده است.

سهراب خواهش دارم تبریکات صمیمانه چاکر را قبول بفرمایید!

مقرب السلطان کاروانسرای شهمیرزاد از بناهای جد بنده است.

سهراب چقدر مایه خوشوقتی مخلص از این اطلاعات است.

مقرب السلطان اشکبوس بزرگ همان کسی است که در جنگ با رستم جان خود را از دست داد.

سهراب (دستمال درآورده اشک خود را پاک می‌کند)
چقدر از این بابت متاسفم.

در نمایشنامه **حسادت آمدلی،** که اقتباس از مولیر است، به یکی از بهترین نمونه های نثر طنزآمیز نصر در کار اقتباس بر می‌خوریم. به قسمتی از جواب های "جناب" به آمدلی اشاره می‌کنیم تا نمونه‌ای داده باشیم:

جناب احمق، تو مرا آدم پولکی می‌دانی؟ عجب دنیایی شده! این را بدان، اگر انبانی پر کنی از اشرفی و این انبان در جعبه گرانبهایی باشد و آن جعبه در محفظه قرار داده شده باشد و آن محفظه در اطاق مجللی باشد و آن اطاق در قصرخُوَرَنقی ساخته شده باشد و آن قصر خورنق در شهر آبرومندی واقع باشد و آن شهر در مملکتی وسیع و حاصلخیز یافت شود، من در آن مملکتی که آن شهر در آن است و آن شهری که آن قصر خورنق در آن ساخته شده و آن قصر خورنقی که آن اطاق مجلل را دارد و آن اطاق مجللی که آن محفظه در آن واقع است و آن محفظه که آن جعبه گرانبها در آن است و آن جعبه گرانبها که پر از اشرفی است، **احمق،** به آن نزدیک نمی‌شوم. **نادان،** این را بدان!

در **عروسی زورکی** نیز، که باز هم از آثار مولیر اقتباس شده، به نمونه های بسیاری از نثر طنزآمیز قابل توجه نصر بر می‌خوریم که همانند نمونه های بالاتر، نشان از انتقاد نصر از گنده گویان و مدعیان فضل و دانش نیز دارد. مثالی از صحبت میرزا مشعوف و ابرقویی در این نمایش می‌آوریم و امید داریم که خواننده مواردی نظیر اینها را خود مورد توجه قرار دهد:

میرزا مشعوف بنده آمده بودم راجع به مشکلی با شما مشورت کنم.
ابرقویی لابد راجع به فلسفه است.
میرزا مشعوف نخیر! ببخشید، بنده...
ابرقویی لابد می‌خواهید بفهمید واژه ماده و سیّال نسبت به موجود مبهمند یا مترادف؟
مشعوف نه به خدا، بنده می‌خواستم...
ابرقویی که منطق علم است یا صنعت؟

مشعوف ابداً و اصلاً.
ابرقویی که عناصر اربعه چهارند یا...
مشعوف والله نه ، بالله نه.

و جای دیگر باز در مکالمه میرزا مشعوف و اصطهباناتی:

میرزا مشعوف آقای اصطهباناتی، سلام علیکم.
اصطهباناتی علیک السلام آقای میرزا مشعوف.
مشعوف عرض کنم حضورتان، بنده یک کار مختصری داشتم که می‌خواستم با جنابعالی مشورت کنم. (رو به جمعیت) الحمدالله این آدم است، گوش می‌دهد. (بلند) بله، بنده آمده بودم اینجا که...
اصطهباناتی آقای میرزا مشعوف، در فلسفهٔ ما، انسان نباید هیچ وقت به طور قطع و یقین صحبت کند بلکه باید در عوضِ " بنده آمده بودم " ، جنابعالی بفرمایید، "به نظرم می‌آید که آمده باشم".

در **کمدی دکتر زیرک** باز نصر به سراغ طنز نویس محبوبش مولیر رفته و پزشکان مدعی را به مسخره می‌گیرد ولی از زبان خود می‌نویسد:

زیرک شما هنوز پی به مقامات من نبرده‌اید. تمام دُکاتره، حکما، بُلَغا، پزشکان، روانشناسان انگشت کوچک دست من نمی‌شوند ـ جنادیس بنگالس، الدکن و الحیدرآباد. خوب بفرمایید جلو! خوب چشم شما را ببینم.
سفرجل بنده بحمدالله دردی ندارم. دخترم بیمار است.
زیرک (با خنده تمسخر) اختیار دارید، خون پدر در رگ و ریشهٔ دختر است. از شما مرض اولادتان مفهوم می‌شود. جالینوس فصل بزرگی در این باب دارد. مخصوصاً می‌فرماید: اذا ادخل خون الاب فی رگ و ریشه خون الدخت فجعل غلیان العظیم. حالا بفرمایید ببینم ممکن است بول یا قارورهٔ بیمار را بیاورند؟

باز در نقد مدعیان،که به یک دگر نان هم قرض می‌دهند، دو پزشک نادان را در نمایشنامه **حاج مفتون الایاله** به سخره گرفته چنین مکالمه‌ای را برقرار می‌کند:

پزشک الحکما جناب آقای جاهل الحکما، استنباط بنده از این قرار است که راجع به مالیخولیا جالینوس او را به سه نوع تشخیص می‌دهد. اولی قشعریرات نخاعی است. دومی از فساد خون است و سومی، که حال بیمار ماست، در اثر انبساط طحال است و خروج و صعود ابخره طحالیه است به دماغ. بقراط قائل است که یأس و حرمان در این بیماری شدت می‌کند و بیمار را به سمت مرگ سوق می‌دهد. ملاحظه بفرمایید، این قیافه، این عیون قرمز، این ریش دراز، تمام علایم مالیخولیای طبقه سوم است و یقین است که مریض را به وادی جنون کلی می‌کشد. مخصوصاً قدما صریحاً اظهار داشته اند شعر و کلمات قشنگ و ساز و آواز برای این بیماری شفاست.

جاهل الحکما حقیقتاً طرز بیان و تشخیص حضرت مستطاب عالی همه را فریفته می‌کند و چاکر هم، با حرکات نبض، همین تشخیص را که فرمودید قائلم. در ضمن، برای اینکه زودتر علاج شود، قول ارسطو بی فایده نیست. نمی‌دانم در کتاب پنجم از امراض الجنون، فصل ششم، سطر سوم می‌فرماید: اربعهٔ...(فکر می‌کند) می‌فرماید: اربعهٔ تنقیه و البَعد فصد واجبُ. فی المرض المالیخولیا ان المریض تبکی و تغشی و البَعد ضَحَکَ قهقهه مُکرر و متوالی پس بنابراین باید منتظر گریه و غش و بعد خنده و قهقهه آقا گردید.

در اینجا می‌خواهم به خودم اجازه بدهم و بگویم که به نظر من یکی از مضحک ترین، و با معیار امروزی، مدرن ترین نمایشنامه هایی که نصر ترجمه و اقتباس کرده نمایشی است به نام **این هم یک جور عروسی است** به قلم مارک میشل و آلبر مورن. نصر در اقتباس این نمایش، که تا حدی به تئاتر پوچی هم نزدیک است، تبحر خود را در طنز به منتهای درجه نشان داده است. امید ما این است که این نمایشنامه با طبع دانشجویان تئاتر این دوران موافق آمده با خواندن آن به بردن آن به روی صحنه اقدام کنند.

نمایش با صحنه‌ای شروع می‌شود که فیروز،" خانزادِ نصرالدین"، مشغول خواندن یک کتاب و اظهار نظر دربارهٔ آن است:

فیروز راستی که اوضاعی بوده ها! همه قلچماق و قلدر، با زره و کلاهخود. آه آه آه، آن شمشیر های دو دمه. جانمی! (می‌خواند) در آن موقع که اشکبوس به

دو زانو در روی فیل...

شرف الدین   (از در وسط وارد می‌شود) فیروز، فیروز!

فیروز   (بدون حرکت) سلام علیکم خان شرف الدین خان! (
می‌خواند) در آن موقع که اشکبوس به دو زانو در روی فیل...

اولین کلماتی که فیروز بر زبان می‌آورد یاد نقالان و شاهنامه خوانان را زنده
کرده، تماشاگر را برای دیدن صحنه جنگی حماسی آماده می‌کند به طوری که
بی اختیار صدای طبل و شیپور جنگ در گوش خواننده یا تماشاگر طنین انداز
می‌شود. اول جملۀ نبرد اشکبوس و رستم به صورت یک ترجیع بند در قسمت
های اول نمایش تکرار می‌شود و با این ترفند نصر فرهنگ غرب را، که داستان از
آنجا مایه گرفته است، با فرهنگ ایران که متعلق به تماشاگر است، با هم
میامیزد و زمینه را برای ماجرای پوچی که در آن مسئله برداشتن کلاه به عنوان
نه فقط آداب دانی و اتیکت که فرهیختگی، و برنداشتن آن به معنای بی تمدنی
تلقی شده، و عاقبت به خشونت می‌انجامد، آماده می‌کند. در این ماجرا مزاح و
خشونت همگام پیش می‌روند و ماجرا را هرچه بیشتر به داستان پوچی نزدیک
می‌کنند. در این میان، داستان خوانی فیروز ،که در ابتدا تماشاگر با منتهای
رغبت دنبالش می‌کرد ، مرتب قطع می‌شود تا بدانجا که به تدریج تماشاگر از
کتاب خوانی فیروز دل کنده به دانستن ماجرای اصل نمایش و پرداخت آن دل
می‌سپارد.

نمونه هایی که نصر با طنز به نقد جامعه می‌پردازد بسیار است و خواننده خود
با مطالعه نمایشنامه ها به آن وقوف پیدا خواهد کرد. در اینجا ما به ذکر نکتـه‌ای
دیگر که از نظر نصر اهمیـت زیادی داشتـه می‌پردایم و آن انتقاد اوست از
بوروکراسی و کاغذبازی و عدم شرافت در خدمات دولتی کـه، بنـا بـر آنچـه او در
نمایش **قوزی** آورده است، دامنگیر همه ادارات دولتی بوده است. نصر عمرش را
صرف خدمات دولتی کرده و در بیشتر موارد، به علت عـدم موافقت با شرایط
مملکتی، یا خود را مجبور به کناره گیری از خدمت دانستـه بـود و یـا از قبـول
برخی مناصب امتناع ورزیده بود. چنانچـه در جـای جـای تاریخ زندگانی هـم
می‌بینیم، در صفحه ۱۹۱ از جلد سوم تاریخ زندگانی چنین می‌خوانیم:

چون کاملاً بوضعیت کشور آگاهم و هیچوقت اولیاء امور این مملکت بفکر مـردم نبوده و نیستند تا این تاریخ که دوره پانزدهم مجلس شورای ملی شـروع میشـود در انتخابات شرکت نکرده ام. در دوره ششم روزی صبح زود آقای فیروز نصرت الدوله که سمت وزارت دارائی داشت مرا در اطاقش احضار کرده گفت دولت شما را برای نمایندگی مجلس در نظر گرفتـه و چـون در خوزستان سـابقه داریـد میخواهیم شما را از شوشتر انتخاب کنیم [منظور کاندید کردن است]. جوابدادم متاسفانه برای ایـن کـار حاضر نیسـتم و بعـلاوه مـن نمیتـوانم حـال طـوطی و گرامافون را داشته باشم و خواهش دارم کس دیگر را انتخاب کنید.

نصر در **نمایشنامه قوزی**، که همانطور که قبلاً اشاره شد خود نقش آن را به عهده گرفته بوده، با صراحت به انتقاد دستگاه های دولتی میپردازد. چند محاوره، که جان کلام را میرساند و ما را به شناخت نصر مدد میرساند، در اینجا میآوریم و سخن را به پایان میرسانیم.

نقیص الله خان قوزی ، شخصیت اصلی نمایشنامهای است که نصر آن را اولـین اپرت ایرانی خوانده و خود این نقـش مشـکل را بـازی کرده بـوده است. ایـن نمایشنامه از قرار آهنگین بوده است و در جای جای نصر سخنان بازیگران را بـا شعر درآمیخته است. در این نمایشنامه نصر عیوب سیستم اداری و دولتـی را از زبان شخصیتی منفی نقل می کند و بدین ترتیب پا را از قالب های معمول بیرون گذاشته شخصیت منفی را قهرمان داستان نمایشنامه می کند. نقیص الله خـان قوزی، شخصیت اصلی نمایش، کسی است که به عیوب سیستم اداری و دولتـی کاملاً واقف است ولی خود از زمره بسیاری است که می خواهند، به قول معروف، ازاین نمد کلاهی برای خود بسازند و از این عیوب بهره برداری کنند. چه کسـی بهتر از این شخصیت منفی دستگاه را می شناسد و می توانـد مشکلات آن را به ما بشناساند؟ قسمتی را در اینجا نقل می کنیم:

نقیص الله شـماها سـرتان نمی‌شـود. در ایـن مملکـت نادرسـتی پیـش مـی‌رود. آنهاییکه درست بودند ـ الان بیاییم بشمریم ـ هیچ وجود ندارند. یا خودشان را کشتند و خلاص کردند یا اینکه گمنام در گوشه و آن گوشه زنـدگی می‌کنـند ـ به هر جوری که هست ـ تا بمیرند.

آنچه نقیص الله قوزی در اینجا گفته است در واقع یادآور همان انتقادیست که نصر در خاطرات خود درباره نابودی قایم مقام فراهانی و امیرکبیر نگاشته و ما نیز قبلاً آورده‌ایم. در جای دیگر باز قوزی با این چنین بحث ها سعی می‌کند دوستان را نیز تشویق کند تا به او تأسی کنند:

نقیص ...همه ماها یک طوریم، از یک خمیره ساخته شده‌ایم. خوب توی این مملکت نیست، بلکه من می‌خواهم بگویم کلمات و لغات دیانت و امانت و درستی توی کتاب لغت ما نیست (با فکر) اِه، عجب خری من هستم. ما کتاب لغت اصلاً نداریم. (می‌خندد)

در این نمایشنامه نصر انتقادات خودش را در ساختن شخصیت قوزی پرورانده است ولی در آخر نمایش، از قول سلیم الله خان، به تماشاگر امید می‌دهد که برد با اشخاصی چون نقیص الله نیست. در اینجا می‌پرسیم آیا این سلیم الله خان دارد به جای خود نصر سخن می‌گوید؟ به سخنان آقای داریوش اسدزاده در مورد نصر بر می‌گردیم:

"نصر مرد بسیار آرام و سلیم النفسی بود که رفتار، گفتار و سکناتش همیشه با متانت همراه بود. در صورتش همیشه آرامش موج می‌زد. در مدیریت هم با طمأنینه و دوستی و محبت نسبت به اعضای تئاتر کار می‌کرد.(اسدزاده، ص ۴۴)

ما این سخنان را را با گفته‌ای از سلیم الله و امیدی که به تماشاگر میدهد به پایان می‌آوریم :

سلامت نفس بنده بیش از آنها بوده است و تا به حال همه می‌دانند ولی امروزه موقعیت دنیا حاضر برای زورشنوی نیست و دنیا در راه تکامل می‌رود. همینقدر آقای نقیص الله خان، بدانید که قریباً ترتیب طور دیگری می‌شود و نتیجه بدکاری تعیین می‌گردد و اینکه شنیده‌اید شاهنامه آخرش خوش است همین چند روزه است.

آثار باقی مانده از سید علی نصر

آنچه علی نصر، از آثار نوشتاری خود بر جای گذارده است ،از قرار زیر است :

تاریخ زندگانی[۸۶]

این تاریخ یا تاریخچه در واقع حکم بیوگرافی نصر را دارد و در سه جلد نوشته شده بوده که فقط جلدهای دوم و سوم آن در دست من است. جلد اول آن، که به زندگی خاندان او و شرح احوال پدر و مادر و برادران و خواهران تعلق داشت و تصویر آن کاملاً در ذهن من هست، متاسفانه چندی پس از مرگ پدر بزرگ مفقود شد. گم شدن این مدرک را در خانواده هر کس به دیگری نسبت می‌داد ـ تبادل هایی این چنین را خوب به خاطر دارم که مادر بزرگم مادر مرا مقصر می‌دانست و به یاد می‌آورم که می‌گفت "صدیقه کتاب را در تاکسی جا گذاشته است" و مادرم البته مادر خود را مقصر می‌دانست و می‌گفت "مادر جون دوست دارد با محققین درباره آقاجون صحبت کند و برای اینکه خودش را در دل آنها جا کند مرتب نوشته های آقاجون را به این و آن قرض می‌دهد" ـ لذا از نظر او یکی از محققین بی لطفی کرده کتاب خاطرات را بازنگردانده بوده است. از آنجا که خاله ام در آن زمان در ایران زندگی نمی‌کرد، شانس آورده از این گونه تقصیر ها بری مانده بود.

وقایع و اتفاقات از سال ۱۳۲۶ شمسی

این کتاب خطی را شاید بتوان جلد چهارم تاریخ زندگانی به حساب آورد.

سفرنامه های در داخل و خارج ایران در ۷ جلد که چنین نامشان داده است:
جلد اول: مسافرت های به اروپا و خلاصه‌ای از دو جنگ بین المللی
جلد دوم: مسافرت هایی که در ایران شده است و چند گزارش مربوط به آن
جلد سوم یا کتاب سوم: خراسان، خوزستان، کرمان، مازندران

---

۸۶ . این شماره گذاری‌ها از ماست.

جلد چهارم: مسافرتهای در آسیای صغیر

جلد پنجم یا کتاب پنجم: پاکستان

جلد ششم: مسافرت از پاکستان به امریکا و مراجعت به طهران.

این جلد را ما ،از آنجا که به دنبال کتاب پاکستان نام گذاری شـده، جلـد ششـم خوانده‌ایم در حالی که نصر آن را جلد هشتم نام داده است. بنـا بـر آن شمـاره گذاری، ظاهراً سفرنامه های ششم و هفتمی‌هم در کـار بـوده و لـذا نصر ایـن سفرنامه را شماره ۸ خوانده است.

جلد هفتم: سفرنامه به عراق و لبنان و مصر از طریق هوا از ۲۳ اسفند ۳۶ تـا ۲۳ فروردین ۱۳۳۷. به این کتاب نصر شماره ۳۲ داده است ولی دلیل آن بـرای مـا مشخص نیست. شاید در این شماره گذاری نصر همه نوشته های خود را در نظر گرفته و فقط مقصودش سفرنامه ها نبوده است. به هر روی باید متذکر شوم کـه این سفرنامه را نصر در دوران بازنشستگی نوشته و منظور از این سفر دیدار دختر بزرگش بی بی بوده که به علت ماموریت شـوهرش ،تقی نصر، در مصر اقامـت کرده بود. سوقاتی های کیف مصری با نقش ملکه نفرتیتی و خلخال های پـا کـه برای من آورده بود را به یادگار هنوز دارم و پارچه های بـراق رنگینـی کـه بـرای مادرم آورده بود را هرگز از یاد نمی‌برم.

کتاب هفتم: امثال

این کتاب شامل مجموعه‌ای از امثال و حکم زبان فارسی اسـت کـه ظـاهراً نصر قصد داشته معادل فرانسه همه آنها را نیز بر مجموعه بیافزاید ولی موفق به پایان رساندن کار نشده بوده. این مجموعه در ۲۵۷ صفحه و در هر صفحه حـدود ۳۸ مثل ثبت شده است. در مقدمه این مجموعه نصر خطاب بـه فرزندانش چنین نوشته است:

فرزندان عزیزم

ثمره ۳۰ سال زحمتم را در جمع آوری کلیه امثال ایرانـی و حِکَـم و مقـداری از اصطلاحات عوامانه و امثال زبان فرانسه در این کتاب به شما تقـدیم میکـنم. در آخر قسمتی تحت عنوان متفرقه نوشته ام که دانستن آنها بیفایده نیست. از شما

خواهانم که این کتاب را محفوظ داشته و اگر چیز تازه‌ای پیدا کردید بر آن بیفزائید که یادگار گرانبهایی است.
۱۲ شهریور ۱۳۲۸
[امضا] نصر

کتاب نهم: اصطلاحات و لغات عامیانه
این کتاب خطی را نصر به ترتیب حروف الفبا فصل بندی کرده و لغات عامیانه را با معانی آنها ستون بندی کرده است. این کتاب و کتاب بالا نمونه های خوبی برای دریافت احاطه نصر به زبان عامیانه هستند. در مقدمه کتاب چنین آورده است:

تذکر

*برای لغات و اصطلاحات عامیانه مندرج در این کتاب حتی المقدور سعی کرده‌ام اول آنها را بطوریکه تلفظ میکنند بنویسم و با این نظر مجبور شده ام برای حرف آخر کلماتی که با کسره تلفظ می‌شود **ه** غیر ملفوظ بگذارم. ثانیاً چون کلماتی که در وسط الف دارند مانند خانه و لانه و امثال آن به واو در تلفظ مبدل می‌گردند از نوشتن آنها خودداری شده است. ثالثاً از کلمات وقیح و رکیکی که در این لغات مشاهده می‌کنید معذرت می‌طلبم و امید عفو دارم.*
سید علی نصر

از این یادداشت چنین می‌توان پنداشت که شاید نصر قصد به چاپ رساندن این دو کتاب را داشته است.

کتاب شیرین: کتابی خطی و داستانی که نصر به آن نمره ۶ داده است. در صفحه اول این داستان چنین آمده: کتاب شیرین بیاد پسرم، سید احمد، در شانگهای تصنیف شد.

کتاب ۳۰: آتالا ترجمه از شاتبریان[۸۷] . در پشت کتاب چنین آمده است "به یاد مرحوم برادرم سید محمد نصر"

---

۸۷. Francois-Rene de Chateaubriand

سید محمد دومین پسر بزرگ خانواده بود. وی در محل کارش به قتل رسید و نصر از او به نام برادر شهید خود نام می‌برد.

آفتاب زیر ابر پنهان نمی‌ماند.

این سناریویی است که نصر بنا بر یادداشت خودش در سال ۱۹۵۱ میلادی در امریکا نوشته بوده است. یادداشت صفحه اول را در اینجا می‌آوریم:

این سناریو در سال ۱۹۵۱ میلادی در امریکا برای تربیت و تنبّه هم میهنانم نوشته شد و در صدد برآمدم با تربیت و تعلیم ایرانیانی که آنجا بودند فیلمش را بردارم. موقعیکه هولیود رفتم با استودیوی پارامونت از موضوع آن صحبت کردم و نیّتم را اظهار داشتم و از زمینه‌ای که حاضر کرده بودم مطلعشان نمودم. از مضمون و صحنه های آن تمجید کردند ولی حاضر نگشتند بزبان ایرانی فیلمبرداری کنند و صریحاً گفتند چون ما تاجریم نمی‌توانیم فیلمی‌برای یک مملکت بطور خصوصی یعنی فقط به زبان آن کشور درست کنیم زیرا درآمدی برای شرکت ندارد.

امید دارم اقبال مساعدت کند و روزی به آرزوی خود برسم.

(امضاء) نصر

۹- **پانزده جلد صحافی شدهٔ نمایشنامه هایی که یا خود نوشته بوده یا ترجمه و اقتباس کرده بوده است:** از این تعداد، متاسفانه جلدهای ۲، ۱۱ و ۱۴ در دست من نیستند. از اینرو شاید باید آنها را مفقود انگاشت و یا با خوش بینی به خود امید داد که روزی در جایی کسی آنها را یافته به ناشری بسپرد. این مجموعه آثاریست که نصر به صورت نمایش ترجمه و اقتباس کرده است. اگرچه نام نویسندگان در مقدمه نمایشنامه های ماشین شده نیامده است ولی خوشبختانه پدر بزرگ در یادداشت های خطی خود نام نویسندگان تمام نمایشنامه هایی که ترجمه یا اقتباس کرده بوده را در فهرستی ثبت کرده است. لذا، اگرچه در برخی موارد نام دقیق اصل نمایشنامه در دست نیست.ولی نام نویسندگان مشخص است. تعدادی از مونولوگ های او نیز در این مجلدات گرد آمده است. امید ما این است که روزی بتوانیم مجموعه نمایشنامه ها و بقیه یادداشت های نصر را به تدریج به چاپ برسانیم و آنها را به طور کامل منتشر کنیم.

۱۰- **آنچه برای صدای امریکا نوشته بوده است :** این قطعات در سه دفترچه به

شماره های ۳۴، ۳۵ و ۳۶ به خط نصر نوشته شده و شامل برخی نمایشنامه های کوتاه و مونولوگ است. می‌دانیم که برخی از این مونولوگ ها به مناسبت اعیـاد ایرانی در دوران اقامت نصر در امریکا با صدای او از صـدای امریکـا پخـش شـده است. عکسی از او در پشت میکروفون صدای امریکا ضمیمه است.

خلاصه‌ای از خدمات اداری نصر در طول زندگانی

علاوه بر معلمی که در مقدمه ذکرش به تفصیل رفته است، علی نصر در مناصب مختلف به خدمت به کشور پرداخت. برخی خدمات وی از این قرار بوده است: [۸۸]

مترجمی و معاونت ژاندارمری که همانطور که در کتاب ذکر شد به علت اختلاف با کلنل یالمارسون سوئدی به استعفا انجامید.

ریاست دارالترجمه محاسبات وزارتخانه ها و محاسبات تکنیک،

ریاست کابینه و ملزومات و ارزاق عمومی، مفتش درجه اول وزارت کشور،

معاونت ارزاق در ابتدای سردار سپهی رضا خان،

ریاست ممیزی کل کشور،

ریاست انحصار دولتی تریاک،

پیشکار مالیه کرمان،

پیشکار مالیه اصفهان،

پیشکار مالیه خراسان

دبیر کل انحصار دخانیات

تشکیل و ریاست موسسه برق،

حکومت مازندران،

معاونت وزارت پیشه و هنر و بازرگانی،

معاونت وزارت کشور،

وزیر مختار ایران درچین،

وزیر پست و تلگراف و تلفن

ریاست کمیسیون نمایش در سازمان پرورش افکار و تاسیس هنرستان هنرپیشگی،

انتصاب به سمت مشاور مخصوص هیئت نمایندگی در سازمان ملل متحد در سال ۱۳۲۹

---

۸۸ . در این فهرست زمان مناصب رعایت نشده است

کتابنامه

منابع خطی

نصر، سید علی	تاریخ زندگانی خانواده، جلدهای دوم و سوم
نصر، سید علی	کتاب پنجم: پاکستان
نصر، سید علی	کتاب ۱۵ : وقایع و اتفاقات از اول سال ۱۳۲۶ شمسی
نصر، سید علی	کتاب نهم: اصطلاحات و لغات عامیانه
نصر، سید علی	کتاب هفتم: امثال

منابع چاپی

اسکویی، دکتر مصطفی: پژوهشی در تاریخ تئاتر ایران. نشر آناهیتا، ۱۳۷۰

اسماعیلی، امیر : چهره در چهره: مصاحبه با هنرمندان تئاتر و سینمای ایران. تهران، انتشارات مروارید، ۱۳۷۷

ایوبی، وحید: زندگی و گزیده آثار علی اصغر گرمسیری. تهران، کتاب سرای نیک، ۱۳۸۵

ایوبی، وحید: زندگی و گزیده آثار علی نصر. تهران، کتاب سرای نیک، ۱۳۸۵

تقی پور، معصومه: نمایشنامه های تک پرده سید علیخان نصر. تهران، روزبهان، ۱۳۸۲

جنتی عطائی، دکتر ابوالقاسم: بنیاد نمایش در ایران. تهران، انتشارات صفی علیشاه، ۲۵۳۶

خطیبی، پرویز: خاطراتی از هنرمندان. لوس آنجلس، انتشارات بنیاد فرهنگی پرویز خطیبی، ۱۹۹۴

دولت آبادی، غلامحسین و کیان افراز، اعظم: تماشاخانه تهران به روایت داریوش اسدزاده. تهران، افراز، ۱۳۹۴

دهباشی، حسین: خاطرات سید حسین نصر. تهران، سازمان اسناد و کتابخانه ملی جمهوری اسلامی‌ایران، ۱۳۹۴

مدنی، بدرالدین: تردستیهای اسکاپن. تهران، کتاب امروز، ۱۳۶۵

ملک پور، جمشید: ادبیات نمایشی در ایران. جلدهای اول تا سوم. تهران، انتشارات توس، چاپ دوم، ۱۳۸۵

نصر، سید ولی الله: دانش و اخلاق. تهران، چاپخانه اتحاد، ۱۳۳۸

همدانی، نادعلی: نیرنگ های اسکاپن. انتشارات رادیو تلویزیون ایران (سروش)، ۱۳۵۴

این هم یک جور عروسی است

با شعر و موسیقی[۱]

ترجمه و اقتباس

از

Marc Michel et Albert Maurin

به قلم سیدعلی نصر

---

۱ . اشعار و موسیقی این نمایشنامه پیوست نبود.

اشخاص:

فرامرز	داماد
نصرالدین	پدر هما
شرف‌الدین	رفیق نصرالدین
فیروز	خانزاد نصرالدین
غضنفر	نوکر فرامرز
هما	دختر نصرالدین

صحنه اطاقی است دارای سه در و یک پنجـره طـرف راست. میز و صندلی طرف راست و طرف چـپ. یـک پارچه بِرُدری دوزی روی میز طـرف راسـت گذاشتـه شده.

فیروز   (طرف راست روی میز نشسته کتابی در دسـت دارد) راستی که اوضاعی بود، ها ـ همه قلچماق و قلـدر بـا زره و کلاه‌خــود. آه آه آه... آن شمشـیرهای دودمـه، جانمی! (می‌خواند)[نظیر نقـالان] "در آن موقع کـه اشکبوس به دو زانو در روی فیل..."

شرف‌الدین   (از در وسط وارد می‌شود) فیروز فیروز!

فیروز   (بـدون حرکـت) سـلام علـیکم خـان شـرف‌الدین خان!(می‌خواند) "در آن موقع که اشکبوس به دو زانو در روی فیل..."

شرف‌الدین   اربابت کجاست؟

فیروز   توی اطاقش. (صدا می‌کند) ارباب ارباب!

نصرالدین   (از پشت سن طرف چپ) چی است؟ چی است؟

فیروز   رفیقت آمده. زود باشید بیایید!

نصرالدین	(از بیرون) آمدم آمدم.
فیروز	شنفتی؟ الان می‌آید.
شرف‌الدین	این کتاب چی است داری می‌خوانی؟
فیروز	ای بابا ولم کن! (می‌خواند) "در آن موقع که اشکبوس به دو زانو در روی فیل..."
نصرالدین	(از طرف چپ وارد می‌شود) آقای شرف‌الدین، دوست صمیمی، چه خوب شد برادر آمدی چند روزی اینجا با هم باشیم و خوش بگذرانیم. لابد نهار را که اقلاً با ما خواهید بود.
شرف‌الدین	خیلی متشکرم ولی متأسفم از این‌که نمی‌توانم دعوت آقا را قبول کنم چون باید دوا بخورم.
نصرالدین	مگر خدای نکرده ناخوشی، بیماری؟
شرف‌الدین	نه داداش، برای به اصطلاح احتیاط‌کاری است چون تا سه روز دیگر خیال دارم بروم خرمشهر و میدانی در مسافرت انسان باید معده‌اش پاک باشد تا در راه بهش بد نگذرد.
نصرالدین	اختیار داری! چه‌طور می‌خواهی تنهایی بروی، من با تو نباشم؟
فیروز	(به‌طور بی‌حوصله‌گی از جای خود بلند شده طرف دیگر سن رفته می‌نشیند) بسکه حرف می‌زنند، هرچه خواندم نفهمیدم. (می‌خواند) "در آن موقع که اشکبوس بروی دو زانو روی فیل..."
نصرالدین	ببین قربان، من هیچ انتظار نداشتم که بی من سفر کنی.
شرف‌الدین	اختیار داری! ۱۹ سال است که این حرف را می‌زنی ولی عمل نمی‌کنی.
نصرالدین	آخر ببین قربان، تقصیر از من نیست. یک دفعه حاضر شدم که...
شرف‌الدین	زناشویی برایت پیش آمد، مخلص هم چون کرایه را قبلاً پرداخته بودم از این بابت ضرر کلی دیدم.

نصرالدین	خوب برادر، این‌جور مواقع هیچ‌کس تقصیر ندارد و از این ضررها و زیان‌ها پیش می‌آید.
فیروز	(بی‌حوصله بلند شده نزدیک در وسط رفته می‌نشیند) خیر، مگر می‌گذارند؟ (می‌خواند) "در آن موقع که اشکبوس بروی دو زانو روی فیل..."
شرف‌الدین	وقتی زناشویی کردی، مدتی که گذشت، من خواستم مجدداً سفر کنم، خواهش کردی که با هم برویم.
نصرالدین	آخر برادر، فکر کن! کسی که بچه توی راه دارد، آیا ممکن است تا بچه‌اش به دنیا نیاید جایی برود؟
شرف‌الدین	دِ، آخر عزیز من، تو همچین جدی قول دادی که من باز رفتم بلیط خریدم. این دفعه هم ضرر کردم. حالا هم که می‌خواهم بروم باز می‌گویی من می‌آیم. به نظرم، از آن‌جایی‌که گفته‌اند هیچ دویی نیست که به سه نرسد، باز می‌خواهی ما یک ضرری بکنیم.
نصرالدین	نه داداش، خیالت این‌دفعه راحت باشد. یک دو سه روزی صبر کن...
شرف‌الدین	دیگر برای چی صبر کنم؟ مگر باز خیالی داری؟
نصرالدین	آره داداش، بگذار دخترم را هم شوهر بدهم، با خیال فارغ آن وقت با هم برویم.
فیروز	(از جایش بلند شده به جای اولی می‌نشیند) خیر، محال است بگذارند. (بلند) "در آن‌موقع که اشکبوس بروی دو زانو بروی فیل..."
شرف‌الدین	آخر تا دختر را بخواهی شوهر بدهی چند سال باید صبر کرد.
نصرالدین	یواش باش، آسوده باش! برایش نامزد پیدا شده. همین دو روزه هم...
شرف‌الدین	همین دو روزه سر می‌گیرد؟
نصرالدین	بله عزیزم و نمی‌دانم چه‌طور شده تا به حال جوابش نرسیده. (بلند شده به سمت فیروز می‌رود) فیروز!

فیروز	(سرش در روی کتاب) چی است؟ (آهسته) خیر نمی‌گذارد.
نصرالدین	امروز صبح کاغذی برای من نیاورده‌اند؟
فیروز	چرا آقا، آورده‌اند.
نصرالدین	کجاست؟
فیروز	توی جیبم.
نصرالدین	بده ببینم!
فیروز	دست کن توی جیب راستم، در بیاور!
نصرالدین	(کاغذ را در می‌آورد، پاره می‌کند، می‌خواند) صحیح صحیح!
فیروز	به ما کاری ندارید؟ برویم؟ (بلند می‌شود)
نصرالدین	نه، برو باباجان.
فیروز	استغفرالله ربی و اتوب الیه... آخر نگذاشتند بفهمیم اشکبوس چه کار کرد. (می‌رود بیرون)
شرف‌الدین	این کاکا چه‌قدر غرغرو است.
نصرالدین	من لوسش کردم. چون پدرش خانزاد ما بوده، این هم این‌جا به دنیا آمده، مثل اولاد من شده. خوب چه اهمیتی دارد؟ راستی داداش، کار مرتب شده و راحت شدیم.
شرف‌الدین	چه کاری؟
نصرالدین	این کاغذ از نامزد دخترم است که نامش آقای بی‌نظیر است.
شرف‌الدین	شغل این آقا چی است و چه کاره است؟
نصرالدین	شغلش دلالی و تجارت است.
شرف‌الدین	خوب، دخترت از این قضیه مسبوق است؟ می‌داند؟
نصرالدین	نه، اطلاعی از این بابت ندارد ولی بی‌نظیر مرا دیده، و این زناشویی همین زودی زود سر می‌گیرد.
شرف‌الدین	خوب، بنابراین کی باید حرکت کنیم؟ چون باید روزش را معین کرد.

نصرالدین (با فکر) ببین، امروز دویم اسفند است. چهارم روز عقدکنان است.

شرف‌الدین پس وقت زیاد است[۲] ـ هم می‌توانیم اسباب‌هایمان را خوب جمع‌آوری بکنیم هم یک مسهل خوبی بخوریم که در سفر راحت و آسوده باشیم.

نصرالدین بسیار خوب، روز پنجم را مسهل ـ یعنی برای مسهل خوردن می‌گذاریم و روز ششم را برای حرکت. اما حالا چه خوب است...آن درخت‌های خرما،بَه بَه آن رود کارون...

شرف‌الدین آن رودخانه بهمنشیر، بَه‌بَه آن آب‌های خوب، آن درخت‌های قشنگ. راستی که خرمشهر است. شهری به این خرمی‌و پرآبی هیچ جای دنیا نیست.

نصرالدین اما باید لباس تابستانی برداشت که آن‌جا گرم است.

شرف‌الدین اینکه پر واضح است. خوب، بنابراین مخلص می‌روم از حالا بلیط می‌گیرم که جای خوبی در راه‌آهن داشته باشیم. موافق هستی یا نه؟

نصرالدین البته! کاملاً موافقم.

(پس از آواز خواندن با هم، شرف‌الدین از در وسط می‌رود)

نصرالدین (خوشحال) داماد بنده تا یک ساعت دیگر وارد می‌شود. زود باید هما را از این بابت مستحضر کنم.

هما (وارد می‌شود) آقا جان، کلید بوفه را کجا گذاشته‌اید؟ می‌خواهم سالاد برای نهار درست کنم.

نصرالدین بیا عزیزم، (می‌نشینند) برای سالاد وقت بسیار است. می‌خواهم دربارهٔ مسئله‌ای با تو صحبت کنم.

هما (با کرشمه)(آهسته) لابد برای همان مسئله است.

نصرالدین (موقرانه) هیچ فکر کردی دختر جان که یک روزی هم باید زناشویی و به اصطلاح شوهر کنی؟

---

۲ . در متن تایپی فعل به صورت منفی آمده بود که با معنی تطبیق نداشت و تغییرش دادیم.

هما	(لوس) آره بابا جان، خیلـی هـم در ایـن بـاب اغلـب اوقات فکر کرده‌ام.
نصرالدین	خیلی خوب هما، به تو بگویم که آن موقع رسیده.
هما	راستی آقا جان؟ خوب، کی هست؟ خوب است؟
نصرالدین	والله یک خورده همچین سرد است و عبـوس، ولـی خیلی خوب است. سنگین است، مـوقر اسـت، جـدی است. در حدود صدوبیست سهم هـم از کارخانـه مـا خریداری کرده.
هما	من مقصودم این چیزها نیست. بفرمایید ببینم جوان است، رنگش سفید است، سبزه است؟ نمی‌دانم... بـور است، خرمایی است، چی است؟ سبیل دارد؟ ریشـش را می‌تراشد؟
نصرالدین	بازرگانـان و دلالان والله، گـاهی ریـش دارنـد، گـاهی بی‌سبیلند. اسمش را نمی‌دانی؟
هما	نه آقاجان.
نصرالدین	چه‌طور نمی‌دانی؟ آقای بی‌نظیر.
هما	(با غصه رو را برمی‌گرداند) (آهسته) مرده‌شور!
نصرالدین	تو را چه می‌شود؟ چرا صورتت را برمی‌گردانی؟
هما	آخر آقا جان، فکر کنید تو را به خدا ببینید خوشتان می‌آید به من بگویید خـانم بی‌نظیر؟ مـن کـه بـدم می‌آید.
	(می‌خوانند موزیک زده می‌شود)
نصرالدین	عزیزم، تو یک خورده یاوه می‌گویی.
هما	یـاوه یعنـی چـی؟ این‌جـور شـوهرها کـه اتصـال از صادرات، از واردات، از ارز، از بـاربری، از عدل‌بنـدی و این‌جور چیزها صحبت می‌کنند به چه درد می‌خورند؟ تازه معلوم می‌شود جوان هـم نیسـت، وقتـی هـم راه می‌رود پای راستش را می‌کشد.
نصرالدین	ایـن حـرف را نـزن عزیـزم کـه بـه هیچ‌وجـه از تـو پسندیده نیست.

فیروز	(از در وسط وارد می‌شود) آقا آقا!
نصرالدین	چی است؟ چی است؟
فیروز	یک آقایی سوار اسب با نوکرش آمده می‌خواهد با شما حرف بزند. اسمش را به ما نگفت. این کاغذ را داد.
نصرالدین	(کارت را می‌گیرد می‌خواند) آقای فرامرز؟ (رو به مردم) هیچ همچو آدمی را نمی‌شناسم.
فیروز	می‌گفت خیلی کار دارد با شما. تند هم می‌خواهد برود.
نصرالدین	بگو بسم‌الله، بفرمایید!
فیروز	(از دم در داد می‌زند) آقای اسب سوار بسم‌الله، بسم‌الله!
فرامرز	(دم در پیدا شده می‌ایستد با لباس اسموکینگ[۳]، کراوات سیاه، دستکش سفید.
فیروز	(با تغیّر) دِ بیا تو، معطل چی هستی؟
نصرالدین	(جلو رفته کلاه خود را برمی‌دارد) چه فرمایشی است؟
فرامرز	بنده با آقای نصرالدین کار داشتم.
نصرالدین	خود مخلصم. بفرمایید!
فرامرز	(وارد می‌شود) چه‌قدر محظوظ از ملاقات جنابعالی شدم. (هما را می‌بیند) لابد خانم کوچک، صبیه آقا هستند، اجازه می‌فرمایید احترامات خودم را تقدیم ایشان کنم؟(تعظیم می‌کند)
هما	متشکرم. (آهسته) چه‌قدر مؤدب و معقول است! (می‌نشیند و مشغول بافتن می‌شود)
نصرالدین	آقا، با بنده فرمایشی داشتید؟
فرامرز	بله آقا، بنده از فیروزکوه سوار اسب شدم و همین‌جور چهار نعل حرکت کردم به سمت اینجا ـ به علاوه

_____

۳ . لباس نیمه رسمی‌smoking

جنابعالی باید بدانید که مخلص از اسب‌سواری خیلی خوشم می‌آید.

نصرالدین (مات) بله، می‌فرمودید.

(فیروز طرف راست می‌رود)

فرامرز خیلی عذر می‌خواهم، ببخشید! بنده متأسفم از این‌که خبر بدی را برای شما آورده‌ام.

نصرالدین و هما و فیروز (با هم) چه شده؟ چه خبری است؟

فرامرز سه ماه قبل که فصل بهار و اشعهٔ طلایی خورشید در وقت غروب افق را ارغوانی‌رنگ نموده بود...

نصرالدین چه مربوط است به قضیه؟

فرامرز مخلص در خیابان ایستگاه برای هواخوری قدم می‌زدم ـ راستی آنجا را ملاحظه فرموده‌اید؟ خیلی قشنگ است.

نصرالدین بله، آنجا را بنده هم دیده‌ام. (کلاهش را سر می‌گذارد)

فرامرز (رو به مردم) عجب بی‌ادبی است! (بلند) بله، در این موقع که بنده هواخوری می‌کردم و راه می‌رفتم، یکی از دوستان خیلی به عجله، از نزدیک مخلص گذشت. بنده برای احترام کلاهم را از سر برداشتم. (کلاه خود را برمی‌دارد) چون بنده خیلی مؤدب و معقولم.

نصرالدین البته واضح است. خوب آن خبر چه بود؟

فیروز (آهسته) آی پر حرف می‌زند!

فرامرز (چون می‌بیند نصرالدین کلاهش را برنمی‌دارد کلاه را سرش می‌گذارد) بله، بنده کلاهم را برداشتم و سلامی‌کردم ولی آن بی‌ادب، در عوض این‌که جوابی بگوید، راهش را گرفت و رفت.

نصرالدین (رو به جمعیت) خیر، از خبرش خبری نیست.

فرامرز بنده بِهِم برخورد. دویدم عقبش تا دم میدانی رسید. از پشت یقه‌اش را گرفتم و کشیدم.

نصرالدین (بی‌حوصله) بعد چه شد؟ رفیقتان چه کرد؟

فرامرز	ملتفت شدم رفیقم نبوده ـ یک عابری، بـه اصـطلاح، بوده.
نصرالدین	(آهسته) دارد دیوانه‌ام می‌کند. بابا، به من چه ربطی دارد؟
فرامرز	بهش گفتم آقا، بنده ادب کردم، بـه جنابعـالی سـلام دادم، کلاهم را برداشتم ولی شما... یارو برگشت گفت ببخشید، شما را نمی‌شناسم.
نصرالدین	خوب، بله دیگر...
فرامرز	من هم بهش گفتم بنده هم شما را نمی‌شناسم ولی چون ادب کردم و کلاه برداشتم شما هـم بایـد کـلاه بردارید. برگشت گفت بـرو مردکـه، چـه مزخـرف می‌گویی؟
نصرالدین	صحیح! صحیح!
فرامرز	(با تغیّر به نصرالدین) بله آقا، ادب اقتضـا دارد وقتـی که کسی کلاه برداشت طرف هم کلاهش را بردارد.
نصرالدین	(آهسته) عجب الدنگی است!
فرامرز	باری، خلاصه یکی بنده گفتم، دو تا آن گفـت. مـردم جمع شدند، دعوا گرم شد. مخلص هم چماقی که در دست داشتم خواباندم محکم به سروکله و پایش.
نصرالدین	محض رضای خدا، این‌ها چه ربطی به بنده دارد؟
فرامرز	الان به نتیجه می‌رسیم ولی اگر اسباب تصدیع هستم مرخص می‌شوم.
فیروز	نه‌خیر نه‌خیر، بفرمایید بعد چه شد؟
فرامرز	خیلی متشکرم. (آهسته)[به جمعیت] این کاکا دیگر کی است؟ (به نصرالدین) بله ۲۵ بهمن بود، ۲۶ بـود، ۲۷ بود؟
نصرالدین	(آهسته) خیر، تمـام ایـام مـاه را می‌خواهـد بشـمرد. (راحت می‌نشیند)

فرامرز (صندلی برداشته می‌آورد پهلوی او می‌نشیند) بله، درست ۲۷ بهمن بود که این اتفاق افتاد. قلم پای یارو به کلی خوردِ خورد شد.

فیروز پای مردکه را خوردِ خورد کردید برای این‌که کلاهش را برنداشته بود؟

نصرالدین (با شفقت و اندکی نگرانی)[با اشاره به فیروز] این فیروز را من خودم بزرگ کرده‌ام و خیلی دوستش دارم ـ راستی که او هم خانزاده ما محسوب می‌شود.

فرامرز (آهسته) چه ربطی به بنده دارد؟ (بلند) یارو گفت می‌روم عارض می‌شوم، دادخواهی می‌کنم، چه کار می‌کنم، چه کار نمی‌کنم... ولی خبر نداشت که مخلص هم فوراً رفتم وکیلی انتخاب کردم.

نصرالدین (آهسته) خیر، ول کن نیست مردکه.

فرامرز اگر اسباب تصدیع هستم، مرخص می‌شوم.

نصرالدین نخیر، نخیر!چه می‌فرمایید؟ باقیش را بگویید.

فرامرز بله، بنده هم وکیل گرفتم و رفتیم برای دادرسی.

(نصرالدین مشغول پاک کردن ناخن می‌شود)

(فرامرز سکوت نموده نگاه می‌کند)

نصرالدین خوب بعد چه شد؟

فرامرز بنده... اجازه بفرمایید صبر کنم تا توالت ناخن‌هایتان تمام بشود.

نصرالدین نخیر نخیر، بفرمایید! تمام شد.

فرامز بله، یارو آنقدر گفت و گفت و گفت که بالاخره قرار شد قرار مَنْع تعقیب صادر کنند.

نصرالدین پس بنابراین خوب راحت شدید و از جریمه و محکومیت جَستید. خوب آن یارو کی بود؟

فرامرز یک پدرسوخته الدنگی بود که از بی‌ادبی لنگه نداشت.

نصرالدین (به فیروز آهسته) پدرسوخته، بیکار بودی این مردکه را توی خانه راه دادی؟

فیروز	نه والله! بد آدمی‌نیست، خوشمزه است. من از او بـدم نیامده.
فرامرز	در بدترکیبی و زشتی لنگه ندارد آنوقت پدرسـوخته اسمش را گذاشته آقای بی‌نظیر!
نصرالدین	(با عجله) اسمش را چی گفتید؟
فرامرز	آقای بی‌نظیر. ببخشید، نامزد خانم کوچک و بـالاخره داماد جنابعالی.
فیروز و هما و نصرالدین (با هم)	تو را به خدا؟
فرامرز	به جان شما، عین حقیقت است که عرض کردم.
نصرالدین	جنابعالی، با این یـال و کوپال، ۲۴ فرسـخ راه سـوار اسب شدید و چهار نعل آمدید کـه ایـن خبـر را بـه مخلص بدهید؟
فرامرز	خیالتان راحت باشد. پزشک بیمارستان گفت تـا سـه ماه دیگر به کلی پاش خـوب می‌شـود و اسـتخوانش جوش می‌خورد و اینکه بنـده اسبـاب تصدیع شـدم برای این بود که خود آن قُرُمدَنگ خواهش کـرد کـه بیایم این خبر را به شما بدهم.
نصرالدین	(با تأثر) خیر، باید کاغذ گرمی‌بهش بنویسم کـه اقلاً مرهمی‌برای جراحت پایش بوده باشد.
فرامرز	بنده با کمال افتخـار حاضـرم حامـل نامـهٔ جنابعالـی بشوم.
نصرالدین	(بلند شده طرف چپ می‌آید) خیلی متشکرم. یک دقیقه بیشتر طول نخواهد کشید. ولی جنابعالی ایـن را بدانید کـه عصبانی بـودن بزرگ‌تریـن مرض‌هـای بشـریت اسـت و ممکـن اسـت عواقب وخیمی‌برای انسان تولید کند. (می‌رود)
فیروز	حالا هرچند گذشته، ولی خوب نبود آدمی‌مثل شـما، داماد ما را مجروح کند و از پا بیندازد.
فرامرز	فضولی نکن! تو چه حق داری داخل معقولات خودت را می‌کنی؟

فیروز	بنده مرخص می‌شوم ولی شما هم کار خوبی نکردید. (از در وسط می‌رود)
فرامرز	این پدر سوخته سیاه همچنین عصبانیم کرده که حد ندارد.
هما	(نزدیک می‌شود) آقا، می‌خواستم...
فرامرز	(آهسته) لابد بیچاره خیلی متأثر شده، حالا هزار غُر به ما خواهد زد.
هما	می‌خواستم سوال کنم، پایش به کلی شکسته؟
فرامرز	بله خانم ولی خوب می‌شود. البته شما نباید تصور بفرمایید که من آدم شقی و یا سَبُعی هستم.
هما	ابداً من این فکر را نمی‌کنم.
فرامرز	چون می‌بینم ممکن است از این‌که عروسی شما تأخیر افتاده از من خوشتان نیاید و یا ملامتم بفرمایید.
هما	گوش کنید! این‌طور نیست. یک آدم پنجاه ساله که یک پایش را هم می‌کشد....
فرامرز	بله، چشمش هم چندان تعریفی ندارد...
هما	باید بدانید که البته دختری به سن من مایل نبود نامزدی داشته باشد که اینطور باشد.
فرامرز	(آهسته) زیر چشمی‌دارد به ما نگاه می‌کند.(بلند) پس بنابراین خانم این سَبُعیت بنده خدمتی به شما بوده ـ همچین نیست؟
هما	(با تعارف) اختیار دارید!
فرامرز	(آهسته به جمعیت) اما راستی خیلی خوب چیزی است ـ از قد، از خوشگلی، از همه‌چیز.
هما	(آهسته) چه‌قدر مرد نجیب و مؤدب، خوش‌اخلاق و خوش قد و قامتی است. (بلند) ببخشید، کاری دارم، الان برمی‌گردم. (می‌رود از طرف راست)
فرامرز	(خروج هما را نگاه می‌کند) اما خودمانیم خیلی خوب دختری است ـ مخصوصاً برای مخلص که مجرد

مجردم. حیف که خیال زناشویی اصلاً ندارم. (به ساعتش نگاه می‌کند) آی چقدر طول می‌دهد این مردکه هم با کاغذ نوشتنش! بله، تا حالا ۱۷ دفعه برای مخلص زناشویی پیش آمده ولی به واسطه اخلاق و کردار پدرزن‌ها کار درست نشده. راستی که دست ما نمک ندارد. (با بی‌حوصلگی) خیر، این احمق کاغذش تمام‌شدنی نیست. (توقف) اخلاق من ساده ساده است ـ مثل یک پَپه ـ به اصطلاح. مثلاً چند روز پیش توی خیابان بودم، نم‌نمک باران می‌آمد. شنیدم پشت سرم خانمی‌به شوهرش می‌گفت آخر فلانی چرا چتر برنداشتی؟ بابایی گفت، عزیزم، مگر یادت رفته وقتی از خانه آمدیم بیرون آسمان صاف صاف بود؟ (آه می‌کشد) ولی دو هزار نامربوط بار مرد بیچاره خانم فرمودند. با وجودی‌که بایستی من از جا در بروم، معذلک با ملایمت رفتم جلو، چتر خودم را جلو بردم گفتم، خانم طوری نشده. اگر برای باران است، این هم چتر و به کار می‌خورد. آن وقت پرخاش را شروع با من کرد. اصلاً من نمی‌دانم چی است. این‌که گفته‌اند سزای نیکی بدی است، می‌بینم راست است ودر هیچ‌جای دنیا این مَثَل اینطور مصداق پیدا نمی‌کند.[۴] مثلاً همین آقای نصرالدین، داماد گردن‌کلفتگش مرا خواهش می‌کند که بیایم به او خبر بدهم که نمی‌تواند بیاید، ۲۴فرسخ راه خودم را می‌کشم می‌آیم، تازه آقا مثل خر ـ ببخشید مثل الاغ ـ کلاه از سرش برنمی‌دارد! ولی همه این‌ها برای این است که اخلاق من خوب است و به این چیزها اهمیت نمی‌گذارم.

غضنفر (از در وسط کلاه به سر وارد می‌شود) قربان!

---

۴ . برای وضوح بیشتر، ترتیب این جمله را اندکی تغییر دادیم.

فرامرز	قربان و زهر مار! خر، نمی‌بینی وقتی من کلاه سرم نیست تو نباید کلاه سرت باشد و این از ادب خارج است؟
غضنفر	(کلاهش را برمی‌دارد) چشم قربان. خستگی اسب‌ها را گرفتم. کی تشریف‌فرما می‌شوید؟
فرامرز	(بی‌حوصله) مردکه گفت، یک دقیقه صبر کن. الان ببیند چند دقیقه گذشته. نگاه کن غضنفر، از یک تا ۲۰ بشمر! اگر کاغذ را نیاورد، می‌رویم. (راه می‌رود و می‌شمرد)
	(غضنفر با ضرب می‌خواند با موزیک)
فرامرز	مردکه، این چه بساطی است درآورده‌ای؟
غضنفر	ما وقتی بچه بودیم ننه‌مان حساب را این شیوه‌ای یاد ما داده.
فرامرز	(به در نگاه می‌کند) نه دیگر، آدم را اینجوری نباید مسخره کرد. زود باش غضنفر! زود باش برویم. (کلاه را سر می‌گذارد)
غضنفر	(کلاه را سر می‌گذارد) قدم سر چشم. بسم‌الله! (هر دو از در وسط می‌روند)
نصرالدین	(از در چپ پاکت در دست وارد می‌شود) راستی از این تأخیری که نمودم بی‌نهایت معذرت می‌خواهم و استدعا دارم ببخشید. (توقف) اینجا که نیست! کجا رفته؟ (دم پنجره می‌رود) بَه سوار شد و رفت ـ از آن دور پیداست. حالا این پاکت را چه‌کار کنم؟ (توقف) می‌دهم به پست. چه اهمیت دارد؟
شرف‌الدین	(از در وسط وارد می‌شود) داداش، من کار را تمام کردم.
نصرالدین	چه کاری؟
شرف‌الدین	سفارش بلیط برای هر دو دادم.
نصرالدین	چی چی؟

شرف‌الدین   بله، نفری ۸۰ ریال درجـه دوم را پـرداختم، از حیـث جا خیالم راحت شد.

نصرالدین   بنده ممکن نیست بیایم.

شرف‌الدین   مگر چه اتفاقی پیش آمده کرده؟

نصرالدین   عروسی سه ماه تأخیر افتاده است.

شرف‌الدین   شوخی می‌کنی؟

نصرالدین   شوخیم چی است؟ یک نفـر قلـدری بـه اسـم آقـای فرامرز، با چماق زده پای داماد بنـده را خـورد کـرده، بیچاره افتاده توی بیمارستان.

شرف‌الدین   گفتی فرامرز؟

نصرالدین   بله، الان هـم اینجـا تشـریف داشـتند، رفتنـد. او را می‌شناسی؟

شرف‌الدین   خیلی هم خوب می‌شناختم. سال‌ها مسـتأجر بنـده بود. چه آدم خوب و خوش‌اخلاقی بود. مـرگ خـودت، اول ماه می‌شد مال‌الاجاره‌اش را خـودش می‌فرسـتاد دم منزل. خیلی اوقاتم تلخ شد که مرا ندیده رفته.

نصرالدین   چطور مگر؟

شرف‌الدین   هیچ چی، خیالی بسرم زده بود که دخـتر تـو را بـرای او بگیرم.

نصرالدین   چه خیالاتی! برای یک همچو نره‌خری؟ مگر می‌شود؟

شرف‌الدین   تـو نمی‌دانـی چه‌قـدر ملایـم اسـت، چه‌قـدر نـرم و خوش‌اخلاق است.

نصرالدین   والله، خوش‌خلقی کـه مـن از او ندیـدم. خـوب، بگـو ببینم چه کاره است، چه حرفه‌ای دارد؟

شرف‌الدین   یک دستگاه خانه توی خیابان برلیان دارد کـه چشـم آدم را خیره می‌کند. نمی‌دانم چندین صدهزار ریال خرجش کرده باشد.

نصرالدین   پـس بـد شـد مـا یـک همچـو آدمـی‌را نشـناختیم و بی‌اعتنایی کردیم. کاشکی به نهار دعوتش می‌کردیم،

سرِ صحبت را درمی‌آوردیم. (توقف) اما آقای بی‌نظیر را چه می‌کردیم که قول داده بودیم؟

شرف‌الدین چه فکرها، ولش کن برود غاز بچراند.

نصرالدین از آن گذشته، دخترم هما که نمی‌تواند سه ماه صبر کند ـ آن هم معلوم نیست پای یارو خوب بشود یا نشود. از آن طرف هم هما میلی به او نداشت.

شرف‌الدین اینها همه جهنم، نفری ۸۳ریال از بین می‌رود.

نصرالدین راست می‌گویی، نقره‌داغ دیگر از همه بدتر است.

فرامرز (با یک دسته‌گل بزرگ از در وسط وارد می‌شود) (و رو به بیرون) ای مردکه پدرسوخته!

نصرالدین آمدش، خودش است.

فرامرز (با سردی به نصرالدین) ببخشید از اینکه بنده باز دوباره مراجعت کردم. این دسته‌گل را بگیرید تا عرض کنم.

نصرالدین (گل را می‌گیرد) خیلی بی‌نهایت از ملاقات جنابعالی ممنونم. (آهسته) جشن یا عیدی نیست که این گل آورده!

فرامرز ملاحظه بفرمایید! تقریباً نیم‌فرسخ رفته بودم یک‌دفعه دیدم این نوکر احمق بنده برگشت گفت آقا این گل‌های قشنگ را از باغ آقای نصرالدین من چیدم. بنده را می‌گویی، آتش گرفتم. مثل این‌که تو گنبد گردون را بلند کرده‌اند و چرخانده‌اند، چرخانده‌اند زدند توی سر مخلص.

نصرالدین به این جهت این راه دور را برگشتید و این لطف را فرمودید؟

فرامرز بله قربان، آدم باید مال سایرین را مال خودش بداند و نگذارد کسی دست درازی کند.

نصرالدین حقیقتاً در دیانت و نجابت سرمشق و یکه و فرد هستید.

شرف‌الدین بنده که اخلاق آقا را قبلاً برای جنابعالی عرض کردم.

فرامرز (برمی‌گردد)اِ، آقای شرف‌الدین، جنابعالی هم این‌جا تشریف دارید؟ خیلی عذر می‌خواهم ملتفت نشدم. راستی چه خوشی به من گذشت مدتی که مستأجر جنابعالی بودم.

نصرالدین (با اشاره) (یک کاری بکن بماند)

شرف‌الدین (با اشاره) (خودت بگو)

نصرالدین آقای فرامرز، می‌خواستم چون یک ران شکاری برای ما آوردند و چلوکباب درست کردیم، خواهش کنم نهار با ما تشریف داشته باشید.

فرامرز خیلی متشکرم از اینکه بنده را هم میل دارید، مثل طفیلی قفیلی، نهار بدهید.

نصرالدین ای آقا، چه صحبت‌ها می‌کنید. طفیلی یعنی چه؟ این‌جا منزل خودتان و این کلبهٔ خرابه به خودتان تعلق دارد.

فرامرز خوب، حالا که اصرار می‌فرمایید، چشم.

نصرالدین (روی شانهٔ او می‌زند) راستی که حقیقتاً در اخلاق و صفا لنگه ندارید.

فرامرز (آهسته) مردکه عجب خری است. شانهٔ مرا خرد کرد.

نصرالدین (آهسته به شرف‌الدین) من هم از او خیلی خوشم آمده.

شرف‌الدین من که قبلاً به تو گفتم.

نصرالدین خیلی ببخشید آقای فرامرز، اگر چند دقیقه شما را تنها می‌گذارم. (آهسته به شرف‌الدین) می‌روم الان هما را خبر کنم که خودش را درست کند. تو خوب ببین خود او هم مایل به این کار هست یا نه. (بلند) وانگهی، خود جنابعالی می‌گفتید آقای شرف‌الدین از دوستان قدیمی‌و صدیق شما است.

(می‌خوانند موزیک زده می‌شود. نصرالدین از طرف راست می‌رود شرف‌الدین تا دم در او را مشایعت

می‌کند در این موقع فرامرز کلاه و شلاق خود را روی میز ته سن می‌گذارد)

فرامرز (به تندی) آقای شرف‌الدین، راستی بفرمایید ببینم بد کردم دعوت این آقا را قبول کردم یا نه؟

شرف‌الدین اختیار داری، به قدری بیچاره نصرالدین خوشحال شد که حد ندارد.

فرامرز راستی آدم مخصوصی است این آقای نصرالدین. به نظرم کله‌اش یک خورده خراب است.

شرف‌الدین ابداً. به قدری صاف و ساده و بدون تکلّف است که حقیقت انسان حظ می‌کند.

فرامرز پس اخلاق مرا دارد.

شرف‌الدین به کلی، به کلی. چقدر خوب فهمیده‌اید و به همین جهت است که من خیالی کرده‌ام.

فرامرز چه خیالی؟

شرف‌الدین هیچ به فکر زناشویی تا به حال افتاده‌اید یا نه؟

فرامرز مقصود از این سئوال چیست؟

شرف‌الدین برای این‌که ـ ملاحظه بفرمایید ـ وقتی موی سفیدی در سر مرد پیدا شد...

فرامرز چه‌طورمی‌شود؟

شرف‌الدین طوری نمی‌شود، ولی معلوم می‌شود زناشویی وقتش دیر شده. باید آدم حسابی وقتی این‌جور شد فورا فکر جوانی بیفتد. این را در عالم دوستی و ارادت خدمتتان می‌گویم که آقای نصرالدین یک دختر خیلی قشنگی دارد.

فرامرز خدمتشان رسیده‌ام.

شرف‌الدین لابد بدتان نیامده. از آن طرف هم پدرش از شما بدش نیامده.

فرامرز حقیتاً می‌گویید؟

شرف‌الدین والله، تصور می‌کنم اگر از طرف شما ابرازی شود، بجا خواهد بود.

فرامرز   (خوشحال و آهسته) ببینم بعد از ۱۷ دفعه، این کـار میسر خواهد شد یا نه؟

شرف‌الدین   چرا **فکر** می‌کنید؟

فرامرز   فکر این را می‌کنم که برای چـی آمـده بـودم و حـالا چی باید بگویم ـ هرچند ایـن هـم یـک‌جور عروسی است.

شرف‌الدین   خوب، بگویید ببینم دختره پسندتان بوده یا خیر؟

فرامرز   شما خوب می‌دانید مـن از همـهٔ دختـرهـا و خانم‌ها خوشم می‌آید ـ این یکی را دیگر بیشتر.

شرف‌الدین   خوب، حالا که ترتیب این‌جور است، اجازه می‌دهیـد بروم با آقای نصرالدین صحبتی در این باب بکنم؟

فرامرز   خیلی خوب، تشریف ببرید. اما همان‌طور که گفتم این آقای نصرالدین کله‌اش یک خورده خراب است.

شرف‌الدین   اختیـار داریـد! شما دست از شـوخی برنمی‌داریـد! (می‌رود)

فرامرز   (تنها) خنده دارد. آمده بودیم چه‌کار کنیم، حالا چه گرفتاری پیدا کردیم ـ راستی که این هـم یـک‌جور عروسی است. آدم این‌که می‌گویند هیچ نمی‌داند یک دقیقه دیگر چی به سرش می‌آید حقیقتاً راست است. آقای داماد بـا پاهـای خـورد شده تـوی رختخـواب افتاده، آن‌وقت بنـده مثل اجـل معلـق روی عروس می‌افتم.

فیروز   (از در وسط وارد شده) (آرنج خود را به فرامرز می‌زند) حُقه، صحبت‌هایی توی آن اطاق است

فرامرز   (عقب می‌رود) چه صحبت‌هایی؟ بگو ببینم!

فیروز   معلوم می‌شود کار و بار جنابعالی خیلی سـکه شـده است.

فرامرز   کی به تو این حرف‌ها را زده؟

فیروز   (می‌خنـدد) همـش تـوی آن اطـاق همیـن صحبت‌هاست.

فرامرز	خوب از من چه شنیدی؟ چه می‌گفتند؟
فیروز	همین که گفتم. می‌گفتند سالی چندهزار تومان درآمد یارو دارد، چی دارد چی ندارد، خیلی از این صحبت‌ها بود. می‌گفتند شما از آقای بی‌نظیر خیلی پولدارترید و چی هستید و چی نیستید.
فرامرز	(با اوقات تلخی راه می‌رود) پس معلوم می‌شود چون من ثروتمندم و خانه دارم و اثاثیه دارم دختر را می‌خواهند به من بدهند. (توقف) نه! فرامرز زیر همچو بارهایی نرفته و نخواهد رفت. زناشویی چیز دیگری است و ارتباطی با ثروت و خانه و اینجور چیزها ندارد.
	(نصرالدین و هما و شرف‌الدین از در راست وارد می‌شوند)
نصرالدین	(آهسته به هما) دختر جون، نمی‌دانی چه‌قدر خوشحالم و خوشوقتم که تو هم در این خیالی که نموده‌ام با من موافق و همراهی.
شرف‌الدین	(آهسته) بنابراین اگر اجازه می‌دهید به آقای فرامرز بگویم که درخواستش را در این باب رسماً بکند.
نصرالدین	(به دخترش) تو می‌نشینی آنجا ـ مثل اینکه داری توری‌بافی می‌کنی ـ من هم خودم را مشغول روزنامه می‌کنم. (هر دو می‌نشینند)
شرف‌الدین	(آهسته به فرامرز) عزیزم، صحبت‌ها کاملاً شده. حالا وقت آن رسیده که شما رسماً خودتان تقاضایی از زناشویی کنید.
فرامرز	(آهسته) بسیار خوب! (نزدیک نصرالدین می‌رود)
نصرالدین	(آهسته به هما) سرت را پایین بینداز، مثل این‌که خجالت می‌کشی.
فرامرز	آقای نصرالدین، بنده...
نصرالدین	(بلند می‌شود) چه فرمایشی است آقای فرامرز؟

فرامرز	می‌خواستم عرض کنم چه‌قدر اراضی این حدود حاصل‌خیز است و برای کشاورزی مناسب. (همه به هم نگاه می‌کنند)
نصرالدین	(آهسته به هما) به نظرم برای خاطر تو است که این‌جور درآمد می‌کند. بهتر است تو بروی.
هما	(پارچه را روی میز گذاشته) آقا جان من یک کاری دارم می‌روم و برمی‌گردم. (می‌رود)
فرامرز	گمان دارم در تجزیه و ترکیبی که از اراضی این‌جا نموده‌اند، محققاً، بلکه مطمئناً، باید مقدار زیادی خاک رس و ماسه داشته باشد.
نصرالدین	(آهسته به شرف‌الدین) به نظرم تو سرخری.
شرف‌الدین	(آهسته) بد نمی‌گویی. من رفتم، اما تو هم حرف بزن. حجب و حیا چه فایده دارد؟ (از در وسط می‌رود)
فرامرز	خاک رس اساساً...
نصرالدین	عزیزم، شرف‌الدین هم رفت. حالا تو می‌توانی به راحتی و بی‌دردسر حرفی داری بگویی.
فرامرز	هندوانه و خربوزهٔ این‌جا باید از قرار معلوم خیلی خوب باشد.
نصرالدین	اختیار داری! معلوم می‌شود هرچی شرف‌الدین می‌گفت راست است.
فرامرز	(با حمله) چه می‌فرمودند ایشان؟
نصرالدین	(با ترس) هیچی هیچی.
	(فرامرز دست در جیب کرده راه می‌رود و زمزمه می‌کند)
نصرالدین	به نظرم من **خودم** سرخرم. **بروم**، ببینم چه می‌شود. (می‌رود)
فرامرز	(کلاه و شلاق خود را برداشته می‌گوید) نه، این درس برای این پدرسوخته لازم بود. (می‌رود دم پنجره) غضنفر، غضنفر! اسب را حاضر کن! پدرسوخته‌ها

هنوز نمی‌دانند زناشویی یعنی چه و مقصود از زناشویی چیست ـ زن گرفتن را برده‌خری می‌دانند. نمی‌دانم والله اینجور اشخاص کی آدم می‌شوند.

هما (از در راست وارد می‌شود)[آهسته] به نظرم حرف‌هاشان تمام شده. (بلند) ببخشید، من آمده بودم این پارچه را ببرم.

فرامرز خانم ببخشید، من به قدری از ملاقات شما و دیدار شما مسرورم که حد ندارد.

هما (آهسته) لابد می‌خواهد به خود من هم بگوید.

فرامرز و در این موقع که باید از شما مفارقت کنم، نمی‌دانم با چه زبانی مسرت خود را از زیارت شما ادا نمایم.

هما چطور؟ مگر می‌خواهید بروید؟

فرامرز بله خانم، چون عمله بنا دارم باید بروم و کار آنها را راه بیندازم. اما راستی این را هم بگویم این خانهٔ بنده فقط نمای خارجیش یک زَلَم‌زین‌بُوی دارد، اگرنه، باقیش خشت و گلی است و یکشاهی نمی‌ارزد. به قول سعدی علیه‌الرحمه " خواجه در بند نقش ایوان است خانه از پای‌بند ویران است."

هما من هیچ مقصود شما را از این بابت نمی‌فهمم.

فرامرز مقصود من روشن است. خواستم شما بدانید که این از آن عمارات خوب نیست بلکه یک بُنجُل و خرابه بیشتر نیست.

هما (آهسته) چه ارتباطی به من دارد؟ هیچ سر در نمی‌آورم. (بلند) مگر شما خودتان خانه دارید، مُستَغل دارید؟

فرامرز بله، مگر شما نمی‌دانید؟

هما ابداً من اطلاعی از این بابت ندارم.

فرامرز (با نهیب) حقیقت می‌گویید؟ خبر ندارید؟

هما والله من هیچ خبری ندارم. وانگهی، این‌جور چیزها ارتباطی به زناشویی ندارد.

فرامرز	(او را می‌بوسد) راستی که شما مثل یک فرشته می‌مانید و هیچ ربطی به این‌ها ندارید. چیز غریبیست! نخیر نخیر، الان رسماً تقاضای زناشویی را خواهم کرد.
هما	مگر تا حالا اقدامی‌نکرده‌اید؟
فرامرز	نه عزیزم، برای این‌که پدر شما صحبت‌هایی به میان آورد که موقع این کار نشد. حالا بفرمایید خانم، عقیدهٔ خود شما چیست؟ بنده آدمی‌هستم ۳۵‌ساله، باهوش، ساعی، کارکن، سالم و زرنگ.
هما	(سر به زیر) بله، بسیار خوب.
فرامرز	حالا چه می‌فرمایید؟
هما	بنده چیزی ندارم بگویم. چه عرض کنم؟
فرامرز	بنده می‌خواستم ببینم آیا در قلب شما راجع به مخلص اثراتی پیدا شده یا نه؟
هما	والله نمی‌دانم، چه بگویم؟
فرامرز	معلوم می‌شود پدر شما نمی‌گذارد شما آزادانه حرف بزنید.
هما	برعکس! جنابعالی، اشتباه می‌کنید.
فرامرز	پس معلوم می‌شود خودتان به این زناشویی علاقه‌مند نیستید. (می‌رود دم پنجره) غضنفر، غضنفر!
هما	(بی‌حوصله) چی است هی می‌گویید غضنفر، غضنفر؟
فرامرز	خانم، من فقط یک سوال از شما می‌خواهم بکنم.
هما	بفرمایید، همانطور که من از شما خوشم آمده، شما هم از من خوشتان آمده یا خیر؟
فرامرز	بله بله بله. (با خنده) حالا بفرمایید ببینم، چه هنری دارید؟
هما	مخلص هم خوب می‌خوانم هم خوب ساز می‌زنم.
فرامرز	پس الان می‌روم ویولنم را می‌آورم.

فرامرز (آهسته) یارو می‌خواهد ما را امتحان کند. عجب ناقلایی است.

(می‌خوانند موزیک زده میشود)

فرامرز (قبل از اینکه هما برود) خوب هما، اگر من اسباب کسالت تو را فراهم می‌آورم، مرخص می‌شوم. (می‌رود سمت پنجره) غضنفر غضنفر!

(هما تقلید او را در می‌آورد)

(فرامرز او را بغل کرده می‌بوسد)

هما ول کنید ول کنید! لباسم خراب شد.

فرامرز (عقب می‌رود) تو چه‌قدر حقه و ناقلا هستی.

هما (با خنده و خوشحالی) الان می‌روم ویولنم را می‌آورم. (از در راست می‌رود)

فرامرز راستی که هم خوشگل است، هم قشنگ است، هم با نمک است.

نصرالدین (از در وسط وارد می‌شود) (با خود) هیچ ملتفت نشدم مقصود چی است. از آن طرف شرف‌الدین گفت می‌خواهد تقاضای زناشویی کند و از آن طرف خودش این حرف‌های لایشعر را زده.

فرامرز (جلو آمده گلوی نصرالدین را می‌گیرد) حاجی آقا، حاجی آقا، راستی که دختر شما یک فرشته است و من رسماً تقاضای مواصلت با او را می‌کنم.

نصرالدین (از بیخ گلو) ولم کن، ولم کن! دارم خفه می‌شوم.

فرامرز (او را تکان می‌دهد) ملتفت شدید؟ رسماً زناشویی می‌خواهم بکنم.

نصرالدین خیلی خوب، خیلی خوب! من هم موافقم.

فرامرز (او را رها می‌کند) الحمدلله که این تشریفات هم تمام شد. (رو به جمعیت) این هم یک جور عروسی است.

نصرالدین (آهسته) آدم غریبی است. الان می‌گفت نمی‌خواهم، حالا مثل کَنِه چسبیده به من که می‌خواهد. داشت

مرا خفه می‌کرد. چشم‌هایم نزدیـک بـود از کاسـه در بیاید.

فرامرز بسیار خوب، حالا بفرمایید دیگر چه باید کرد؟

نصرالدین حالا که تنها هستیم و دو به دو، خوب اسـت شـرایط قباله را هم معین کنیم.

فرامرز من در این باب آدمی‌هستم که حرفی نـدارم. هرچـه می‌خواهی بنویس!

نصرالدین (به کتف او می‌زند) بارک‌الله! مـن هـم در ایـن بـاب همعقیدهٔ تو هستم.

فرامرز (به کتف او می‌زند) بله، این‌ها دیگر مزخرفات اسـت، تشریفات است. برای مردم دیگر به درد می‌خورد، نـه برای زن و شـوهر. حـالا هـم همـا رفتـه ویـولنش را بیاورد، بخوانیم و بزنیم و کیف کنیم. جناب آقا اجازه می‌دهید و حرفی ندارید ـ البته.

نصرالدین نخیر، مخلص هم حرفی ندارم.

فرامرز راجع به خودم این را عرض کنم پدر بنـده اول بنـدر ریگ بود...

نصرالدین لابد جاشو بوده.

فرامرز این‌ها را بنده نمی‌دانم. بنـده وقتی‌کـه پـا بـه سـن ۸ گذاشتم... (دستمال درآورده گریه می‌کند) بیچـاره پـدرم عمرش را داد بـه شـما. (می‌زنـد روی کتـف نصرالدین)

نصرالدین (آهسته) چه قایم می‌زند. (بلند) خـوب، حـالا کـار از کار گذشته. خدا بیامرزد جمیع رفتگان را!

فرامرز (به تغیّر) اختیار دارید. بعد از هزار سـال پـدرم یـادم افتاد، آن هم شما مانعید، نمی‌گذاریـد بـرایش گریـه کنم یا فاتحه بخوانم؟

نصرالدین (آهسته) خیر، نمی‌دانم این آدم چه شیوه‌ایست!

فرامرز اگر گریـهٔ بنده اسباب کسالت شما را فراهم مـی‌آورد، مرخص می‌شوم.

نصرالدین   اختیار دارید، کسالت چرا؟ بنده هم داشت از گریهٔ شما گریه‌ام می‌گرفت. خوب، می‌فرمودید یک خانه دارید سه طبقه.

فرامرز   (آهسته) باز اولش شد! مردکه می‌خواهد دخترش را **بفروشد** نه این‌که **شوهر بدهد**. (بلند) بله، خانه دارم سه اشکوبه، می‌خواهم هشت اشکوبه‌اش بکنم و چهار مغازه دارم که هر کدامی‌ماهی هزار ریال اجاره دارد. ۳۵ کامیون دارم (آهسته به مردم) به خدا همش دروغ است. (بلند) هر کامیونی را دویست هزار ریال خریدم و بابت هر کدام اقل‌کم می‌شود دویست تُن بار برد. ملتفت شدید؟ آخر حیا کنید! مگر شما می‌خواهید دخترتان را به خانه و مغازه و اینجور چیزها شوهر بدهید؟

نصرالدین   نه، اگر شما بی‌چیز باشید، بنده موافقت خودم را پس می‌گیرم و ابداً حاضر نیستم دخترم را در عذاب بیندازم. (عصبانی) شما نمی‌دانید چه‌قدر زحمت برای او کشیده‌ام تا به این سن و سال رسانده‌ام. پدر من در آمده. شما چه خبر دارید؟ (لباس خود را درآورده روی صندلی چپ می‌گذارد) این التهاب و حدت و شدت عجب حرارتی در من تولید کرده! (نفس نفس می‌زند)

فرامرز   (آهسته) چه‌طور لباس‌هایش را می‌کند؟ هیچ خجالت نمی‌کشد! من هم برای اینکه خوب تنبیهش کنم همین کار را می‌کنم.

نصرالدین   مگر شما هم گرمتان شده؟

فرامرز   خیر، برعکس مخلص سردم است ولی چون می‌بینم برای صحبت در اطراف قباله رسم در این خانه این است که لخت باشند، بنده هم به جنابعالی تأسی کردم.

نصرالدین	(آهسته) دیوانه است. معلوم می‌شود عقل از سـرش پریده. (صدا می‌زند) فیـروز، مرکـب و کاغـذ را زود بردار و بیاور!
فرامرز	(چطمـه⁵ می‌زنـد) (آهسته)ماشـاءالله آدم غریبـی است.(بلند) چرا نمی‌گوییـد یـرحمکم الله الحمدالله؟ حیا هم خوب چیزی است.
نصرالدین	بـرای همیـن کـه نگفتـم؟ ببخشیـد، یـرحمکم الله الحمدالله. (آهسته) راستی که عجب نره خری است. آدم زهره ترک می‌کند.
فیروز	(قلـم و دوات و کاغـذ مـی‌آورد) بسـم الله! (آهسته) چطور هـر دو لخـت شـده انـد؟ (او هـم لخـت شـده لباسش را روی صندلی وسط می‌گذارد)
نصرالدین	بسم الله آقای فرامرز! این قلم. بگیر و بنویس!
فرامرز	اطاعت می‌کنم ولی چنان که عرض کـردم هـر چـه شما بفرمایید، بنده اطاعت دارم.
نصرالدین	بله، بنویسید... (دندان هـا را جمـع میکنـد) عجب کورانی شده. محققاً شما سرما می‌خورید. (لباسش را می‌پوشد)
فرامرز	(که نشسته)(بلند) بنده حاضـرم. (می‌بینـد نصـرالدین لباس می‌پوشد) (آهسته) معلوم می‌شود کار ترتیب و قاعده دارد و حالا باید لباس پوشید (او هم بلند شده لباس را روی پشتش می‌اندازد)
فیروز	(آهسته) چطور شد حالا همه لباس می‌پوشند؟
نصرالدین	به نظرم سردتان شد.
فرامرز	برعکس، خیلی هم گرمم است.
فیروز	(آهسته) ما هم بپوشیم!

---

۵. معنی یافت نشد.

نصرالدین   (طرف راست نشسته در حال نوشتن) فرمودید عایدات شما در سال، پنجاه هزار ریال است؟ بله قربان؟

فرامرز   پنجاه هزار و پانصد و ۴۶ ریال عرض کردم.

نصرالدین   دیگر چیزی ندارید؟

فرامرز   چرا قربان، توی کیفم ۷۵۰ ریال و توی جیب شلوارم سه ریال و ۷۵ دینار.

نصرالدین   الان، دهی که به هما بخشیدم، سالی شصت هزار ریال عایدی دارد.

فرامرز   (بی حوصله) مخلص همین است که هست و الان یک شاهی دیگر ندارم ـ هر چه هم می‌خواهید بکنید!

نصرالدین   چه فرمودید؟

فرامرز   (با سماجت) حاضر نیستم چیز دیگری عرض بکنم. (بلند می‌شود)

فیروز   (نزدیک او می‌رود) خر، هر چی می‌گوید، بگو خوب.

فرامرز   برو گمشو سیاه پدرسوختهٔ سه پنجشاهی ۱۵ شاهی!

نصرالدین   (رو به مردم) این را بهش داماد می‌شود گفت؟ حال جوجه‌تیغی دارد. ببر است، پلنگ است، نمی‌دانم چی است.

فرامرز   (به فیروز) چی دارد می‌گوید؟ ملتفت نشدم.

فیروز   می‌گوید شما مثل جوجه‌تیغی می‌مانید.

فرامرز   به مـن می‌گویـد؟ غلـط می‌کنـد. (سیلـی بـه فیـروز می‌زند)

فیروز   آخ آخ آخ!

نصرالدین   این دیگر نشد، این دیگر نشد.

فیروز   [به ناله ادامه می‌دهد]آخ آخ آخ!

(می‌خوانند با موزیک)

هما (از در راست وارد می‌شود) چه خبر است؟ اتفاقی افتاده؟

نصرالدین (فیروز را بغل می‌کند) گریه نکن! حیا نمی‌کنند جلو چشم من این بچه را می‌زنند ـ آن هم توی اطاق من! بسم‌الله آقای فرامرز، این هم قبالهٔ جنابعالی! (کاغذ را پاره پاره می‌کند)

هما (آهسته) دیدی چه شد؟ نمی‌دانم والله پدرم را چه می‌شود؟

(می‌خوانند با موزیک) (نصرالدین و فیروز از در چپ می‌روند)

فرامرز (با عجله راه می‌رود) این هم پدرزن هیجدهمی!

هما آقا، بگویید ببینم چه اتفاقی افتاد از آن وقتی که من رفتم ویولن را بیاورم؟

فرامرز (راه می‌رود) مگر می‌شود به این جور اشخاص گفت **آدم**؟ واه واه واه! (یک دفعه به عجله) خانم، من از صمیم قلب شما را دوست دارم و می‌پرستم ولی متأسفانه مجبورم عرض کنم خداحافظ. (صدا می‌کند) غضنفر! غضنفر!

هما (با افسوس) می‌خواهید برگردید؟

فرامرز بله، آن هم چهارنعل. با این ترتیبی که پدر بزرگوارتان با من رفتار کرده... حیا نمی‌کند... برمی‌گردد به من می‌گوید جوجه تیغی! تو را به خدا، خانم‌جان، من هیچ شباهت به این حیوان دارم؟

هما از **دهنش** در رفته. شما هم اهمیتی ندهید.

فرامرز این حرف‌ها کدام است؟ باید پس بگیرد.

هما بسیار خوب! صبر کنید! من می‌روم بهش بگویم. تسکینش می‌دهم و کاری می‌کنم بیاید و عذر بخواهد.

فرامرز بسیار خوب! به این شرط حاضرم.

هما الان می‌آیم. (از طرف چپ تند می‌رود)

فرامرز	چــه دخـتـر خـوبـی اسـت! حیـف کـه دخـتـر ایـن گردن‌کلفت احمق است. (می‌خواند با موزیک) اما اگر بیایم و تلافی کنم، این دختر به این خـوبی را بـرای این‌که پدرش اینجور است نگیرم، به خودم بد کـردم و بس.
شرف‌الدین	(از در چپ وارد می‌شود) برادر، خیلی متأسفم از این پیغام و مأموریتی که آقای نصرالدین بـه مـن محـول نموده.
فرامرز	لابد برای پس گرفتن فحش است که داده؟
شرف‌الدین	بله برادر، و مرا مأمور کرده که عذر شما را بخواهم.
فرامرز	بسیار خوب! چیزی است که من منتظرم بودم. (صـدا می‌کند) غضنفر، غضنفر! ولی هما از من خواهش کرد صبر کنم تا برگردد. به این جهت منتظر او هستم.
شرف‌الدین	به سر عزیزت، بنده نه سر پیازم نه ته پیاز و هیچ بـه این کارها کار ندارم و با شما هم برمی‌گردم.
فرامرز	(می‌نشیند) بله، این حرف‌ها را ول کن. بیا از خـودت صحبت کن!
شرف‌الدین	چیز غریبی است او به من گفته به شما بگویم بروید شما عوضش می‌نشینید؟
فرامرز	می‌دانی چی است؟ امشب مهتـاب اسـت، سـواری در شب مهتاب یک لذت قشنگ دیگری دارد. بنشین بابا جان!
شرف‌الدین	راستی که نصرالدین احمق است. چـه‌طور جـوان بـه این بی‌آلایشی را از خودش رنجانیده؟
هما	(از در چپ وارد می‌شود) آقا جانم...
فرامرز	(بلند می‌شود) حرفش را پس گرفت؟
هما	نخیر.
فرامرز	بسیار خوب. (دستکش‌هایش را می‌پوشد)
هما	گفت شما به فیروز سیلی زدید آن‌وقت...
فرامرز	خیلی هم بجا بود، خانم. خیال می‌کند....

هما گفت من از تقصیرش می‌گذرم به یک شرط.

شرف‌الدین شرط؟

فرامرز صبر کن ببینم چه می‌گوید. بله خانم، بفرمایید چه شرطی؟

هما چه فایده دارد بگویم. شما قبول نمی‌کنید.

فرامرز در هر صورت بفرمایید ببینم چی چی است؟

هما گفته که باید شما از فیروز عذرخواهی کنید.

فرامرز (با عصبانیت) بنده از فیروز؟ از یک برده عذرخواهی کنم؟ بله؟

شرف‌الدین معلوم می‌شود دیوانه است.

هما از من گفتن بود. این اتمام‌حُجتی است که کرده.

فرامرز بنده خانم، این اتمام‌حجت را زیر پایم می‌گذارم، لگدمال می‌کنم. عوض این‌که یک همچین مُزخرفی به من گفته، بیاید خودش عذر بخواهد، این حرف‌ها را می‌زند؟

هما این است که هست. چه می‌فرمایید؟

شرف‌الدین غیرممکن است.

فرامرز غیرممکن است همچو تحملی را بنده بکنم.

شرف‌الدین بنده هم رفتم بگویم اسب‌ها را زین کنند. معذرت از نوکر چیز غریبی است. (از در وسط می‌رود)

فرامرز (با خود) دختر به این خوبی، پدر به این‌جور؟ من یقین داشتم که با هم با سعادت و خوشی زندگانی می‌کردیم. راستی هما...

هما چی است؟ چه کار دارید؟

فرامرز عجب ویولن زدیم و عجب آوازی خواندیم! این پدر تو از چی ساخته شده؟ از هفت جوش بدتر و سخت‌تر است. (با گریه) من خداحافظی نمی‌کنم چون امیدوارم خدا قسمتم کند و یک دفعه دیگر به دیدار تو نائل گردم که با هم بتوانیم به فراغت و آسایش

پُلکا برقصیم، مازورکا برقصیم، بالاخره هرجور رقصی و آواز و تصنیف است بزنیم و بخوانیم.

هما (با گریه) والله، من که حاضرم و با کمال میل قبول می‌کنم.

فرامرز (خوشحال او را بغل می‌کند) عزیزم، تو برای من گریه می‌کنی؟ معلوم می‌شود تو هم مرا دوست داری. آخر ببین پدرت هم توقع بیجایی از من دارد.

هما اگر شما هم مرا دوست دارید که...

فرامرز آخر چه‌طور من از این پدرسوخته سیاه معذرت بخواهم؟

هما آخر چه اهمیتی دارد؟ یک چیزی بگویید.

فرامرز (آهسته) نمی‌دانم والله چه کار کنم. دلم برای این بچه می‌سوزد.

هما ببینید اگر مرا دوست دارید حقیقت این کار را بکنید.

فرامرز خانم، آخر این چه توقعی است که شما می‌کنید؟

هما به خدا اگر این کار را بکنید، در تمام مدت عمرم غیرممکن است که من آن را فراموش کنم.

فرامرز حالا این پدرسوخته شش‌قبرقه کجا است؟

هما تو را به خدا خواهش مرا قبول کردید؟

فرامرز نمی‌توانم بگویم نه، نمی‌توانم بگویم آره. ولی سعی می‌کنم شما را راضی کنم.

فیروز (از در وسط حاضر می‌شود با اوقات تلخ) نعلت هم کردند و اسب‌ها حاضرند.

هما (آهسته به فرامرز) زود باش زود باش!

فرامرز (به فیروز با تحقیر) بیا جلو ببینم همه‌چیزخوب؟

فیروز (در اطاق می‌دود) می‌خواهی مرا بزنی؟ ای خدا، به دادم برسید. (فرار می‌کند)

فرامرز عجب خری است. من می‌خواهم از او عذرخواهی کنم او در می‌رود. حالا پیدایش می‌کنم ـ هر جا باشد. (می‌رود)

هما (می‌رود سمت پنجره) چه‌جور عقب فیروز بیچاره کرده. می‌ترسم الان هر دو بیفتند توی استخر. ببین چه شکلی فیروز می‌دود ـ درست مثل یک تازی... اما برگشتند!

فیروز (نفس‌زنان وارد شده روی صندلی طرف چپ می‌افتد) می‌خواست مرا بکشد.

هما این حرف‌ها چی است می‌زنی؟ فرامرز می‌خواهد از تو عذرخواهی بکند.

فرامرز (وارد می‌شود) پدرم را در آورد.

فیروز ای داد بیداد! (دویده از طرف راست می‌رود)

فرامرز مرا از نفس انداخت. (جای فیروز می‌نشیند)

هما (آهسته) چه جور بیچاره را اذیت کرده و خسته کرده. (بلند) حالا یک خورده راحت کنید، بهتر می‌شود.

فرامرز اگر این پدرسوخته این‌جور بخواهد بدود من که نمی‌توانم گیرش بیاورم و عذرخواهی کنم ـ مگر این‌که با اسب عقبش کنم و گیرش بیاورم.

هما حالا رفته توی این اطاق. من می‌روم می‌فرستم خدمتتان. (می‌رود)

غضنفر (وارد می‌شود) آقا، تشریف نمی‌برید؟

فرامرز چه خوب شد آمدی. بیا جلو تا با تو این امتحان را بکنم ببینم از عهده برمی‌آیم یا نه.

غضنفر (آهسته) امتحان چی می‌خواهید با من بکنید؟

فرامرز ببین، نترس و محکم برگرد به من بگو جوجه‌تیغی.

غضنفر بله؟ مقصود چی است؟

فرامرز حکم می‌کنم به تو . بگو، زود باش!

غضنفر آخر ما نمی‌توانیم بگوییم.

فرامرز تو بگو، بعد من عذرخواهی می‌کنم.

غضنفر (با طمأنینه) جوجه‌تیغی!

(فرامرز اردنگی بهش می‌زند)

غضنفر آخ آخ آخ.

فرامرز نتوانستم جلو خودم را بگیرم. از سر بگو!

غضنفر نه آقا، چی چی از سر بگویم؟

فرامرز زود باش بگو! ببینم می‌توانم معذرت بخواهم یا نه.

غضنفر (با طمأنینه) جوجه‌تیغی!

فرامرز سیلی به او می‌زند.

غضنفر آخ آخ آخ، دیگر پدرم درآمد. بازیش را درآوردید؟ (از در وسط فرار می‌کند)

فرامرز نه، یک خورده یاد گرفتم چه کار کنم. باید جلو عصبانیت خودم را بگیرم. حالا پدرسوخته را کجا پیدا کنم؟ (زنگ می‌زند) خیر، هیچ‌کس نیست. (دوباره زنگ می‌زند)

فیروز (وارد می‌شود) آقا شما زنگ را زدید؟ (دم در می‌ایستد)

فرامرز (شلاقش را برمی‌دارد) نترس، بیا جلو کارت دارم.

فیروز (اشاره به شلاق) صحیح می‌فرمایید، ولی...

فرامرز بسم‌الله! (شلاق را به دور می‌اندازد جلو رفته فیروز را در وسط می‌آورد) ببین بابا جان، آدم گاهی کاسهٔ صبر و حوصله‌اش لبریز می‌شود. چند دقیقه پیشتر من خیلی عصبانی شده بودم.

فیروز راست می‌فرمایید، درست است.

فرامرز آره بابا جان، حالا بگو ببینم قبول کردی؟ (آهسته) شیطان می‌گوید دو تا سیلی بهش بزنم که هفت جوش را به یاد بیاورد. (بلند) قبول کردی؟

فیروز اگر درست بفرمایید، البته قبول می‌کنم.

فرامرز (به او شلاق می‌زند) قبول کردی؟ قبول کردی؟

فیروز	ای داد، ای فریاد! بابا بـه دادم برسـید مگـر مـن چـه گناهی کرده‌ام؟
	(نصرالدین و هما از طرف چپ و شرف‌الدین از وسط وارد می‌شوند) **همه با هم** چه خبر است، چـه شـده است؟
فرامرز	(آهسته به فیروز) پانصد ریالت مـی‌دهم اگـر قشـنگ بخندی.
فیروز	(خنده بلند مطوّل)
فرامرز	داشتم از فیروز عذرخواهی مـی‌کـردم کـه . (آهسـته) بخند پدرسگ سیاه! بخند!
	(فیروز می‌خندد)
نصرالدین	آره، دلم می‌خواست این‌جا بودم و می‌دیدم.
فیروز	نه دیگر آقا، لازم نیست. الحمدلله تمام شد.
نصرالدین	برای این‌که من خوب یقین کـنم، خـواهش مـی‌کنم مجدداً جلو من عذرخواهی کنی.
شرف‌الدین	(آهسته) مبادا قبول کنی!
هما	(آهسته) محض خاطر من قبول کنید.
فرامرز	چشم چشم! (قدم به قدم به طرف فیروز می‌رود) آقا میرزا... آقا میرزا فیروز خان! (دسـت فیروز را گرفته فشار می‌دهد)
	(فیروز به خود می‌پیچد)
فرامرز	(آهسته) پانصـد ریـال را یـادت نـرود! بخند، خیلـی مفصل و بلند.
	(فیروز خندۀ بلند)
نصرالدین	مـن هرچـی نگـاه مـی‌کنم از عـذرخواهی کلمـه‌ای نمی‌شنوم.
فرامرز	جنابعالی صبر نمی‌کنید تمام بشـود. (همینطـور کـه دسـت فیروز را در دسـت دارد) بنـده خواسـتم... ببخشید، خواهشمندم کـه حضرتعالی، یعنـی عالیجـاه

منجدت و نجدت نصاب جلالت و نیابت انتساب فیروز جاهی (اردنگی به او می‌زند) بخند بخند!

نصرالدین **حالا** درست شد، **حالا** درست شد. آفرین آفرین!

هما (آهسته) والله نمی‌دانم چه شکلی از شما تشکر کنم.

نصرالدین (آهسته به شرف‌الدین) عجب آدم خوبی است. چه‌قدر بی‌آلایش است.

شرف‌الدین (آهسته) حالا فهمیدی جوجه‌تیغی خودت هستی و این آدم بسیار جوان قابل خوبی است؟ حالا بگو ببینم خرمشهر رفتنی هستی یا خیر؟

فرامرز مگر می‌خواهید جایی بروید؟

نصرالدین همین چند روزه بنده در خدمت آقای شرف‌الدین می‌روم به جنوب تا خرمشهر.

فرامرز لابد فیروز هم در خدمتتان خواهد بود؟

نصرالدین ابداً و اصلاً.

فرامرز پس خواهش می‌کنم اجازه بدهید در خدمت بنده باشد.

شرف‌الدین چه آدم نجیب خوبی است.

فرامرز (روی کتف‌های فیروز قایم می‌زند) من آقای تو هستم، **آقای** تو. همین‌طور که ملاحظه می‌کنید. بسم‌الله! این صد ریال هم مال تو.

فیروز خدا عمرتون بدهد. الان آقا بزرگ، یالا، بیفت جلو عروسی را راه بینداز!

(می‌خوانند با موزیک پرده می‌افتد)

صبری[۶]

---

۶. امضاء ماشین نویس نصر

حسن جنّی[۱]

کمدی در سه پرده

ترجمه و اقتباس از اثر مولیر به نام
Les Fourberies de Scapin

به قلم سیدعلی نصر

---

۱. بنا بر خاطرات دست نوشته نصر، خود نصر این نقش را بازی می‌کرده است. در مقدمه آورده ایم.

اشخاص

غانم	پدر خسرو و هایده
کمال	پدر شیرویه و لطیفه
خسرو	پسر غانم و عاشق لطیفه
شیرویه	پسر کمال و عاشق هایده
هایده	دختر غانم
لطیفه	دختر کمال
حسن جنّی	نوکر شیرویه
زیرک	نوکر خسرو
ننه سکینه	تایه لطیفه
مشهدی غلام	وردست حسن
دو حمّال	

(در هر سه پرده، سن باغ یا کوچه است)

پرده اول

خسرو   راستی که هـیـچ چیـزی بـدتر از خبـر بـد بـرای آدم
عاشق نیست ـ ببین زیرک، یک دقیقه دنیـا بـه کـام
من بدبخت نمی‌گردد. (آه می‌کشد) حالا راست بگـو،
ببینم گفتی پدرم امروز وارد می‌شود؟

زیرک   بله آقا.

خسرو   همین یک ساعت یا دو ساعت دیگر خواهد رسید؟

زیرک   بله قربان.

خسرو   مراجعتش هم به این زودی برای این است کـه بـرای
من زن بگیرد؟

زیرک   بله قربان.

خسرو   حالا با این ترتیب تکلیف من چی اسـت و چـه بایـد
بکنم؟

زیرک ما هم آقا مات و مبهوت مانده‌ایم و سر از این کار در نمی‌آوریم.

خسرو این خبرها را که گفتی، عموجانم به تو گفته؟

زیرک بله آقا جان، خود عموجانتان.

خسرو گفتی پدرم تو کاغذش اینها را برای او نوشته؟

زیرک بله.

خسرو پس عمویم از تمام ماجرای ما باخبر است؟

زیرک از تمامش ــ از کاف می‌داند تا لامش.

خسرو مرگ من زیرک، هر چی خبر داری برای من بگو! من که خسته شدم بسکه ذره ذره از دل تو در آوردم.

زیرک اختیار دارید آقا جان! ماشاءالله همه خبرها را خودتان دارید و همه را خوب می‌دانید. ما دیگر چه عرض بکنیم؟

خسرو با سابقه‌ای که داری، حالا به عقیدهٔ تو، من بدبخت چه باید بکنم؟

زیرک والله، خودمان هم مثل شیر توی گل گیر کردیم ــ عقلمان به هیچ جا قد نمی‌دهد. باید یک نفر دیگر را پیدا کنیم، که عقلش از ما بیشتر باشد، در این کار استادی برای ما بکند.

خسرو به خدا همچین که شنیدم پدرم برگشته مثل اینکه آسمان و زمین را زدند توی سرم.

زیرک ما از شما بدتر آقا ــ نه آسمان و زمین تنهائی ـ هر چی ستاره هم بود توی سر ما خورد کردند.

خسرو من می‌ترسم پدرم که مطلع از کار من بشود، دیگر آنقدر فحش و ملامت و سرزنشم بکند، که حد نداشته باشد.

زیرک قربان، فحش و ملامت و اینجور چیزها عیبی ندارد واسهٔ اینکه توی هوا در می‌رود ــ اما من بدبخت می‌ترسم آن عصای پلوخوری که دستش است به سر و رویم خورد کند.

خسرو حالا بگو ببینم، چه باید بکنم وقتی آمد؟

زیرک قربان، این فکرها را باید اول کرده باشید نه حالا ـــ یا آدم نباید این دلش را دیمی‌به کسی بدهد، یا وقتی داد، پاش هم بایستد و قرص باشد.

خسرو (با التماس) حالا ترا به خدا بگو ببینم چه باید بکنم، چه تصمیمی‌باید بگیریم ـــ این کار چه علاجی دارد؟

حسن (وارد شده آهسته آهسته جلو می‌آید) آقا، خدا بد ندهد ـــ چرا حالتان همچین خراب است؟ مثل آدم‌های مالیخولیادار می‌مانید.

خسرو چی بگویم حسن؟ از دلم خبر نداری! بدبخت‌تر از من خدا در دنیا نیافریده. (آه می‌کشد) امروز پدرم با آقای کمال وارد می‌شوند و می‌خواهند برای من زناشوئی بکنند.

حسن (می‌خندد) اختیار دارید قربان! گفت "به این مژده گر جان فشانم رواست" که این مژده آسایش جان همهٔ ماست. ها؟ از این بهتر دیگر چی می‌شود؟

خسرو (آه می‌کشد) حیف که نمی‌دانی چرا من از آمدن آن‌ها آنقدر منقلبم و ابداً انتظار ورود آن‌ها را نداشتم.

حسن نه قربان، ما خبری نداریم. ولی البته خواهید فرمود و ما هم اطلاع پیدا خواهیم کرد. ـــ ضمناً هم خوب می‌دانید ما آدمی‌هستیم که بهمان لقب دادند جنّی. برای اینکه توی هر سوراخی می‌رویم، برای این جوان‌ها زحمت می‌کشیم ـــ هزار حقه می‌زنیم تا بیچاره‌ها، به مقصودی که توی دلشان دارند، برسند.

خسرو اگر می‌خواهی حسن‌جون، مادام‌الحیاة من ممنون تو باشم، باید یک کلکی جور کنی این عروسی سر نگیرد و من راحت راحت باشم.

حسن راستش را بگویم آقا، خداوند الحمدلله یک هوشی بمن داده که به هیچکس نداده. به جان خودت حقه‌هائی بلدم که فلک خواب ندیده، نیرنگ‌هائی به

کار می‌زنم که نسیم عیار هم بهش فکر نکرده. قربان، حسن‌جنی دیدی، حسن‌جنّی هم خواهی شنید. این رمان آرسن‌لوپن را که همه دیده‌ایـد و خوانده‌ایـد قربان، آن جناب لوپن، مخلصم ــ اما از آنجائی کـه جَلـدی و چـابکی و زرنگـی و لیاقـت از بـین رفتـه و خواهان ندارد، و از آنجائی که اتفاقی برای من بیچاره این آخری‌ها افتاده، شرط کرده‌ام که در هـیچ کـاری دخالت نکنم.

خسرو	چه اتفاقی افتاده؟ ترا به خدا بگو ببینم!
حسن	اتفاق، اتفاق است قربون. چه پرسشـی دارد؟ کـار بـه کار من نداشته باشید!
خسرو	می‌دانی حسن، دو ماه پیش پدرم با آقای کمال برای تجارت مسافرتی کردند.
حسن	این را خبر داریم.
خسرو	پدرم مرا به زیرک سپرد و آقای کمال هم شـیرویه را دست تو داد.
حسن	ما هم کـه منتهـای چـاکری و خـدمت را بـه هـر دو الحمدلله کرده‌ایم.
خسرو	چند روز بعـد کـه پـدرهایمان بـه مسـافرت رفتنـد، شیرویه خاطرخواه یک دختره شد.
حسن	این را خوب خبر دارم.
خسرو	چون می‌دانی ما با هم خیلی رفیق هسـتیم، شـیرویه مرا برد خانه، دختره را به من نشان داد. اما آنقـدری که او می‌گفت به نظر من خوشگل نیامد. از آنجا کـه آمدیم بیرون، هر روز او سراغ معشوقه‌اش می‌رفت و هرچی با هم صحبت کرده بودند برای مـن می‌گفت ــ به جان تو یک کلمه‌اش را نمی‌انداخت. چند دفعه با من دعواش شد از اینکه می‌دید من همچین سرد و بی‌قید به حرف‌هایش گوش می‌دهم. حتی یـک روز هم که خیلی بهـش خندیـدم، گفـت می‌دانی چیـه

سری که عشق ندارد کدوی بی‌تخمه است.

حسن ما هیچ نمی‌فهمیم مقصود و منظور آقا از این صحبت‌ها چی است؟

خسرو گوش کن! یک روز دیگر که باز با هم راه افتاده بودیم برویم خانهٔ دختره، توی یکی از کوچه‌ها صدای ناله و گریه و بغض و اینجور چیزها شنیدیم. این ناله بقدری حزین بود که دل مرا همچین کباب کرد.

حسن هیچ از این صحبت‌ها سر در نمی‌آوریم.

خسرو با شیرویه گفتیم برویم ببینیم چه خبر است. وارد یک خانه شدیم دیدیم یک زن پیری در حال نزع است یک کلفتی هم بالای سرش نشسته زارزار گریه می‌کند. آنوقت طرف راست رختخواب (آه می‌کشد) یک دختری مثل پنجه آفتاب نشسته دو قطره اشک از آن چشم‌های قشنگش جاری شده،یک حالتی به صورت ماه او داده که حقیقتاً جفت او را مثل اینکه خدا خلق نکرده.

حسن خوب، داریم یواش‌یواش یک چیزی می‌فهمیم.

خسرو به خدا حسن، اگر تو یک دفعه او را می‌دیدی، می‌فهمیدی من چه می‌گویم.

حسن البته آقا، چیزی را که جنابعالی بپسندید البته باید از آن نخبه‌ها باشد.

خسرو خیال نکن وقت گریه‌کردن صورتش مثل همهٔ مردم بدترکیب و چروک‌دار و اینجورها می‌شد! نه ب خدا، همان اشک‌ها که روی صورتش جاری بود آنقدر قشنگش کرده بود که حد نداشت.

حسن همین‌طور است که می‌فرمائید ـ حق دارید.

خسرو به خدا وقتی خم شده بود روی آن پیره‌زن و بهش مادر می‌گفت، بسکه این صدایش ملیح و قشنگ بود آدم یک حالی می‌شد که نمی‌توانم تعریف کنم.

حسن البته وقتی آدم آنجور شد، اینجور هم می‌شود.

خسرو وقتی از آنجا آمدیم بیرون ـ یک خورده دل دختره را به دست آوردیم ـ من به شیرویه گفتم یارو چطور بود؟ با یک سردی برگشت گفت عیب نداشت. به خدا همچین از این حرف اوقاتم تلخ شده بود که می‌خواستم بپرم کله‌اش را بکنم.

زیرک اگر آقا جان ما حرف نزنیم و همین‌جور گوش بدهیم این قصه سر دراز دارد ـــ اجازه بفرمائید ما برای آقا حسن خلاصه کنیم. آقای ما از دیدن این پریزاد از آن روز دلش از دست رفته. مادر دختر هم عمرشُ داد به شما الان آن کلفته آن دختر را پرستاری می‌کند. آقای ما نه شب دارد نه روز، نه آب می‌خورد و نه خوراک ... هی آه می‌کشد، هی زبانش تپق می‌خورد، هی رنگش می‌پرد. از یک طرف می‌گفتند دختره خیلی فقیر است، از طرف دیگر می‌گفتند خیلی نجیب است... آقای ما همین‌جور توی شش و بش بود تا سه روز پیش که عقدکنان کرد.

حسن صحیح! صحیح!

زیرک حالا آقای ما مانده مات و مبهوت. پدرش که دو ماهه خیال سفر کرده بود پانزده روز نشده برگشته خیال دارد، دختری را که از شیراز می‌خواهند بیاورند، برای حضرت آقا بگیرند. به قول یارو گفت: در میانهٔ دو صنم، آقا حسن، بگو چه کنم؟

خسرو حالا با این فقر و فاقه که این دختر دارد نمی‌دانم چه بکنم؟ به این اخلاق و مشت بسته که پدرم دارد...

حسن خوب، قصه تمام شد انشاءالله؟ راستی که شما مردمان پزوائی هستید که هر دوتان برای یک همچو مسئلهٔ جزئی وامانده‌اید و نمی‌دانید چکار کنید. زیرک، راستی خجالت نمی‌کشی؟ آدم به این گندگی برای یک همچو چیز کوچکی مثل بلانسبت، بلانسبت، الاغ تو گل گیر کند؟ به خدا قسم من عارم

می‌آید برای این کارهای جزئی فکر کنم.

زیرک   درست است آقای حسن جنی. خدا ـ قربونش بـرم ـ یک هوش و ذکاوتی به شما داده کـه بـه هـیچکس نداده. حالا چه باید کرد؟

خسرو   (آه می‌کشد، خودش را عقب می‌کشد) [رو به حسن جنی] حسن، آمد!

حسن   کی آمد آقا که همچین شما زود خراب شدید؟

خسرو   لطیفه ــ همان لعبتی که الان قصه‌اش را با تو گفتم.

لطیفه   (وارد می‌شود) خسرو، ترا خدا این حرفی کـه زیـرک به ننه سکینه گفته، که پدرت دارد می‌آیـد بـرای تو زن بگیرد، راست است؟ (گریه می‌کند)

خسرو   آره لطیفه جان، ولی گریه نکن! من نمی‌دانم کِی از بی‌مهری پدرم راحت خواهم شد؟ ــ اما یقـین بـدان جز تو کسی را دوست ندارم و بـه جـز تـو بـه کسی عشق نخواهم ورزید.

لطیفه   خسرو، مـن یقـین دارم عشـق مـا زن‌هـا بـه مراتـب محکم‌تر از عشق مردها است زیرا عشـق شـما مثـل آتش می‌ماند ولی زود خاموش می‌شود.

خسرو   به خدا لطیفه، قلب من اینطور نیست و بـدان کـه تـا دم مرگ جز عشق تو چیزی در آن نخواهد بود.

لطیفه   ممکن است خسرو جان اینطور باشد ولی تو مجبوری هرچه پدرت بگوید اطاعت کنی و نمی‌توانی از فرمان او سرپیچی کنی. او هم می‌خواهد به تـو زن بدهـد و برای این هم به این زودی برگشته.

خسرو   آسوده باش عزیزم! پدرم نمی‌تواند خیال خودش را بر من تحمیل کند و الان نمی‌دانـی چـه نفرتـی از ایـن دختری که برایم پیدا کرده در دلم پیدا شده. خیالت راحت باشد لطیفه، باز تکرار می‌کنم، من جز تو کسی را برای همسری انتخاب نخواهم کـرد. خـواهش دارم

گریه نکنی و قوی‌دل باشی.

لطیفه پس بنابراین خسروجان من به حرف‌های تو اعتمادکرده منتظر تقدیر خواهم شد.

خسرو من یقین دارم که تقدیر با ما مساعد خواهد بود و هر دو خوش و راضی خواهیم بود.

حسن (آهسته) دختره عقل و شعورش بیشتر از پسره است... روی هم رفته هم بد چیزی نیست.

خسرو (حسن را نشان می‌دهد) لطیفه جان، تنها کسی که بتواند ما را خوشحال و با سعادت کند این آدم است.

حسن والله، ما از کارهای دنیوی دست کشیده‌ایم، اما اگر حالا هر دوتان خواهش می‌کنید، چَشم به دیده مِنّت.

خسرو اگر مقصود تو خواهش است، من از صمیم قلب خواهش می‌کنم و سکّان نجات خودمان را به دست تو می‌دهم.

حسن (به لطیفه) خانم شما چرا فرمایشی نمی‌فرمائید؟

لطیفه من هم به شما قسم می‌دهم، به آن چیزی که دوست دارید، نگذارید عشق ما دو نفر از هم پاشیده شود.

حسن بسیار خوب خانم، خواهش می‌کنم شما با زیرک تشریف ببرید! بنده وقتی یک چیزی را قول دادم، دیگر اگر سرم هم برود، غیرممکن است از قول خودم برگردم.

لطیفه (با کرشمه) مرسی. (می‌رود)

(زیرک می‌رود)

حسن حالا آقا، ماشاءالله شما با این سن و سال نباید از جلوِ حرف‌های سخت یا بلند آقا جانتان در بروید و شانه خالی کنید! باید قرص باشید، محکم باشید!

خسرو تو می‌دانی آنقدر من خجول و محجوبم که حد ندارد. من هر وقت فکر می‌کنم چطوری حالا روبروی آقایم بشوم سر تا پایم به لرزه درمی‌آید.

حسن ملاحظه بفرمائید، اگر در برخورد اول شما ضعیف خودتان را جلوه بدهید، دیگر باید بروید آنجائی که عرب نی انداخت ــ هر چی آقاتان می‌پرسد جواب قرص و سخت بدهید تا او جا خالی کند.

خسرو چشم، سعی می‌کنم قرص و محکم باشم.

حسن نه آقا جان، چشم تنها کافی نیست! باید یک خورده مشق کنید تا خوب یاد بگیرید. راست بایستید، چشم‌ها را دریده کنید... سر بلند. آها، مثل کسی که می‌خواهد تو گوش کسی بزند، ها!

خسرو (نشان می‌دهد) اینجور خوب است؟

حسن نه آقا، یک خورده بیشتر! (او را اصلاح می‌کند) آها، خوب شد. حالا من می‌شوم پدر شما... از راه هم رسیده‌ام، از کار شما هم مسبوقم، به شما داد و فریاد می‌کنم و شما هم باید قرص و محکم جواب مرا بدهی و هیچ نترسی! اگر از عهده برآمدید، شرط می‌کنم کار شما را درست کنم.

خسرو خیلی خوب.

حسن (می‌رود دم در با صدای خود) آمدم ها، هیچ واهمه نکن، سخت و محکم بایست! (می‌رود بیرون و بلافاصله وارد شده شکم خود را جلو می‌آورد و تقلید صدای غانم پدر خسرو را می‌کند) پسرهٔ احمقِ متقلبِ مزورِ پدرسوخته، خجالت نمی‌کشی با این کاری که در غیبت من کرده‌ای همین طور جلو من ایستاده‌ای بِرّ و بِرّ توی چشم‌های من نگاه می‌کنی؟ پدرسوخته، این ثمره زحماتی است که برای تو کشیدم؟ خاک بر سرت کند، الهی روی تخت مرده‌شور خانه ترا ببینم، بی‌حیایِ بی‌قباحت! بدون رضایت من می‌روی زناشوئی می‌کنی؟ چرا جواب نمی‌دهی، چشم دریدهٔ بی‌حیا؟ زود باش جواب بده! زود باش!

خسرو (با حال گریه) آقا جان به خدا من تقصیری ندارم... عذر می‌خواهم ... تو را به خدا مرا ببخشید!

حسن بَه‌بَه، به‌به! عجب حرف مرا گوش کردید! ماشاءالله ... ماشاءالله.

خسرو (با خجالت) به خدا من خیال کردم آقاجانم است.

حسن اِ اِ، سه ساعت حرف می‌زدم پس برای کی یاسین می‌خواندم؟

خسرو (با التماس) نه به خدا، از حالا به بعد قرص و محکم خواهم بود.

حسن یقین؟

خسرو یقین.

زیرک (وارد می‌شود) آقا، آقاجانتان آمدند.

خسرو (به حسن می‌چسبد) حسن جان یک فکری بکن، الان پدرم را درمی‌آورد.

حسن بَه‌بَه، ماشاءالله به جوان رشیدی مثل شما. نترسید، حالا من درست می‌کنم.

زیرک آقا حسن، ما باید حالا چه کنیم؟

حسن شماها کار نداشته باشید! عقب سر من بایستید، من خودم می‌دانم باش چکار کنم.

غانم (وارد می‌شود) راستی هیچ اولادی شده اینطور نسبت به پدرش رفتار کند؟ هیچ کجای دنیا همچو چیزی شنیده شده؟

حسن (آهسته) معلوم می‌شود از همه‌جا خبر دارد و حواسش خیلی پرت است که بلند بلند حرف می‌زند و هیچکس را نمی‌بیند.

غانم جسارت هم به این اندازه شده؟ حالا می‌خواهم ببینم پدرسوخته‌ها راجع به این عروسی چه دروغ‌هائی به من خواهند گفت.

حسن (آهسته) ما فکرش را کردیم چی بگوئیم.

غانم حتماً حاشا خواهند کرد و دروغ جعل می‌کنند.

حسن	(آهسته) ابداً و اصلاً.
غانم	لابد خواهنـد گفـت حـالا کـاری اسـت شـده و بایـد ببخشید و حرفی نزنید.
حسن	(آهسته) ممکن است این کار را بکنند.
غانم	محققاً هزار حرف‌های لاطایل خواهند تراشید.
حسن	(آهسته) چاره نیست.
غانم	اما نمی‌دانند که هرچی بگویند بـرای مـن بی‌حاصل است.
حسن	(آهسته) ببینیم و تعریف کنیم! (آهسته خسرو را از سن خارج می‌کند)
غانم	این پسرهٔ پدرسوخته را کاری به سرش خـواهم آورد که در داستان‌ها بازگویند.
حسن	(آهسته) زیاد جوش نزن شیرت خشک می‌شود!
غانم	پدری از این زیرک پدرسوخته در بیاورم کـه حـظ کند.
زیرک	آقا سلام علیکم... ما خیـال کـردیم مـا را اصلاً فراموش کرده‌اید.
غانم	سلام و زهرمار مردکهٔ پدرسوخته. من تو را لَلهٔ این پسره کردم که مـواظبش باشـی ــ عجـب مواظبـت کردی!
حسن	حضرت آقای غـانم، بنـده حقیقتـاً نمی‌دانم چگونـه مسـرت خـود را از اینکـه صحیـح و سـالم مراجعـت فرموده‌اید حضورتان تقدیم دارم.
غانم	آقا حسن، آفرین به تو و نصایحی که در غیاب من به پسر من کرده‌ای!
حسن	انشاءالله کـه حـال مبـارک خـوب اسـت و کسـالتی ندارید؟
غانم	بد نیست! (رو به زیـرک) پدرسـوخته چـرا تـو هیـچ حرف نمی‌زنی؟
حسن	انشاءالله که این سفر به شما خیلـی خـوش و خـرم

گذشته؟

غانم الحمدلله خیلی خوب بود ــ بگذار یک خورده پدر این پدرسوخته را دربیاورم!

حسن کدام پدرسوخته را؟

غانم این زیرک حرامزاده را.

حسن برای چی قربان؟ چه غلطی کرده؟

غانم تو هیچ شنیدی در غیبت من چه اتفاقی افتاده؟

حسن چرا قربان، یک چیز مختصری شنیده‌ام.

غانم کار به این گندگی را می‌گوئی چیز مختصر؟

حسن بله، ولی...

غانم آخر پسری شده بدون رضایت پدرش زن بگیرد؟

حسن صحیح می‌فرمائید! ولی باید سروصداش را در نیاورد، به عقیده بنده.

غانم نخیر، بنده همچو عقیده ندارم... داد می‌زنم... فریاد می‌کنم ... فَتَرات می‌کشم.

حسن عرض کنم قربان، وقتی مخلص این خبر را شنیدم، راستی که پدری کردم و خیلی ملامت به آقای خسروخان کردم. بهش گفتم آقا جان، کسی که پدری مثل حضرت مستطاب اجل آقای غانم دارد، نباید بی‌اطلاع و بی‌اجازه ایشان همچو کاری کند. بعد یک حرف‌هائی زد... بنده هم فکر کردم دیدم، اگر حقیقتاً بخواهیم به عمق مطلب رسیدگی کنیم، چندان تقصیری نداشته.

غانم حرف‌ها چی است حسن؟ یک پسری مثل پسر من برود با یک دختری که نه پدرش معلوم است، نه مادرش، نه اصلش، نه نصبش... چندان تقصیری نداشته؟ اختیار داری!

حسن صحیح می‌فرمائید! ولی از قدیم گفته‌اند از تقدیر گریزی نیست. این کار برایش مقدر بوده.

غانم (عصبانی) مزخرف نگو! آدم برود دزدی بکند، کار بد

بکند، مال مردم را بخورد، قتــل نفـس بکنــد... تــازه بگوئید مقدر بوده از تقدیر گریزی نیست؟

حسن   ماشاءالله شما امــروز خیلــی فیلسوف شده‌اید. بنــده اینطور عرض نکردم مقصودم این بود که پیش‌آمدی شده است.

غانم   پیش‌آمد یعنی چه؟

حسن   آخر ملاحظه بفرمائید، شما یک خورده زور می‌گوئید. دلتان می‌خواهد که خسرو عقلش مثـل خــود شمـا ـ ماشاءالله ـ باشد. این جوان‌ها جوان هسـتند. آدم هـم که جوان شد، دیگر فکر بعد را نمی‌کند. همـین پسـر ارباب بنده، آقای شیرویه، با وجـود اینکـه مثـل چـی بگویم ـ والله پروانه ـ اتصال دورش می‌گـردم، آنهـم مثل آقازاده شما دسته گلی به آب داده. حالا این‌ها را بیندازیم دور ‌ خــود حضرت‌عالی وقتی جوان بودید به سن و سال این آقایان ـ هیـچ وقـت پایتـان نلغزیده؟ (آهسته) والله بـه مـن گفته‌انـد وقتـی شمـا جوان بودید... (می‌خندد)

غانم   درست اسـت آقـا حسـن، همین‌طـور اسـت کـه تـو می‌گوئی. من هم از این کارها کرده‌ام ولی دیگر کـار به اینجا که همسر بگیرم نبوده.

حسن   ملاحظه بفرمائید، خوب مال خسرو هـم همین‌طـور بوده. اول دختره را می‌بیند، خوشـش می‌آیـد، حظ می‌کند، می‌رود توی خیال . بعد آشنا می‌شود، با هـم صحبت می‌کننـد، گـاهی می‌نشیننـد، گـاهی بلنـد می‌شــوند، گـاهی راه می‌رونـد گـاهی بی‌جهـت آه می‌کشند، گاهی بی‌خودی چشم‌هایشان به همدیگر خیره می‌شــود. بعد رفت و آمـد زیـاد می‌شــود. پدر و مادر دختر که می‌فهمنـد می‌خواهنـد پـدر خسـرو را دربیاورند، او را بکشـند. آنهـم چکـار کنـد؟ ناچـار می‌شود دختره را بگیرد. درصورتی کـه خیالش این

بود صبر کند تا جنابعالی از مسافرت برگردید.

زیرک (آهسته) راستی که در حرامزادگی لنگه ندارد!

حسن بله آقا؟ شما میل داشتید پسرتان کشته بشود؟ پس ببینید عقل کرده دختره را گرفته نگذاشته کار به اینجا برسد.

غانم صحیح، صحیح! پس اینطور بوده؟ ولی حکایت را اینجور برای من نقل نکردند.

حسن نخیر قربان، همین‌طور بوده که عرض کردم. از زیرک هم تحقیقات بفرمائید!

زیرک به سر عزیزتان، همین‌طور است که آقا حسن عرض کرد.

حسن جنابعالی می‌دانید که من آدمی‌هستم راست و بی‌شیله‌پیله.

غانم خوب چرا خسرو نرفته عارض بشود و خودش را از چنگ آن‌ها خلاص بکند؟ اگر این کار را کرده بود امروز من این زناشوئی را به هم می‌زدم.

حسن اختیار دارید! اولاً، شما این کار را نمی‌کنید، برای اینکه خسرو اگر عارض شده بود، هتک حیثیت شما می‌شد. در همه‌جا این خبر را می‌فهمیدند و او نخواسته که پدرش بی‌آبرو بشود ـ ملاحظه کنید چه پسر خوبی است ـ چه فکر بکری کرده. ثانیاً، خود شما یک عاطفه پدری دارید راضی نخواهید شد که این عاشق و معشوق را از هم جدا کنید. ثالثاً، چطور می‌شود خسرو، پسر شما، بیاید علی رووس‌الاشهاد بگوید این دختره را من از جان شیرین هم بیشتر دوست دارم ولی زورکی زن خودم کردم!

غانم این حرف‌ها را بینداز دور که هیچ به درد من نمی‌خورد.

حسن خسرو مجبور است به پاس احترام شما و آبروی خودش همه‌جا بگوید من خودم بالطوع و الرّغبه این

کار را کردم.

غانم ولـی بنـده، بـرای احتـرام خـودم و آبـروی او، دلـم می‌خواست وارونه این را بگوید.

حسن من قطع دارم نخواهد گفت.

غانم مجبورش می‌کنم.

حسن او نمی‌کند آقا جان من، اصرار نکنید.

غانم اگر نکند از ارث محرومش خواهم کرد.

حسن شما؟

غانم بله من.

حسن بسیار خوب.

غانم چطور بسیار خوب؟

حسن من یقین دارم شما این کار را نخواهید کرد.

غانم من نخواهم کرد؟

حسن بله، بله، بله!

غانم خنده‌دار است! من که پدرم نتـوانم پسـرم را از ارثـم محروم کنم؟

حسن عرض کردم که بله، نخواهید کرد.

غانم کی جلو من را از اینکار خواهد گرفت؟

حسن خودتان. خودتان قربان! برای اینکـه دل شـما نـازک است، رئوف است، مهربان است.

غانم ابداً دل من مثل سنگ فولاد است، چدن است.

حسن بیخودی می‌گوئید. همچین نیست ــ محبـت پـدری کار خودش را می‌کند.

غانم ابداً نخواهد کـرد. بـرو مردکـهٔ شـیاد حقـه‌باز مـزور، صفرای مرا به جوش آوردی. الان می‌روم دسته‌گلی را که پسر اربابت به آب داده برای پدرش نقل می‌کنم.

حسن حق با جنابعالی است. هرچه دربـاره چـاکر بفرمائیـد گوش می‌کنم و به دیده منت دارم ولی این قسمت را هم عرض کنم که چاکر در جان‌نثاری مثـل همیشـه حاضر بوده و هستم و هروقت فرمایشی باشـد، کـه از

عهده مخلص برآید، بفرمائید با جان و دل اطاعت خواهم کرد.

غانم (آهسته) باید در دنیا یک اولاد داشته باشم آن هم اینطور به من رفتار کند و من نتوانم از ارث خودم او را محروم کنم؟ (می‌رود)

زیرک به خدا آقا حسن آقا، از تو باهوش‌تر، از تو زرنگ‌تر، از تو حقه‌بازتر خدا توی این ملکش خلق نکرده. حالا داداش، باید فکر پول برای ارباب ما کرد ـ نه خودش یک پاپاسی دارد نه خانمش. ما هم که می‌دانی در هفت آسمان یک ستاره نداریم ـ طلب‌کار هم که دست از سر ما برنمی‌دارد.

حسن تو کار به این کارها نداشته باش، من توی خط همین کارم. ولی می‌دانی چی است؟ من محتاج به یک نفری هستم که از او ریخت بسازم ـ این کار را جور کنم. درست بایست ببینم این کار به قالب تو می‌آید یا نه؟ شق و رق بایست! اطوار نریز! این دستت را همچین بگذار پهلویت! چشم‌هات را یک‌خورده از حدقه درآر! راه برو! سرت را همچین کج کن مثل اینکه می‌خواهی کسی را از پشت سر ببینی! نه، بد نیستی. حالا می‌آئی عقب من تا هم صورتت را عوض کنم هم یادت بدهم صدات را عوض کنی.

زیرک هرچه بفرمائید ما می‌کنیم به شرط اینکه، داداش حسن، ما را گیر ندهی.

حسن خیالت راحت باشد! هرچه پیش آید، از قدیم گفته‌اند، خوش آید. (می‌خندد) هروقت گیر افتادی پشت بده چماق بخور. آقا حسن آقا زود خلاصت می‌کند. بیا برویم!

(می‌روند پرده می‌افتد)

پردهٔ دویّم

کمال	اولاً جناب آقای غانم، در باب مسافرت اقدام لازم را نموده‌ام و از این بابت نگرانی نداشته باشید. ثانیاً درخصوص این خبری که به بنده دادید، گمان می‌کنم وضعیت تغییر کرده باشد و گمان می‌کنم این عروسی دختر من با پسر شما با این واقعه‌ای که برای خودش درست کرده سر نگیرد.
غانم	جنابعالی هم خواهش دارم عصبانی نشوید! بنده از ساعت ورود مشغول شده‌ام که این کار را به هم بزنم.
کمال	اجازه بفرمائید آقای غانم، پدر باید در تحصیلات اولادش منتهای دقت را بکند و این مسئله را از واجبات بداند.
غانم	صحیح می‌فرمائید ولی مقصود حضرتعالی را نفهمیدم.
کمال	مقصودم این است اگر اخلاق اولادی خراب می‌شود بیشتر برای تربیت و تحصیلاتی است که پدر و مادر به آنها داده‌اند.
غانم	واضح است منظور از این مطلب چیست؟
کمال	منظور بنده؟
غانم	بله.

کمال	مقصودم این است اگر جنابعالی پسر خودتان را خوب تربیت کرده بودید، این اتفاق پیش نمی‌آمد.
غانم	و جنابعالی هم اگر همین اصل را شعار خود قرار داده بودید آقا زادهٔ شما...
کمال	صحیح می‌فرمائید ولی ملاحظه می‌کنید که طفل بنده از این کارها دور است.
غانم	دور را خوب فرمودید! خوب بفرمائید اگر این آقازادهٔ جنابعالی، که تحت سرپرستی حضرتعالی این تربیت و تحصیلات خوب را آموخته باشد، و معذالک او هم...
کمال	چطور؟ چه فرمودید؟
غانم	چه فرمودید ندارد.
کمال	نه، خواهش دارم واضح و صریح حرف بزنید!
غانم	صریح و روشن قضیه این است که انسان نباید زود سایرین را ملامت بکند و محکوم بکند و بهتر است اول ببیند این نصیحت و پندی که می‌دهد آیا در خودش و کسانش هست یا نه. اگر نه، از قدیم گفته‌اند واعظ غیر² متعظ بودن به درد نمی‌خورد.
کمال	جنابعالی نمی‌دانم چرا معما و کنایه می‌فرمائید و در زیر لفافه حرف می‌زنید.
غانم	توضیح این مطلب را سایرین به شما خواهند داد.
کمال	ترا به خدا بگوئید ببینم آیا راجع به پسر من حرفی شنیده‌اید؟
غانم	محتمل است ـــ بله.
کمال	ترا به خدا چه شنیده‌اید؟
غانم	ملاحظه بفرمائید، حسن جنی موقعی که من در حال غضب و عصبانیت بودم سربسته حرفی در این باب زد. البته می‌توانید جزئیات را از او بپرسید و چون بنده فعلاً باید بروم به محضر و کار فوق‌العاده‌ای دارم،

---

۲. این کلمه جا افتاده بود که اضافه کردیم.

فعلاً خداحافظی مـی‌کنم و امیـدوارم بـزودی مجـدداً خدمتتان برسم. (می‌رود)

کمال
(راه می‌رود با عصبانیت) صحیح! شیرویه پسر بنـده هم معلوم می‌شود دسته گلی به آب داده ــ پسر من، کسی که آنقـدر زحمت،آنقـدر مـرارت در تحصـیل و تربیت او کشیدم، اینجـور مـزد دسـت مـن را داده. راستی بـالاترین درد این است کـه پسـری بـدون رضایت پدرش برود زن بگیـرد... (نگاه می‌کنـد) آهـا گل سرسبد بنده تشریف آوردند. تحقیق کـنم ببیـنم چی چی است.

شیرویه
(وارد شده می‌دود کـه دست پـدرش را مـاچ کند) چقدر خوشحال شدم که زود مراجعت فرمودید.

کمال
(او را عقب می‌زند) برو عقب، برو عقب! معقول بـاش! کارت دارم.

شیرویه
چی شده که آقـا جـان نمی‌گذاریـد دسـتتان را مـاچ کنم؟

کمال
گفتم جلو نیا! بگذار کار دارم.

شیرویه
یعنی شما میل دارید که پس از این غیبت اولادتـان، کسی که بـه قول خودتـان نـور چشـمتان هسـت، احساسات خودش را ننمایاند؟

کمال
چرا، ولی قبلاً باید با تو یک صحبتی بکنم.

شیرویه
در چه باب آقا جان؟

کمال
درست مقابل من بایست خوب به من نگاه کن!

شیرویه
این حرکات یعنی چه؟

کمال
می‌گویم چشم‌هات را یکدقیقه بـدوز جفت بـه ایـن چشم‌های من!

شیرویه
بسیار خوب، بفرمائید!

کمال
در اینجا بگو ببینم چه اتفاقی افتاده؟

شیرویه
چه اتفاقی افتاده؟

کمال
در غیبت مخلص آقا زادۀ بنده چه کرده‌اند؟

شیرویه آقا جان، چکار می‌خواستید من بکنم؟

کمال همین‌طور نشسته بودی دست‌هایت را روی هم گذاشته بودی منتظر آمدن من گردن‌کلفت بودی؟

شیرویه چه حرف‌ها می‌زنید! آدم بیکار که نمی‌نشیند، ولی کاری که شما خوشتان نیاید نکرده‌ام.

کمال همین‌طور است که می‌گوئی؟ بی گناهِ بی گناهم

شیرویه بله آقا جان.

کمال یقین داری همین‌طور است؟

شیرویه یقینِ یقین و من.

کمال (سیلی باو می‌زند) حسن جنی همه‌چیز را برای بنده گفته. حاشا نکن!

شیرویه حسن جنی؟

کمال بله حسن جنی ... چرا سرخ شدی؟

شیرویه از من به شما اخباری داده؟

کمال حالا همه‌اش را نمی‌خواهم بگویم و الان می‌روم خوب ته و توی مطلب را درمی‌آورم. (با تغیّر) اگر تو مرا بی‌شرافت در نزد مردم کرده باشی، وای به حال تو! از پدری تو استعفاء می‌دهم و در تمام جراید و روزنامه‌ها و مجلات چاپ می‌کنم ... بخشنامه صادر می‌کنم، به دنیا خبر می‌دهم. (می‌رود)

شیرویه کسی که من بهش آنقدر اطمینان داشتم خودش برود اینطور راست و پوست‌کنده مطلب را به محض ورود پدرم بگوید و این خیانت را نسبت به من بکند؟ پدری از تو آقای حسن در بیاورم که حظ دنیا و آخرت را ببری! من را هم به این شلی نبافته‌اند.

خسرو (که در عقب او حسن است با هم وارد می‌شوند) حسن جنی، خدا عمرت بدهد راستی که مرا خلاص کردی، آبرویم را خریدی. به خدا نمی‌دانم چطوری از خجالت تو دربیایم.

شیرویه حسن، بیا جلو پدرسوخته! خوب به چنگم افتادی.

حسن	چی شده که همچین سر التفات آمده‌اید؟
شیرویه	(چاقو می‌کشد) این حرامزادگی‌ها را بینداز دور! الان شکمت را سفره می‌کنم.
حسن	(با التماس) آخر آقا...!
شیرویه	(به خسرو)خسرو به من کار نداشته باش جلو مرا هم نگیر، خواهش می‌کنم.
حسن	آخر من چه کردم؟
خسرو	(شیرویه را نگاه می‌دارد) بابا از سر تقصیر حسن بگذر.
شیرویه	(به حال حمله) بگذارید پدر این پدرسوخته را دربیاورم تا...
خسرو	ترا به دوستی و محبت و همه‌چیز قسم می‌دهم. ولش کن، ببخشش!
حسن	آخر آقا من به شما چه کرده‌ام؟
شیرویه	(به حال حمله) چکار کردی مردکۀ متقلب خائن؟
خسرو	(او را نگاه می‌دارد) محض رضای خدا!!
شیرویه	صبر کن خسرو! من دلم می‌خواهد خودش به این خیانتی که کرده اعتراف بکند ـ راست و پاک بگوید چه گفته. برای اینکه به من همه‌چیز را گفته‌اند، ولی می‌خواهم از دهن خود این پدرسوخته هم بشنوم بعد این چاقو را فرو کنم توی آن شکمش.
حسن	شما این دل و جرئت را هم دارید؟
شیرویه	بگو! زود باش!
حسن	آخر من چیزی راجع به شما نگفته‌ام.
شیرویه	مزخرف نگو، دروغ جعل نکن! فکر کن ببین چه گفتی.
حسن	والله من که سر در نمی‌آورم... نمی‌دانم چی گفته‌ام.
شیرویه	(به حال حمله) خودت را به موش مردگی نزن! راستش را بگو!
خسرو	(جلو او را می‌گیرد) صبر کن شیرویه!

حسن حالا که اصرار دارید، عرض کنم. چشم. ما هم جان مطلب را می‌گوئیم ـ هرچه می‌شود بشود. بله آن چهار تا بطری کنیاکی که بطری ۲۲۰ریال خریده بودید و قایمش کرده بودید... پریروزها به ما می‌گفتید این مردکه عجب حقه‌ای به ما زد آب چائی تو بطری کرده به اسم کنیاک می‌فروشد و می‌خواستید بروید شکایت کنید و ما گفتیم این شکایت‌ها خوب نیست برای ۸۸۰ریال آدمی‌مثل شما نباید خودش را توی زحمت بیندازد... (می‌خندد) بله آقا ـ به سر عزیزتان ـ هر چهار بطری را ما با رفقا به سلامتی شما تا قطره آخرش خوردیم، آب رنگی توش ریختیم، درش را هم طوری درست کردیم که نه‌تنهائی شما ـ بلکه هیچکسی ـ ملتفت نمی‌شد کسی دست به این زده.

شیرویه تو پدرسوخته این کار را کردی؟ لااله‌الاالله، چقدر من به این بیچاره کلفت‌ها دعوا کردم و داد و بیداد کردم.

حسن بله آقا، این کار را ما کردیم، خیلی هم عذر می‌خواهیم.

شیرویه بسیار خوب، اما منظور من این نبوده.اینهائی که من می‌خواهم چیز دیگری است.

حسن اگر این‌که گفتیم نبوده، ما چیز دیگری نداریم که عرض کنیم.

شیرویه (به حال حمله) باز پدرسوختهٔ حقه، این حقه‌ها را نزن! آن چیزی که به من مربوط است بگو!

خسرو آخر شیرویه، یک خورده صبر کن، بگذار بیچاره فکر کند به خاطرش بیاورد.

حسن ها یادمان آمد ــ سه هفته پیش که آن ساعت طلای الماس‌نشان را آقا به ما دادید فرمودید ببریم پهلوی دختره ـ همان نامزدتان ـ توی آن قاب قشنگ گذاشتید، خیلی هم به ما سفارش کردید، ما هم

رفتیم بعد از نیم‌ساعت آمدیم خانه با کلاه پاره، صورت خاکی، دست و پنجول زخم شده، لباس پاره پاره. گریه کردیم آنقدر که دلتان به حال ما سوخت. گفتیم توی راه یک قلدری به ما برخورد خواست ساعت را از ما بگیرد، ما ندادیم، دعوا میان ما شد، بالاخره آن پدرمان را در آورد و ساعت را از ما گرفت و جیم شد... (توقف) همه‌اش را دروغ گفتیم. ساعت را خودمان برداشتیم برای اینکه دیدیم برای ما بیشتر واجب است تا آن دخترهٔ بی‌پدر و مادر.

شیرویه ای دزد پدرسوخته، ساعت را هم تو کش رفتی؟

حسن آخر قربون، ما هم آدم هستیم... ما هم بدانیم چه وقت ساعت است.

شیرویه خوب کم‌کمک چیزهائی از تو نوکر باوفای صدیق می‌شنوم! بسیار خوب! ولی با تمام این‌ها آن چیزی را که من می‌خواهم این نیست.

حسن این هم نبود قربون؟

شیرویه نه متقلب، نه. آن را بگو جانم را خلاص کن.

حسن ما که چیز دیگری یادمان نمی‌آید کرده باشیم.

شیرویه (به حال حمله) الان بهت حالی می‌کنم.

حسن ها آقا، یادمان آمد. صبر کنید تا عرض کنیم! آخر چاقو را بگذارید جیبتان! یکدفعه، کار شیطان است، اسباب زحمت ما و شما می‌شود.

شیرویه بگو پدرسوخته، خودت را به شغال‌مرگی نزن!

حسن (می‌خندد) شش ماه پیش آقا، یادتان می‌آید که یک دفعه توی تاریکی جن دیدید و از ترس افتادید توی زیرزمین دست راستتان شکست؟

شیرویه آره.

حسن می‌دانی آن جن کی بود؟

شیرویه کی بود؟

حسن (می‌خندد) قربون، مخلص بودم.

شیرویه	حرامزاده، تو این بساط را سر من درآوردی؟
حسن	بله آقا، برای اینکه بترسید و هر شب تـوی تـاریکی شب و نصف‌شب من بیچاره را این طرف و آن طرف نفرستید.
شیرویه	خیلی خوب، خیلی خوب... اما بـاز آن چیـزی را کـه من منتظرم نگفتی ــ آن چیزی را که به پدرم گفتی من می‌خواهم.
حسن	به آقا جانتان؟
شیرویه	بله مزوّر، به آقاجانم.
حسن	به سر آقا، از موقعی که از سفر برگشته‌اند تـا السـاعه من اصلاً زیارتشان نکرده‌ام.
شیرویه	راست می‌گوئی؟
حسن	به خدای احد واحد حاضرم روبرو کنید.
شیرویه	خودش به من این حرف را زد.
حسن	به سر عزیزت آقا جان، خواسته به شما نارو بزند.
مشهدی غلام	(نفس‌زنان و باعجله وارد می‌شود)آقا، آقا، اگر بدانیـد چه خبر شده.
شیرویه	چی است؟ چه اتفاقی افتاده؟
غلام	نامزد شما ــ این دختر چینی را ــ از تاتارستون چنـد نفر آمده اند کـه ورش دارنـد و ببرنـد. می‌گوینـد آن پولی را که خواسته اند اگر تا دو ساعت دیگر ندهیـد، دیگر ــ به قول یارو گفتنی ــ دیدار به قیامت است.
شیرویه	تا دو ساعت دیگر؟
غلام	بله قربون، تا دو ساعت دیگر.
شیرویه	(دامن حسن را می‌گیرد) حسن جـون قربونـت بـروم یک فکری بکن!
حسن	(خیلی متکبر) حالا حسن جـون شـدم؟ چـون بهـم احتیـاج دارنـد ـــ اما دو دقیقـه پیش شکمم را می‌خواسـتند سـفره کننـد پهلـوی سـگ و گربـه بیاندازند.

شیرویه	ببین حسن جون، هرچه کردی من بخشیدم. دستم به دامنت!
حسن	اختیار دارید قربون، بخشیدن یعنی چه؟ گوشت من را با چاقوتان قیمه‌قیمه کنید!
شیرویه	حسن، خودت را لوس نکن! تو می‌دانی اگر اینکار سر نگیرد، من چه سر خواهم شد.
حسن	می‌فرمودید همچین می‌زنم توی شکمت کـه پـدرت در بیاید.
شیرویه	حسن، ترا به خدا از خر شیطان پائین بیا! غلط کردم غلط.
خسرو	آقا حسن آقا، حالا وقت می‌گـذرد بایـد یـک کـاری بکنی.
حسن	بعد از اینهمه فحش‌ها و کتک‌ها باز مـن یـک کـاری بکنم؟ شما نمی‌دانید این دل بیچاره مـرا چـه شیوه زخمی‌آقا کرده.
خسرو	حالا تو شیرویه را ببخش.
شیرویه	(با گریه) بخدا اگر کاری نکنی هایده از دسـتم نـرود، یقین بدان که تو مرا کشته‌ای ـ خون من بـه گـردن توست.
حسن	ما که هرچه فکر می‌کنیم می‌بینیم دلمـان از دسـت شما خون است.
شیرویه	حسن جـون، گفتم غلط کـردم. هرچـه تـو بگـوئی می‌کنم، هرچه بخواهی می‌دهم. مرگ مـن دسـت از این حرکاتت بردار! اگر باید پایت را ببوسـم، چشم. (می‌افتد به پای حسن)
خسرو	حسن دیگر حیا کن، خجالت بکش!
حسن	خیر، دست از سر کچل ما برنمی‌دارند.(بـه شیرویه) خواهش می‌کنم آقا بلند بشـوید امـا از ایـن بـه بعد دیگر زود از جا در نروید!
شیرویه	چشم. حـالا قـول می‌دهی کـه اینکار را بـرای مـن

	صورت بدهی؟
حسن	یک فکری برایتان می‌کنم.
شیرویه	فکر چی است؟ وقت می‌گذرد.
حسن	حالا بفرمائید چقدر پول برای شما لازم است؟
شیرویه	بیست هزار ریال.
حسن	برای جنابعالی آقای خسرو، چقدر؟
خسرو	ده هزار ریال.
حسن	مال شما آقای خسرو، آسان است اما مال ارباب خودمان یک خورده مشکل است برای اینکه پدر ارباب ما یک خسیس لئیم مشت بسته‌ای است که خدا می‌داند ـــ اما چون آدمی‌زودبـاور و سـاده است امیدواریم که آن را هم زود درست کنیم.
شیرویه	ای بارک‌الله حسن جون، بگذار ماچت کنم.
حسن	لطف شمـا کـم نشـود آقـا! پـدر خسرو دارد می‌آید. شماها زود بروید تا مـن کـارم را بکنـم. امـا زود بـه زیرک خبر بدهید بیاید رلی که بهش یـاد دادم بـازی کند. بروید! زود باشید! (خسرو و شیرویه می‌روند)
غانم	(وارد می‌شـود) چیـز غریبـی است. هیـچ عقلـم قـد نمی‌دهد.
حسن	معلـوم نیسـت چـه می‌گویـد! (جلـو مـی‌رود) قربان سلام‌علیکم.
غانم	علیک‌السلام آقای حسن جنی، حال شریف؟
حسن	باز لابد تو فکر آقازاده هستید؟
غانم	مـرگ تـو یـک دقیقـه ایـن حرکـت از نظـرم محـو نمی‌شود.
حسن	قربان، گفت که این عجوزه عروس هزار داماد است ـ دنیا از این نیش و نوش‌ها زیاد دارد. هیچ حـرف ایـن قدیمی‌ها را من فراموش نمی‌کنم...
غانم	قدیمی‌ها چه می‌گفتند؟
حسن	والله، قدیمی‌ها می‌گفتند السفر قطعه من العذاب ـــ

آدم که پاش را از در خانه‌اش بیرون گذاشت باید تنهائی فکر خودش باشد ـ می‌خواهد خانه‌اش بسوزد، زنش بمیرد، دخترش چلاق بشود، پسرش ولخرج بشود... نمی‌دانم چی، نمی‌دانم چی. اما الحمدلله با وجود اینکه حرف این قدیمی‌ها ـ به سر مبارک ـ نخورد ندارد، راحت و قشنگ برگشتید. ابداً هم اتفاقی نیفتاده همه خوب و سالمند. پس شما بدانید که قضا و قدر ماشاءالله در کار شما تأثیری نداشته.

غانم   درست می‌گوئی. اما این عروسی مزخرف اسباب اختلال حواس من شده و با چند نفر برای طلاق صحبت کرده‌ام که این کار را به هم بزنم.

حسن   قربان، از این غلامتان گوش کنید! سعدی خدابیامرز خوب گفته... می‌گوید: "عمر دو بایست در این روزگار" یکی برای چیز یاد گرفتن یکی برای اجرا کردن. آخر مرافعه کردن کار آسانی نیست قربون. آدم باید فولاد باشد تا مرافعه را پیش ببرد.

غانم   خیلی از تو من متشکرم. خوب چه خیالی کردی؟

حسن   ما آقا رفتیم برادر این دختره را، که آقای خسرو گرفته، دیدیم. این را عرض کنیم که یک آدم پدرسوختهٔ آدم‌کشی است که حد ندارد. می‌گویند معلم شمشیربازی است ـ راست هم می‌گویند ما یک دفعه بی‌شمشیر او را ندیدیم. به جان شما آدم را مثل گنجشک می‌کشد ـ یک چیزی ما می‌گوئیم یک چیزی شما می‌شنوید. بله، رفتیم پهلوش و خودمان را همچین توی دلش جا دادیم... از اینجا حرف زدیم، از آنجا حرف زدیم که داداش، عروسی بی‌رضایت پدری ـ آنهم مثل آقای غانم ـ از محالات است برای اینکه آقا، ماشاءالله جربزه دارد، همه‌کس او را می‌شناسد، پول دارد، گردن‌کلفت است، چی و چی... یواش یواش دیدیم یارو نرم شد. تا اینجا که

رسید، گفتیم برادر، برای خواهرت این شوهر نشد. یک شوهر دیگر فکر کن برای اینکه جوان است، خوشگل است، هزار نفر طالب دارد. به تو هم آقای غانم یک کمکی می‌کند. دست از شمشیربازیت بردار و یک کاسبی معقول آرامی‌بکن! آن هم حرف ما را قبول کرد.

غانم چقدر خواسته است؟

حسن اول که طمعش خیلی زیاد بود. از صد هزار ریال و ۱۵۰هزار ریال صحبت می‌کرد.

غانم چه پر مدعا!

حسن بعد یواش، یواش پائینش آوردم تا ده هزار ریال رسید.

غانم (عصبانی) آه ده هزار ریال! ده هزار بلا به جانش بخورد! معلوم می‌شود حساب هیچ دستش نیست خوب.

حسن عرض بنده را برسید! بنده بهش گفتم تو خیال کردی آقای غانم ـ آدم بلانسبت الاغ یا خری است ـ بیاید این کار را بکند؟ برگشت جواب داد: حسن، این را هم که گفتم برای گل روی تو بوده ...اینهم بدان، چون این روزها باید یک سفری بروم باید اولاً این کار را زود بکنند و دویماً یک اسب هم به من بدهند که اقلا ۵۰۰ریال قیمتش بشود.

غانم این چیزی نیست. می‌دهم.

حسن بعد هم زمزمهٔ زین و برگ و یراق را می‌کرد آن هم درحدود... بله... هزار ریال می‌شود.

غانم که اسب و اثاثیه‌اش ۱۵۰۰ ریال می‌شود!

حسن (با خنده) بله قربان، درست حسابش را فرمودید.

غانم خیلی خوب، این را هم قبول کردم.

حسن می‌گفت قربان یک اسب هم برای نوکرم می‌خواهم که آنهم ۳۰۰ریال قیمتش باشد.

غانم	به گـور پـدرش! ایـن جـور آدمهـا نـوکر دیگر نمیخواهند.
حسن	آخر قربان، انصاف داشته باشید! ایـن آدم هـزار جـا میرود، نمیتواند کـه خودش همیشـه سـر اسـبش را داشته باشد. لابد یک نوکر میخواهد ـ نوکر هم کـه پیـاده عقبش نمیتوانـد بـدود یا ترکش سـوار شـود. اختیار دارید!
غانم	(بـا تغیّـر) میدانی چـی اسـت؟ هیچـی بـه ایـن پدرسوخته نمیدهم. مگر پـول علـف خـرس اسـت؟ چشم نوکرش کور شود، پیاده برود.
حسن	قربـان، والله مرافعـه و دعـوا عاقبـت نـدارد. بگذاریـد همینجور درست بشود و آقازاده و خودتـان راحـت بشوید!
غانم	جهنم، اسب نوکره را هم میدهم.
حسن	میگفت یک قاطر برای اثاثیه و اینجور چیزها لازم دارم.
غانم	نه دیگر، نه دیگر، همان مرافعه کردن بهتر است.
حسن	آقا، والله اشتباه میکنید.
غانم	غیرممکن است.
حسن	یک قاطر فِزِرتی چه اهمیت دارد؟
غانم	یک الاغ هم بهش نمیدهم.
حسن	خیلی خوب، از ما گفتن از شما نشنیدن.
غانم	نخیر، همان دعوا کردن و مرافعه کردن خیلـی بهتر است.
حسن	شما هیچ فکر نمیکنید، هی میگوئید مرافعه مرافعه. اولاً، خود شما که نمیتوانید بروید حرف بزنید، وکیل میخواهید. وکیل که گرفتید، او پول میخواهد، پول که دادید و به اصطلاح در کیسه باز شد، دیگـر خـر بیار و باقالا بار کن ـ سـه هـزار جـور سکرات را بایـد طی کنید. گرما بخورید، سـرما بخورید، زیـر بـرف و

باران بدوید ـ حالا اگر خدای نکرده زیر اتوبوس توی خیابان نرفتید ـ سینه پهلو دیگر روش نوشته. بسم‌الله، حالا بفرمائید بیمارستان! حالا آمدید از سینه پهلو، ذات‌الجنب ، ذات‌الریه ـ خدا نکرده نمردید که راحت بشوید ـ هر روز یک بیماری دیگر به شما علاوه می‌شود، که برای مداوای هر کدام آن، داروی مخصوصی است ـــ هر دارو اقلکم روزی یکصد، یکصد و پنجاه ریال تمام می‌شود. بعد از این مدت حضرت آقای غانم را درمی‌آورند از توی بیمارستان مثل یک لندوک. تا رسید خانه، به آن حال زار، آقای وکیل با سبیل‌های آویزان وارد می‌شود. خبر می‌دهد که محکوم شدید. حالا حساب کنید ببینید اینها که ما می‌گوئیم بهتر است یا این جهنم و دوزخ و برزخ؟

غانم خوب قاطر چند می‌شود؟

حسن والله آن را هم بگیرید ۲۵۰ ریال.

غانم ۲۵۰ ریال ؟(راه می‌رود) نه، نه مرافعه با وجود همه اینها بهتر است.

حسن آقا یک ذره فکر کنید به این چیزهائی که عرض کردم! به خدا هنوز صابون وکیل به پیراهن شما نخورده ... پدرتان در می‌آید.

غانم گفتی ۲۵۰ ریال؟

حسن بله قربان، اینها را که شما بدهید، صد یکِ خرج مرافعه هم نمی‌شود ـــ ما اگر آقا جای شما بودیم فوری قبول می‌کردیم.

غانم نه، مرا هم به این شلی نبافته‌اند که اینجور کلاه سرم برود. خیال نکن حسن، همچین آدم پزوائی نیستم.

حسن (آهسته) آه، این یارو که دارد می‌آید برادر دختره است.

زیرک	(با لباس مبدل۳ وارد می‌شود) حسن، این پدرسوخته خسرو را خواهش دارم به من نشان بدهی.
حسن	چکارش دارید آقا؟
زیرک	شنیدم این پدرسوخته می‌خواهد برود مرافعه کند و عروسی خواهر مرا به هم بزند.
حسن	والله، ما از این خبر اطلاعی نداریم ولی می‌دانیم پولی را که جنابعالی خواسته بودید به نظرش زیاد آمـده و قبول نکرده.
زیرک	به خدا قسم با این شمشیر گـردنش را ـ اگر دسـتم بیفتد می‌زنم ـ شکمش دستم بیفتد، پـاره مـی‌کنم، دستش به دستم بیفتد از آرنج قطع می‌کنم.

(غانم خود را به حسن چسبانیده و می‌لرزد)

حسن	جنابعالی هم خیال می‌کنید پدر خسرو آدم ترسـوی مزخرفی است؟ ابداً همچین کـه شـما خیـال کردیـد نیست.
زیرک	مهمل کمتر بگو! اگر این‌جا بود حالیش می‌کردم. این کی است پهلوی تو؟
حسن	این آقا بنـده خداسـت ولـی نـه آن کسـی کـه شـما می‌خواهید.
زیرک	با آن غانمِ پدرسوخته هیچ آشنائی ندارد؟
حسن	بَه، چه حرف‌ها می‌زنید! این الاغ از دشمن‌های خونی او است.
زیرک	(دست غانم را می‌گیرد) الحمدلله کـه حـالا دو تا شدیم. پدری ازش دربیاورم کـه حـظ کند. به خدا قسم، به سر عزیزت قسم، به این شمشـیر قسم کـه نمی‌گذارم امروز تا غروب آفتاب زنده بماند.

---

۳ برای ممانعت از اشتباه ما پرانتز را اضافه کردیم.

حسن	(با طعنه) عرض کردم آقای غانم حلوا نیست، رفیـق دارد، نوکر دارد، آشنا دارد، آدمشناس است.
زیرک	هرچی میخواهد داشته باشد ـ حالا تا غروب خواهی دید! (شمشیر را دست گرفتـه حرکـت میکـند) الان دلم میخواست خودش با چند نفر دیگر اینجا باشـند تا ببینند چه جور این شمشیر کـار میکـند. (مثـل اینکه به جمعیتی حمله کـرده شمشیر را حرکت میدهـد و ادا در مـیآورَد) هـا، چـهطوری؟ اینکـه سگ کش شد ...این یکـی، یـالا ـ رفت لای دست مشکی. جانمیبه این شمشیر! بخور پدرسگ! این هم رفت آنجا که عرب نی انداخت. بسمالله! بیا جلو تو که خیلی هارت و پورت میکنی! آها قلبت را بپا! آها... بسمالله! (در هر حرکت تیغه شمشیر را به پشت غانم میزند)
حسن	آقا، اختیار دارید، حالا که جز ما کسی اینجا نیست!
زیرک	خواستم بهت نشان بـدهم کـه چنـد مَـرده حلاجـم. (میرود).
حسن	والله آقا، برای این جزئی پـول ایـن همـه آدمکشـی خوب نیست.
غانم	(لرزان) حسن جان ، حسن جان!
حسن	چی است، چی است؟
غانم	همه را میدهم، همه را میدهم. صداش کن بیاید!
حسن	ای آقا، اختیار دارید، اگر بداند شما هسـتید، کـار بـه کلی خراب میشود. مرحمت کنید به مخلص، بهـش میدهم. اگر نه هم میترسید بهش ندهم، میل دارید، صداش کنم.
غانم	نه، نه! تو را به خـدا صـدا نکـن ـ خیلـی هـم بـه تـو اطمینان دارم. بگیر و زود کلک این کار را بکَن!
حسن	ما جز خدمت به شما هیچ منظوری نـداریم. (پـول را میگیرد) الان هم میرویم کلک کار را میکنیم شما

هم آسوده و راحت می‌شوید. شما بفرمائید بروید تا من خبرش را برای شما بیاورم.

غانم خدا عمرت بدهد! ببینم چکار کردی. (می‌رود)

حسن الحمدلله دانه دانه دارند توی تور می‌افتند. حالا باید کلک پدر ارباب خودمان را بکنیم. (نگاه می‌کند. کمال را از دور می‌بیند) ای جانمی، این هم از این راه دارد می‌آید.

کمال (بدون دیدن حسن وارد می‌شود) آی بدبختم، آی بدبختم. آدم از سفر برگردد، یک همچو چیزی بشنود، ببیند، کله‌اش چی می‌شود؟

حسن (آهسته) اما دلم براش می‌سوزد. (بلند به حال گریه) هرچی امروز گشتم آقای کمال را پیدا نکردم. خدایا این آدم کجاست تا بفهمد که چه بر سرش آمده.

کمال (با اضطراب) چی است حسن؟ چه اتفاقی افتاده؟

حسن راستی که خبر بد دادن به کسی چه قدر بد است.

بلبلا مژدهٔ بهار بیار

خبر بد به بوم بازگذار

کمال چی است حسن؟ من خودمم، آقای کمالم.

حسن لابد این خبر را شنیده خودش را از پشت بام پرت کرده یا خودش را انداخته توی آب خفه کرده.

کمال (دست او را می‌گیرد) حسن، مگر کوری؟ من خودمم.

حسن ای آقا جان، کجا بودید؟

کمال من الان یک ساعت است جلو تو هستم.

حسن ای آقا، کاش چشمم به چشمت نمی‌خورد.

کمال چه اتفاقی افتاده؟

حسن ای آقا، ای آقا!

کمال ترا به خدا چی است؟

حسن آقای شیرویه، آقای شیرویه...

کمال پسر من؟

حسن بله، همان آقازادهٔ شما، سرورِ بنده، اربابِ مخلص...

کمال   چه شده؟

حسن   چند ساعت پیش آقا شیرویه را دیدم. حـالش تـوهم است، غصه‌دار است، فکری است. معلوم شد شما یک چیزی پرتکی بهش گفته بودید. ما خیالمان ورداشت گفتیم نکند جوان است، جاهل اسـت، خریـت بکنـد. ورش داشتیم بردیم بیرون شهر. چند نفر تاتار آنجـا بودنـد. نمـی‌دانم چـه شیـوه شـد، از مـا رئیسشان خوشش آمد ـ آمد جلو خوش‌باش کـرده، مـا را بـرد زیر چادرشان. چه میوه‌هائی آقا آوردند بـرای مـا کـه یکیش را ما نخورده بودیم. آنچه چیزهای خـوب بـود برای ما آورد... هی خوردیم... هی خوردیم.

کمال   اینهائی که گفتی گریه ندارد.

حسن   حالا گوش کنید! همین‌جور که سر ما گـرم خـوراک بود یکدفعه دیدم همان رئیس آنها از جاش جسـت و آقای شیرویه را بغل کرد. سه چهار نفر دیگر دور مـرا گرفتند. شیرویه را کَتش را بستند. بعد دو نفـر یکـی این دستم را گرفت یکی آن دستم را آوردند از چـادر بیرون. چند فرسخ همین‌جور مرا تـوی آفتاب آوردنـد. یک اردنگی قایمی‌بهم زدنـد گفتنـد اگر اربابت را می‌خواهی، برو بیست هزار ریال تـا دو سـاعت دیگر وردار بیاور. اگر سر دو ساعت این پـول نرسـد، دیگـر آقای شیرویه روی این‌جا را نمی‌بینـد تـوی صحـرای چین باید شترچرانی برای ما بکند. (گریه می‌کند) آقا جان، آقا جان! حالا کجائی، حالا کجائی؟

کمال   بیسـت هزارریـال؟ عجـب مردمـان پدرسوخته‌ای هستند!

حسن   وقتی دور ما را گرفتنـد ـ شـما خیـال مـی‌کنیـد ـ از پدرسوخته هزار چیز بدتر بهشان گفتم.

کمال   شما زیر چادر برای چی رفتید؟

حسن   کاشکی نرفته بودم قلم‌هایم شکسته بود! آخر آقا مـا

چه می‌دانستیم؟

کمال برو بهشان بگو مرافعه خواهم کرد، به حبسشان خواهم انداخت، پدرشون را درمی‌آورم.

حسن وقت این کار گذشته... (گریه می‌کند) شیرویه جان، ترا بزرگ کردم، قلمدوشت گرفتم... حالا بگو ببینم کجائی؟

کمال بابا، آخر برای چی زیر چادر رفتید؟

حسن والله، بدبختی ، بدبختی.

کمال ببین حسن، تو باید فداکاریت را حالا نشان بدهی!

حسن ما به دیده منت داریم.

کمال الان سوار شو برو آنجا! به همان رئیسشان بگو ترا جای شیرویه نگهدارند. توی صحرای چین شترچرانی می‌کنی تا من این پول را پیدا کنم بفرستم ترا دربیاورند.

حسن (با گریه) اگر ما را می‌خواستند که می‌گرفتند و می‌بردند. آن پدرسوخته می‌دانست که ما لحافمان آسمان است و تشکمان زمین.

کمال آخر بابا، چرا رفتید توی این چادر؟

حسن آخر آقا، من که کف دست‌هایم را بو نکرده بودم! چرا آنقدر طول می‌دهید؟ گفتند تا دو ساعت دیگر این پول باید برسد.

کمال گفتی چقدر پول خواستند؟

حسن بیست هزار ریال قربان.

کمال معلوم می‌شود این‌ها وجدان ندارند.

حسن تاتارها وجدان چه می‌فهمند چی است.

کمال هیچ می‌دانست بیست هزار ریال چقدر است؟

حسن به خدا آقا، از هر سرباز ماماقانی بهتر می‌دانست. همان رئیسشان به من حالی کرد که ۲۰۰۰۰ ریال، ۱۰۰۰۰۰ عباسی است، ۸۰۰۰۰ پنجشاهی است ،۴۰۰۰۰ دهشاهی است. اینها آقا، همه‌چیز سرشان

می‌شد جز حرف حسابی.

کمال پس چرا توی این چادر رفتید؟

حسن (با گریه) آخر قربان، ما چه می‌دانستیم اینجور تو زرد درمی‌آید ؟ ترا به خدا زود باشید، فکری بکنید!

کمال بیا این کلید را بگیر!

حسن (خوشحال) بله؟

کمال در قفسه را باز می‌کنی. یک کلید گنده طرف دست چپ است،آن را برمی‌داری در انبار را باز می‌کنی...

حسن بله...

کمال هر چی تخته، کهنه، بونجال هست جمع می‌کنی می‌فروشی، پولش را می‌بری می‌دهی به این پدرسوخته‌ها، شیرویه را می‌آوری.

حسن (با گریه) آقا این کار هزار سال طول دارد. وانگهی، پول آن‌ها ۱۰۰۰ریال هم نمی‌شود... یک ساعت و نیم دیگر هم بیشتر وقت نیست.

کمال آخر پدرسوخته‌ها، برای چی رفتید زیر آن چادر؟

حسن (با گریه) استغفرالله! (گریه بلند) شیرویه جان ،اگر مادر داشتی، به فکرت بود الان خلاص شده بودی. حیف که آقا جانت دلِ سنگ دارد. هیچ فکر تو نیست. چطور آقا جان باآن دست و پای لطیف توی صحرای چین عقب این شترهای پدرسوخته باید بدوی؟

کمال (اشک خود را پاک می‌کند) حسن گفتی پانزده هزار ریال؟

حسن (با گریه) نه آقا، عرض کردیم بیست هزار ریال.

کمال آخر گردش قحط بود که شما آنجا بروید زیر چادر؟

حسن هر چی بگوئید حق دارید. اما زود باشید!

کمال (پول را درمی‌آورد) بیا!

حسن (دست جلو می‌برد) بله قربان.

کمال بگیر! (اما نمی‌دهد) بهشان بگو شما مردمان شروری

هستید.

حسن بله.

کمال مردمان وحشی هستید.

حسن بله.

کمال دزدید، طرارید، پدرسوخته‌اید.

حسن بله آقا جان.

کمال بگو، اگر به چنگم افتادید، خوب بهتان حالی خواهم کرد. (می‌خواهد برود)

حسن چشم، همه اینها را می‌گویم اما آقا، آقا...

کمال چی است؟

حسن پول را ندادید... گذاشتید جیبتان.

کمال راست می‌گوید. غصهٔ پسره دیوانه‌ام کرده.

حسن معلوم است آقا. خوب است تا حالا قُجه نکرده‌اید.

کمال بگیر! زود برو بهشان بده! (می‌رود)

حسن (می‌خندد)(آهسته) اما پدرم را درآورد تا جان کند این پول را داد. حالا باید تلافی دروغی که از قول ما به پسرش گفته ازش در بیاورم. (خسرو و شیرویه وارد می‌شوند)

خسرو حسن جان، کاری برایم صورتی دادی یا نه؟

حسن بله قربان. این پول شما است که از آقا جانت در آوردیم.

خسرو (او را می‌بوسد) بارک‌الله به تو حسن جان.

حسن اما برای ارباب خودمان کاری نتوانستیم صورت بدهیم.

شیرویه (با تأثر) پس دیگر کار من تمام است... باید از این شهر بروم. (حرکت می‌کند)

حسن خوب است! سر خر را کج نکن! کار جنابعالی را هم درست کردم.

شیرویه (خوشحال جلو می‌رود) مرگ من؟

حسن جان شما! اما به یک شرط که ـ اوقاتت تلخ نشود ـ

تلافی دروغی که پدر شما از قول من بـه شـما گفتـه در بیاورم.

شیرویه هر چی دلت می‌خواهد، بکن! مختاری.

حسن یادت باشد آقا! شاهدمان آقای خسرو است ها؟

شیرویه بسیار خوب.

حسن بسم‌الله! ها، این هم بیست هزار ریال شما.

شیرویه پس زود برویم هایده را بخریم و راحت بشویم. (همـه می‌روند)

انتهای پرده دوم

پرده سوّم
(حسن[۴] و زیرک با لطیفه و هایده روی سن هستند)

زیرک خانم‌ها، آقایان! به ما سپرده‌اند که هر دو با هم باشید تا آنها تکلیف را معلوم کنند ـ البته هرچی فرمودند ما باید اطاعت کنیم.

لطیفه (به هایده) البته همان جور که آنها با هم دوست و برادرند ما هم باید دوست و خواهر باشیم ـ از این بهتر چی است؟

هایده من به خدا آنقدر در دوستی پایدار و محکمم که حد ندارد.

حسن مخصوصاً، خانم‌ها ـ وقتی که عشق در بین باشد...

هایده عشق چیز دیگری است و ربطی به دوستی ندارد ـــ میان دوستی و عشق فرسنگ‌ها فاصله است.

حسن بله هایده خانم. اگر شما بفهمید چقدر شیرویه برای شما زحمت کشیده، چقدر رنج و مشقت برای خاطر شما برده، عشق شما یک بر هزار با او خواهد شد.

هایده من همچین به آسانی دل نمی‌دهم و حاضر نیستم دل کسی را بربایم ـــ ارباب تو، اگر مرا خریده و پولی خرج کرده، نباید تصور کند که من زرخریدم و به این جهت عبد و بنده او هستم. خیر، اگر اینطور

---

۴. جا افتاده بود که اضافه کردیم.

است که تو می‌گوئی و حقیقتاً عشق به من دارد، باید عشق خودش را به من ثابت کند - چون پول در عشق به درد نمی‌خورد و عشق چیزی نیست که با پول بشود به دست آورد یا از دست داد.

حسن عشقِ آقای ما خانم، همین‌طور است که شما فرمودید - پول مولی توی کار نیست و اگر عشقش سرسری بود یقین بدانید که ذره‌ای ما در کارش مداخله نمی‌کردیم.

هایده شما درست می‌گوئید و منهم همین عقیده را دارم ولی شنیده‌ام از طرف پدرش مخالفت‌هائی در این کار هست.

حسن این دیگر خانم جان، با مخلص است که ترتیبی بدهم که ابداً ذره‌ای مخالفت از طرف ایشان هم نشود.

لطیفه راستی خانم، سرنوشت ما دو نفر را مجبور می‌کند که در دوستی و محبت با یکدیگر خیلی اتحاد داشته باشیم و چون هر دو گرفتار یک نوع بدبختی هستیم، امیدوارم محبت و دوستی ما همیشه با یکدیگر جاوید باشد.

هایده باز خوب است خانم، که مادر شما چندی نیست مرده - هم خسرو می‌داند و هم سایرین و به این جهت ممکن است اِشکال شما از طرف پدر خسرو رفع بشود. اما من نه پدرم معلوم است کی است نه مادرم و بهمین جهت است که می‌ترسم پدر شیرویه مخالفت بکند و نگذارد این کار درست بشود.

لطیفه من عقیده‌ام این است که این چیزها و این تشریفات بیخود است. هیچی بهتر از دو قلب پاکِ با محبت، که با زنجیر عشق به یک دیگر مربوط شده باشد، نیست - حالا بشر برای خودش قواعد و تشریفاتی هم معین کرده باشد.

حسن هر دوتان خانم‌ها، اشتباه می‌کنید. عشق بلندی و

پستی، بالا و پائین اگر نداشته باشد، زود آدم را خسته می‌کند، کسل می‌کند، یواش یواش از بین می‌رود. عشق باید گاهی سرکش و تند باشد، گاهی ملایم و شیرین، گاهی سریع‌الوصول باشد، گاهی ممتنع‌الوصول. اگر نه چپّی و چوپّی تمام بشود، این به درد نمی‌خورد بهش عشق هم نمی‌شود گفت.

هایده راستی حسن، نقل حُقه‌ای که به پدر شیرویه زدی و پول ازش گرفتی بگو! به خدا من آنقدر حظ می‌کنم که حد ندارد.

حسن خانم جون ما توی سرمان داریم فکر یک انتقامی‌را می‌کنیم ــ حالا هم منتظریم. خواهش داریم شما بروید از زیرک بپرسید که او هم کما هو حُقه‌ای برایتان نقل بکند.

زیرک آقا حسن آقا، بیا و این کار را ول کن ! الحمدلله همه به خوشی گذشت و راحت شدیم. دیگر این چه کاری است؟

حسن خواهش داریم پایت را توی کفش ما نکنی و بما کار نداشته باشی! من خانم‌ها، دلم می‌خواهد زندگیم پرآشوب باشد ــ پر سروصدا باشد تا زرنگی خودم را در هر کاری بخرج بدهم.

هایده آقا حسن آقا، همین قدر بدانید که ما دو نفر به شما خیلی محتاجیم.

حسن ما نوکر هر دوی شما خانم‌ها هستیم این هم که حالا کار داریم خانم، برای این است که ما عقیده داریم وقتی قرار باشد پته کسی روی آب نیفتد تا موقعش برسد، کسی حق ندارد خودش را وارد آن کار بکند. به این جهت خواهش داریم شما بروید ما را تنها بگذارید. وقتی قصه‌اش را شنیدید، آنوقت خواهید فهمید که حسن جنی یعنی چی؟

هایده بسیار خوب.

لطیفه   بسیار خوب.

زیرک   از تو حرامزاده‌تر خودتی ـ به قول یارو گفتنی ـ انشاءالله موفق و منصور باشی! (هر سه می‌روند)

حسن   حالا باید تلافی را درآورد. (نگاه می‌کند) الحمدلله خودش دارد به سمت تله می‌آید ـ حقه‌ای بهت بزنم که جفت دست‌هات سیخ بماند تا دیگر دروغ از قول ما به کسی نگوئی!

کمال   (وارد می‌شود) حسن، شیرویه چه شد؟

حسن   الحمدلله آقا، از حال آقازاده راحت شدید و از هر حیث جاش امن و امان است امـا خـود شما یک گرفتاری سختی پیدا کرده‌اید.

کمال   من؟

حسن   بله قربان، الآن چهل پنجاه نفرند که همین‌جور عقب شما اینور و آنور می‌گردند که پیداتان بکنند.

کمال   برای چی؟ مگر من چه کرده‌ام؟

حسن   برادر آن دختره که خسرو گرفته خیال می‌کند شما می‌خواهیـد دختـر خودتـان را بـه خسـرو بدهیـد و رفته‌اید توی جلد آقای غانم که عروسی با خـواهرش را بهم بزنید. آنهم بـرای اینکـه مـردم بهش نگوینـد بی‌شرف بی‌غیرت قسم خـورده کلـک شمـا را بکنـد. همه رفقای شمشیربازش را جمـع کـرده ـ یکـی بـا غداره یکی با شمشیر یکی با نیزه ـ که اگر کسی بـه هواخواهی شما بلنـد شـود، آنهـا کلکـش را بکننـد، خودش هم کلک شما را به دست خـودش بکنـد که آبروش محفوظ باشد. همین الان که داشتم می‌آمـدم یکی از رفقاش را دیدم ـ از ایـن و از آن اسـم شمـا و ریخت شما را می‌پرسید. حالا چـرا آمدیـد از خانـه بیرون و اینجا گیر کردید؟ حالا نه راه پیش دارید نه راه پس ـ خدا بهتان رحم کند!

کمال   حالا من بیچاره چکار کنم؟

حسن ما که خودمان ماندیم مات و مبهوت. (می‌رود تا آخر سن و برمی‌گردد)

کمال کسی آمد؟ ترا خدا کسی آمد؟

حسن نه، الحمدلله کسی پیدا نیست.

کمال هرچی هم نگاه می‌کنم جائی اینجاها نیست که مخفی بشوم.

حسن والله، ما یک چیزی به نظرمان رسیده ولی می‌ترسیم خودمان گرفتار بشویم.

کمال ببین حسن‌جان، تو همیشه نوکر صدیق و وفادار ما بوده‌ای حالا هم خواهش دارم مرا در پناه خودت بگیری، حقه‌ای بزنی ـ بلکه به کمک تو از این تله خلاص شویم. به خدا قسم من تا حالا یک کلمه به آقای غانم در باب پسرش یا دخترهٔ پدرسوخته صحبت هم نکرده‌ام.

حسن ما که از نوکری هیچوقت کوتاهی نکردیم و نخواهیم کرد.

کمال ببین حسن، اگر جَستم از دست این شمشیرزن، به خدا یک انعام قابلی به تو خواهم داد. (با ترس) صدای پا می‌آید. حسن جون، زود باش!

حسن والله، ما به عقلمان رسیده شما بروید توی این جانخانی ما هم شما را کول می‌کنیم توی این همه دشمن می‌بریم. اگر پرسیدند توش چی است، مثلا می‌گوئیم پشگل است ـ نمی‌دانم بلا نسبت بلا نسبت ـ کود است... همین شیوه می‌بریم تا خانه.

کمال بد فکری نکردی، خیلی خوب است.

حسن بله، به نظر ما بد نیست. (آهسته) پدری ازت دربیاورم تا معنی دروغ را من‌بعد بفهمی.

(کمال می‌رود توی کیسه)

حسن (سر کیسه را جمع می‌کند) اما آقا مبادا حرکت کنید یا حرفی بزنید. هیچ تکان نخورید که هم شما کشته

می‌شوید هم من.

کمال خیالت راحت باشد! شرط باشد از دیوار صدا در بیاید، از من در نیاید.

حسن (به کمال) یواش باشید! آمدند. (صدا را عوض می‌کند به لهجه ترکی) [صدا می‌زند]: آهای حمبال، مَنَ باخ ــ این مشهدی کمال هاردادی؟ (به کمال) می‌بینی چه خبر است؟ (به صدای عربی) قُل گو هناک مشهدی کمال؟ (به کمال) صدایتان در نیاید!

کمال سگ کی هستم؟ مگر احمقم خودم را گیر بدهم؟

حسن (با صدای عوضی) ای حمال‌باشی، این دو ریال را بگیر این بی‌غیرتِ جَلَب مشهدی کمال را نشانیش را به ما بده! (با لهجه عربی) و هذا المنادی للکمال اقتُلوا بالسیفِ والحَجَرِ والچوب والکارد و المُشت والگاز کمالُهُ بی‌کمال، جَمالُهُ بی‌جَمال هَی قاطر خرس ، بل الاغ و مکمل (با لهجه ترکی) سن الله سن ووریرم قوزیرم الجاخ گر ممی‌سم.(با صدای خود با گریه) بابا من بیچاره صبح تا شام جان می‌کنم پشگل جمع می‌کنم می‌برم می‌دهم حمام ده‌شاهی یک ریال می‌فروشم با زن و بچهٔ پدرسوخته‌ام می‌خوریم شکر خدا را می‌کنیم. ما چه می‌دانیم مشهدی کمال چه جُلَتی است، چه پدرسوخته‌ایست،باشماها چکار کرده، شما از جانش چه می‌خواهید! (با صدای مشدیانه) بی‌غیرت، به نظرم تو نوکرشی یا آشنائی باهاش داری. (با صدای خود) ما چه می‌دانیم چه پدرسوخته‌ایست؟ آخر با این پک و پوز، آشنائیم با یک همچین آدمی‌که فوت بکند هزار تای شماها می‌افتید آنطرف رودخانه... (به لهجه رشتی) آ، پدرسگ دارد پشتی می‌کند... (چوب را به جانخانی می‌زند و خودش فریاد می‌کند) بابا آی پایم شکست! چرا می‌زنی؟ آخر مگر شما مسلمان نیستید؟

آخ...آخ...آخ. (صدای مشدیانه) حالا بی‌غیرت، ما می‌رویم اگر تا گاوماهی هم رفته باشد، بیرونش می‌آوریم پدرش را درمی‌آوریم. (با صدای خود) الحمدلله گورشان را گم کردند ... تمام پروپایم را خورد کردند.

کمال (سرش را بیرون می‌آورد) حسن، پدرم درآمد... دیگر جای درستی برایم نگذاشتند.

حسن اختیار داری آقا، همش به ما خورد... پدرمان درآمد.

کمال پس خبر از حال من نداری.

حسن ممکن است نوک چوبشان به شما گرفته باشد...

کمال تو خودت را روی من بینداز که هیچی به من نخورد!

حسن ای آقا، باز برگشتند. بروید تو، بروید تو!

(کمال توی کیسه می‌رود)

حسن (به کمال) آقا، این دفعه از صد تا هم بیشترند. تکان نخورید! (با صدای کرمانی) ای عزیز مادر، هر چی ما گشتیم این مشهدی کمال را پیدا نکردیم. هیچ علامتی نشانی ازش داری؟ (با صدای خود) والله نه، بالله نه. (با لهجه ترکی) حمبال مَنَ باخ! من اَلّم سَن اَلّم وورجاخ من قرتل دیَم آسمان لَر، زمین لَر، گاو ماهی لَر، ستاره مریخ لَر، هاماسی مشهدی کمال؟ (با صدای خود با گریه)هـ هـ بابا، والله من نمی‌دانم این پدرسوخته کی است ـ من نه سر پیازم نه ته پیاز. (با لهجه ترکی) شوخ‌لوخ نکن! الان با این شلاق... راستش بگو!(می‌زند) آخ...آخ...آخ... به خدا من نمی‌دانم (با لهجه رشتی) پِدِر سِگ کیسه را وا کن ببینم توش چی است؟ (صدای خود) بلکه سر بریده باشد ـ مال خودم است ابداً نشان نمی‌دهم. (رشتی) آو، پِدِرسِگ بد لاهیجی! (با شلاق به گونی می‌زند) آخ...آخ...آخ... (با لهجه ترکی) الساعه با این ششلول جانخانی وووربرم.

کمال (سرش را بیرون می‌آورد) محض رضـای خـدا، بمـن رحم کنید! (حسن فرار می‌کنـد) ای پدرسوخته، ای حرامزاده، ای متقلب این چـه بلائـی بـود سـر مـن درآوردی؟ پدری ازت درآرم که حظ کنی.

هایده (وارد می‌شود با حال قهقهه) اما عجب پـدری از ایـن بابا درآوردند ها.

کمال هاهاها؟ این همچین خبر خنده داری نبود خانم، کـه شما دارید غش می‌کنید.

هایده مقصود شما از این حرف چیست؟

کمال مقصودم این است که یک بدبختی را نبایـد مسـخره کرد.

هایده بنده شما را مسخره نکردم. شما خیال می‌کنیـد کـه کسی مسخره‌تان کرده است؟

کمال پس برای چی آمدید اینجا؟

هایده آمدن من به شما ربطی نـدارد. مـن می‌خندیـدم بـه قضیه‌ای که یک پسری برای پول در آوردن از پدرش چه حقه‌ای سوار کرده تا پدره را خر کـرده و پـول را بدست آورده.

کمال که پدرش را خر کرده؟ صحیح! بسیار خوب...!

هایده آقا جان، اگر شما میل دارید، قصـه‌اش را بـرای شـما بگویم؟

کمال بله، بفرمائید!

هایده والله من از آن روزی که خـودم را شـناختم نـه پـدر داشتم نه مادر ـ پهلوی یک دسته چینی بودم که کار اینها از این شهر بـه آن شـهر رفـتن و بـازی کـردن، حقه‌بازی و اینجور چیزها بود. اینجا که رسیدیم یـک جوانی مرا دید و خوشش آمد و به خیال این افتاد که زناشوئی کند. اول خیـال می‌کرد مـن یـک دختر ولگرد سرپائی هستم که با دو سه تا حـرف چـرب و نرم گول می‌خورم و رام می‌شوم. بعـد یـواش یـواش

فهمید که همچین نیست و ترتیب را جور دیگری کرد. با دسته‌ای که من باشون بودم صحبت کرد و آنها حاضر شدند مرا به مبلغی به او بفروشند. آنهم پول نداشت اما پدرش پول‌دار و باثروت بود ولی از خِسّت و لئامت در این شهر مشهور است. راستی یک همچین آدمی‌را با این صفات می‌شناسید؟ اسمش را هم بهم گفت...الان سر زبانم است... مرده‌شور اسمش را ببرد! ترا خدا بگوئید می‌شناسید؟

کمال خیر، بنده همچو آدمی‌را نمی‌شناسم.

هایده ها،ها، یادم آمد... اسم مزخرفش کَ ،کَ، کمال است. تا امروز صبر کردند که پول را بیاورد، نشد. آنها هم خواستند حرکت کنند مرا با خودشان ببرند. یارو جوانِ فهمید. توسط نوکرش که اسمش حسن جنی است ـ اما چه آدم خوش‌مزه و زرنگ و باوفایی است...

کمال (آهسته) ای پدرسوخته، اگر به چنگم افتادی حالیت می‌کنم.

هایده بله... نوکر می‌رود قضیه جعل می‌کند که چه و چه و چه... کجا رفتیم و زیر چادر منزل کردیم... از ما یک پذیرائی کردند، اربابم را کَتَش را بستند و بله... نقل می‌کرد که هی پدر اربابم می‌گفت زیر چادر رفتید چکار؟ به جان شما آقا، وقتی خودش این حکایت را نقل می‌کند آدم از خنده روده‌بر می‌شود. حالا ترا خدا شما چه می‌گوئید؟

کمال بنده عرض می‌کنم این پسره پدرسوخته را طوری پدرش تنبیه خواهد کرد که تمام مردم به حالش گریه خواهند کرد و این نوکر خائن را کاری خواهم کرد که به حبس ابد بیندازند. (می‌رود)

زیرک (وارد می‌شود) هایده خانم، می‌دانی با کی حرف می‌زدی؟ با پدرشوهرت!

هایده	ای داد بیداد! چه بد شد. خودم هم مثل اینکـه بـوئی برده بودم اما نمی‌دانم چطور شد تمام قضیه را براش گفتم.
زیرک	تو را به خدا؟
هایده	آره والله! حالا چه اهمیت دارد؟ من یقین دارم کار ما با این ترتیبی که پیش آمد نه بهتر خواهـد شـد نـه بدتر.
زیرک	اما خوب نکردید. آدم به قول شاعر نباید بی‌تأمـل بـه گفتار دم بزند.
هایده	اگر من نمی‌گفتم برایش لابد یکی دیگر می‌گفت.
غانم	(از بیرون) زیرک، زیرک!
زیرک	خانم، شما بروید! اربابم آمد. (هایده مـی‌رود ـ غـانم وارد می‌شود)
غانم	ای پدرسوخته! تو و حسن و پسـرم دسـت‌هایتان را یکی کردید که حقه به من بزنید، ها؟
زیرک	قربان، اگر حسن غلطی کـرده، ابـداً خـدا می‌دانـد ربطی به ما ندارد.
غانم	بسیار خوب، می‌بینیم و تعریف کنیم ولـی بـدان کـه اینجور کلاه‌ها سر بنده نمی‌رود.
کمال	(لنگان وارد می‌شود) می‌بینی آقای غانم، چه بـر سـر من آوردند؟
غانم	خبـر داریـد لابـد، چطـور مـرا بی‌آبرو کردنـد، ایـن پدرسوخته حسن جنی، با چه حقه‌بازی ده هزار ریال از من درآورد.
کمال	از من بیست هزار ریال درآورد. جهنم! اما اگر بدانیـد با مـن چـه کرده...اگـر بگـویم رسـوای خـاص و عـام خواهم شد.
غانم	اگر بدانید چه بساطی سر من درآورد!
کمال	پدری ازش دربیاورم که در داستان‌ها بازگویند.
زیرک	خدا را شکر که در تمام این حقه‌بازی‌ها مـا دخـالتی

نداشتیم.

کمال حالا اینها جهنم! ملاحظه کنید الان چند سال است که من دیار به دیار، شهر به شهر می‌گردم ببینم این دختره چطور با تایه‌اش گم شد و پس از اینکه بالاخره در جزیره هونولولو پیداشان کردم، پول فرستادم و آدم تعیین کردم و همه این کارها. حالا خبر رسیده که سوار کشتیشان کرده‌اند و از آنجا هم برده‌اند. حالا ماندم مات و مبهوت که این چه بدبختی است خدا نصیب ما کرده؟ (نگاه می‌کند) چطور؟ این کی است می‌آید؟ به نظرم آشنا می‌آید. (ننه سکینه وارد می‌شود)

کمال ننه سکینه، توئی؟

ننه‌سکینه (به پای غانم می‌افتد) آره آقا جان، خودم هستم. بگذار پایت را ببوسم! اگر بدانی چه بر سرمان آمد و این کولی‌ها که چند سال پیش آمده بودند این‌جا چه شکلی خانم کوچک را گول زدند با این اسباب‌بازی‌ها و پهلوی خودشان نگه داشتند! شما اجازه دادید شب پهلوی آنها باشیم و نصف شب چطور ما را بردند و بالاخره آقا باید تنها باشی ببینی حکایت این چهارده سالهٔ ما چی چی است. (رو به آسمان) خدایا شکر تو که بالاخره موفق شدم، به اربابم خدمت کردم.

کمال حالا مریم، دخترم، کجا است؟

ننه سکینه مریم خانم همین نزدیکی‌ها است و الان می‌رسد اما این را بدانید که چندین سال است اسمش را عوض کردم لطیفه گذاشتم. (گریه می‌کند) البته آقا، مرا باید ببخشید از این کاری که کردم. دیگر من پیر شده بودم، علیل شده بودم کاری از من برنمی‌آمد — چند روز پیش شوهرش دادم.

غانم شوهرش دادی؟

ننه‌سکینه بله آقا.

کمال به کی؟

ننه به یک جوان نجیب خوبی که اسمش خسرو است و می‌گویند پدرش آقای غانم است.

کمال (خوشحال) می‌بینی خدا چه می‌کند؟ چطوری حق به حق‌دار رسید؟

غانم اما عجب اتفاقی پیش‌آمد کرده ها، حالا کجاست؟

ننه والله، پدرم درآمد تا این‌جا منزل آقا را پیدا کردم. سپردم که خودم جلو بیایم حکایت را نقل کنم. مریم خانم ـ آه لطیفه خانم ـ پشت سر من بیاید.

زیرک راستی این قصه‌ایست که باید با آب طلا نوشت.

کمال آقای غانم، بفرمائید با ننه سکینه زودتر خودمان برویم به استقبالش. (هر سه می‌روند)

حسن (وارد می‌شود) زیرک، بگو ببینم چکار کردی، آنهائی را که گفته بودم خبر کردی؟

زیرک اولاً، دو مژدهٔ گنده بهت بدهم. اولاً لطیفه خانم دختر آقای کمال از کار درآمد و این همان چیزی بود که آقای کمال از چند سال پیش به آقای ما وعده داده بود. ثانیاً، این دو تا پیرمرد چنان به خون تو تشنه‌اند که حد ندارد. دیگر خود می‌دانی!

حسن از این باد و بروت‌ها نترس! آنقدر آسمان ابر می‌شود و ابرها از بالای سر ما می‌گذرد که حد ندارد.

زیرک از ما گفتن است، داداش. پسرها با پدرها می‌سازند آقا حسن جنی سرش بی‌کلاه می‌ماند.

حسن ما هم خدائی داریم. همانجوری که پدرها را آتشی کردیم بلدیم چه شکلی خاموششان بکنیم.

زیرک بدو! در برو که آمدند! (حسن فرار می‌کند) (کمال و غانم و ننه سکینه و لطیفه وارد می‌شوند)

کمال (متأثر) بیا لطیفه[۵] جان! کاشکی مادرت بود و امروز

---

۵. در متن هایده آمده است که تصحیح کردیم.

تو را به این قشنگی و ظرافت می‌دید.

غانم   خسرو هم پیدایش شد. (خسـرو وارد می‌شـود بـدون دیدن لطیفه)

غانم   بیا پسـر جـان کـه لطـف خـدا در ایـن عروسـی کـه می‌خواهم برایت بکنم شامل حال ما شد.

خسرو   ببینید پدر جان، تمام فرمایشات شما صـحیح و بجـا است ولی به درد من نمی‌خورد ـــ مـن آن کسـی را که باید مادام‌العمر شریک من باشد، انتخاب کرده‌ام و کار از کار گذشته.

غانم   آخر عزیزم، تو نمی‌دانی که...

خسرو   بنده همه‌چیز را می‌دانم.

غانم   می‌خواهم به تو بگویم که دختر آقای کمال ...

خسرو   دختر ایشان ابداً به درد بنده نمی‌خورد.

غانم   عجب! نگاه کن ببین دختر آقای کمال را می‌شناسـی یا نه؟

خسرو   بنده نه ایشان را می‌شناسـم نـه می‌خواهـم بشناسـم. من به غیر از لطیفه غیرممکن است بـا احـدی بسـر برم. (چشمش به لطیفه می‌افتد) بلـه آقـا جـان، ایـن خانم همان دختری است که عرض کردم. به غیر از او هم هیچکس را نمی‌خواهم.

غانم   عجب گیجی اسـت! نمی‌خواهـد گـوش بدهـد... هـی حرف خودش را می‌زند. آخر گوش کن!

لطیفه   خسرو جان، بله، ایشان پدر من است که بالاخره بعـد از چهارده سال دوباره ایشان را پیـدا کـردم. (مـی‌رود در بغل کمال)

کمال   حالا که بحمدلله کار بـه ایـن خـوبی گذشـت بـرویم منزل فارغ‌البال حکایت تو را بشنویم.

(هایده   وارد می‌شود)

لطیفه   آقا جان من بی این خانم کـه الان آمدنـد غیرممکن است حرکت کنم و از شما خواهش دارم اجازه بدهید

با هم باشیم ــ شما نمی‌دانید چه دختر پاکِ نجیبِ خوب و خوش‌قلبی است.

کمال غیرممکن است. تو می‌خواهی یک دختر بی‌پدر و مادری که عشق‌بازی با برادر تو می‌کند و در جلو چشم من هزار مزخرف به من گفت، در خانهٔ خودم راه بدهم؟

هایده خواهش دارم اینطور مرا معرفی نفرمائید! اولاً بنده نمی‌دانستم که جنابعالی کی هستید و تصدیق می‌کنید در این باب تقصیری متوجه من نمی‌شود و من فقط شما را اسماً می‌شناختم.

کمال مرا اسماً می‌شناختید؟

لطیفه پدر جان، بین این خانم و برادرم عشق‌ورزی در کار نیست ــ جز تقوی و عفت و عصمت چیز دیگری بین آنها نیست.

شیرویه (وارد می‌شود) پدر جان هیچ دیگر حق ندارید بگوئید هایده بی‌پدر و مادر است و دختری است ول‌گرد و بی‌خانمان. وقتی من او را از این تاتارها خریدم روی اصل و نسبش با آنها صحبت کردم. معلوم شد دو ساله که بوده او را دزدیدند و از همین شهر خودمان بردنش. یک بازوبند آن تاتاره به من داد که یک چیزی روش کنده شده. حالا باید او را بخوانند تا معلوم شود هایده دختر کی است و خانواده‌اش چکاره‌اند.

غانم (با عجله) بده ببینم، بده ببینم.

شیرویه بفرمائید!

غانم (گرفته نگاه می‌کند ــ یکدفعه هایده را بغل می‌زند با حال گریه) تو دختر منی. این بازوبند همان است که مادر بیچاره‌ات به دست تو بست... (مات) راستی که فراموش نمی‌کنم. وقتی هایده به دنیا آمد مادرش آمده بود منزل شما و وقتی برگشت شب به من گفت

هایده را برای شیرویه اسم گذاران کردم.

کمال (با تعجب) الله اکبر!

غانم راستی از آنجائی که گفته‌اند العبد یدبر و الله یقدر چقدر درست است.

غلام (با عجله وارد می‌شود) آی آقایان، دستم به دامنتان اتفاق بدی پیش‌آمد کرده.

همه چه شده، چه شده؟

غلام بیچاره حسن جنی!

کمال بر پدر حسن جنی لعنت! گفتم ببین چه شده!!

غلام بیچاره از کنار یک عمارتی که بنائی می‌کردند، آمده رد بشود، چکش سنگ‌تراش از آن بالا راست می‌افتد توی سرش. استخوان سرش را شکسته، مخش پیدا شده. بیچاره با اشاره و التماس خواهش کرد بیاورمش خدمتتان.

غانم حالا کدام گور است؟

غلام اینهاش آوردنش.

حسن (دو حمال حسن را می‌آورند که کله‌اش را بسته و صورتش خون‌آلود است) آقایان دستم به دامنتان ... مرا ببینید! رحم کنید! من رفتنی هستم، رفتنی .... گفتم اگر شده دو دقیقه به مردنم مانده باشد، مرا بیاورند از شما دو نفر عذرخواهی کنم ـ مخصوصا از پدر اربابم که چقدر چوب و شلاق به پشت، به کمر و به قلم‌های پایش زدم. آقایان یک دقیقه یا دو دقیقه دیگر من نفس آخری را می‌کشم می‌روم ـ به قول زنده‌ها ـ به کرباس محله. مرا ببخشید که اقلاً آن دنیا مار غاشیه کمتر اذیتم بکند، نکیر و منکر کمتر گرز آتشی توی این سر شکستهٔ من بزنند.

غانم من به سهم خودم ترا بخشیدم... راحت بمیر و خدا بیامرزدت.

حسن شما آقای کمال، مرا ببخشید که پدرتان را درآوردم.

کمال   خفه‌شو ! منهم از تقصیراتت گذشتم بـا وجـود اینکـه الان پا و کمر و پشـتم از ضـربت چوب‌هـا و شـلاقت سیاه است.

حسن   حالا که هر دو از تقصیرات من گذشتید، خداوند هـم مرا چاق کرد و از گناهانم گذشت. (بلند می‌شود) (همه می‌خندند)

غانم   آقای کمال، راست است که شما را خیلی اذیت کرده ولی با این عنایت و مرحمتی که خداوند به ما کـرده، از صمیم قلب حسن را می‌بخشیم و شـعر تـو نیکی میکن و در دجله انداز را شعار خود قـرار مـی‌دهیم و حسن هم امشب باید سر سفره با خود ما شام بخورد.

همه   بسیار خوب ، بسیار خوب

پرده می‌افتد

سی‌وهفت شاهی جناب میرزا[1]

کمدی ودویل[2] در یک پرده

ترجمه و اقتباس از اثر لابیش

به قلم سیدعلی نصر

اشعار از فضل الله بایگان

موسیقی از عنایت الله بایگان

---

۱. این نمایشنامه را نصردر جلد دوم تاریخ زنـدگانی خـود در فهرسـت نمایشـنامه هـایی، کـه از لابیش ترجمه و اقتباس کرده، آورده است. نام فرانسوی نمایشنامه نیامده و ما هم نتوانسـتیم آن را بیابیم. این نمایشنامه درکتاب **نمایشنامه های تک پرده** که خانم معصومه تقی پـور گـردآورده اند نیز با اندکی تفاوت آمده است.

۲ کمدی اندکی اغراق آمیز همراه با موسیقی.

اشخاص

جناب میرزا	پدر بدری
شمس‌الدین	رفیق جناب میرزا
جمشید	نامزد بدری
آقای جمال	رئیس دفتر ازدواج
مهین	زن جناب میرزا
بدری	دختر جناب میرزا
ننه محمد	کلفت

(صحنه سالونی است دارای سه در ـ در طرف راست بخـاری دیـواری اسـت کـه روی آن یـک آینــه و گلدان‌های گل گذاشته شده ـ پـرده و اثاثیـه صحنه عالی است)

پرده بالا می‌رود

(پرده که بالا می‌رود ننه محمد می‌خواند)

صبح که بلند می‌شوم از خواب

قبل از طلوع آفتاب

کار هی کار

هیچ نمی‌ارزد این زندگی

با این همه دوندگی

کار هی کار

جارو پارو

مبل‌ها گرفته خاک

باید بکنم پاک

ظهر که خانم از خواب پا میشه

داد و فریاد هوا می‌شه
شُست‌وشو بعدش اوتو
بهر یک لقمه نان
باید بکنم جان جان[۳]

ننه محمد (پهلوی بخاری ایستاده) خانم کوچک، به خدا امروز شما مثل ماه شده‌اید.

بدری مرسی ننه محمد. (رو به مهین) راستی خانم جان، آقا جانم کجا هستند؟

مهین آن اطاق دارد اصلاح می‌کند.

بدری باید بهش گفت تعجیل کند ـ الان مردم می‌آیند.

مهین عجله ندارد. آقای جمال قباله را سر ظهر می‌آورد ـ الان هم یکساعت به ظهر است. (با تأثر) تا یکساعت دیگر این یک دانه اولاد هم از دست من در می‌رود و بکلی بی کس خواهم شد.

بدری تو را به خدا خانم جون، امروز این حرکات را درنیاورید ـ بخدا من به فال بد می‌گیرم.

مهین نه، خیالت راحت باشد. چیزی که مرا قرص و محکم نگاه خواهد داشت این است که می‌بینم نامزد تو بحمدالله کار و بارش چاق است.

بدری (با خوشحالی) آره الحمدالله. خوب الآن در بنگاه صندوق‌دار است و ماهی ۲۴۰۰ریال حقوق می‌گیرد.

مهین علاوه بر اینکه کمک‌هزینه رفت‌وآمد هم دارد.امّا این را بگویم، غصهٔ من این نیست که تو می‌روی و از من جدا می‌شوی و من تنها می‌مانم. غصه بیشترم این است که باید دو به دو با پدرت محشور باشم.

بدری مگر آقا جانم چطور است؟

---

۳ . این اشعار به خط نصر با جوهر سبز در پشت صفحه یک نمایشنامه از قول ننه محمد بعد از بالا رفتن پرده آمده است. در مجموعه خانم تقی پور این اشعار موجود نیست و باقی اشعار هم گاه متفاوت هستند.

مهین به خدا روزی که من همسر پدرت شدم اگر بدانی چقدر خوش‌اخلاق، چقدر خوشرو و خوش‌صحبت بود که حد نداشت ـ امّا حالا همیشه بدعُنُق، فکری، بی‌سروصدا ـ نمی‌دانم چِشْ است.

ننه محمد معلوم نیست به خدا چشون هست ـ این اطاق را می‌گردد، آن اطاق را می‌گردد،این کشو میز را بیرون می‌کشد، آن صندوق را باز می‌کند ـ نمی‌دانم چی‌چی.

مهین والله نمی‌دانم. صد دفعه از او پرسیدم ولی یک دفعه جواب نداده.

ننه محمد مثلاً اسم تمام مردمی‌که توی این خانه می‌آیند از من می‌پرسد. این آخری از این راحتی‌های نمدی خریده تو خانه می‌پوشد برای اینکه کسی صدای پاش را نشنود. یکدفعه مثلاً سرزده می‌آید توی مطبخ، یا زیرزمین یا اطاق. دیروز همین‌جور سرم زیر بود چیز داشتم پوست می‌کندم، یکدفعه دیدم آقا جلوم سبز شد. همچین ترسیدم که تمام بدنم چِنْدِش گرفت. یکدفعه برگشت گفت آشپز وقتی وجدانش پاک و صاف باشد، نمی‌لرزد. (تقلید صدای او را می‌کند) بعد به من گفت کفش‌هات را دربیاور ببینم توش چی قایم کرده‌ای؟

مهین نمی‌دانم. والله ماندم مات و مبهوت.

بدری خانم جان به نظرم چیز میزی گم کرده.

مهین من که عقلم چیزی سر درنمی‌آورد. به هر چیزی مظنون است و اتصال در فکر است. مثلاً همین‌جور آدم توی اطاق نشسته تو فکر بدبختی خودش است، یکدفعه بدون خبر سرش را از لای در می‌کند تو. (در همین موقع سر جناب میرزا از لای در وسط نمایان می‌شود)

(هر سه زن یکدفعـه) آه کـی بـود؟ (مـیرونـد سـمت راست)

جناب میرزا (وارد میشود) کسی نیست، منم.

بدری آخ بابا جان، شما آدم را میترسانید.

مهین آخر این چه شیوه آمدن توی اطاق است؟

جناب میرزا (ملایم) فکل من را کجا گذاشتهای؟

مهین من میروم الآن برایت میآورم. (در حال رفتن) برای فکل خواستن مجبور نیستی مثـل دزدهـا اینطـوری وارد اطاق بشوی. (میرود)

بدری چرا آقا جان آنقدر معطلی؟ زود باشید دیر میشود.

جناب میرزا ننه محمد، تو اینجا چه میکنی؟ چرا میلرزی؟

ننه محمد برای چی بلرزم آقا؟ چه کاری مگر کردم؟

جناب میرزا وقتی آدم وجدانش پاک باشد نمیلـرزد. کی امـروز صبح آمده بود؟

ننه محمد مشهدیصفر سقّا.

جناب میرزا سقّای تازه است یا قدیمی؟

ننه محمد تازه است ـ آقا، کاشی[۴] هم هست. وقتـی کـه حـرف میزنـد آدم از خنده رودهبر میشود ـ امـروز میگفـت آبی براتون بیاورم که از آب کوثر هم بهتر باشه.

جناب میرزا خوب است... دهنت را کج و راسـت نکـن! همینهـا هستند که تا ببینند دری باز است فوراً یـک سـرقتی میکنند. بعد کی آمد؟

ننه محمد شاگرد لواشفروش.

جناب میرزا (با سوءظن) این برای چی هر روز اینجا میآید؟

ننه محمد برای اینکه شما فرمودید هر روز نان تازه میخواهیـد ـ اگر میل دارید، بهـش میگویم نـان یـک هفتـه را یکدفعه بیاورد ـ آنوقت هفتـهای یـک دفعـه بیشـتر نخواهد آمد.

---

۴. دلبستگی نصر به کاشان و لهجه کاشی در جای جای آثار او مشخص است.

بدری آقا جان، این سئوالات به چه درد می‌خورَد؟

جناب میرزا هو هو ـ تو که هیچوقت پول گم نکردی؟

بدری نه، آقا جان.

جناب میرزا تو چه‌طور، ننه محمد؟

ننه محمد هیچ‌وقت، آقا.

جناب میرزا امّا بنده؟ بله. توی این خانه دخترجان، یک دست نامرئی است و خواهش دارم، نه تو و نه ننه محمد، از این بابت حرفی به مادرت نزنید ـ چون یک دفعه من رفتم بهش بگویم، حالش بهم خورد و عصبانی شد.[5] این است که من خودم دنبال این دزد مجهول می‌گردم. یواش باشید! صدای پای مادرت است. بخندید و صحبت کنید که اسباب خیالش نشود.

مهین (وارد می‌شود) بسم‌الله، این فکلت!(فکل را به جناب میرزا می‌دهد)

جناب میرزا متشکرم، خیلی معذرت می‌خواهم.

مهین چه عجب اخلاقت سرجاش آمده؟

جناب میرزا یک حرفی زد ننه محمد، که نزدیک بود از خنده همه غش کنیم ـ تقلید حرف زدن این سقّای کاشی را درآورده بود. اما **عجب** تقلیدچی است!

مهین خواهش دارم یادت نرود این کفش سرپائی نمدی را جلو مهمان‌ها از پایت در بیاوری که اسباب آبروریزی نشود.

جناب میرزا تقصیر من چیست؟ من یک کفش درست ندارم ـ وانگهی، از این راحتی‌ها خوشم می‌آید که کسی نفهمد کِی آدم وارد اطاق شده یا کِی خارج می‌شود. هیچ صدای پای آدم را نمی‌شنوند.

مهین مقصود از این عمل چی است؟ چی می‌خواهی دستگیرت بشود این کارها را می‌کنی؟

---

۵ . در متن تایپی "است" آمده است.

جناب میرزا هیچی، هیچی برویم لباس بپوشیم. (قسمت اول[۶] را در این‌جا یک دفعه جناب میرزا و مهین می‌خوانند و یک دفعه بدری و ننه محمد و در آخر خواندن بدری و ننه محمد بیرون می‌روند)

زود بروید از اینجا　　بیرون می‌رویم ما حالا
خارج بشوید از اینجا　　خارج می‌شویم ما حالا
راحت بگذارید ما را　　راحت میگذاریم شمارا
یکدم بگذارید تنها ما را　　تا که راحت باشیم و تنها
وقت ما را نگیرید　　وقتتان را نگیریم
دست از سر ما بردارید دست از سرتان برداریم
بیرون بروید　　بیرون می‌رویم
خارج بشوید　　خارج می‌شویم[۷]
بس که گفتید خفه کردید ما را
آدم و این همه سوء ظن والله

جناب میرزا خانم، مهین خانم، خواهش دارم این کراوات بنده را ببندید!

مهین چشم. (جلو می‌رود مشغول می‌شود)

جناب میرزا آنقدر محکم نکن، دارد چشمم از حدقه بیرون می‌آید. راستی بهت بگویم دو نفر از رفقا را بعنوان شاهد دعوت کرده‌ام. یادت نرود جای آنها را هم سر میز معلوم کنی. هر دوشان اهل اراک هستند ـ یکی اسمش شمس‌الدین است، یکی دیگر هم آقای سطوت. با اولی در مدرسه با هم بزرگ شدیم و از آن

---

۶ . خواننده البته متوجه است که این اشعار به صورت سوال و جواب بین اشخاص انجام می‌شود.
۷ این اشعار را نصر به خط خود با عنوان قسمت دوم در پشت صفحه ۳ وارد کرده است ولی محل آن مشخص نشده و ما در متن گنجاندیم.

رفقای پاک صمیمی‌است، دویمی‌را هم بیست سال است من ندیدمش.

مهین خنده‌دار است این دعوت شما. آخر کسی را که ۷بیست سال است آدم ندیده و من بهیچوجه نمی‌شناسم، برای چه دعوت می‌کنی؟ به خدا من بهت می‌گویم جناب میرزا، حالا که بعد از رفتن بدری تنها می‌شویم، باید شرط کنی دست از این اخلاقت بکشی ـ آخر من نمی‌دانم چرا همیشه در فکری؟ مثل اینکه می‌خواهی اتصال بازرسی کنی، خیال‌های نیش‌غولی[8] می‌کنی، حرف‌های پرت می‌زنی. آخر ناسلامتی من زن تو هستم حق دارم بپرسم و ببینم آخر تو را چه می‌شود.

جناب میرزا این راست است که تو باید از حال من اطلاع داشته باشی ولی اعصاب و روحیه تو بقدری ضعیف است که یقین دارم نمی‌توانی تحمل کنی که من مقصودم چیست و چه در سر دارم.

مهین من تصور می‌کنم یک حسادتی بی‌جهت راجع به من در تو پیدا شده. ولی این را بدان، خدا شاهد است، از روزی که همسری تو را قبول کرده‌ام جز تو هیچ‌کس را دوست نداشته‌ام و در سرم جز تربیت بدری، فرزندمان، هیچی نبوده است.

جناب میرزا حسادت کدام است؟ چیزی که من فکر نمی‌کنم همین است ـ وانگهی، من تو را همسر خوبی می‌دانم.

مهین به غیر از همان روز عروسی، که خودت به چشم دیدی لای گلی ـ که نمی‌دانم کدام یک از مدعوین به من دادند ـ آن چهار تا شعر را گذاشته بودند، دیگر تا حالا هیچکس چیزی نه بمن نوشته، نه بمن داده.

---

۸. به معنی نامربوط

جناب میرزا تو آنها را شعر می‌دانی؟ من مِعر هم نمی‌دانم[۹]. هنوز آنها را من حفظم... بسم‌الله! (می‌خواند)

آن سرو که گویند به بالای تو ماند
هرگز قدمی‌پیش تو رفتن نتواند
دنبال تو بودن گُنَه از جانب ما نیست
با غمزه بگو تا دل مردم نستانَد
هر کس سر پیوند تو دارد به حقیقت
دست از همه‌چیز و همه‌کس درگسلانَد

مهین ولی من خدا می‌داند هیچ مایل نبودم روز عروسی در جلو همسرم یک همچین حقه‌ای بزنند و لای دسته‌گل شعر برای من بفرستند.

جناب میرزا راست می‌گوئی من هم کمی‌آنروز بِهِم برخورد ـ امّا آن برخوردن ربطی به برخوردن این روزهایم ندارد.

مهین ترا به خدا ترا چه می‌شود؟ از من بدت می‌آید؟ بگو خیال متارکه داری؟ بگو کار بدی کرده‌ام؟ بگو، که اقلاً بفهم!

جناب میرزا تو عصبانی هستی فایده ندارد به تو بگویم. (در حال رفتن) بروم جلیقه‌ام را بپوشم.

مهین نمی‌دانم چه کرده و چه خیالی در سر دارد که مثل دیوانه‌ها شده.

آقای جمال (وارد می‌شود) خانم، سلام‌علیکم. هرچند یکخورده دیر آمدم ولی با آقای جمشید تا اندازه‌ای قباله را حاضر کردم.

مهین جمشید تا حالا خودش نیامده. خوب شد حالا که تنها هستیم مشورتی با شما بکنم.

آقا جمال بالرأس والعین هرچه بفرمائید اطاعت می‌کنم.

مهین یواش باشید، یواش باشید!

---

۹. این چهار گلمه به خط نصر با جوهر آبی وارد شده.

آقای جمال   مگر این چیزی را که می‌خواهید بفرمائید از اسرار است؟

مهین   بله آقای جمال، من می‌خواستم ۱۳۵۰۵ ریال به بدری در موقع امضاء قباله بدهم و در کاغذ جداگانه نوشته شود.

جمال   خورده‌اش نمی‌فهمم دیگر از چه بابت است؟ خوب خانم،اهمیت ندارد، می‌نویسم... مقصودتان چی است و چرا عیناً به خودش نمی‌دهید؟

مهین   من می‌خواهم این شرط بشود که این پول در بانک تا مدت ده سال می‌ماند و نه بدری و نه جمشید حق ندارند از بانک بگیرند ولی پس از ده سال مختارند. می‌دانید، من مادرم و باید فکر آینده بچه خودم باشم و این پول یک سرمایه کوچکی بـرای آنها بعد از ده سال خواهد شد... اما می‌ترسم شوهرم این را بفهمد و با اخلاقی که پیدا کرده شور و جنجالی از ایـن بابت راه بیاندازد که اسباب رسوائی بشود.

آقای جمال   اگر می‌ترسید شوهرتان بفهمد که شما این همه پول را از کجا گیر آورده‌اید ونمی‌دانم چی و چی... بهتر است به یکی از دوستان صمیمی‌خود بدهید و او در ایـن موقع بـه اسـم خـودش ایـن وجـه را، مثـل چشم‌روشنی، یا کمک، یا هر چه میلش است، بدهد. بنده هم در کاغذ علیحده می‌نویسم و ثبت می‌کنیم... حالا قلم و مرکبتان کجاست که من قباله را تکمیل کـنم؟... و خـواهش دارم تـا آقـای جمشـید آمدنـد، بفرستید پهلوی بنده که کار را تمام کنم.

مهین   (راه را نشان می‌دهد)بفرمائید از این طرف! در اطاق دفتره.

آقای جمال   اطاعت می‌شود، خانم. (از سمت راست می‌رود)

مهین   (رو به جمعیت) حالا دوست صمیمی‌از کجا پیدا کـنم؟... از مشـکل‌ترین کارها پیـدا کـردن همچو

دوست‌هائی است ... بین آشنایان و رفقاء خود هم که کسی را سراغ ندارم.

جمشید (از در وسط وارد می‌شود) خانم، اگر دیر کرده‌ام، ولی خبر خوبی برایتان آورده‌ام. حالا که از بنگاه می‌آمدم بیرون، رئیس بنگاه مرا توی اطاقش صدا کرد و گفت هیچکس تو نیاید. بعد به من گفت "فلانی، چون تو جوان باهوش و زرنگی هستی و تازه می‌خواهی زندگانیت را شروع کنی، بهتر این است که مثل سایر مردم عقیده به این زلنگ و زولونگ‌ها نداشته باشی و در عوض اینکه پدر و مادر خانمت بخواهند این مزخرفات را بخرند وجهاز به اصطلاح درست کنند، همان پولش را بدهند و تو بیاوری جزء صندوق بنگاه بگذاری و به این قِسم تو هم یکی از شرکاء بشوی." چون این بنگاه خوب کار می‌کند و در همه‌جا مشهور است من یقین دارم هر سال درآمد خوبی خواهیم داشت و بزودیِ زود می‌توانیم یک زندگانی آبرومندی درست کنیم. اگر میل داشته باشید، الآن حسابش را می‌کنم و ملاحظه بفرمائید هر سال چقدر می‌شود.

(جناب میرزاسرش را از طرف راست وارد اطاق می‌کند)

مهین واه میرزا[۱۰]! چقدر ترسیدم... گفتم ببین کی است!

جناب میرزا (وارد می‌شود) چقدر تو ترسوئی! عقب دستکش‌هایم می‌گردم.

مهین داشت قلبم پاره می‌شد. آخر این چه وضعی است؟ خودت آن‌ها را چپاندی تو کشو کمد. برو بردار! (به ساعت نگاه می‌کند) آه، نیم ساعت بیشتر به ظهر

۱۰ . در متن به اشتباه "جمشید" آمده بود که اصلاح کردیم.

ندارایم... بروم خودم را درست کنم. راستی جمشید، آقای رئیس دفتر توی این اطاق منتظر تو است. زود برو ببین قباله چه نواقصی دارد! الان من برمی‌گردم. (می‌رود)

جمشید چشم خانم. (می‌رود به سمت در)

جناب میرزا صبر کن جمشید، می‌خواستم از تو بپرسم تا حالا از تو پولی دزدیده‌اند یا نه؟

جمشید ابداً ـ وانگهی، اگر از صندوق یک شاهی کسر بیاید، من باید از جیب خودم روش بگذارم ـ بنگاه این حرف‌ها را از من قبول نمی‌کند.

جناب میرزا خوش به حال تو ـ بسیار خوب، برو پهلوی رئیس دفتر!

جمشید (جمشید در حال رفتن آهسته و با تعجب) مقصودش را از این سئوال نفهمیدم.

جناب میرزا معلوم می‌شه پول هیچ‌کس را نمی‌دزدند، مگر مال مخلص را.

شمس‌الدین (با یک چمدان وارد شده آن را روی میز طرف راست می‌گذارد) بَه‌بَه جناب میرزا، قربان تو. (روی همدیگر را می‌بوسند) تا کاغذ تو رسید، سر از پا نشناختم ـ پا شدم آمدم ایستگاه و سوار ماشین شدم تَوَرَق تَوَرَق آمدم قم. آنجا یک چائی و اینجور چیزها خوردم، راه افتادیم. حالا بگو ببینم دیر که نکردم؟

جناب میرزا نه، چیزی نمانده... سر ظهر باید مراسم قباله تمام بشود. چطور تنها آمدی؟ آقا مرتضی کو؟

شمس‌الدین والله، یک کار فوری برایش پیش آمده بود، خیلی عذر خواست ـ ولی البته کاغذ تبریکش به تو می‌رسد.

جناب میرزا اما من خیلی مایل بودم او هم باشه، از آن شعرها بخواند، مجلس را گرم کند. خوب داداش، البته تو

چند روزی اینجا می‌مانی! دادم اطاق پهلوی اطاق خودم را برای تو مرتب کرده‌اند.

شمس‌الدین خیلی خوب شد ها! یک پاسور سیری با هم می‌زنیم... و اگر بدانی چه خبرهائی دارم؟ راستی، یارو، آن زنکه کوتاه و کلفته را دیده بودی که...؟

جناب میرزا آره، چی شده؟

شمس‌الدین همین چهارشنبه گذشته عمرش را به شما داد و مسافرت آخری را کرد ـ یک چیز دیگر بهت بگویم، میرزا فخرالدین، آن پیرمرد ۷۸ ساله، تجدیدفراش کرده... روز شنبه گذشته هم خدا یک اولادی بهش داده.

جناب میرزا ببین شمس‌الدین، از قدیم گفته‌اند آدم دردش را که به رفیق‌هاش بگوید، غم و غصه‌اش می‌ریزد. من نمی‌دانم برایم سِحر و جادو شده، الآن مدتی است پول مرا می‌دزدند.

شمس‌الدین (با تعجب) یعنی چه؟ دزدی یک دفعه است ـ دو دفعه است، نه همیشه.

جناب میرزا اختیار داری! مال بنده هر روز است.

شمس‌الدین این باورکردنی نیست.

جناب میرزا گوش کن، همینطور که کارمندان ادارات و بنگاه‌ها باید سر موقع بروند و دفتر را امضاء کنند و منظم باشند، این دزدِ بنده هم منظم هر روز از جیب مخلص سی‌وهفت شاهی کِشْ می‌رود... حالا اگر یک مبلغ درشتی بود، من حرفی نداشتم اما این ۳۷ شاهی در روز، پدر مرا درآورده و هرچه می‌کنم نمی‌فهمم کی است و برای چی است؟

شمس‌الدین والله... دزدِ ۳۷ شاهی؟ من که نشنیده‌ام ـ مگر اینکه تریاکی باشه.

جناب میرزا اختیار داری! آدمی‌است قانع و می‌داند که دانه دانه است غله در انبار... و همینطور در این مدت هر روز این کار شده.

شمس‌الدین من خیال می‌کنم در حساب روزانه‌ات اشتباه می‌کنی.

جناب میرزا خیال می‌کنی! من یک شاهی به هر کس می‌دهم، می‌نویسم. شب هم دخل و خرجم را حساب می‌کنم، می‌خوابم. صبح می‌بینم ۳۷ شاهی از میان رفته. نه خیال کنی این کار یک سال است، دو سال است؟ به مرگ تو، درست از وقتی که بدری به دنیا آمده...

شمس‌الدین بلکه خود بدری این کار را می‌کند؟

جناب میرزا چه مزخرف می‌گوئی؟ می‌گویم از روز تولد او این کار شده. آخر بچهٔ به دنیا آمده که نمی‌تواند این کار را بکند! اقلاً باید ۸ سال ۹ سالش باشه تابفهمد ۳۷ شاهی چقدر است و منظماً هر شب این کار را بکند! به همین جهت و روی این خیالات، یک حالت عصبانی در من پیدا شده، همیشه فکریَم... میل دارم دائم این و آن را بازرسی کنم. روی همین قضیه حالم خوب نیست. نمی‌دانم... غذایم خوب هضم نمی‌شود... همیشه مثل آدم‌های مالیخولیائی می‌مانم. مثلاً همین دیشب مخصوصاً کیفم را گذاشتم روی بخاری. ببین، آنجا است! ۵۰ ریال هم توش بیشتر نگذاشتم. صبر کن ببینم حالا چقدر توش است؟ (هردو می‌روند سمت بخاری)

شمس‌الدین (با خوش بینی) ببینم قدم ما چطور است؟

جناب میرزا (کیف را برمی‌دارد نگاه می‌کند)
(متعجب و مات) ببین، درست ۴۸ ریال و سه‌شاهی توش
هست. باز ۳۷ شاهی را زده‌اند. خوب برادر تو در این باب چه به عقلت می‌رسد؟

شمس‌الدین والله، من خیال می‌کنم این دزد تو یک آدم تریاکی قانعی باشد که هر روز این ۳۷ شاهی را برمی‌دارد. ۱۷ شاهیش را تریاک می‌کشد، یک ریالش را شام و نهار می‌خورد.

جناب میرزا من به غیر از زنم و دخترم ـ که ابداً سوءظنی به آنها ندارم ـ به هر کَسِ دیگر که توی این خانه است، یا می‌آید، خیالم می‌رود. به این جهت تا حالا ۲۴ سقا و ۷۵ کلفت و ۳۲ خانه‌شاگرد عوض کرده‌ام ولی تا حالا، با تمام این زحمت‌ها، دزدم را پیدا نکرده‌ام.

شمس‌الدین راستی که مسئله غامضی برایت پیدا شده.

جناب میرزا صبر کن! تو یک خورده قیافه‌شناسی... (زنگ می‌زند) من کلفت را صدا می‌کنم تو قیافه‌اش را خوب نگاه کن، ببین چند مرده حلاجش می‌دانی! اما خودمان را به راه دیگری بزنیم.

شمس‌الدین خیالت راحت باشه... (زمزمه می‌کند) ما و ما و مثل ما و نصف ما و نصفِ نصف ما...

(ننه محمد وارد می‌شود)

جناب میرزا (زمزمه می‌کند) گر تو هم با ما شوی ما جملگی صد می‌شویم.

ننه محمد چه فرمایشی است؟

شمس‌الدین (آهسته به مردم) یک وقتی بد چیزی نبوده!

جناب میرزا (آهسته) من قطع دارم الآن توی سینه‌اش قایم کرده. (رو به ننه محمد) اطاق آقا پهلوی اطاق من خواهد بود، می‌فهمی؟ اطاق دَرِ سبزه ـ چمدانش را بردار ببر آنجا! (به شمس‌الدین) دَرِش داداش قفل است یا نه؟

شمس‌الدین بله، ولی چیزی هم در ضمن توش ندارم

(ننه محمد چمدان را برمی‌دارد)

جناب میرزا این را بدان ننه محمد، دزدی دزدی است ـ می‌خواهد ۳۷ شاهی باشه می‌خواهد یک کرور ـ از قدیم گفته‌اند تخم‌مرغ دزدی شتر دزدی است.

ننه محمد بنده مقصود آقا را ملتفت نمی‌شوم.

جناب میرزا مقصود این است که آنچه گفتم اصلی است مُسَلَم.

ننه محمد (در حال رفتن) اصلی است مُسَلَم.

جناب میرزا به نظرت چطور آمد؟ من که یقین دارم کار این است.

شمس‌الدین ابداً. این طور که داداش، نمی‌شود دزد را پیدا کرد! نگاه کن، من ها، اگر جای تو بودم، یک روز توی کیفم فقط ۳۷ شاهی می‌گذاشتم ببینم آن‌وقت چه می‌شود.

جناب میرزا خدا پدرت را بیامرزد! همین کار را کردم ولی صبح دیناری توی کیفم نبود.

مهین (از بیرون) فِراکِت حاضر است. بیا بگیر بپوش!

جناب میرزا آمدم، آمدم. [به شمس الدین]داداش صبر کن! الآن می‌آیم. (از در چپ می‌رود)

شمس‌الدین عجب! آمدیم عروسی یک روز خوش بگذرانیم، مردکه برای ۳۷ شاهی پدر مرا درآورد. مرده شور اینجور آدم‌ها را ببرد! آدم اخلاقش را اینجور بکنه، همه مردم را برنجاند، برای اینکه روزی ۳۷ شاهی از او دزدیده اند؟ تُفْ به این زندگانی! (رو به مردم) ما که از اراک راه افتادیم، خانممان ۱۲ حوله سر میز[11] برای چشم‌روشنی اینها به ما داد... بیچاره با ابریشم رنگ به رنگ گوشهٔ هرکدام هم دوخته "گوارای وجود". خودمان هم یک چند تا شعری برای عروسی انشاء کرده‌ایم. برای اینکه شهرستان ما رسم است

۱۱ . مقصود، همان طور که بعد آمده، دستمال سفره است.

وقت مُهر کردن قباله شعر مناسبی می‌خوانند. اما این که گفتیم ما خودمان این شعرها را ساختیم، باور نکنید! بواسطه اینکه این شعرها را آقای آقامرتضی، وقتی ما زناشوئی کردیم، برای زن ما گفته بود. ما هم آنها را حالا این جا به قالب می‌زنیم.

مهین (با بزک تمام وارد می‌شود) آقای شمس‌الدین، شما اینجائید؟ کی تشریف آوردید؟

شمس‌الدین ماشاءالله، ماشاءالله چه‌قدر قشنگ شده‌اید! بله خانم، سلام‌علیکم! تقریبا ده دقیقه است ...آقا را زیارت کردیم و به اصطلاح روبوسی کردیم... اجازه می‌فرمائید؟ (دست او را گرفته می‌بوسد) (در این موقع سر و گردن جناب میرزا را لای در می‌بیند) (با تعجب)این چه حرکتی است؟ (عقب می‌رود)

جناب میرزا دست‌پاچه نشو! منم. زنجیر ساعتم را نمی‌دانم کجا گذاشته‌ام.

مهین روی بخاری است. می‌خواهی بروم بیاورم؟

جناب میرزا نه خودم می‌روم. لازم به زحمت تو نیست. (می‌رود)

شمس‌الدین خانم، جناب میرزا همیشه اینجوری بی‌خبر وارد اطاق می‌شود؟

مهین خواهش دارم حرف او را بمن نزنید که دارم از دستش می‌میرم.

شمس‌الدین حالا عروس کی می‌آید؟ یک چشم‌روشنی برایش آورده‌ام. این را هم بدانید که من الماس و زمرد و یاقوت را چیزهای خوبی نمی‌دانم... انسان باید هروقت هرچی می‌دهد، چیزی باشد به درد بخورد.

مهین (آهسته به مردم) بهتر از آقای شمس‌الدین، برای کاری که خواستم و رئیس دفتر گفت، کسی نیست. بهتر است به ایشان رجوع کنم. (بلند) آقای شمس‌الدین، یک حاجتی هم من به شما داشتم.

شمس‌الدین بفرمائید، با کمال افتخار حاضرم.

مهین ولی دلم می‌خواهد قسم بخورید به کسی نگوئید.

شمس‌الدین آخر خانم، تا ندانم و نبینم که نمی‌توانم تعهد کنم. قسم چرا بخوریم؟

مهین نه، چیزی است که از عهده شما برمی‌آید. شما قسم بخورید تا بگویم.

شمس‌الدین قسم می‌خورم به احدی نگویم. خیالتان راحت باشه!

مهین والله، من ۱۳۵۰۵ ریال در این مدت صرفه‌جوئی کرده‌ام و شوهرم جناب میرزا هم ابداً اطلاعی از آن ندارد. چون وقتی من شوهر کردم، دیدم یک خرج‌های وِلی می‌کند که من خوشم نمی‌آمد. از آنجائی که تکلیف هر خانم خانه‌داری هست، من شروع به صرفه‌جوئی کردم... و تصدیق می‌کنم که چون به او نگفته‌ام، عمل زشتی را مرتکب شده‌ام ولی در ضمن، چون برای رفاه و آسایش دخترمان بوده، چندان عیبی در این کار نمی‌بینم وخودم را مرتکب گناهی نمی‌شناسم.

شمس‌الدین همینطور است که می‌فرمایید و حقیقتاً خوب کاری کرده‌اید. حالا بنده باید چه بکنم؟

مهین من فکر کردم با این اخلاق بدی که شوهرم دارد، اگر من بخواهم پول نقد به عروس وداماد بدهم، هزار جور خیال خواهد کرد و اوقات همه را خراب خواهد کرد. این شد که گفتم به یکی از دوستان صمیمی‌خودم بدهم که او ازطرف خودش چشم‌روشنی بدهد و از این نیرنگ جناب میرزا هم سر در نخواهد آورد، دختر و دامادم هم برایشان گشایشی خواهد شد. حالا خواهش می‌کنم شما این کار را قبول کنید!

شمس‌الدین اولاً، به مادری مثل شما تبریک می‌گویم و ثانیاً، با کمال افتخار حاضرم این کار را انجام دهم. (آهسته

رو به مردم) در ضمن حوله‌ها را نخواهیم داد و با دادن این پول از مال دیگری، یک تیر به دونشان خواهیم زد.

مهین (پول را آورده به شمس‌الدین می‌دهد) بسم‌الله! تمامش اسکناس است و می‌توانید راحت توی جیبتان بگذارید.

شمس‌الدین (پول‌ها را می‌گیرد در جیب می‌گذارد) خیالتان راحت باشد،همانطور که عرض کردم، اطاعت خواهم نمود.

(روبه مردم با خنده) چشم‌روشنی مال خانم، اشعار مال آقا مرتضی، پز مال مخلص.

(آقای جمال و جمشید و ننه محمد و بدری وارد شده همگی قسمت دوم را می‌خوانند[12].)

زود بروید از این‌جا   بیرون می‌رویم ما حالا
خارج بشوید از این‌جا   خارج می‌شویم ما حالا
راحت بگذارید ما را   راحت می‌گذاریم شما را
یک دم بگذارید تنها ما را
تا که راحت باشیم و تنها
وقت ما را نگیرید   وقتتان را نگیریم
دست از سر ما بردارید دست از سرتان برداریم
بیرون بروید   بیرون می‌رویم
خارج بشوید
خارج می‌شویم
بسکه گفتید خفه کردید ما را
آدم و اینهمه سوءظن والله

شمس‌الدین بیا عزیزم، بیا بدری تو را ببوسم که مثل ماه شده‌ای.

---

۱۲ . ما قسمت دوم را که قبلا آمده بود در زیر وارد کرده ایم.

جمشید (آهسته) این آقا کی است؟

شمس‌الدین بله آقای جمشید، آنقدر زن تو را دوست دارم که حد ندارد. (آهسته) حالا باید فکر چشم‌روشنی شد.

بدری راستی که چقدر شما خوب و خوش‌اخلاق هستید. (آهسته) جیبش پر است، معلوم می‌شود چشم‌روشنی خوبی آورده.

جناب میرزا (وارد شده در وسط جمعیت می‌ایستد) مخلص حاضرم و خیلی عذر می‌خواهم که همه را معطل کردم.

(آقای جمال پشت میز نشسته قلم را در دست می‌گیرد)

مهین (به شوهرش) باز کفش راحتی نمدیت را درنیاوردی؟

جناب میرزا راست می‌گوئی، بد شد... اما اهمیت ندارد. بله، خواهش می‌کنم همه بفرمایند که آقای رئیس دفتر نباید بیش از این معطل بشوند. (همه می‌نشینند آقای جمال پشت میز در وسط می‌نشیند)

جناب میرزا آقای جمال همه‌چیز حاضر و همه منتظر. بخوانید چه مرقوم فرموده‌اید؟

آقای جمال (می‌خواند) با کمال صحت و سلامتی در حضور باهرالنور جناب آقای جمال امضاءکنندگان زیر...

شمس‌الدین [زمزمه می‌کند] موقعی است که باید اشعار را خواند.

آقای جمال (ادامه می‌دهد) امضاءکنندگان زیر آقای جمشیدلاسائی...

جناب میرزا [خطاب به شمس الدین] چه اشعاری؟

بدری [آهسته و با ناامیدی] معلوم می‌شود عوض چشم‌روشنی شعری می‌خواهد بخواند.

آقای جمال اصلح است که قباله اول خوانده شود.

جناب میرزا ولی تصدیق می‌فرمایند کسی که برای همچو روزی قبلاً اشعاری ساخته مقدم است.

شمس‌الدین (کاغذی درمی‌آورد) البته خانم‌ها آقایان می‌دانند که مخلص شاعر نیستم... هرچه به نظرم رسیده، ساخته‌ام و خیلی عذر می‌خواهم که این اشعار را قبلاً در لای دسته گلی ننهاده‌ام. بله، حالا ملاحظه بفرمائید...

(اشعاری که در صفحه چهار نوشته شده می‌خواند)[۱۳]

آن سرو که گویند به بالای تو مانَد
هرگز قدمی‌پیش تو رفتن نتواند
دنبال تو بودن گُنَه از جانب ما نیست
با غمزه بگو تا دل مردم نستانَد
هر کس سر پیوند تو دارد به حقیقت
دست از همه‌چیز و همه‌کس درگسلانَد

جناب میرزا (بلند می‌شود با تعجب تقریباً به فریاد) چی‌چی؟

مهین (بلند می‌شود با تعجب و نگرانی) چی‌چی؟

جمعیت اما حقیقت خیلی خوب گفته‌اید.

مهین (آهسته و با تعجب به شمس‌الدین) تو بودی که این کار را کرده بودی، مردکهٔ احمق؟

شمس‌الدین (متعجب) چی‌چی را؟

آقای جمال[به کار خود ادامه می‌دهد و می‌خواند]...
و دوشیزه بدری جناب میرزائی...

جناب میرزا خواهش دارم نخوانید! بنده قبلاً با این آقا بایستی یک حرفی بزنم.

جمعیت چه شده؟ چه شده؟

جناب میرزا خواهش دارم یک دقیقه بروید بیرون!

---

۱۳ . این جمله با دستخط نصر در صفحه ده ۹ نسخه تایپ شده وارد شده است و اشاره به شعری دارد که در صفحه چهار آن نسخه آمده و قبلاً از زبان جناب میرزا آن را شنیده ایم. بدین صورت این اشعار دو بار خوانده می‌شوند.

(جمعیت به یک صدا قسمت سوم را خوانده از در
چپ می‌روند)

همه می‌خوانند[۱۴]
بَه چه مبارک روزی است
بَه چه فرخنده فیروزی
روز عروسی   روز مبارک
پاینده باد مبارک بادا
بادا بادا بادا

شمس‌الدین   (آهسته) لابد می‌خواهد از اشعار من حرف بزند.[۱۵]

جناب میرزا   خیلی خوب اشعاری گفته بودید، آقای شمس‌الدین.

شمس‌الدین   بله، توی راه‌آهن که می‌آمدم این اشعار را ساختم.

جناب میرزا   ولی من تصور می‌کنم این اشعار خیلی پیش‌ها
ساخته شده.

شمس‌الدین   (آهسته به جمعیت) معلوم می‌شود خبر دارد ـ
می‌داند مال کی است.

جناب میرزا   چرا همچنین دست‌پاچه شدی؟

شمس‌الدین   من و دست‌پاچگی؟ اختیار دارید!

جناب میرزا   (با عصبانیت به شمس الدین) پس از اتمام قباله، حق
آقا را کف دستش خواهم گذاشت تا بفهمد با کی
طرف است. (دم در می‌رود به جمعیت) بفرمائید،
بفرمائید!

شمس‌الدین   (آهسته) مردکه دیوانه است. معلوم نیست چه
می‌خواهد؟

(جمعیت وارد شده قسمت ۴ را می‌خوانند)

همه به دور هم جمع شده می‌خوانند:

---

۱۴ . این اشعار به خط نصر پشت صفحه ۹ با عنوان شماره ۳ اضافه شده است.

۱۵ . قسمت چهار به خط نصر با جوهر سبز پشت صفحه ۱۰ نوشته شده.

بس کن جنگ و دعوا را کم زحمت بده ما را

جنگ و جدل ندارد ثمری فکر بیخود ندارد اثری

باید فکر چاره کار شد جنگ بیهوده مگر کار شد

جناب میرزا خواهش دارم هر کس به جای خود بنشیند تا قرائت قباله تمام شود!

(همه می‌نشینند)

شمس‌الدین (آهسته به مهین) شوهر شما ـ خدا نکرده ـ کسالتی دارد؟

مهین (آهسته) حرف نزنید، دارد ما را نگاه می‌کند.

جناب میرزا (آهسته) دارند دو تائی تنگ گوشی حرف می‌زنند.

آقای جمال ببخشید، مجبورم از سر بخوانم. (می‌خواند) بـا کمال صحت و سلامتی در حضور باهرالنور...

جناب میرزا (آهسته) دارد خفه‌ام می‌کند مرده‌شور برده.

آقای جمال [ادامه می‌دهد] ... جناب آقای جمال، امضاءکنندگان زیر آقای جمشید لاسائی...

شمس‌الدین ببخشید اگر صحبت آقا را بریدم ولی لازم است ایـن را هم اضافه فرمائید و بعد بخوانید!

جمعیت چی‌چی را؟ چی‌چی را؟

شمس‌الدین مرقوم بفرمائید، آقای شمس‌الدین سَمْیَلانی اراکی مبلغ ۱۳۵۰۵ ریال به دوشیزه بدری جناب میرزائی به عنوان چشم‌روشنی می‌دهد.

جمعیت (دست می‌زنند) بارک‌الله! بارک‌الله!

جناب میرزا تو و یک همچو چشم‌روشنی؟ چیز غریبی است!

مهین به خدا که پدری کردید، آقای شمس‌الدین.

جمشید بنده که نمی‌دانم چه شکلی شکرگزار باشم؟

شمس‌الدین من که به تو گفتم زن تو اولاد خود من است...

جمشید و شـما هـم بـه اصـطلاح تکلیـف پـدری را انجـام می‌دهید...

جناب میرزا (آهسته) پدری؟ پدری؟ راستی که بـدری هـم بـه او شباهت دارد ـ ها! حالا **خوب می‌فهمم** قضیه چیست.

آقای جمال [ادامه می‌دهد] بله، در حضور باهرالنور...

جناب میرزا (بلند می‌شود) صبر کنید آقای رئیس دفتر! ترتیب دیگری به میان آمده...

شمس‌الدین (به جناب میرزا)باز لطفتـان نسـبت بـه مخلـص کـم شده؟

جناب میرزا بروید بیرون ـ یک دقیقه بیشتر طول نمی‌کشد تا من تکلیفم را معلوم کنم.

آقای جمال آقا مسخره‌بازی درآورده‌اید؟

جمعیت (به دور میرزا جمع شده قسمت چهـار را می‌خواننـد و از در چپ بیرون می‌روند):

بس کن جنگ و دعوا را
کم زحمت بده ما را
جنگ و جدل ندارد ثمری
فکر بیخود ندارد اثری
باید فکر چاره کار شد
جنگ بیهوده مگر کار شد[۱۶]

جناب میرزا (یخه شمس‌الدین را می‌گیرد) بگو ببینم عموجـان، یک آدم غریبه چطور ممکن است یک همچو مبلغی چشم‌روشنی به دختر بنده بدهد؟

شمس‌الدین چه اهمیت و چه قابلی مگر دارد؟

---

۱۶ . اشعاری که از قول جمعیت آمده بود.

جناب میرزا یک آدمی‌که در هفت آسمان یک ستاره ندارد، برای یک شاهی صد معلق می‌زند، این همه پول را برای چی به یک نفر غریبه می‌دهد؟

شمس‌الدین برای اینکه بدری را من خیلی دوست دارم.

جناب میرزا معلوم است! چیزی که عیان است چه حاجت به بیان است؟ این را بدان، بنده همچین نان‌هائی را نخورده‌ام.

شمس‌الدین چه نانی؟

جناب میرزا به جنابعالی ثابت می‌کنم... بگذار قباله تمام بشود، همچین حقت را کف دستت بگذارم که حظ کنی.

ننه محمد (وارد می‌شود) آقای جمال می‌گویند اگر اجازه می‌دهید من بروم.

جناب میرزا برو بگو تشریف بیاورند.

آقای جمال (وارد می‌شود) بالاخره حالا قباله را امضاء می‌کنید یا خیر؟

جناب میرزا اختیار دارید! ما منتظر جنابعالی بودیم.

آقای جمال بفرمائید خانم‌ها آقایان!

جمعیت (وارد شده می‌خوانند[۱۷])

همه

عجب جشن و سروری است عروسی
شب پر شرّ و شوری است عروسی
همه ماتیم و مبهوت
از این جشن عروسی
به خیر کن آخرش را
که خوش بگذرد جشن عروسی

آقای جمال (ادامه می‌دهد) در حضور باهرالنور...

---

۱۷. این اشعار همه به خط خود نصر در پشت صفحه ۱۱ متن تایپی آمده است.

جناب میرزا	[با بی حوصلگی] آقا، اینها را ول کن! راجع به مبلغ جهیزیه چقدر نوشته‌اید؟
آقای جمال	هشتادهزار ریال.
جناب میرزا	تا یک ساعت پیش قبول داشتم ولی حالا قبول ندارم.
جمشید	جناب میرزا، آخر خودتان فرمودید و قول دادید.
جناب میرزا	چه اهمیت دارد؟ قولم را پس می‌گیرم.
آقای جمال	پس به دخترتان چی می‌خواهید بدهید؟
جناب میرزا	هیچی آقا، هیچی.
شمس‌الدین	(رو به جناب میرزا) اجازه می‌دهید عرض کنم؟
جناب میرزا	نخیر، نخیر! بعد از امضاء قباله جنابعالی را زیر خاک خواهم کرد. خیال کرده‌اید، جناب میرزا از این جور آدم‌ها نیست که اینجور کلاه‌ها سرش برود.
شمس‌الدین	شوخی را بینداز دور، آدم شو!
مهین	(آهسته به شوهرش) والله رسوا می‌شویم از این حرکات.
جناب میرزا	حضرت علیه را هم لای دست مشکی خواهم فرستاد. (رو به جمشید) عزیز من، درست است من قولی داده بودم ولی در خانواده اسراری است و متأسفانه اظهاری به تو در این باب نمی‌توانم بکنم ولی به بدری الان خواهم گفت ـ بله آقای جمشید، خبر نداری با من چه معامله‌ای شده!
شمس‌الدین	(آهسته) خیر، ۳۷ شاهی کله این آدم را خراب کرده.
آقای جمال	خدا شاهد است تا این دقیقه بنده ۳۶۵۷ قباله عروسی حاضر کرده‌ام یکیش مثل اینجا نشده. بنده نمی‌دانم چه خبر است... چه اتفاقی افتاده!
جناب میرزا	این دفعه آخری است. بروید آن اطاق! یک دقیقه من با بدری حرف می‌زنم و شما برگردید!

(جمعیت قسمت چهار را می‌خوانند و بیرون می‌روند):

بس کن جنگ و دعوا را
کم زحمت بده ما را
جنگ و جدل ندارد ثمری
فکر بیخود ندارد اثری
باید فکر چاره کار شد
جنگ بیهوده مگر کار شد

جناب میرزا (آهسته) خوب که نگاهش می‌کنم می‌بینم یک سیبی است که با شمس‌الدین نصفش کرده‌اند. (بلند) بدری!

بدری چی است آقاجان؟

جناب میرزا خواهش دارم به من آقا جان نگوئی!

بدری (با تأثر) چرا آقا جان؟

جناب میرزا (با گریه) برای جهاتی که خودم می‌دانم و بس. (دستمال درآورده چشم خود را پاک می‌کند)

بدری آقا جان، چرا گریه می‌کنی؟ چه شده؟

جناب میرزا هیچی، اثر زکام است. خوب بدری، راستش را بگو... هیچ مرا دوست داری؟

بدری خدا شاهد است آنقدر زیاد که حد ندارد. آدم چطور می‌شود پدرش را دوست نداشته باشد؟ خوب، بگوئید ببینم چه شده که از امروز من به شما نباید آقاجان بگویم؟ من که دقیقه‌ای نبوده یاد شما نباشم!

جناب میرزا خوب، بگو ببینم او را هم دوست داری؟

بدری کی، آقا جان؟

جناب میرزا شمس‌الدین را.

بدری البته یک آدمی‌که آنقدر ما را دوست دارد، این شعرهای قشنگ را گفته، این چشم‌روشنی به این

بزرگی را داده، هم شما را دوست دارد هم مادرم را ـ
من که می‌بینم، او را دوست دارم.

جناب میرزا [آهسته و با افسوس به جمعیت)] خیـر، ایـن دختر
مال اوست نـه مـال مـن. (بلند) دختر جـان، یک
اسراری است که حیف تو نمی‌فهمی! تو نمی‌دانی چه
مردمان پدرسوخته مزوّری در این دنیا پیدا می‌شوند
و خودشان را اول‌رفیق، اول‌دوسـت قلمـداد می‌کنند.
بعد که آدم کنجکاو می‌شود، می‌فهمد که ایـن قبیـل
مردم از هر جانور درنده و خزنده‌ای بدترند. اینکه
امروز می‌بینی من حاضر نیستم جهازی به تو بـدهم،
برای همین اصلی است که به تـو گفتم. بلـه دختر
جان، مـن بیچـاره کـه ایـن همـه زحمـت کشیدم،
یکشاهی یکشاهی جمع کردم، پس‌انداز کردم...

بدری من والله ملتفت نمی‌شوم ایـن حرف‌هـای شما چـه
ربطی به جهاز و مهر و بالاخره این کارها دارد.

جناب میرزا البته تو گناه نداری. تقصیر از تـو نیسـت. ولـی بـدان
بعد از عروسی، من کلک را خواهم کنـد ـ ولـی دلـم
می‌خواهـد گـاهی هـم فکـر آن کسـی کـه خیـال
می‌کردی پدر تو است باشی!

بدری (به حال گریه) آخر این حرف‌ها چی است، آقا جان؟

جناب میرزا گریه نکن جـانم! وقتـی پـدرش را درآوردم، ملتفت
خواهی شد.(از در وسط می‌رود)

بدری (رو به جمعیـت) بـه خـدا یک کلمـه از حرف‌هـاش
نفهمیدم... نمی‌دانم منظورش از ایـن صحبت‌ها چـه
بود؟

جمشید (وارد می‌شود) بدری جون، آقات چکار داشت؟

بدری دو تا پاش را توی یک کفش کرده که جهاز نمی‌دهم.
ـ جهنم! مگر آدم برای جهاز یا مهر شوهر می‌کند؟

جمشید خـوب، هیـچ منظـور و مقصـودش را از ایـن کـار
فهمیدی؟

بدری	نه والله! گاهی مرا مثل دیوانهها بغـل مـیکـرد، گـاهی مثل حیوانات عقب میزد و بدش میآمد.
جمشید	صدای آقای شمسالدین میآید. برو بیرون مـن یـک خورده باش صحبت کنم!
بدری	اما تو را به خدا طول ندهی! (میرود)
شمسالدین	(میآید و با خود حرف میزند) از گرسـنگی داشـتم میمردم... خودم را انداختم تـوی آشپزخانه دو تـا ران جوجه را بالا دادم بعد (خنده) رفـتم یـک خـورده بـا کلفت مزنگ آمدم. اما عجب زنی است! چنان زد تـوی گوشم که سرم همینجور دارد گیج میخورد.
جمشید	آقای شمسالدین، بنده عرضی خدمتتان داشتم.
شمسالدین	والله، این قباله بازی شما که پـدر مـن را درآورد و از اشتها انداخت.
جمشید	ملاحظه میفرمائید، جنـاب میرزا از جهـاز دادن بـه اصطلاح پاس داده؟
شمسالدین	خواهش دارم این مسئله را با من صحبت نکنیـد کـه جز گدابازی چیز دیگری نیست.
جمشید	همینطـور اسـت کـه میفرمائیـد. مـن و بـدری فکرهایمان را روی هـم گذاشتیم دیـدیم بهـتر ایـن است شما این کار را برای ما بکنید.
شمسالدین	یعنی پول را بنـده بـدهم؟ اختیـار داریـد، بیخـودی فکرهایتان را روی هم گذاشتهاید. بنده تنها کمکی که در این موقع میتوانم بکنم این است که به جنـاب میرزا فشار بیاورم.
جمشید	این به درد نمیخورد. ملاحظـه بفرمائیـد، شما اولاد ندارید و با دوستی و صمیمیتی کـه بـا خانواده جنـاب میرزا دارید، بیائید و ما را به جای اولادی قبول کنید و این کمک را به ما بنمائید!
شمسالدین	من با دادن ۱۳۵۰۵ ریـال، کمـال خـدمت خـودم را کـردهام و چـون حـالا اصـرار داریـد، دوازده حولـه

سرسفره هم به آن مزید می‌کنم ولی دیگر فایده ندارد.

جمشید همان لطف و محبت شما برای ما کافی است و خیلی از محبت شما شکرگزاریم. (می‌رود)

شمس‌الدین اما عجب پسرهٔ متقلبی است. آدم هم به این پرروئی؟

جناب میرزا (با یک ارّه وارد می‌شود ـ آهسته) پدری ازش دربیاورم که حظ کند.

شمس‌الدین (آهسته) مردکه نجّار شده؟ حالا معلوم نیست ارّه را برای چی آورده!

جناب میرزا شمس‌الدین، قبل از اینکه حق تو را کف دستت بگذارم ـ با وجود اینکه دوستی چند ساله داریم ـ یک توضیحاتی باید به من بدهی!

شمس‌الدین چه توضیحاتی؟

جناب میرزا بدری دختر من نیست. می‌دانی؟

شمس‌الدین ترا به خدا این حرف‌ها چی است؟

جناب میرزا خودت را به کوچه علی‌چپ نزن! این دختر یکی از دوستان پدرسوختهٔ مخلص است که گاهی هم شعری می‌گوید و یکدفعه هم ۱۳۵۰۵ ریال چشم‌روشنی می‌دهد.

شمس‌الدین بنده را می‌فرمائید؟

جناب میرزا بله، خود شما، آقای شمس‌الدین!

شمس‌الدین **من** پدر دختر تو هستم؟

جناب میرزا کاملاً.

شمس‌الدین درست است من آشنا زیاد دارم ولی، به خدا قسم است،...

جناب میرزا قسم لازم ندارد... مدرک هست. وانگهی، مدرک بالاتر از ۱۳۵۰۵ ریال؟ یعنی چه؟

شمس‌الدین ها! این پول چشمت را خیره کرده؟ این پول را **زنت** به من داده؟

جناب میرزا **مهین** به تو داده؟

شمس‌الدین بله، بیچاره مدت‌ها صرفه‌جوئی کرده و تو هم خبر نداشتی و خودش هم برای اینکه تو نفهمی‌داد به من که من از طرف خودم بدهم.

جناب میرزا ببینم و تعریف کنم!(صدا می‌کند) مهین ، مهین!

آقای جمال (از طرف راست سرش را درمی‌آورد) برای امضاء قباله صدا کردید؟

جناب میرزا نخیر، بنده زنم را صدا کردم. (با خود) عجب نکره‌ای است! (آقای جمال سرش را تو می‌کشد)

مهین (وارد می‌شود) چه خبر است؟ چکار داشتی؟

جناب میرزا راست بگو ببینم تو ۱۳۵۰۵ ریال به این آقا دادی؟

مهین ابداً و اصلاً. دروغ می‌گوید. **کاملاً**.

شمس‌الدین خانم، شما این پول را به من ندادید؟

مهین اختیار دارید! دروغ هم به این گندگی؟ (می‌رود)

جناب میرزا مردکهٔ مزورِ دروغگو! باز هم حاشا میل‌داری بکنی؟

شمس‌الدین به آنچه در دنیا مقدس است، **زنت** دروغ می‌گوید. آنچه به تو گفتم راست و عین حقیقت بود.

جناب میرزا من ۳۷ شاهیم که گم می‌شود، می‌فهمم. چطور می‌شود زنم ۱۳۵۰۵ ریال از پول‌های من کش برود و من نفهمم؟

شمس‌الدین راستی جناب میرزا، شما گفتید از روز تولد بدری این ۳۷شاهی را از شما دزدیده‌اند ـ حالا بفرمائید ببینم، الساعه بدری چند سالش هست؟

جناب میرزا امروز درست می‌شود ۲۰ سال.

شمس‌الدین (می‌رود پشت میز) الآن این قلم و این کاغذ... حسابش را می‌کنم.

جناب میرزا حساب چی؟

شمس‌الدین ۳٦۰ ضرب در یک ممیز ۸۵ بسیار خوب پنج شش تا سی تا، به صفرش سی ما بر۳ ـ پنج سه تا ۱۵ تا و ۳ تا ۱۸ تا، این به هشتش اینهم ده ما بر یک.

جناب میرزا   هیچ مقصودت را نمی‌فهمم. این کار چی است که می‌کنید؟

شمس‌الدین   یک خورده صبر کنید تا عرض کنم ـ ۸ شش تا ۴۸ این به هشتش چهل بر چهار ـ هشت سه تا ۲۴ تا و چهار تا ۲۸ تا این به هشتش ۲۰ ما بر ۲ خیلی خوب اینهم یک ۶۰ تا شش تا یک ۳ تا ۳ تا جمعش می‌شود صفر به صفر ۶ و ۶ و ۶

جناب میرزا   خوب چی درآوردی؟

شمس‌الدین   حالا صبر کن! باید ضرب کرد در ۲۰ بله؟ (می‌خندد) دو ۶ تا ۱۲ و بله... بله... بله! (خنده بلند) ۱۳۳۲۰۰. [فکر می‌کند] چطور؟ به نظرم بد حساب کردم. (جمشید وارد می‌شود) آخی، چه خوب شد آمدی. اگر می‌خواهی جهاز بگیری، زود بیا این ضرب را بکن! (خودش بلند شده او را می‌نشاند) (جمشید مشغول حساب می‌شود) حالا جناب میرزا، بنده به جنابعالی حالی خواهم کرد... به اصطلاح تکلیف شما را معلوم خواهم نمود.

جناب میرزا   ببینم و تعریف کنم!

جمشید   می‌شود درست ۱۳۵۰۵ ریال.

جناب میرزا   چقدر؟

مهین   چقدر؟

جمشید   ۱۳۵۰۵ ریال.

شمس‌الدین   بله جناب میرزا... آقای عقل کل، خانم بیچارهٔ تو، به قول تو، روزی ۳۷ شاهی از کیف تو می‌دزدید و به قول بنده ـ مثل هر خانم خانه‌داری ـ وقتی که یک شوهر خری مثل شما داشته باشد، روزی ۳۷ شاهی صرفه‌جوئی می‌کرده و در این ۲۰ ساله ۱۳۵۰۵ ریال شده.

جناب میرزا   صبر کنید خودم هم حساب کنم! (می‌رود پشت میز)

شمس‌الدین [با تمسخر] بله، بگذارید خودشان هم حساب کنند!

جناب میرزا بله، حساب درست است. ۱۳۵۰۵ ریال ، ۱۳۵۰۵ ریال. (بلند می‌شود) ولی خانمِ مهین خانم، اگر کسی دیگری به جای من بود، الآن باید شمارا به دست محکمه بسپارد، اما چون من نمی‌خواهم راجع به خانواده و کسان من صحبت‌هائی بشود، شما را از این سرقتی که کرده‌اید می‌بخشم.

مهین شکر خدا!

جناب میرزا (به بدری نگاه می‌کند و به شمس‌الدین)[با راحتی خیال] نه، هیچ شباهتی به هم ندارند. (بلند) [با آسودگی خیال)] رفیق، اولاد خوب چقدر خوب است.

شمس‌الدین عقل سالم به عقیدهٔ من مهمتر از هر چیزی است.

جناب میرزا خوب زنکه، بگو ببینم چرا ۳۷ شاهی ور می‌داشتی و دو ریال برنمی‌داشتی؟

مهین برای اینکه بهیچوجه من‌الوجوه ملتفت نشوی.

جناب میرزا (رو به مردم) راستی که خانم‌ها چقدر باهوش و ناقلا هستند.

ننه محمد (وارد می‌شود) آقا، این پاکت را پست الآن آورده.

جناب میرزا (پاکت راپاره می‌کند) یقین مال آقا مرتضی است. (کاغذ را درآورده نگاه می‌کند) نگفتم مال خودش است؟ (نگاه می‌کند) این شعرها که تو خواندی مال آقا مرتضی است که بیچاره نوشته.این دیگر چه حقه‌ای بود؟

شمس‌الدین اولاً، این حقه‌ای بود که ضرری برای تو نداشت. ثانیاً، در شهرستان‌ها هر شعری که شایع شد، همه بلدند و مال خودشان می‌دانند. ثالثاً، این اشعار را هم آقا مرتضی نگفته مال یکی از دهاتی‌ها است که اسمش مستان‌علی است و ۳۰ سال پیش مرده. رابعاً، بفرمائید این ارّه را برای چی آورده بودید؟

جناب میرزا برای اینکه استخوان گردن تو را ارّه کنم ـ خوب شد که زود قضیه را حل کردی.

آقای جمال (وارد می‌شود) من که پدرم درآمد. (می‌رود پشت میز) گوش کنید، آقایان! با کمال صحت و سلامتی در حضور باهرالنور جناب آقای جمال...

جناب میرزا صبر کنید یک دقیقه! (می‌خواند) (جمعیت هم می‌خواند)

جناب میرزا و شمس‌الدین:

عهد و پیمان امضا شد
جشن عروسی بر پا شد
فکر بیخود نکنید
رفع هرگونه دعوا شد
حل معما آسان شد
دزد ۳۷ شاهی پیدا شد
بدری و جمشید به سلامت باد
این دل شوریده ما شیدا شد[۱۸]

(جمعیت قسمت ۳ را تکرار می‌کنند):
به به چه مبارک روزیست
چه فرخنده فیروزی
روز عروسی روز مبارک
پاینده باد و مبارک بادا
بادا بادا بادا

(قسمت ۳ تکرار می‌شود)

همه می‌خوانند

بَه چه مبارک روزی است

۱۸ . نصر این اشعار را در آخر صفحه به خط خود اضافه کرده و زیر آن اشاره کرده که قسمت ۳ تکرار می‌شود. لذا ما قسمت ۳ را در آخر نمایشنامه آوردیم.

چه فرخنده فیروزی است
روز عروسی روز مبارک
پاینده باد مبارک بادا
بادا بادا بادا

پرده می‌افتد

جناب خان

ترجمه و اقتباس از نمایشنامه
Le Bourgeois Gentilhomme
اثر مولیر

به قلم سید علی نصر

بازی‌کنان:

جناب خان	صاحب‌خانه
بی‌بی	زن جناب خان
زهره	دختر جناب خان
صغرا	کلفت جناب خان
اسفندیار	خاطرخواه زهره
صفر	نوکر اسفندیار
هژیر دیوان	خاطرخواه مونس[1]
مونس	خانم ثروت‌مند
معلم ورزش	
معلم موسیقی	
شاگردان موسیقی	
معلم رقص	
معلم اسکریم (شمشیر بازی)	
معلم فلسفه	
معلم آواز	
خیاط	
شاگرد خیاط	
حسن	پیشخدمت
اسمعیل	پیشخدمت

۱ . در متن نمایشنامه اشاره ای مستقیم به این خاطرخواهی وجود ندارد.

پردهٔاول

(اطاقی است دارای اثاثیه عالی و درها تمام پرده‌دار است)

معلم موسیقی (از دم در به شاگردان خود) بروید در آن اطاق و فعلاً در آنجا باشید و اسباب‌هایتان[۲] را خوب کوک کنید که حاضر باشد.

صدا (از بیرون) چشم اطاعت می‌کنیم.

معلم رقص خوب بفرمائید چیز تازه‌ای درست کرده‌اید؟

معلم موسیقی بله، یک فوکس ترُت[۳] جدید ساخته‌ام که لنگه ندارد... وقتی جناب خان تشریف آوردند ملاحظه خواهید فرمود.

معلم رقص حقیقتاً گرفتاری بنده و جنابعالی خیلی زیاد شده.

معلم موسیقی مخصوصاً از وقتیکه جناب خان بنده و شما را برای مشق موسیقی و رقص خواسته‌اند، درست است نانمان توی روغن شده و بحمدالله زندگانیمان به کَرّوفَرّی افتاده، دیگر مجالی نداریم.

---

۲ . سازهایتان

۳. رقص Fox Trot

معلم رقص   اما من تأسف می‌خورم از اینکه جناب خان آنطوری که باید از رقص و موسیقی اطلاعی ندارد و قدر زحمات ما را نمی‌فهمد.

معلم موسیقیاختیار دارید برادر، پول خوب به ما بدهد، چکار داریم به این کارها ـ می‌خواهد بفهمد، می‌خواهد نفهمد. ما پول می‌خواهیم ولو اینکه ـ بلا نسبت شما ـ یک خری به ما پول بدهد.

معلم رقص   بنده برعکسم و به صنعت بیشتر اهمیت می‌دهم. صنایع مستظرفه باید طالب و هواخواه داشته باشد تا بفهمند صاحب هنر چه زحمت‌ها کشیده و به اصطلاح دود چراغهائی خورده. در صنایع مستظرفه پول چندان اهمیت ندارد. ملاحظه فرموده‌اید برای یک هنرپیشه تحسین حضار به مراتب بالاتر از هزاران ریال است.

معلم موسیقیصحیح می‌فرمائید ولی دست زدن حضار یا تحسین آنها،عزیزم، نان برای آدم نمی‌شود. جناب خان درست است چیزی از صنایع مستظرفه سر درنمی‌آورد ولی پولش خوب است ـ حالا می‌خواهد از هنرهای ما تعریف کند، می‌خواهد نکند. خدا کند به چنگ ما همیشه از اینجور آدمها بیفتند.

معلم رقص   اولاً شما هنرپیشه نیستید زیرا می‌بینم به پول بیش از هر چیز اهمیت می‌دهید. ثانیاً...

معلم موسیقیاختیار دارید! پس چرا پولی را که شما می‌گیرید رد نمی‌کنید و دو دستی بهش می‌چسبید؟

معلم رقص   عجب! شما ملتفت نکته نیستید. بنده عرض می‌کنم دلم می‌خواهد پول که می‌دهند از هنر بنده هم خوششان بیاید، تصدیق بکنند یا گاهی تحسین بنمایند.

معلم آواز   (با تغیّر) بنده در این مدت که حرف نمی‌زدم و تصدیق آقایان را نمی‌کردم برای این بود که میل

داشتم عقیده هر دو را خوب بفهمم. خجالت نمی‌کشید جلو من کار خودتان را هنر و صنایع مستظرفه جلوه می‌دهید؟ اولاً لِنگ انداختن و کج کج راه رفتن کدام یک از صنایع مستظرفه است؟ اینکه مال جنابعالی! ثانیاً تا آواز، که عمل طبیعت و خلقت می‌باشد، در میان است، ساز که مصنوع بشر است به چه درد می‌خورد؟ راستی که شماها قباحت نمی‌فهمید در مقابل آدمی‌همچو من ادعای معلومات و هنر می‌کنید.

معلم موسیقی مردکه حیا نمی‌کند. عَرعَر کردن خیال می‌کند جزء صنایع مستظرفه است.

معلم رقص خدا شاهد است که اگر اینجا نبودیم، با همین لگدیکه گفتی کله‌ات را خورد می‌کردم.

معلم موسیقی به خدا راست می‌گوئی. حیف که اینجا هستیم، اگرنه ویلن را به سرو کله‌اش ریزریز می‌کردم.

معلم آواز (جلو می‌رود) هیچ غلطی نمی‌توانید بکنید و در همه‌جای دنیا من حاضرم ثابت کنم که موسیقی و رقص ابداً جزء صنعت حساب نمی‌شود و شماها مردمان حقه‌باز شیادید.

معلم موسیقی مزخرف نگو، مردکه!

معلم آواز مزخرف **می‌شنوم**. الان بهت حالی می‌کنم.

معلم موسیقی الان به تو ثابت می‌کنم مردکه کی است... الدنگ احمق!

جناب خان (وارد شده بلند می‌خندد) !!! چه خبر است؟ چه شده است؟ این داد و فریاد برای چی است؟ لابد مقدمهٔ تصنیف تازه یا آهنگ نو یا رقص جدیدی است... ها؟ بگوئید ببینم!

معلم آواز نخیر قربان صحبت می‌کردیم که صنایع مستظرفه چیست و بر چندین قِسم است.

معلم موسیقی بنده توضیح می‌دادم که دیزْ و بِمُل هر کدام عمل مخصوصی دارند و مخصوصا دولاچنگ و سه‌لاچنگ عمل عجیب و غریبی در فن موسیقی دارند.

معلم رقص بنده هم شرحی راجع به رقص کاریوکا و اینکه چگونه در عالم در عرض چند ساعت منتشر و شایع گردید، صحبت می‌کردم.

معلم آواز بنده برای آقایان گوشه رهاب را در دستگاه نوا تشریح می‌کردم که چون به شاه ختائی می‌رسد از قشنگی و ملاحت و ظرافت قلب را دیگرگون می‌کند.

جناب خان (می‌خندد) بَه‌بَه چقدر مشعوف و خرسندم که الان گوش خواهم کرد ــ ولی خواهش دارم قدری صبر کنید و این پیجامهٔ تازه‌ای که دوخته‌ام را خوب تماشا کنید!

معلم رقص اطاعت می‌کنم قربان.

جناب خان یقین دارم وقتی این پیجامه را پوشیدم هم گوشم بهتر خواهد شنید و هم چشمم بهتر خواهد دید.

معلم موسیقی واضح است قربان. انسان تا راحتی کامل در خودش نبیند از موسیقی کیف نمی‌برد.

معلم آواز مخصوصاً در کتابی خواندم که پوشیدن پیجامه اثرات غریبی در فکر و مخیلهٔ انسان می‌کند.

جناب خان بله، خود من این مسئله را قبلاً مستحضر بودم. (فریاد می‌کند) بیا، آها!

حسن و اسمعیل (وارد می‌شوند) بله قربان؟

جناب خان پیجامه را بیارید!

(حسن و اسمعیل تعظیم کرده می‌روند)

جناب خان اگر بدانید چقدر دستور در این باب دادم؟ هی آورد، فلان جاش عیب داشت. گفتم، درست کرد باز آورد... جای دیگرش خراب بود... تا بالاخره آنچه که می‌خواستم شد.

(اسمعیل با پیجامه وارد می‌شود)

جناب خان   بلند نگهدار، آقایان خوب ببینند.

اسمعیل   چشم قربان.

معلم موسیقی اما حقیقتاً چقدر خوب دوخته.

معلم آواز   مخصوصاً سلیقهٔ حضرتعالی راجع بـه رنگـش مـافوق تصور است.

معلم رقص   دکمه را ملاحظه کنید... بنده که هیچ جا ندیده‌ام.

جناب خان   بیا اسمعیل جلو، نگهدار بپوشم!

(اسمعیل لباس را به جناب خان می‌پوشاند)

جناب خان   چقدر انسان در این راحت است. بسیار خوب، حالا حاضرم ببینم شماها چه چیز تازه‌ای درست کرده‌اید.

معلم موسیقی بله، این قطعه را تازه درست کرده‌ام و ایشان[اشاره به معلم آواز] هم حقیقتاً قطعـه‌ای سـاخته‌اند کـه از آن بهتر تا به حال ندیده و نشنیده‌ام. خواهش دارم دقت بفرمائید. (می‌زند و معلم آواز می‌خواند)

گویند که معشوق تو زشت است و سیاه

گر زشت و سیاه است مرا چیست گناه

من عاشقم و دلم بدو گشته تباه

عاشق نَبُوَد ز عیب معشوق آگاه

جناب خان   نه نه، هیچ خوشم نیامد برای اینکه زشـت و سـیاه و اینجور چیزها حـال مـرا بهـم می‌زنـد. یـک چیـزی همینجور یادم داده بودند که مـوش و گـاو و اینطـور چیزها داشت. صبر کنید! (فکر می‌کند) هـا، یـادم آمد.

موش و بقر و پلنگ و خرگوش شمار

زین چار چو بگذری نهنگ آید و مار

(می‌خندد) چطور است؟

معلم موسیقی به سر عزیزتان، شعر به این قشنگی و به این ظرافت، مخلص که تا بحال نشنیده بودم.

معلم رقص   حقیقتاً صحیح فرمودید، بنده هم همین‌طور.

معلم آواز اما چقدر قشنگ آقا خواندند. تصور می‌کنم هیچ آوازه‌خوانی نتواند اینجور بخواند.

جناب خان ملاحظه می‌کنید؟ با وجود اینکه نه از موسیقی سررشته دارم و نه از آواز همینطور خواندم.

معلم آواز قربان، این نعمت‌ها جبلی است. خداوند وقتی بخواهد کسی را بلند کند همه‌چیز بهش می‌دهد.

جناب خان خوب، راستی بگوئید ببینم اعیان و اشراف موسیقی و رقص و آواز و اینجور چیزها را یاد می‌گیرند؟

معلم موسیقی اختیار دارید قربان، تماماً ـ حتی بچه هاشان از دختر و از پسر.

جناب خان البته من هم کاملاً باید این کار را بکنم. حالا نمی‌دانم با معلم فلسفه و معلم اسکریم[۴] و معلم ورزش و اینها چه وقت باید کار کنم؟ حقیقتاً اوقات ما همه‌اش مستغرق کار شده.

معلم رقص قربان، خودتان را زیاد خسته نکنید! برای امثال حضرت مستطاب‌عالی رقص و آواز و موسیقی در درجه اول اهمیت دارد... باقی چیزها خیر.

معلم موسیقی بنده همیشه... بطور خلاصه عرض می‌کنم... اگر تمام مردم موسیقی را می‌دانستند، دنیا جز صلح و صفا چیز دیگری نمی‌دید.

معلم رقص دنیا قربان، روی قدم کار می‌کند و باید قدم صحیح و منظم برداشته بشود و چنانکه حضرت عالی مستحضرید، اگر انسان قدم کجی برداشت، آنوقت بیائید ببینید چه نتایج وخیمی‌پیدا خواهد شد.

جناب خان کاملا تصدیق دارم و خیلی صحیح گفتید.

معلم آواز آواز از قدیم مشهور بوده و لازم به توضیح زیادی نیست. صوت داوودی تمام پرندگان و چرندگان و خزندگان را اسیر خود کرده بود.

---

۴ . شمشیر بازی Escrime

معلم موسیقی ملاحظه بفرمائید، اولین شعر کتاب مثنوی راجع به موسیقی است:

بشنو از نی چون حکایت می‌کند
از جدائی‌ها شکایت می‌کند

جناب خان کاملاً صحیح است. آفرین آفرین!

معلم آواز بله قربان در صنایع مستظرفه اسراری نهان است که کسی نمی‌تواند به آن پی ببرد.

معلم موسیقی حالا قربان، ویولن را بگیرید ببینم درستان چطور است.

جناب خان (می‌خندد و ویولن را می‌گیرد و آرشه می‌کشد) فا ــ سل ــ می‌ــ ر ــ لا ــ دو ــ فا...

معلم موسیقی بَه‌بَه حقیقتاً اعجاز می‌کنید. بنده نمی‌دانم خداوند چه استعدادی به شما داده.

جناب خان ویولن را بگیر، حالا ببین درس آوازم را چطور درست خوب یاد گرفتم.

معلم آواز بنده روز اول گفتم حضرتعالی آواز غربی و شرقی، آفریقائی و آمریکائی را در یک ماه یاد خواهید گرفت.

جناب خان بَه، اختیار داری! پانزده روزه تحویل خواهم داد. حالا خوب َ را گوش کن!

من همان مرغک بی‌بال و بی‌پرم
شب را تا به سحر می‌نالم می‌نالم می‌نالم

معلم رقص و موسیقی و آواز بَه‌بَه چقدر قشنگ، چقدر خوب یاد گرفته‌اید. ماشاءالله چه حنجره‌ای ــ مخصوصاً قربان باید امشب امر بفرمائید اسفند برایتان دود کنند.

جناب خان اینها که چیزی نیست! حالا همان رقص کاریوکا را می‌کنم، تماشا کنید! اما قبلاً خواهش دارم یادم بدهید وقتیکه در مقابل خانمی‌برای رقص می‌روند چه باید بکنند.

معلم رقص دستتان را لطف کنید تا عرض کنم.

جناب خان   نه، شما بکنید! من هوشم خیلی خوب است زود یـاد می‌گیرم.

معلم رقص   ملاحظه بفرمائید، اگر طرف خیلی محترم باشد، بایـد قدری عقب بایستید. سه دفعه اینطور بکنیـد بعد تا سمت زانوهای خودتان خم شوید.

اسمعیل   (وارد می‌شود) قربان معلم قـداره و شمشیـر آمـده. اجازه می‌فرمائید؟

جناب خان   بگو بیاید، بگو بیاید.

معلم اسکریم (وارد می‌شود تعارف نموده شمشیر را به دست جناب خان می‌دهد) قربان، قد راست یک کمی‌به سمت ران چپ متمایل. پاهـا را آنقـدر دور از هـم نگـاه نداریـد! قبضه را مقابل تهی‌گاه، نوک شمشیر روبروی کتف، دست زیاد کشیده نشود ــ دست چپ بـه ارتفـاع چشم ــ سر راست، نگـاه ثابت، محکـم و استوار. بفرمائیـد! یـک دو سـه، بایـد خـم شـوید و نـوک شمشیرتان به من بخورد، ملتفت شدید؟

جناب خان   بله بله. خوب ملتفت شدم.

معلم اسکریم بسیارخوب، شروع می‌کنیم. خبردار! (نوک شمشیر را به او می‌زند) ملاحظه کردید؟ خبردار! (نوک شمشیر دیگری به او می‌زند)

جناب خان   (خود را عقب می‌کشد می‌نالد) آخ آخ!

معلم موسیقی اما چقدر معرکه می‌کنید، چقدر خوب یاد گرفته‌ایـد. بنده که مات و مبهوتم.

معلم اسکریم تمام اسرار شمشیربازی قربان، در ایـن اسـت کـه شمشیر را آدم بزند و بخودش نخورد.

جناب خان   صحیح می‌گوئی. آدمی‌هم کـه دل و جـرأت نداشتـه باشد، با این ترتیب حریفش را مغلوب می‌تواند بکند.

معلم اسکریم البته قربان، چیزی که عیان است چه حاجت به بیان است. حضرت مستطاب‌عالی باید بدانید کـه از تمـام

فنون، شمشیربازی بالاتر است و مقام ارجمندی را در
دنیا دارد.

معلم رقص   یعنی پس از علم رقص... بله، شمشیربازی هم چیزی
است.

معلم موسیقیاختیار دارید! موسیقی اول است بعد سایر علوم.

معلم آواز   حقیقتاً حیا نمی‌کنید؟ هزار نکته باریک‌تر ز مو
اینجاست. فن آواز بالاترین فنون است. آنهائی که
شما می‌گوئید ابداً قابل مقایسه با آواز نیست.

جناب خان   آقایان، مگر دیوانه شده‌اید؟ چطور شما می‌توانید با
این آدم که مثل گنجشک می‌تواند آدم را بکشد
طرف شوید؟

معلم رقص   با یک فُکس ترت عرقش را درمی‌آورم. اختیار دارید
قربان!

معلم اسکریم عرق کی را درمی‌آوری؟

معلم موسیقیچنان با آرشه ویولن به سرت می‌کوبم که عقل از
سرت در برود.

معلم آواز   گوشَت را با یک بیداد[5] کر می‌کنم، تصور کرده‌ای
مردکۀ احمق!

(معلم اسکریم شمشیر خود را بلند می‌کند)

جناب خان   بس است بس است، دعوا نکنید!

(معلم فلسفه‌وارد می‌شود)

معلم فلسفه سلام علیکم جمیعاً و رحمت‌الله و برکاته. چه خبر
است، چه غوغائی است؟

جناب خان   (می‌خندد) بله، آقایان در سر مشاغل خود که این بر
آن ترجیح دارد داخل مذاکره شده یواش یواش کار
داشت به جای بدی می‌رسید.

---

۵. منظور گوشهء موسیقی است.

معلم فلسفه آقایان، خیلی تعجب می‌کنم که چرا نباید نصایح علما را آویزه گوش خود کنید؟ خشم و غضب از معاصی عظیمه است و انسان صحیح کسی است که بتواند کظم غیض نموده اعصاب و عضلات خود را به حال شدت نیاورد.

معلم رقص اختیار دارید آقا، ایشان به بنده و دو نفر همقطار محترمم فحش و ناسزا بدهند و ما ساکت باشیم؟

معلم فلسفه بله همینجاست که شما باید متانت و بردباری را شعار خود قرار داده و بدانید که در عفو لذتی است که در انتقام نیست.

معلم اسکریم ملاحظه بفرمائید، آقایان با کمال وقاحت میل دارند شغل خودشان را بر شغل بنده ترجیح بدهند.

معلم رقص بنده عرض می‌کنم رقص علمی‌است که باعث افتخار و آبرومندی می‌گردد.

معلم موسیقی موسیقی فنی است که جهانیان را به سرور و شادی می‌آورد.

معلم آواز آواز از صنایع مستظرفه و رام‌کنندهٔ بشر و حیوانات است.

معلم فلسفه حقیقتاً هر چهار نفر از حُمَقاء درجه اولید. اینها که شما دارید، نه علم است نه فن، جز لهو و لعب چیز دیگری نیست و دنیا روی فلسفه کار می‌کند.

معلم آواز مردکهٔ مزخرف را ببین! (مشتی به او می‌زند)

معلم موسیقی چه یاوه‌ها مردکه می‌گوید! (لگدی به سمت او می‌اندازد)

معلم رقص شیطان می‌گوید چنان پشت‌پا بهش بزنم که از سر به زمین بخورد. (پشت گردن او می‌زند)

معلم اسکریم نزدیک است تلافی همه را سر این در بیاورم. (با شمشیر روی کتف او می‌زند)

معلم فلسفه خجالت نمی‌کشید در جلو عالمی، فاضلی، فلسفه‌دانی، معانی بیان‌خوانی این مزخرفات را بگوئید؟ یالا بروید از نظرم گم شوید!

جناب خان محض رضای خدا جنابعالی کسل نشوید. (رو به معلمین) خیر، گوش نمی‌دهند! دندتان نرم بشود... آنقدر سر هم بزنید که پدرتان دربیاید.

(معلم موسیقی و اسکریم و آواز و رقص غرغرکنان می‌روند)

معلم فلسفه (لباس خود را منظم می‌کند) بفرمائید جناب خان، مشغول درس شویم.

جناب خان خیلی بنده متاسفم از این پیش‌آمدی که برای جنابعالی پیش آمد و صدمه‌ای که خوردید.

معلم فلسفه اختیار دارید ما فلاسفه این اشخاص را جزء چهارپایان می‌دانیم.

اولئک کالانعام بلهم اضل. به جان جنابعالی، در یک قصیده همه را هجو خواهم کرد. حالا بفرمائید چه می‌خواهید یاد بگیرید!

جناب خان بنده بقدری طالب علم هستم که حد ندارد. خیلی متاسفم که پدر و مادرم در جوانی نگذاشتند بنده تحصیلات عالیه را بنمایم.

معلم فلسفه احساسات جنابعالی قابل تقدیر است. فرموده‌اند اطلبوا العلم من المهد الی اللَحد. لابد جزئی خوانده‌اید؟

جناب خان بله خوانده‌ام ولی دلم می‌خواهد شما مثل اینکه من تحصیلاتی نکرده باشم شروع کنید.

معلم فلسفه لابد اصول بعضی از علوم را می‌دانید؟

جناب خان بله نوشتن و خواندن را بلدم.

معلم فلسفه اگر میل داشته باشید از منطق شروع می‌کنیم.

جناب خان منطق چی چی است؟

معلم فلسفه منطق علمی‌است که از سه علم نقـل می‌کنـد اولـی درک است دومی‌قضاوت سومی‌اخذ نتیجه است.

جناب خان تأمل بفرمائید! این کلمـات بـرای بنـده... همچیـن ... خیلی قلمبه و سلبمه است. چیز دیگری که قشنگ‌تر و بهتر باشد برای بنده بفرمائید!

معلم فلسفه پس، از اخلاق خوب است صحبت بداریم.

جناب خان اخلاق چی است؟

معلم فلسفه اخلاق تعلیم تسکین هوا و هوس را نمـوده انسان را از کارهای بد و غیره باز می‌دارد.

جناب خان نخیر، این علم به درد من نمی‌خورد. من آدم صفرائی مزاج هستم و هیچوقت نمی‌توانم جلو خودم را بگیرم.

معلم فلسفه پس، از فیزیک صحبت خواهیم کرد.

جناب خان فیزیک چی است؟

معلم فلسفه فیزیک علمی‌اسـت کـه از اصـول طبیعـت و خـواص اجسام صحبت می‌کند ـ از فلزات از احجار از نباتـات. مثلا معلوم می‌دارد رعد چیسـت، بـرق کـدام اسـت، طوفان چه‌وقت می‌شود، تگرگ کی می‌بارد.

جناب خان عجب علم پر شر و شوری است.

معلم فلسفه پس می‌خواهید بنده چه علمی‌را درس بدهم؟

جناب خان علم املاء.

معلم فلسفه بسیار خوب.

جناب خان عد از املاء دلم می‌خواهد تقویم را هـم یـادم بدهیـد بفهمم چه وقت مهتاب است چه وقت نیست.

معلم فلسفه پس بنابراین باید به طرز صحیحی شروع کنیم یعنـی از الف با. حروف تهجـی ۳۲ حرف اسـت کـه چهـار حرف آن پ و چ و ژ و گ فارسی است.

جناب خان (می‌خندد) عجب چیـزی اسـت! ۳۲ حـرف الـف بـاء است که ۴ تاش فارسی است؟ (آه می‌کشد) راسـتی جناب، ملاحظه فرمائید معلم نسبت بـه شـاگرد پـدر است و هر دو باید به همدیگر محـرم باشـند و اسرار

خود را به یکدیگر بگویند. بنـده مـدتی است عاشـق
خانمی‌شده‌ام و میل داشتم بـا مسـاعدت و معاضدت
جنابعالی کاغذی به او بنویسم و عشق خودم را ابراز
نمایم.

معلم فلسفه بسـیار خـوب، بنـده حاضـرم ولـی معلـوم بفرمائیـد
می‌خواهید شعر برایش بنویسید؟

جناب خان نه نه، ابداً.

معلم فلسفه پس می‌خواهید همه‌اش نثر باشد؟

جناب خان نه، نه نثر می‌خواهم نه شعر.

معلم فلسفه (می‌خندد) این غیرممکن است، قربان.

جناب خان چطور غیرممکن است؟

معلم فلسفه اداء هر عبارت یا به نثر است یا به شعر و نظم. هرچـه
شعر نیست، نثر است و هرچه نثر نیست، شعر است.

جناب خان الان که ما داریم حرف می‌زنیم به این چه می‌گویند؟

معلم فلسفه نثر.

جناب خان صحیح! مـثلاً وقتـی مـن می‌گویم، اسـمعیل کفـش
راحتی و شبکلاه مرا بیاور، این نثر است؟

معلم فلسفه بله آقا.

جناب خان (به مردم) پنجاه سال است کـه مـن نثر می‌گـویم و
خودم نمی‌دانستم. چیز غریبی اسـت. (رو بـه معلم)
ملاحظه بفرمائید، بنده می‌خواهم بهش بنویسم خانم
عزیزم، چشم‌های قشنگ تو مرا از عشق می‌کشد ولی
دلم می‌خواهد این عبارت را طـوری سـر و صـورتش
بدهید که ادبی و قشنگ باشد.

معلم فلسفه اینطور عرض می‌کنم ــ حـدت آتـش چشـم‌های تـو
قلب مرا سوزانده و جز خاکستری نیست و شب و روزِ
خود را نمی‌فهمم و آنی...

جناب خان من دلم می‌خواهد همـان را کـه گفتم باشد. خانـم
عزیزم، چشم‌های قشنگ تـو مرا از عشق می‌کشد.
حالا بفرمائید چند جور این عبارت را می‌شود گفت؟

معلم فلسفه (فکر می‌کند) بله... یکی آنطور که خودتان گفتید" خانم عزیزم چشم‌های قشنگ تو مرا از عشق می‌کشد". از عشق، خانم عزیزم، چشم‌های قشنگ تو مرا می‌کشد. می‌کشد مرا چشم‌های قشنگ تو، خانم عزیز. کشدمی‌مرا تو قشنگ‌های چشم عزیزم خانم.

جناب خان حالا بفرمائید کدام این‌ها از همه بهتر است.

معلم فلسفه همان که اول خودتان فرمودید.

جناب خان ملاحظه بفرمائید، بنده بدون تحصیل و فکر، یکدفعه عرض کردم. حالا فردا منتظر جنابعالی هستم.

معلم فلسفه (بلند می‌شود) پس فعلاً خداحافظ. (می‌رود)

جناب خان اسمعیل ... اسمعیل!

اسمعیل بله قربان؟

جناب خان لباس مرا آوردند؟

اسمعیل نخیر قربان.

جناب خان عجب! مرده‌شورش ببرد! با این همه کاری که من دارم این پدرسوخته هم هر روز امروز فردا می‌کند.

حسن(وارد می‌شود)قربان، خیاط با شاگردهاش حاضر است. (رو به در) بیائید تو!

(هارونیان و شاگردش وارد می‌شوند تعظیم می‌کنند)

جناب خان داشتم از کوره در می‌رفتم از دست تو بسکه طول دادی.

هارونیان قربان اختیار دارید، حضرت اشرف عالی که مثل همه نیستید که هرچه بدوزند بپوشید. ما مجبوریم آنچه بلد هستیم برای حضرتعالی بکنیم. الان توی این شهر یک همچین پالتو برای هیچکس دوخته نشده. بفرمائید بپوشید، امتحان کنید.

جناب خان (پالتو راپوشیده دور خود چرخ زده می‌خندد) اصلاً لباس خوب به من می‌آید.

هارونیان بله قربان، قد و قامت خیلی مدخلیت دارد. خدا همه‌چیز را به شما تمام کرده. الان ملاحظه بفرمائید،

کُل⁶ از این بهتر، پشت از این قشـنگ‌تر؟ دوبولـور⁷ را ملاحظه بفرمائید! این هانش⁸‌ها دیدنی است.

جناب خان نه نه، خیلی راضیم. بارک‌الله. (کیفش را در آورده بـه خیاط و شاگردان انعام می‌دهد) بروید به امان خدا! (خیاط و شاگردش می‌روند)

اسمعیل (وارد می‌شود) قربان، معلم ژیمناستیک آمده.

جناب خان بگو زود بیایند که خیلی کار دارم.

معلم ورزش (وارد می‌شود تعظیم می‌کند) قربان، امروزها چون مخلص کار زیاد دارم و تمام اشراف و اعیـان مشـغول ورزش و اصلاح قد و قامت خودشان هسـتند و روزی ۳۰ الی ۴۰ جا بایـد بـروم، اگر می‌فرمائیـد شروع کنیم.

جناب خان راست می‌گوئی. اتفاقاً من هم کار دارم. شروع کنیم!

معلم ورزش به حال خبردار قربان بایستید! (جناب خان را بـه حال خبردار نگاه می‌دارد) سر جلو، شکم عقب، پاشنه‌های پا به هم چسبیده!

جناب خان عجب کار خسته‌کننده‌ای است. جنـاق سـینه‌ام درد می‌آید.

معلم ورزش عیب ندارد قربان، امروز درسمان راجع به عضله فَخِـذ است.

جناب خان (می‌خندد) فخذ در نصاب خوانـدم فخـذ، ران، عقب پاشنه پای رجل.

معلم ورزش قربان شروع می‌کنیم. خبردار! دست به تهیگـاه، پای راست به جلو زاویه قائمه. (جناب خان به زحمت مشغول می‌شود)

معلم ورزش (به حال خود) خبردار! دست به تهیگاه، پای چپ بـه جلو زاویه قائمه.

---

۶. منظور یقه است.

۷. قسمتی از کت است ولی برای ما کاملاً روشن نیست.

۸. قسمت پایین تر از کمر را گویند.

(جناب خان‌به زحمت می‌کند)

معلم ورزش این حرکت آخری است، قربان. خوب دقت کنید! دو پا به جلو این دفعه باید زاویه قائمه با شکم تشکیل دهید.

جناب خان بسیار خوب، من حاضرم.

معلم ورزش وقتی گفتم خبردار، یک دو سه، یک دفعه هر دو پا را به جلو بیارید!

جناب خان اطاعت می‌کنم.

معلم ورزش خبردار ــ ۱ ــ ۲ ــ ۳ هر دو پا به جلو!

(جناب خان محکم به زمین خورده پاهایش به هوا می‌رود)

پردهٔ دوم

جناب خان هر دو قدری صبر کنید می‌خواهم با این پالتو توی شهر بگردم و به همه مردم نشان بدهم که خیاط من و لباس‌های من ربطی به هیچ یک از اعیان و اشراف ندارد.

حسن و اسمعیل قربان، اطاعت می‌کنیم.

(صغرا وارد می‌شود و بلند می‌خندد)

جناب خان ترا چه می‌شود؟ زنکه، برای چی می‌خندی؟

(صغرا می‌خندد)

جناب خان مقصودت از این خنده چیست پدرسوختهٔ بدترکیب؟

صغرا ما خنده‌مان به وضع شما می‌گیرد. (می‌خندد)

جناب خان پدرسوخته مرا مسخره کردی؟

صغرا (به حال خنده) به خدا نه.

جناب خان به خدا اگر دست از خنده برنداری با مشت سرت را خورد می‌کنم.

صغرا (می‌خندد) ما که نمی‌توانیم جلو خودمان را بگیریم. هر کاری دلتان می‌خواهد بکنید. (می‌خندد) به خدا آنقدر خوشمزه با این وضع و لباس شده‌اید که حد ندارد.

جناب خان (با تغیّر) پدرسوخته، دست وردار نیستی؟

صغرا به خدا مرا بزنید بهتر است تا اینکه بگوئید نخند. اما چشم، حالا چکار دارید؟ (می‌خندد)

جناب خان در هیچ کجای دنیا کلفت به این پرروئی دیده شـده؟ (رو به صغرا) خوب این اطاقها را پاک کن تا...

بی‌بی (وارد می‌شود) این چه بساطی است راه انداختـه‌ای؟ این چی است پوشیدی روهـم روهـم؟ آخـر تـا کـی می‌خواهی مَضحَکه ایـن و آن بشـوی؟ قباحـت دارد. حیا کن!

جناب خان مَضحَکه توئی و این کلفت پدرسوخته.

بی‌بی آخر مرد پنجاه ساله، ترا چه به رقص یاد گرفتن؟ تـو دیگر به زانوهایت قوت نیست.

صغرا (می‌خندد) خانم، آن یارو شمشیربازه کـه مثـل علـی ورجه از اینور اطاق می‌پرد آنور...

جناب خان خفه‌شو پدرسوختهٔ بی‌حیا!

بی‌بی برای چی خفه بشود؟ حرف راست زدن که بـداخلاقی نـدارد. آخر از این کارها دست بکش، فکر شوهر دادن دختـر بدبختت باش!

جناب خان عجله لازم نیست. هر کاری موقعی دارد.

صغرا خانم، راستی این را بگویم امروز هم یک معلـم آورده ـ نمی‌دانم برای فلسفه... چندسفه... چی؟

جناب خان پدرسوخته، می‌خواهم از تصدق سر او فهم و ادراک و منطقم زیاد بشود.

بی‌بی آخر مرد حسابی، اسبی را که در پیری سوغان کنند، مگر نمی‌دانی برای صحرای محشر خوب است؟

جناب خان این مسائل مربوط به شما نیست. اعیان شدن زحمت دارد. باید تمام این علوم را یاد گرفت.

صغرا آقا جان، از سـر خر شیطان پائین بیا، ایـن مفتخورهـا را بنداز دور . والله ،از صبح تا شام بسکه خاک و گـل تو اطاق آوردند و من پاک کردم پدرم درآمد.

بی‌بی می‌فهمی یا گوشت سنگین است؟

جناب خان هیچ می‌دانید به اینهائی که می‌گوئید چی می‌گویند؟

بی‌بی مقصودت از این حرف چی است؟

جناب خان نه، می‌خواهم بدانم اینطور که تو حرف می‌زنی و صغرا، به این چی می‌گویند؟

بی‌بی در خریت جنابعالی حرف می‌زنیم.

جناب خان (می‌خندد) احمق ناقص‌عقل، به این نثر می‌گویند.

بی‌بی چی چی؟

جناب خان بله، نثر یعنی چیزی که شعر نیست. ملتفت شدی؟ حالا[۹] بگو برای من چه فایده دارد! حروف تهجی چند تاست؟ بگو ببینم یالا! چند تاش فارسی است؟ زود باش بگو! هاها! راستی عجب مصیبتی است زن بیسواد و احمق داشتن. تو کی با اشراف نشسته‌ای، چه وقت با اعیان حرف زده‌ای بیشعور؟

بی‌بی والله، ترا که همه شهر دیوانه و مسخره می‌دانند ـ جهنم، کم‌کم داریم ماها هم رسوا می‌شویم. اعیانِ چی؟ این حرف‌ها چی است؟ این هژیر پدرسوخته جز اینکه کیسه ترا خالی کند فکر و ذکر دیگری ندارد.

جناب خان جلو دهنت را بگیر! پیاده شو با هم راه برویم! اولاً هژیر دیوان در اشرافیت لنگه ندارد، تمام رجال و اعیان را می‌شناسد. من مفتخرم که او مرا به دوستی خودش قبول کرده و در مقابل همه‌کس خودش را کوچک نزد من جلوه می‌دهد.

بی‌بی راست است. درست می‌گوئی. اینها همه برای این است که از تو پول قرض کند. حیف که تو ملتفت نیستی. خوب بگو ببینم ایشان برای تو چه کرده‌اند؟

جناب خان به خدا کارهائی که می‌کند اگر تو بشنوی مات و مبهوت می‌شوی.

بی‌بی (با مسخرگی) خوب، بفرمائید ببینم چه کاری فرموده‌اند تا به حالا؟

---

۹ . این کلمه را ما برای روان شدن مطلب اضافه کرده ایم.

جناب خان	نمی‌خواهم به تو بگویم. وانگهی، قرض بکند... آدمی‌است که زودتر از موعد قرضش را اداء می‌کند.
بی‌بی	تو گفتی و من باور کردم. به خدا قسم این مرد جز لوگ زدن۱۰ تو مقصود دیگری ندارد.
جناب خان	خفه شو! صدای پاش می‌آید.
بی‌بی	اگر برای پول نیامده بود، تو یک تف بیانداز توی صورت من!
هژیر دیوان	(وارد می‌شود) سلام علیکم جناب خان! حال شریف حضرتعالی چطور است؟
جناب خان	از مرحمت جنابعالی بد نیست. (می‌رود جلو و به مونس۱۱ تعارف می‌کند)
هژیر	حال خانم۱۲ چطور است؟
جناب خان	ای عیب ندارد.
هژیر	اما چه لباس قشنگی درست کرده‌اید. پیجامه و پالتو به این قشنگی من که تا حالا ندیدم.
جناب خان	کثرت مرحمت است.
هژیر	یک خورده بچرخید، پشتتان را هم ببینم.
بی‌بی	(رو به مردم) پشت و پیش ندارد ـــ احمق احمق است تا چشمش کور شود.
هژیر	من، به جان عزیزت، مرد به این خوش‌قد و قامتی و سنگینی و شیکی و خوش‌پوشی تا حالا ندیده‌ام. در تمام مجالس اعیان شما نقل مجلس هستید.
جناب خان	التفات دارید. (رو به بی‌بی) ملتفتی؟ نقل مجلس!
هژیر	(با اشاره به نشستن) بفرمائید خواهش می‌کنم.
جناب خان	اختیار دارید، تا حضرتعالی ایستاده‌اید بنده غیرممکن است بنشینم.

---

۱۰ . آنچه امروزه تیغ زدن می‌گوییم.

۱۱ . حضور مونس در این قسمت البته باید اشتباه تایپ باشد.

۱۲ . در متن "خانمتان" آمده بود که ما به لحاظ اینکه بی بی هنوز در اطاق است خانم را صحیح تر دانستیم.

هژیر بقدری مهربان و مهمان‌نوازید که حقیقتاً بنده را که مدیون شما هستم خجل و شرمنده می‌کنید.

جناب خان اختیار دارید، مقروضی چه اهمیتی دارد.

هژیر مخصوصاً بنده امروز شرفیاب شدم که حساب خودمان را روشن کنیم.

جناب خان (رو به بی‌بی) حالا حیا می‌کنی؟ گوشت می‌شنود؟

هژیر از قدیم گفته‌اند آدم خوش‌معالمه شریک مال مردم است.

جناب خان (رو به بی‌بی) خوب گوش کن زنکهٔ بی‌سواد!

هژیر حالا حضرتعالی خوب می‌دانید چقدر به من پرداخته‌اید، همچین نیست؟

جناب خان بله، یکقدری یادم است... یک دفعه بیست هزار ریال...

هژی صحیح است قربان.

جناب خان یک دفعه دیگر شش هزار ریال...

هژیر عجب هوش و حواس خوبی دارید.

جناب خان دفعه سوم ده هزار ریال که رویهمرفته ۳۶۰۰۰ ریال می‌گردد.

هژیر کاملاً صحیح است و حتی دیناری پس و پیش نیست و برای اینکه بنده هم از این به بعد هیچ اشتباه نکنم خواهش دارم ۱۴۰۰۰ ریال دیگر مرحمت بفرمائید که جمعاً و کلاً ۵۰۰۰۰ ریال بشود.

بی بی (مشتی به جناب خان می‌زند) (آهسته) ملتفت شدی چی می‌گفتم؟

جناب خان خفه‌شو زنکه!

هژیر اگر اسباب زحمت است، بنده عرضی ندارم.

جناب خان اختیار دارید!

بی‌بی (آهسته) مردکهٔ احمق، این شیاد ترا گاو نُه من شیر خودش کرده.

هژیر چون بحمدالله رفقا زیادند، اگر شما ندارید بنده از جای دیگری خواهم گرفت.

بی‌بی (آهسته)اگر این آدم پدر ترا در نیاورد!

جناب خان می‌گویم خفه شو، می‌فهمی؟

هژیر همه حاضرند به بنده پول بدهند ولی می‌دانید، مایلم با شما که دوست حقیقیم هستید این معامله را بکنم.

بی‌بی باز هم می‌خواهی بهش بدهی؟

جناب خان پس می‌خواهید ندم؟ زنکه، کسی که همین امروز صبح در مجلس اعیان و اشراف راجع به من صحبت کرده سزاوار نیست که از او مضایقه کنم. الان می‌روم برایش می‌آورم.

بی‌بی (آهسته)[۱۳] راستی که حماقت سر تا پایت را گرفته.

جناب خان (در حال رفتن) زنکه نه عقل دارد، نه شعور، نه سواد. (می‌رود)

هژیر خانم ببخشید، بنده نمی‌دانم چرا حضرت‌علیه همچین قیافه عصبانی دارید ؟ به علاوه، خانم کوچک کجا تشریف دارند؟

بی‌بی اشتباه می‌فرمائید. بنده هرگز عصبانی نمی‌شوم. زهره هم هر جا هست حالش بد نیست.

هژیر امشب برای اعیان و اشراف یک نمایش خیلی قشنگی می‌دهند با رقص و آواز. در صورتی که میل داشته باشید جای خوبی برای شما بگویم نگه دارند.

بی‌بی نخیر، خیلی متشکرم و بقدر لزوم ما نمایش هر روز و هر ساعت داریم و می‌بینیم.

جناب خان (وارد می‌شود) بسم‌الله! اینهم بقیه وجهی که تقاضا فرمودید و امیدوارم همیشه بتوانم جنابعالی را راضی و خرسند نگاهدارم.

---

۱۳ . در این قسمت تاکید بر آهسته صحبت کردن بی بی از ماست.

هژیر	(جناب خان را به طرفی می‌آورد) خیلی از الطاف جنابعالی متشکرم. (آهسته) راجع به آن خانم اگر بدانید چه زحمتی کشیدم... مگر انگشتر برلیانی را که مرحمت کرده بودید قبول می‌کرد؟ به جان عزیزت یک هفته تمام است پدر خودم را درآوردم تا بالاخره قبول کرد و امروز هم اینجا خواهد آمد.
جناب خان	(خوشحال) والله نمی‌دانم چگونه از الطاف شما تشکر کنم.
هژیر	اختیار دارید! اولاً برای دوست سر و جان را نتوان گفت که مقداری هست. وانگهی، بین‌الاحباب الاداب، وظیفه بنده است که چیزی را که حضرتعالی میل کرده باشید ببینید یا بشنوید، درهر کجای آسمان و زمین باشد، پیدا کنم.
جناب خان	خداوند انشاءالله هیچوقت شما را از بنده نگیرد.
بی‌بی	(آهسته) خیر، ول‌کنش نیست. نمی‌دانم دیگر چی از او می‌خواهد؟
صغرا	لابد خانم، می‌خواهد کلاه دیگری سرش بگذارد.
هژیر	ملاحظه بفرمائید، خانم‌ها از خرج کردن هیچ مضایقه ندارند و بهترین کیف و لذتشان ولخرجی است... حضرتعالی هم که هر دفعه یک تعارف و هدیه علاوه بر پول و اینجور چیزها فرستاده‌اید. من یقین دارم به محض اینکه با شما مصاحب بشود عشقش هزار برابر می‌گردد.
جناب خان	پول چه قابلیتی دارد؟ من جانم را حاضرم فدای او کنم.
بی‌بی	(آهسته) صغرا، یواش برو جلو خوب گوش کن ببین به هم چه می‌گویند.
صغرا	چشم خانم جون. (آهسته می‌رود به سمت آنها)
هژیر	راستی که زنی به این لطافت به این فطانت و به این صباحت من که در دنیا ندیده‌ام.

جناب خان بله، خانه شما خراب بشود برای اینکه خانم شما زود مطلب را درک می‌کرد[۱۴]. من خودم همه دستورات را به آشپز و معلم رقص و اینها داده‌ام. (در این ضمن صغرا را می‌بینند) پدرسوخته، آمدی گوش ایستادی؟ (به او سیلی می‌زند) بفرمائید آقای هژیر، برویم بیرون صحبت کنیم. (هر دو می‌روند)

صغرا (گریه‌کنان) خانم، دیدید چه سیلی به من آقا زد؟ اما خانم، یک کاسه زیر نیم‌کاسه اینها هست. مطلبی با هم می‌گفتند که می‌خواهند شما نفهمید.

بی‌بی مدتی است صغرا جون، من از کارها و عشق شوهرم خبر دارم... تازگی ندارد. آسوده باش! حالا باید من فکر دخترم باشم و سعی کنم وسیله زناشوئی او را با اسفندیار هر چه زودتر فراهم کنم.

صغرا به خدا راست می‌گوئید. برای اینکه تا زهره خانم شوهر نکند عروسی من با صفر سر نمی‌گیرد. خودم این را خوب می‌دانم.

بی‌بی نگاه کن، الان برو خانه اسفندیار بگو آب دستت هست بگذار زمین و بیا تا با همدیگر صحبت کنیم - بلکه امروز کلک این کار کنده بشود. زود باش! خوب فهمیدی؟ (می‌رود)

صغرا بر این مژده گر جان فشانم روا است که این مژده آسایش جان بنده و صفر است.

(اسفندیار و صفر وارد می‌شوند)

صغرا اما آقاجون، حلال‌زاده‌اید. من الان می‌خواستم بیام پیش شما.

اسفندیار برو عقب مزور متقلب. هر دفعه یک جور می‌خواهی مرا گول بزنی؟

---

۱۴ . جمله روشن نیست.

صغرا	تو را به خدا هیچ دلتان می‌آید این حرف‌ها را بمـن بزنید؟
اسفندیار	می‌گویم برو عقب! بله، برو به آن خانم بی‌وفایت بگو که دیگر اسفندیار گول‌خور نیست.
صغرا	(به صفر) ترا خـدا اربابـت مگـر خـدا نکـرده کلـه‌اش خراب شده؟
صفر	برو بیریخت، دست از سر من یکی بردار!
صغرا	تو هم آره؟
صفر	آره و آجر پاره. اصلاً نمی‌خواهم ایـن چشـم‌هایت بـه چشم‌هایم بیفته.
صغرا	(رو به مردم) معلـوم نیسـت چشـون هسـت... خـوب است بروم خانم را خبر کنم. (می‌رود)
اسفندیار	(راه می‌رود) کجای دنیا همچو چیزی نوشته شده که با یک عاشق صاف پاکی اینطور رفتار کنند؟
صفر	بله قربان، این ترتیبی که بـرای آقـا و مخلـص پیش آمده هیچ جای دنیا نیست.
اسفندیار	من که نه شب دارم نه روز، قلبم، جانم، روحم، روانـم اوست و او اینطور با من رفتار می‌کند؟ این دو روز که من او را ندیـده‌ام مثـل دو سـال می‌مانـد. آنوقت در مقابل همچو مجنونی، نگاه هم بمن نکند و مثـل بـاد از من رد بشود؟ راستی سنگدل‌تر، نمک‌نشنـاس‌تر از زهره تو کسی را می‌شناسی؟
صفر	صحیح می‌فرمائید قربان. قرینه‌اش همین صغرا است.
اسفندیار	با این همه محبت‌های مـن... زحمت‌هائی کـه بـرای خاطر او کشیدم.
صفر	چقدر قربان توی آشپزخانه برای او دیگ پاک کـردم، ظرف و ظروف شستم.
اسفندیار	اینهمه اشکی که در دامان او ریختم.
صفر	این همه سطل آبی که از چاه، قربان، برایش کشیدم.
اسفندیار	آنوقت به نظر حقارت به من نگاه کند؟

صفر آنوقت پشتش را بمن بکند؟

اسفندیار دلم می‌خواهد هیچ واسطهٔ او برای من نشوی.

صفر غلط می‌کنم. ما سگ کی هستیم؟

اسفندیار بخدا اگر خودت را قیمه‌قیمه جلو من برای آشتی با او بکنی، نخواهم کرد.

صفر به چشم قربان... خیالتان راحت باشد. اصلا این زهره خانم به درد شما نمی‌خورد. هزار دختر مهپاره حاضرند زن شما بشوند. آخر این بی‌ریخت را که چشم‌هایش ریزِ ریزه...

اسفندیار درست است ریز است اما یک آتشی دارد که هیچ چشمی‌ندارد.

صفر یک دهن دارد قربان دروازه.

اسفندیار اما کاشکی همه دروازه‌ها اینطور بود.

صفر قدش که هیچ خوب نیست.

اسفندیار این را دیگر نگو!

صفر از عقل و هوش و حواس که خوب است حرف نزنم.

اسفندیار این را نگو که درست نیست. بقدری در حرف زدن ملیح و ظریف است که حد ندارد.

صفر اختیار دارید آقا! یک جا شما می‌گوئید دیگر به درد نمی‌خورد، ما هم این حرف‌ها را می‌زنیم که خیالش از سرتان در برود، اما باز شما دبّه می‌کنید.

اسفندیار به خدا هرچه تو این حرف‌ها را می‌زنی عشق من نسبت به او هزار برابر بیشتر می‌شود.
(صغرا و زهره وارد می‌شوند)

صغرا خانم جان، والله من از حرف‌هائی که زدند سر تا پام یکدفعه خشک شد.

زهره حالا بگذار ببینم چه خبر شده است.

اسفندیار (آهسته) هیچ میل ندارم باهاش یک کلمه حرف بزنم.

صفر ما هم آقا مثل شما می‌کنیم.

زهره	اسفندیار، شما این حرف‌ها چی بود زدید؟
صغرا	صفر، این بق چیه کردی؟
زهره	مگر گوشت سنگین شده، اسفندیار؟
صغرا	مگر صفر، لال شده‌ای؟
زهره	معلوم می‌شود ملاقات چند ساعت پیش عقل تـرا جابه‌جا کرده.
اسفندیار	تو این حرف‌ها را نزنی، کی باید بزند؟
صغرا	صبح که تو پهلوی مـن بـودی مثـل حـالا مجسمهٔ خشک نبودی.
صفر	جلو می‌افتد که عقب نیافتد!
زهره	راستی اسفندیار، برای اینکه من محلی نگذاشتم و رد شدم، اوقاتت تلخ شده؟
اسفندیار	**رد شدم** را خوب فرمودید. تا به حال رنج کشیدم، زحمت دیدم کم نبود که بالاخره اینطور با من رفتار کنی؟
زهره	(می‌خندد) عجب دل نـازک هستی. گـوش کـن تـا علتش را برایت بگویم.
اسفندیار	نمی‌خواهم هرگز گوش بدهم.
صغرا	صبر کن تا منهم علتش را برایت بگویم.
صفر	من گوش شنوا ندارم.
زهره	امروز صبحی...
اسفندیار	لازم نیست بگوئی!
صغرا	گوش کن!
صفر	می‌گویم برو عقب! به خـدا مـی‌زنم شـکم خـود را پـاره می‌کنم.
زهره	بسیار خوب، حالا که اصرار داری حتی یـک کلمـه توضیح مرا نشنوی، به همین حال هم تشریف داشته باشید.
صفر	جنابعالی شکم خودتان را پاره نکنید! هر که خربوزه می‌خواهد پای لرزش هم می‌نشیند. همین است کـه هست.

اسفندیار	عجب پذیرائی خوبی می‌فرمائید!
زهره	من که دیگر حرفی نمی‌زنم.
صفر	راستی بگو ببینم چه می‌خواستی بگوئی؟
صغرا	بنده هیچ عرضی ندارم.
اسفندیار	حالا هیچ دیگر نمی‌گوئی؟
زهره	یک کلمه هم نخواهم گفت.
صفر	حالا حاضر نیستی این دل ما را به دست بیاوری؟
صغرا	ابداً و اصلاً.
اسفندیار	بسیار خوب خانم، حالا که اینطور است، خدا شاهد است، می‌روم جائی که فلک هم نمی‌تواند مرا پیدا کند. یقین داشته باش که از فراق تو جان خواهم سپرد.
صفر	همینطور قدم به قدم عقب آقام راه خواهم افتاد تا هر جائی که برود می‌روم.
زهره	آقای اسفندیار!
صغرا	مشهدی صفر!
اسفندیار	بله خانم؟
صفر	چه فرمایش است؟
زهره	کجا می‌خواهید تشریف ببرید؟
اسفندیار	همانجایی که عرض کردم.
صفر	ما راست می‌رویم به گورستان خودمان را راحت کنیم.
بی بی	(وارد می‌شود)بارک الله اسفندیار، بَه‌بَه چه به موقع آمدی. الان که شوهرم می‌رسد باید راست و پوست‌کنده با او صحبت کرد.
اسفندیار	این مژده را به من می‌دهید؟ آیا می‌توانم همچو اظهاری بکنم؟
بی بی	البته، البته.
جناب خان	(وارد می‌شود. اسفندیار و صفر تعظیم می‌کنند) آقای اسفندیار، چه خبر است؟

اسفندیار	چاکر مدتی است عقب موقع آن می‌گردم که با کمال سادگی چاکری خود را خدمتتان عرض نموده و استدعا کنم مرا به دامادی و بالاخره به نوکری خودتان قبول بفرمائید.
جناب خان	قبل از اینکه بخواهم جواب سئوال شما را بدهم، لازم است بگوئید آیا شما در زمرهٔ اعیان و اشراف هستید یا خیر؟
اسفندیار	اگر کس دیگری جای بنده بود جواب مثبت می‌داد ولی بنده از دروغ‌گوئی و نیرنگ برکنارم و به این سئوال وقعی نمی‌نهم اما می‌توانم عرض کنم که پدر و مادر چاکر مردمان محترم و خوبی بوده‌اند و خودم هم امروزه در جامعه پایه و مقامی‌دارم.
جناب خان	راست و پاک به شما بگویم و راحتتان کنم، من دخترم را به شما نمی‌توانم بدهم.
بی‌بی	این حرف‌ها چی است می‌زنی؟ اشراف و اعیان یعنی چه؟
جناب خان	خفه شو، من با تو حرف نمی‌زنم.
بی‌بی	آخر پدر تو کی بود؟ پدر من کی بود؟ هر دوشان یک تجارت مختصری داشتند. این حرف‌ها چیست؟ والله برای دختر تو یک جوان تحصیل‌کرده، که در ضمن سرمایه هم داشته باشد، لازم است ـ اشراف و اعیان چی است؟
صغرا	خانم، آقا می‌خواهد دامادش یکی باشد مثل این هژیر حقه‌باز و بی‌پول و مزخرف.
جناب خان	زنکه پدرسوخته، به توچه که خودت را داخل هر چیزی می‌کنی؟
بی‌بی	اولاً عزیز من، انسان باید عاقل باشد. دختر ما شوهری می‌خواهد مثل خود ما. از قدیم گفته‌اند نباید با در و دیوار آجری پیوند کرد. از من گفتن از تو نشنیدن. بیا برویم صغرا!! (می‌روند)

جناب خان وقتی که می‌گویم پستی، پستی! تا چشمت کور بشود! بروم بیرون یک خورده گردش کنم. سرم را خراب کرد، زنکه. (می‌رود)

اسفندیار راستی که مردکه دیوانهٔ دیوانه است.

صفر به خدا آقا، حیف آدم که با این مرد حرف بزند.

اسفندیار اما من تا حالا آنقدر خرش نمی‌دانستم.

صفر ما آقا یک خیالی به کلمون زده تا بتوانید شما به آرزوی خودتان برسید.

اسفندیار چه خیالی کردی؟

صفر حالا که اینطور است، ما به عقلمون رسیده حقه‌ای بزنیم شما را اشراف و اعیان قلمداد کنیم. وقتی کار از کار گذشت، دیگر جناب خان برود آنقدر سنگ بیاندازد تا بغلش باز بشود... آقا، دارد می‌آید. زود بیائید برویم تا من آنچه به عقلم رسیده حضورتان عرض کنم. (می‌روند)

جناب خان (وارد می‌شود) (رو به اسمعیل) خوب، بخوان ببینم این فالی که برای من گرفتی خوب است یا بد؟

(**اسمعیل کتاب دردست**)

دوش در حلقه ما قصهٔ گیسوی[۱۵] تو بود
تا دل شب سخن از احمقی و خوی تو بود

جناب خان به‌به، اولش که خیلی خوب آمده حقیقتاً.

اسمعیل بله قربان.
در خریت نبود جفت تو اندر عالم
حبّذا شاد بزی...

(مونس و هژیر وارد می‌شوند)

---

۱۵ . در اصل به اشتباه میسو آمده بود

جناب خان (دو مرتبه[۱۶] جلو مونس خم می‌شود) خواهش دارم خانم قدری عقب بروید!

مونس مقصود شما چیست؟ (رو به هژیر) هیچ ملتفت نمی‌شوم.

جناب خان مقصود این است اولاً که، به گفتهٔ معلم رقص، باید فاصلهٔ مخلص برای احترام تا شما ۳ قدم باشد. ثانیاً، باید بنده سر فخر به آسمان، که ملاقات مَلَکی به این زیبائی و حوری‌ای به این شمایل، نصیب شخص بیچاره و آواره‌ای مانند من کرده ...

هژیر جناب خان، خانم از تعارفات زیاد خوششان نمی‌آید و از شما متشکرند. (آهسته به مونس) تو نمی‌دانی این بیچاره چقدر مهمل و خر است. اوقاتت تلخ نشود!

مونس (آهسته) راستی که پز عجیب و غریبی دارد. (بلند) خیلی از شما متشکرم و از پذیرائی جنابعالی بی‌نهایت خرسند و مسرورم.

جناب خان چاکر که هنوز خدمت خودم را نکرده‌ام.

هژیر (آهسته) از آن الماس مبادا صحبتی به او بکنید!

جناب خان نپرسم خوشش آمده یا خیر؟

هژیر ابداً ابداً! (به مونس) جناب خان بی‌نهایت از مقدم شریف در خانه خودشان تشکر می‌کنند.

مونس منهم از ایشان متشکرم.

هژیر (آهسته) اگر بدانی چقدر زحمت کشیدم تا به دامش انداختم! (بلند) جناب خان عرض می‌کنند تا به حال صورتی مانند شما و اخلاق و کرداری به این خوبی در هیچکس ندیده‌اند.

مونس کثرت لطف و مرحمت است.

جناب خان استدعا دارم چون نهار حاضر است تشریف بیاورید. اینجا سرپا خسته می‌شوید.

---

۱۶ . بار

هژیر صحیح است، بفرمائید خانم.

(همه می‌روند)

پرده سوم

مونس	آقای هژیر، من که تا به حال نهار به این خوبی نخورده بودم.
جناب خان	اولاً، قابلیت خانمی‌مانند حضرت علیه را نداشت، ثانیا ـ به اصطلاح ـ چوب‌کاری نفرمائید!
هژیر	اجازه بفرمائید خانم، عرض کنم حق با جناب خان است. برای اینکه اولاً، سفارش پخت اغذیه را مخلص کرده بودم و بعلاوه، از سلیقه و ذوق شما ـ امثال ما که اطلاع ندارند ـ این بود که بنده و ایشان عقلمان را روی هم گذاشتیم و یک چیزی درست کردیم. حال اگر مطبوع طبع حضرت‌علیه شده است زهی افتخار و سعادت برای ما هر دو نفر است.
مونس	(به جناب خان دست می‌دهد) حقیقتاً چقدر باید تشکر کنم.
جناب خان	این لطافت دست و این ظرافت آیا در هیچ جای دنیا دیده شده است؟
مونس	مقصود جنابعالی دست من است یا انگشتر برلیانی که در انگشتم است؟
جناب خان	اختیار دارید خانم، این برلیان چه قابلیتی دارد؟ بنده ابداً منظورم آن نبود.
بی‌بی	(وارد می‌شود) صحیح، صحیح! بگو آقا چش است هی بمن می‌گوید امروز ظهر برو خانه خواهرت منتظرت هستند من نهار می‌روم بیرون. حالا فهمیدم.

می‌خواست من نباشم و با این خانم اینجا باشه و براشون خرج بکند.

هژیر اختیار دارید خانم، اولاً، یک‌قدری با نزاکت صحبت کنید، ثانیاً، جناب خان خانم را دعوت نکرده‌اند و هیچ هم خرجی ننموده‌اند بلکه دعوت را ارادتمند کرده‌ام و چون منزلم قابلیت پذیرائی خانم را نداشت از ایشان خواهش کردم این دعوت در اینجا باشد.

جناب خان بله زنکهٔ وقیح، خوب فهمیدی؟

بی‌بی دری وری نگو! من می‌دانم خودم چه می‌گویم. آقای هژیر، بنده مدتی است از اخلاق و کردار جنابعالی مسبوق شده‌ام و تمام حقه‌های شما را فهمیده‌ام. (رو به مونس) از شما هم قباحت دارد که با مرد شصت ساله، که دختر بیست ساله دارد، مصاحبت و رفاقت پیدا کنید.

مونس آقای هژیر، بنده از شما متوقع نبودم که مرا در خانواده‌ای بیاورید که با یک دسته نادان و احمق روبرو شوم. (می‌رود)

هژیر خانم خواهش دارم... (می‌رود دم در)

جناب خان محض رضای خدا آقای هژیر، بروید و معذرت بخواهید و ایشان را برگردانید.

هژیر اطاعت می‌کنم. (می‌رود)

جناب خان زنکه، دیدی چکار کردی؟ مرا جلو یک همچو خانم و یک همچو آقائی، که از اشراف درجه اول هستند، سبک کردی.

بی‌بی حیا کن، بنداز دور این حرف‌ها را! این وظیفه و تکلیف من است که ترا آدم کنم. (می‌رود)

جناب خان تازه داشت کار به جای نازک می‌رسید. با یک همچین خانم خوشگلی داشتم آشنا می‌شدم و حرف‌های قشنگی پشت سر هم سر زبانم می‌آمد که این پدرسوخته مثل اجل معلقی وارد شد.

صفر   (که صورتش را مانند پیرها کرده وارد می‌شود) سلام علیکم!

جناب خان   علیک‌السلام!

صفر   معلوم می‌شود هیچ بنده را بجا نمی‌آورید. حق دارید. بنده شما را به این قد و سال (بادست اشاره بـه قـد یک کودک می‌کند)دیده‌ام.

جناب خان   بنده را؟

صفر   بله یادم می‌آید از همه بچه‌ها خوشگل‌تر و قشـنگ‌تر بودید. همـه خانم‌هـا شـما را بغـل می‌کردنـد مـاچ می‌کردند. (به حال گریه) خـدا بیـامرزد مرحـوم آقـا، پدرتان را.

جناب خان   مرحوم پدرم را شما می‌شناختید؟

صفر   اختیار دارید! یکی از اعیان و اشراف درجه اول بود.

جناب خان   چطور؟

صفر   چطور ندارد؟ در اشرافیت و اعیانیت آن مرحـوم لنگـه نداشت.

جناب خان   پس این مردم پدرسوخته چه می‌گویند؟

صفر   چه می‌گویند این مردم پدرسوخته؟

جناب خان   می‌گویند مرحوم والد تاجر بوده.

صفر   پدر شما تاجر بوده؟ بکلی تهمت و بهتان محض است. اولاً اگر تجارت و بازرگانی آن مرحـوم داشـت، بـرای مشغولیت و تفریح بود برای اینکه از قماش و پارچه و اینجور چیزها خوشش می‌آمـد وگرنـه مرحـوم آقـا... اختیار دارید!

جناب خان   چقدر مشعوف و خرسند شدم که این خبرها را شـما بمن اطلاع دادید.

صفر   خیر آقا، من حاضرم در مقابـل تمـام عـالم ایسـتادگی بکنم و این مسئله را ثابت و مدلل بدارم. بله، بقـدری رفاقت مـا زیـاد بـود کـه بعـد از فـوت ایشـان بنـده نتوانستم بمانم... به سفر دور دنیا رفتم.

جناب خان سفر دور دنیا؟

صفر بله.

جناب خان لابد چیزهای خوب در این مسافرت تماشا کرده‌اید.

صفر آنقدر چیزها دیدم که اگر بخواهم عرض کنم مثنوی هفتادمن کاغذ می‌شود. بله مخلص چهار روز است آمده‌ام و اول کاری که کردم تحقیق حال و احوال حضرتعالی بود برای اینکه خبر خوشی برای شما آوردم.

جناب خان (خوشحال) چه خبری؟ بفرمائید ببینم؟

صفر عرض کنم در شهر سنگ فنگ‌چو، که یکی از ممالک بزرگ چین است، پسر وزیرالوزراء با من آشنا شد و به اصطلاح شش‌دانگ رفیق شدیم و خیال مسافرت به سرش افتاده، با من راه افتاد. بنده در راه شنیدم که آقا دختری دارید که به سن ـ بله ـ شوهر دادن رسیده و شنیدم بد دختری نیست. در عوضِ الطاف و محبت مرحوم آقا نسبت به خودم، خواستم تلافی کنم و دختر شما را به او معرفی کردم و خیلی چیزها از شما و از اخلاق و تمول و همه‌چیز به او گفتم. بالاخره او راضی شد دختر شما را بگیرد.

جناب خان (متعجب) داماد من... پسر وزیرالوزراء کجا فرمودید؟

صفر سنگ فنگ‌چو.

جناب خان چقدر من از شما باید ممنون و متشکر باشم. (روبه آسمان) خدایا شکر.

صفر بله، وقتی که خوب از شما و دختر شما و مرحوم آقا صحبت کردم، بعد از مدتی دیدم آهی کشید و آهسته گفت "رینگا فونگ ارنا زاهارا مونگ" یعنی آیا می‌شد جناب خان مرا به چاکری و خانزادی خودش قبول می‌کرد و این محبت را درباره من می‌فرمود؟ مرا می‌گوئید، اشک توی این چشم‌هایم پر شد. فهمیدم بیچاره نه یک دل بلکه صد دل عاشق شده.

گفتم خودم می‌روم خدمت جناب خان مطالب را بـه حضور باهرالنورشان عرض می‌کنم و جواب می‌گیرم.

جناب خان   بنده که نمی‌دانم چطور تشکر کنم؟ حالا چـه وقـت باید خدمتشان رسید؟

صفر   والله، بنده خدمتشان عرض کردم وقتی رفتم منـزل جناب خان شما هم بیائید، در حیاط دم باغچه قدری تشریف داشته باشید که اگر کـار بـه جـای صحیح رسید شما را صدا کنم و دست آقا را ببوسید.

جناب خان   ای بابا، من باید دست پسر وزیرالوزراء را ماچ کنم. اما حالا بگو ببینم من چطور با او حرف بـزنم؟ مـن کـه یک کلمه از زبان او نمی‌فهمم و به علاوه یک مسئله دیگر هم هست. من از خدا می‌خواهم دخترم را بـدو بدهم اما این دختر گلوش پهلوی یک پسـره‌ای کـه بهش اسفندیار می‌گویند گیر کرده.

صفر   این حرف‌ها چیست عشق بطوری زود جا عوض می‌کنـد کـه حضـرتعالی ذره‌ای از آن خبر نـدارید. (گـوش می‌دهـد) صـدای پـاش می‌آیـد. بـه نظـرم نتوانسـته اسـت طاقت بیـاورد. (نگـاه می‌کنـد) بلـه خودشان دارند می‌آیند. راستی شما همینقدر بدانیـد که باید سه دفعه تعظیم کرد و بـرای تشکر گفت هونگ زنبگا.

اسفندیار   (با لباس و صورت عوضی وارد می‌شود) سونگ مانیـا چینگی فنگ.
(جناب خان سه دفعه تعظیم می‌کند)

صفر   سلام می‌رسانند و احوال‌پرسی می‌کنند.

جناب خان   (در حال تعظیم) هنگ زینگا.

اسفندیار   شونگ هوفی یانک تسه کوانسی.

صفر   (می‌خندد) می‌فرمایند "امیدوارم که قلب شما همیشـه مثل یک بوته گـل سـرخ باشـد" اینهـا در ولایتشان اینجوری حرف می‌زنند.

جناب خان	عرض کنید خدمتشان که بنده از خانزادان کوچکتان محسوب می‌شوم.
صفر	شونگ نانکینا فونگسی.
اسفندیار	اوستونگ مونگ لای فنگ.
صفر	می‌فرمایند "امیدوارم روز بروز به شئونات عالیه نائل گردید."
جناب خان	هونگ زینگا.
اسفندیار	(اشاره به در می‌کند) فینگ موزونکالینگو.
صفر	آتشش خیلی تند شده است. عرض می‌کند که بیش از این نمی‌تواند در فراق بسر برده و خواهش دارد امر بفرمائید بفوریت تشریفات زناشوئی را درست کنند.
جناب خان	با دو کلمه اینهمه مطلب را گفت؟
صفر	بَه، این زبان از آن زبان‌ها نیست ... یک چیزی می‌گویم یک چیزی شما می‌شنوید.
جناب خان	عرض کنید خدمتشان، به دیده منت دارم و الان می‌روم این مژده را به خانواده می‌دهم.
صفر	زینگا برنیک.
اسفندیار	هونگ زینکا. (می‌رود)
جناب خان	بروم زود به این پدرسوخته زنم حالی کنم تا بفهمد من کی هستم و دامادم باید کی باشد. (می‌رود)
صفر	(با خنده بلند) اما عجب حقهٔ ما گرفت. کاشکی تا آخرش همینطور رو بیاید.
هژیر	(وارد می‌شود و نگاه می‌کند) ای صفر پدرسوخته، این چه شکلی است برای خودت درست کردی؟ به خدا هیچکس جز من غیرممکن است ترا بشناسد.
صفر	آقای هژیر، حالا دیگر وقت کمک و همراهی شما است. بفرمائید برویم هرچه کرده‌ام تا حالا برای شما عرض کنم. شما هم پشتش را بگیرید! یقین داشته باشید ارباب ما جلو شما خوب درخواهد آمد. (می‌روند)

جناب خان (وارد می‌شود) همین است که گفتم.

بی‌بی آخر مرد، این چه بساطی است؟ ما را چکار به پسر وزیرالوزراء؟ چرا تو آنقدر احمقی؟

جناب خان تو پستی. تا چشمت کور بشود! نبودی ببینی پیشکارش چی‌ها از مرحوم پدرم می‌گفت.

بی‌بی والله، نمی‌دانم عقل از سرت پریده، دیوانه شده‌ای، چی شدی؟ اگر نه، هیچ آدم عاقلی این حرف‌ها را می‌زنه... اینجور کارها را می‌کند؟

(زهره وارد می‌شود)

جناب خان دختر خودم است می‌خواهم بیاندازمش توی آتش. به تو چه ربطی دارد؟

بی‌بی اِاِاِ، مگر دختر من نیست؟ این حرف یعنی چه؟ (رو به زهره) می‌بینی زهره، حالا به کله‌اش افتاده ترا زن پسر وزیرالوزراء نمی‌دانم کجا بکند که یک کلمه نه تو زبان او را می‌فهمی‌نه او زبان تو را.

زهره من حاضرم. هر جور میل پدرم است.

بی‌بی رو از نظرم گم شو! دختر حیا را خورده و آبرو را ... لااله‌الاالله، زل زل تو چشم من این حرف‌ها را می‌زند!

صفر (وارد می‌شود) آقا چه شد؟

جناب خان مگر این زن من می‌گذارد راضی بشود؟

صفر خواهش دارم جنابعالی قدری صبر و حوصله بفرمائید.

بی‌بی غیر ممکن است آقا.

جناب خان گوش بده، ببین چی می‌گوید.

بی‌بی نمی‌خواهم گوش بدهم.

جناب خان عجب زن لجوج یک دنده‌ای... خدا به دور!

صفر شما به عرض من گوش بدهید بعد هر کاری را که می‌خواهید بکنید.

بی‌بی خوب چه فرمایشی دارید؟

صفر	(آهسته به بی‌بی) ملاحظه فرمائید من صفرم. هرچه به شما اشاره می‌کنم، ملتفت نمی‌شوید. بگذارید ما کار را تمام کنیم. پسر وزیرالوزراء کدام است؟ این ریختی که من ساختم آقای اسفندیار است. اما شما هیچ خودتان را آشنا نکنید.
بی‌بی	(بلند) خوب حالا که اینطور است مـن هـم هرچـه پدرش بگوید قبول دارم.
جناب خان	حالا دیدی گفتم یک خورده صبر کـن، گوش کـن، خودت هم با کمال میل حاضر خواهی شد؟
صفر	پس یک ظرف شیرینی حاضر کنیـد کـه مـن آقـا را بیاورم شیرینی‌خوران بشود و حلقه زناشـوئی را بیـن هم در مقابل شما و خانم رد و بدل کنند. زود باشید! الان ما می‌آئیم. (می‌رود)
جناب خان	(فریاد می‌زند) اسمعیل ، حسن، آهای!
اسمعیل و حسن	(وارد می‌شوند) بله قربان؟
جناب خان	زود چند ظرف شیرینی بیاورید.
اسمعیل و حسن	بله قربان، اطاعت می‌کنیم. (می‌روند)
جناب خان	در هر کاری عزیـزم، حوصله لازم اسـت. کسـی کـه اشراف و اعیان است باید با اشراف و اعیان پیوند کند، نه با هر کس و ناکسی. شما زن‌ها که حوصله ندارید، خودتان را عقل‌کل می‌دانید، هی حرف‌های بی‌معنـی هـم می‌زنید. راسـتی فرامـوش نکنیـد، در مقابـل حرف‌هائی که خواهد زد ـ من یک خورده زبانش را یاد گرفتم ـ در مقابـل، بایـد تشکـر کنیـد و بگویید هونگ زینگا.
بی‌بی	(می‌خندد) خیلی خوب.
زهره	چه گفتید؟ هونگ زنگا؟
جناب خان	چقدر خرفتی ، هونگ زینگا.
	(اسـمعیل و حسـن شـیرینی را آورده روی میزهـا می‌گذارند و ته سن می‌ایستند)

جناب خان شما پدرسـوخته‌ها هـم یـاد بگیریـد. وقتـی تشـریف آوردند، سه مرتبه تعظیم می‌کنید. ملتفت شدید؟

اسمعیل و حسنبله قربان، اطاعت می‌کنیم.

صفر (از بیرون) زینگن جونگن زاها را.

جناب خان پا شوید، پا شوید! مؤدب باشید!

(صفر و اسفندیار وارد می‌شوند همه سه دفعه تعظیم می‌کنند جز بی‌بی و زهره)

اسفندیار زولونگن زنیگن چونگ.

صفر می‌فرمایند زلنگ زولونگ. کار لابد تمام شده است؟

جناب خان اما چه شبیه است به زبان خودمـان! بلـه، بفرمائید تمام شده است و من هم با مادرش حاضریم با کمـال افتخـار دسـت زهـره را در دسـت ایشـان بگـذاریم و خیلـی هـم از ایـن مواصـلت راضـی و خوشـحالیم و امیدواریم سالیان سال خوش و راحت باشید.

صفر زلیگن ، زولـوگن سَـمبَلاً جنـاب خـان، بـی‌بـی خـانم فونگ، زهره شونگن پکن تانک کانتن.

(اسفندیار جلو آمده در مقابل بی‌بی زانو می‌زند)

(بی‌بی او را بلند می‌کند)

جناب خان (در وسط ایستاده دست زهـره و اسـفندیار را در هـم می‌گذارد) (رو به صفر) بگو مـن خیلـی متشـکرم و این دقیقه را بهترین دقایق زندگانی خودم می‌دانم.

صفر اطاعت می‌کنم ولی رسم آنها این است که بایـد پدر دختر قسم بخورد که هیچوقت از قول خود برنخواهد گشت ولو اینکه هر اتفـاق و پیش‌آمـدی در زنـدگانی دختر و شوهر پیش بیاید.

جناب خان به اشرافیت و اعیانیت خودم قسم می‌خورم که زهـره مال این جوان و این جوان هم مـال زهـره اسـت و از گفتۀ خود به هیچوجه برنمی‌گردم.

صفر خداوند سایه مبارک را کـم نکنـد حـالا چـون رسـم مملکت اینها این است کـه در وقت نـامزدی لبـاس

روی خود را دربیاورند و سربرهنه باشند اجازه بدهید
که ایشان هم همانطور بکنند.

جناب خان   بسیار خوب، من حرفی ندارم.

(صفر جلو رفته ریـش و کـلاه و پـالتوی اسـفندیار را
برمی‌دارد و بعد خودش را به حال اولیه درمی‌آورد)

جناب خان   اینکه اسفندیار است!
بی‌بی   اینکه صفر نوکرش است.
صفر   بله قربون، ما هرچه کردیم کـه شـما راضـی نشـدید.
ناچار این حقه را زدیم و الحمدالله گرفت. حـالا هـم
کـه شـما قسـم خـوردی، و اشـراف و اعیـان هـم از
قسمشان برنمی‌گردند، پس بفرمائید برویم به میمنت
و خوشی تدارک عروسی را ببینیم.

حاج مفتون الایاله

در سه پرده

اقتباس از نمایشنامهٔ
Monsieur de Pourceaugnac

اثر مولیر
به قلم سیدعلی نصر

اشخاص:

قمرالزمان	دختر طماع دیوان
طماع دیوان	پدر قمر الزمان
هرمز	خواستگار قمرالزمان
خانم‌باجی	کار چاق‌کن
چابک	نوکر
میرزا محمد	داروساز
پزشک الحکما	طبیب قدیمی
جاهل‌الحکما	طبیب قدیمی
گلین‌باجی	عیال دروغی مفتون‌الایاله
سیف‌علی	بیمار
ننه حلیمه	بیمار
ظریف‌الشعرا	ولگرد
داش غلام	راهگذر
کل ابل	راهگذر
عزیز و نعیمه	بچه‌های دروغی مفتون‌الایاله
	حاجی مفتون‌الایاله خواستگار قمرالزمان
تارزن	

قمرالزمان	هرمز، به خدا به قدری می‌ترسم که حد نداره. شب و روز مثل این‌که من بِپّا دارم. می‌ترسم بـالاخره میـان من و تو جدایی بیفتد.
هرمز	عزیزم، من تمام نکات را متوجه هستم. واهمه نکن و آسوده باش.
قمر	خانم‌باجی، تو را به خدا تو هم اطراف کـار را داشـته باش کسی سر نرسه.
خانم‌باجی	ببین خانم جون، تو به مـن کـار نداشته بـاش، فکر خودت و هرمز باش ـ باقیش همه با من.
قمر	بسیار خوب، من حرفی ندارم. حالا شما،آن‌طوری که می‌گفتید، زمینه را طوری جـور کرده‌ایـد کـه پـدرم دست از زناشویی من با حاجی‌آقا برداره یا نه؟
هرمز	والله، هزار جور حقه تا حالا درسـت کـرده‌ایم ـ حـالا کدام را به کار بزنیم معلوم نیست.
خانم‌باجی	اوه... صدای آقاجانتان می‌آید، خانم.
قمر	پس زود بروید که گیر نیفتید.
خانم‌باجی	ابداً لازم نیست. این حرف‌ها چیه؟ وانگهی، مـن ایـن دروغ را گفتم ببینم شما چند مرده حلاجید.

قمر شوخی هات هم به آدمی‌زاد نمی‌مونه.

هرمز بله عزیزم، ما هزار دوز و کلک درست کردیم ولی نمی‌خواهیم به شما بگوییم برای این‌که مزه‌اش می‌رود و این‌جور چیزها را انسان خوبست وقتی که پیش آمد بفهمد و به علاوه شما نباید از این چیزها ـ بله از این چیزهای ما ـ اوقاتتان تلخ شود برای این‌که خودتان این اجازه را به من دادید. این دوز و کلک‌ها را باید خانم‌باجی و چابک به کار بزنند و من یقین دارم به مقصود خواهیم رسید.

خانم‌باجی من قول شرف می‌دهم که نگذارم شما زن حاجی‌آقا بشوید ولو آن‌که پدرتان هر کاری که از دستش برمی‌آید بکند. وانگهی، شما فکر کنید خوب است به شما بگویند زن حاجی‌آقا؟ من که هیچ خوشم نمی‌آید.

چابک (وارد می‌شود) سلام‌علیکم!

هرمز علیک‌السلام! بسم‌الله! چابک هم آمد. ببینیم چه چیزهایی تازه خبر آورده؟

چابک قربان، حاجی‌آقا تا چند دقیقه دیگه وارد میشه. ما را که فرستاده بودید برویم خوب براندازش کنیم، به نظرم، خوب از عهده برآمدیم برای این‌که نیم ساعت تمام ایستاده بودیم و خوب تو خطش رفتیم. از پک و پوزش ما هیچ صحبت نمی‌کنیم برای این‌که گفته اند[۱] "چیزی که عیان است چه حاجت به بیان است" ـ خودتان ملاحظه خواهید فرمود ــ اما در عقل و شعور ـ خدا قربونش بُرُم ـ تا حالا همچین خری زیر این آسمان کبود نیافریده. هر حقه‌ای بهش بزنی مثل آب قبول می‌کنه.

هرمز تو را به خدا راست میگی؟

---

۱ . در متن تایپی "گفت" آمده که ما برای روشنی به این صورت درآوردیم.

چابک	جان شما. چه خوب گفته‌اند: "تا که ابله یافت گردد در جهان [با اشاره] خان‌باجی و مخلصک اندر امان"
خانم‌باجی	آقا، زرنگ‌تر از چابک کی است؟ ما که سراغ نداریم. به خدا از این حقه‌بازتر، ناقلاتر توی این ملک پیدا نمی‌شه. هزار شیوه می‌دونه که هر کدامش می‌تونه هزار کار صورت بده. یک جلتی است که شما هنوز خبر ندارید.
چابک	خانم‌باجی، خدا سایه شما را از سر ما کم نکنه اما از قدیم گفته‌اند: "مکر زن ابلیس دید و بر زمین" ـ ببخشید ـ دماغش را روی خاک مالید. هیهات که ما حقه‌های **شما** را یاد بگیریم! بله... اما حالا آقا، باید مشغول کار شد و دَم حاجی را دید. ما قربان، آن دسته خودمان را حاضر کردیم ـ دیگر وقت معطلی و مس‌مس نیست.
هرمز	بله حق با تو است. (به قمر) همان‌طور که گفتم شما باید خودتان را مطیع و فرمان‌بردار آقاجانتان بدانید و طوری قلمداد کنید که از وصلت با حاجی‌آقا راضی هستید.
قمر	از طرف من خیالتان راحت باشد.
هرمز	افسوس! خوب، راستی قمرجان، اگر دوز و کلک‌های ما هیچ کدام فایده نکرد، تو چه می‌کنی؟
قمر	من صاف و پوست‌کنده به پدرم میل خودم را می‌گویم.
هرمز	اگر با وجود این‌ها باز هم حاضر نشد؟
قمر	(با خنده) آن‌وقت خودم می‌دانم چه‌کار کنم.
چابک	صدای پای حاجی‌آقا میاد. زود باشید بروید و مرا تنها بگذارید.

(هرمز می‌رود و بوسه به طرف قمر می‌فرستد)

(قمر با خنده خارج می‌شود)

خانم‌باجی (به چابک)ببینم چه‌کار می‌کنی. (می‌رود)

چابک	حالا دیگه میدون میدون ما است. بنـده قلـی بیـک ببینید چه‌کارها بکنم که عقل حیران بماند.
حاجی‌آقا	(مثل کسی کـه بـا همراهـانش حـرف می‌زنـد وارد می‌شود) عجب شری گیر کردم. از دقیقه‌ای کـه وارد این شهر شدم این مردم دست از سر من برنمی‌دارند. نه، من که شاخ درنیاورده‌ام! (سرش را به طرف چپ می‌کند) نه، می‌پرسم ــ بنده دم درآورده‌ام؟ نگذاریـد مـن از کـوره دربـروم. اگـر دربـروم، دیگـه جلو مـرا نگاه‌داشتن کار مشکلی است.
چابک	(آهسته جلو می‌آید) پدرسوخته‌ها، از جان حاجی‌آقا چه می‌خواهید؟ مسخره بازی درآورده‌اید؟
حاجی‌آقا	الحمدالله یک آدم حسابی دیدم.
چابک	[ظاهراً خطاب به یـک گـروه] آه آه آه. زهـر مـار! چـه خنده‌داره؟ مگر آقا خر دجّاله که این‌طـور عقبش راه افتادید؟
حاجی	بارک‌الله!
چابک	آقا هم ناسلامتی مثل شما آدمه!
حاجی	همین را بگو.
چابک	پدرسـوخته‌ها، هـوش و فراسـت و عقـل و ادراک همین‌جور از سر تا پای حاجی‌آقا می‌ریزه.
حاجی	بله، حالیشان کن!
چابک	
	حاجی‌آقایی شنیدی ای پسر گوشِ خر بفروش و دیگر گوش خر
حاجی	چه آدم نجیبی است.
چابک	
	حاجی‌آقا هست مردی خوش‌مزه می‌خورد دائم شلیل و خربـوزه
حاجی	چه‌قدر خوب می‌داند من چی دوست دارم.

چابک به خدا قسم، اگر یک دفعه ببینم یک نفر عقب حاجی‌آقا راه افتاده و هِرّ و کِر می‌کنه، من می‌دانم و او. یاالله! بروید!

[خطاب به حاجی] در اوامر آقا کوتاهی نخواهم کرد. بنده نیم ساعت قبل اتفاقاً در خیابان بودم حضرت آقا را با همین دسته رجاله زیارت کردم. نمی‌دانم چه چیزی در صورت شما است که به محض این که انسان متوجه شود شعف و مسرتی در قلبش پیدا می‌شود که حاضر است جان خود را فدای قدم‌های پای شما بکند.

حاجی کثرت مرحمت است که درباره مخلص دارید. چیز غریبی است ـ به جان شما ـ در ولایت هم، در بازار ساغری‌سازها هم، اهل ولایت با من همین‌طور معامله می‌کنند. هروقت در خیابان یا در بازار می‌روم همه دورم جمع می‌شوند مثل این‌که گوره‌خر دیده‌اند. در هر صورت خیلی لطف دارید و بنده را از دست این عده خلاص کردید.

چابک اصلاً هیکل شما باوقار است. صدایتان بانمک است. صورتتان ترگل ورگل است ـ چه عرض کنم ـ سر تا پا خوبید.

حاجی خیلی متشکرم. راستی بنده را خجل فرمودید.

چابک اصلاً قربان، مردم زمانه هر کدام یک صفت و خصلتی دارند. مخلص آدمی‌هستم صاف و ساده، بی‌شیله پیله، نه از حقه‌بازی چیزی سرم میشه نه از دوز و کلک و همین صداقتم است که اسباب زحمتم شده است و خوش‌بختانه بنده هم تقریباً می‌توانم عرض کنم همشهری جنابعالی هستم.

حاجی راست می‌فرمایید؟

چابک بله، ولی بنده از اهل دهات پایین هستم و مدتی است در این شهر آمده‌ام. ضمناً این را می‌خواستم

عرض کنم. گمان می‌کنم این جمع شدن مردم به دور شما برای این لباس و کلاه شیک و قشنگی است که جنابعالی پوشیده‌اید. در این شهر گمان نمی‌کنم خیاطی باشد که به این قشنگی و خوبی لباس بدوزد. لابد این‌ها سفارشی است و دستور داده‌اید؟

حاجی (با سرفه) بله، بنده همه‌چیزم همین‌طور است.

چابک البته **نباید** نباشد! بنده یقین دارم تمام رجال و اعیان و بزرگان همه به دیدن آقا خواهند آمد و البته تا به حال خانه‌ای اجاره فرموده‌اید که مناسب مقام حضرتعالی باشد.

حاجی البته **باید** رجال و اعیان دیدن من بیایند ولی هنوز خانه ندارم و می‌خواهم اجاره کنم.

چابک همان‌طور که عرض کردم، مدتی است در این شهرم و همه سوراخ‌ها را خوب می‌دانم. اگر اجازه بفرمایید، در خدمت باشم و آن‌چه لازم نوکری و فدویت است انجام دهم.

حاجی خیلی متشکرم.

هرمز (وارد می‌شود) بَه‌بَه،بَه‌بَه! حاجی‌آقا،اختیار دارید! چرا ما را خبر نکردید؟ (او را می‌بوسد)

حاجی (مات و مبهوت) ما هیچ آقا را به‌جا نمی‌آوریم.

هرمز معلوم میشه بنده را فراموش فرموده‌اید.

حاجی (به چابک) سر تو، هیچ آقا را زیارت نکرده‌ام.

هرمز خواهش دارم خوب بنده را به اصطلاح برانداز کنید، ببینید جایی دیده‌اید یا خیر. نمی‌دانم پنج سال یا شش سال پیش بود خدمت حاجی‌آقا رسیدم و مخصوصاً می‌فرمودید بنده یک نفر از دوستان حقیقی و صمیمی حضرت‌عالی هستم.

حاجی (به چابک) سر تو، ابداً یادم نیست.

هرمز بنده تمام اقوام و کسان و فامیل حاجی‌آقا را می‌شناسم و هیچ‌کدام از نظرم محو نشده‌اند و تعجب

می‌کنم با وجود این‌که صبح و ظهر و عصر خدمتتان بودم چه‌طور فراموشتان شده است. بنده خوب یادم است یک روز توی حیاط بودیم، بنده نشسته بودم، خود آقا آن کوزه دهن گشاد را که مال آب چاه بود ـ یادتان هست ـ برداشتید و آن چوب سرکج را توی حلقه‌اش انداختید،از چاه آب درآوردید و به بنده مرحمت فرمودید.

حاجی (انگشت به دهان) (به مردم) عجب! مثل این‌که دارد یک چیزی یادم میاد.

هرمز من هیچ نمی‌توانم فراموش کنم آن روز توی سبزی میدان آقا رفتند توی گل‌ها آن گل سرخ گنده را کندند. باغبان اوقاتش تلخ شد آمد جلو زد زیر چانه آقا... (همین عمل را می‌کند) که مردکهٔ احمق، این چه حرکتی است که می‌کنی؟ بنده به رگ غیرتم برخورد. رفتم جلو دوتا کشیده گذاشتم توی گوشش. وقتی‌که افتاد روی زمین دوتا لگد توی شکمش زدم که پدرسوخته، مگر حاجی‌آقا را نمی‌شناسی؟

حاجی (با سرفه رو به مردم) این را دیگر هیچ یادم نمی‌آید.

هرمز الان که من شما را دیدم، به خدا، قلبم چنان تپش کرد که حد نداشت اما اوقاتم تلخ شد که چرا مرا خبر نکردید. خوب آن آن...آن...(فکر می‌کند)اسمشان را یادم رفته بود ـ می‌فرمودید چی؟ بله پسرعمویتان.

حاجی بله، عبدالحمید را می‌فرمایید.

هرمز بله بله، آقای عبدالحمید چه‌طور شد؟

حاجی خوب است. الحمدالله کاربارش بد نیست.

هرمز آن قد بلنده، چهارشانه که هر روز آن‌جا می‌آمد... بله.. اسمشان را فراموش کردم.

حاجی بله دایی‌زاده، میرزا محمد، را می‌فرمایید.

هرمز بله، اصلاً حاجی‌آقا، مرض نسیان همه چیز را از یادم برده. چه‌قدر آدم خوشمزه و خوش‌صحبتی بود.

حاجی برعکس، اشتباه می‌کنید. خیلی آدم عبوس و بدعنقی است.

هرمز بلـه بلـه... آهـا، یـادم آمـد. بنـده بـا آقـای چیـز ... استغفرالله... میرزا ... اشتباه می‌کنم.

حاجی ها، فهمیدم. میرزا حسین‌علی آیِزِنهِ[2] بنده را؟ بلـه آن خیلی چکه[3] است.

هرمز خوب حاجی‌آقا، بنده امیدوارم استدعای مرا زمین نخواهید گذاشت و بنده منزل خواهید آمد.

چابک اتفاقاً خانهٔ آقا را (اشاره بـه هرمـز)[4] تـوی ایـن شـهر کسی ندارد. بفرماییـد اسـباب‌هایتان کجاسـت، بنـده بروم بیاورم.

حاجی آقا، بنده امان‌الله، نوکرم را، سر اسباب‌هایم گذاشتم و بهش سفارش کردم از جایش تکان نخورد. الان تـوی گاراژ منتظر بنده است.

چابک بنده رفتم بیاورم.

حاجی نه آقا، صبر کن باهم برویم.

چابک بفرمایید! بنده حاضرم.

(حاجی می‌رود)

(چابک هم همراه خارج می‌شود)

هرمز به خدا هزار جور حقه درست کـرده‌ام کـه اگـر هـر کدامش بگیرد نان ما توی عسل و روغن است.

میرزا محمد(وارد می‌شود) قربان، همان‌طوری که فرموده بودیـد، دو نفر از پزشکان نمره اول را حاضر کـردم و چـاکر هـم برای داروسازی و ساختن اکسیر بـرای بیمـار معـین شده‌ام.

هرمز حالا آقایان کجا تشریف دارند؟

---

۲ . شوهر خواهر

۳ . لوده و مسخره

۴ . برای روشن تر شدن پرانتز را ما اضافه کردیم.

میرزا محمد حکما و دکاتره ـ چنان‌چه مستحضرید ـ آنی راحت نیستند و وقت سرخاراندن ندارند. الان جماعتی را دیدم دورشان را گرفته‌اند ـ یکی از استسقا می‌گفت دیگری از باد سرخ یکی از سوءالغنیه‌و عده‌ای از اوجاع معده.

هرمز بله، همان‌طوری که گفته‌ام، یکی از اقوام بنده مبتلا به صرع و جنون است و گاهی حالات عجیب و غریبی در او پیدا می‌شود و بی‌چاره هم خیال زناشویی دارد ولی ما می‌خواستیم قبلاً به مداوای او بپردازیم و بعد عروسی کنیم.

میرزا محمد اما چه کار خوبی فرمودید که به آقای پزشک الحکما رجوع فرمودید ـ حقیقتاً تالی ارسطاطالیس و خلیفهٔ افلاطون و بقراط است، از حکمت طبیعی و الهی هر دو مطلع، نفسش گرم، شفادهنده و روی هم رفته مرگ از او گریزان است و هراس دارد.

هرمز پس بنابراین، امیدوارم که مشکل ما به دست آقای پزشک‌زاده[5] و جاهل‌الحکما هر دو حل گردد.

میرزا محمد به جان عزیز شما، بنده سه اولاد داشتم که هر سه را به آقایان رجوع کردم. در یک دفعه عیادت کلک هر سه را کندند و یقین دارم اگر نزد سایرین رفته بودم چند ماهی دچار بیماری آن‌ها بودم و بایستی هی خرج کنم.

هرمز البته حِذاقت و اطلاعات آقایان نه به آن اندازه است که همه کس را میسر باشد.

میرزا محمد ملاحظه بفرمایید، آقای پزشک‌الحکما تشریف آوردند. چه‌قدر باوقار حرکت می‌کنند.

(پزشک‌الحکما وارد می‌شود و عقب سر او سیف‌علی و ننه رقیه وارد می‌شوند)

---

۵ . اسامی‌پزشک الحکما و پزشک زاده هر دو به یک نفر در طول نمایش اطلاق شده است.

سیف‌علی [خطاب به پزشک الحکما] به جان شما، از درد **سر** می‌نالد.

پزشک‌الحکما همین جاست که اشتباه می‌کنی. درد در طحال است. ابخرهٔ طحالیه زیاد است و چون بالا می‌آید به سر می‌خورد و بیمار تصور درد سر می‌کند.

ننه رقیه به خدا آقای حکیم‌باشی، همین‌جور از اول شب تا صبح هی گفت دلم دلم دلم دلم دلم.

پزشک الحکما اهمیت ندارد. سوءالغنیه است بحران کرده. تا سه روز دیگر مجال ندارم او را ببینم. اگر در این سه روز لبیک حق را اجابت گفت، ننه جون، مرا خبر کن تا بی‌خودی عیادت نکنیم.

سیف‌علی حکیم‌باشی، جون خودت، خودم از همه مریض‌ترم - سرم، گردنم، شکمم، پام، همه‌جام درد می‌کند.

پزشک‌الحکما در کتاب جُنگ‌الامراض می‌نویسد الفصدوالتنقیه علاجان موتَران لکل‌الامراض اَو معدی، اَو رأسی، اَو یَدی، اَو پائی. خوب، بنده را راحت بگذارید. با جناب آقای هرمزخان کار دارم و مدتی است انتظار قدوم شریف مرا دارند. برو باباجان، برو ننه‌جان.

سیف‌علی خدا سایه‌ات را کم نکند. (می‌رود)

ننه رقیه خدا حکیم‌باشی را عمر بدهد. (می‌رود)

هرمز بنده، آقای پزشک‌الحکما، به قدری از زیارتتان متشکرم که مافوق تصور است و چنان‌که عرض کردم شفای این شخص را از شما می‌خواهم و بدانید اگر او را معالجه کنید، نه در این شهر، بلکه در دنیا، شهرت شما خواهد پیچید. فعلاً این پول را تقدیم می‌کنم و یقین بدانید اگر خوب شد، هرچه بخواهید به آقایان تقدیم خواهم نمود.

حاجی‌آقا (وارد می‌شود)(به هرمز) خیر، سر آقا، بنده حاضر نیستم دیگر جنابعالی برای بنده خرج هم بکنید. همان منزل که لطف فرمودید کافی است.

هرمز	(به پزشک الحکما)(اشاره به حاجی می‌کند) ایشـان هستند که عـرض می‌کـردم. نخیر حاجی‌آقـا، این خرجی است که مربوط به شما نیست.
حاجی	من مقصودم این است که دوسـتانه بـا بنـده رفتـار فرمایید و تشریفات را کنار بگذارید.
هرمز	البته همین‌طور است که فرمودیـد. (به پزشک) اما نباید بگذارید از دست شما خودش را خلاص کند!
پزشک‌الحکما	خیالتان راحت باشد.
هرمز	حاجی‌آقـا، چون یک کار فـوری دارم بـه انـدازه چنـد دقیقه اجازه بفرماییـد مـرخص شـوم. بعـد خـدمت می‌رسم.
حاجی	بفرمایید! مخصوصاً بنده مایلم هیـچ اسبـاب زحمـت نباشم.
	(هرمز می‌رود)
پزشک‌الحکما	بنده نمی‌دانم چه‌قدر باید شکرگزار باشم که خـدمتی به جنابعالی بکنم و یقین دارم بـه قـدری از زحمـات مخلص و همکار گرامیم راضی خواهید شد که مافوق تصور خواهد بود.
حاجی	اختیار دارید! بنده آدمی‌هستم درویش و بی‌زحمت.
پزشک	خواهش دارم بفرمایید قدری صحبت کنیم.
حاجی	(حاجی می‌نشیند) بَهبَه چـه صنـدلی راحـت خـوبی است.
پزشک‌الحکما	(نبض او را می‌گیرد)
حاجی	مقصود از این کار چیست؟
پزشک‌الحکما	بفرمایید ببینم غذا خوب میل می‌فرمایید؟
حاجی	آقا اختیار دارید، هـم خـوب می‌خـورم و هـم خـوب می‌آشامم.
پزشک‌الحکما	رطوبت و سـرما در آن واحـد باعـث خسـتگی مـزاج می‌گردد. خوب، خوابتان چه‌طور است؟

حاجی   به قدری خوب می‌خوابم کـه شـب خوابیده‌ام صبح بلند می‌شوم.

پزشک‌الحکما   لابد خواب هم می‌بینید.

حاجی   بعضی اوقات.

پزشک‌الحکما   مثلا چه خواب‌هایی می‌بینید؟

حاجی   خواب خواب است. مقصود از این مذاکرات چیست؟

پزشک‌الحکما   عرض کنـم... شما کار به ایـن کارهـا نداشتـه باشیـد. طوری بنده و همکـارم بـه شـما خدمت کنیـم کـه خودتان حظ کنید.

حاجی   سر آقا، بنده هیچ مقصود از این حرف‌ها را نمی‌فهمم.

جاهل‌الحکما (وارد می‌شود) به‌به، خوب به‌حمدالله جنابعالی خوب مقـدمات کـار را فـراهم آورده و تحقیقـات لازم را نموده‌ایـد. (دسـت حاجی را می‌گیـرد و خطـاب بـه پزشک الحکما) خوب، نتیجـه تحقیقـات حضرتعالی چیست؟

پزشک‌الحکما   جناب آقای جاهل‌الحکما، استنباط بنده از ایـن قـرار است که راجع به مالخولیا جالینوس او را بـه سه نـوع تشخیص می‌دهـد. اولی قشعریرات نخـاعی اسـت، دومی از فساد خون است و سومی، که حالِ بیمـار مـا اسـت، در اثر انبساط طحـال اسـت و خـروج و صعـود ابخره طحالیه است به دماغ. بقـراط قائـل اسـت کـه یأس و حرمان در این بیماری شدت می‌کند و بیمـار را به سمت مرگ سوق می‌دهـد. ملاحظه بفرماییـد، این قیافه، این عیون قرمز، این ریش دراز، تمام علائم مالیخولیای طبقه سوم اسـت و یقین است که مـریض را بـه وادی جنـون کلـی می‌کشـد. مخصوصـاً قـدما صریحاً اظهار داشته‌اند شعر و کلمات قشنـگ و ساز و آواز برای این بیماری شفاست.

جاهل الحکما   حقیقتاً طرز بیان و تشخیص حضرت مستطاب عـالی همه را فریفته می‌کند و چاکر هم، با حرکـات نـبض،

همین تشخیص را که فرمودید قائلم. در ضمن، برای این‌که زودتر علاج شود، قول ارسطو بی‌فایده نیست[۶]. نمی‌دانم در کتاب پنجم از امراض‌الجنون، فصل ششم، سطر سوم می‌فرماید: اربعهٔ... (فکر می‌کند) می‌فرماید: اربعهٔ تنقیه و ثلاث فَصد واجبٌ . فی المرض المالیخولیا ان‌المریض تَبکّی و تَغشی والبعد ضَحِک قهقهه مکرر و متوالی. پس بنابراین باید منتظر گریه و غش و بعد خنده و قهقهه آقا گردید.

حاجی (دست‌هایش را از دست آن‌ها درمی‌آورد) آقایان، این چه بازیه یک ساعت است درآورده‌اید؟

جاهل‌الحکما تشخیص و مطالعه مرض از اولین واجبات است. آرام باشید! جزئی حرکت شما جنون را شدت می‌دهد.

حاجی بنده را ول کنید آقایان! تشریف ببرید!

جاهل‌الحکما اثر دوم ـ ملاحظه می‌فرمایید ـ شروع شد.

حاجی آقا، محض رضای خدا بفرمایید از جان من چه می‌خواهید؟

پزشک‌الحکما ما می‌خواهیم شما را معالجه کنیم.

جاهل‌الحکما بله جناب آقا. بله آقا.

حاجی بنده **مریض** نیستم.

پزشک‌الحکما همین چیزی که می‌فرمایید خودش مرض است.

حاجی والله من سالمم.

جاهل‌الحکما ما بهتر از شما حال شما را می‌دانیم.

حاجی پاشید! مرده‌شور این طب را ببرد که شما می‌دانید.

پزشک‌الحکما ملاحظه می‌فرمایید؟ جنون آقا در کمال واقع است.

حاجی خیر آقا، پدر و مادر بنده صد سال عمر کردند و هیچ دوا هم نخوردند و خیلی هم خوب بودند.

جاهل‌الحکما سلامتی آن‌ها باعث جنون شما بوده است ـ تصور نکنید! شما راحت باشید! شما را به ما سپرده‌اند که

---

۶ . در متن تایپی "است" آمده بود که تغییر دادیم.

به شما خدمت کنیم و ما هیچ از جنون شما کسل نمی‌شویم. فعلاً هم می‌رویم.

ظریف‌الشعرا (وارد می‌شود) به‌به، سلام‌علیکم آقای مفتون‌الایاله. به سر عزیزت قسم، همین‌طور بنده کوچه و خیابان است که می‌گردم، جنابعالی را پیدا کنم و مخمسی که ساخته‌ام به نظرتان برسانم که هم دماغتان مفرح شود و هم روحتان از کسالت بیرون بیاید. (کاغذی از جیبش درمی‌آورد) ملاحظه بفرمایید! تمامش مضامین بکر است. یقیناً تفریح دِماغی خوبی خواهید داشت. (جدی) این آقایان هر دو می‌دانند که پایه و مقام اینجانب در سجع و قافیه و در ترصیع و تجنیس و استعاره و لف و نشر چه مقدار است.

به هُتُلی که بود دُج سوار گشتم ای پسر
به شوفرش نهیب کی بیامدم چه نره‌خر
برو تو راست هر کجا که می‌رود هُتُل مُبین[۷]
ز زیک زاک ره مترس باش پرشکوه و فر

که خوانده‌ام به مدرسه کتب دوصدهزارها

زد لکو کِلاچ آن ز پنچر و صفات آن
هزار بحث می‌کنم نه پیش تو نه پیش آن
ز فُرد و دُج کم بگو ز شورلت سخن بگو
که هر سه هست نزد من عزیز لیک بس گران

ولیک حیف چون خران تویی به زیر بارها

تو را رسیده سن به شصت ولی ز عقل ناقصی

---

۷. اتومبیل

تو را چه‌کار با مهی که هست همچه گلشنی
تو احمقی و بی‌نوا مخور غم زمانه را
زمانه کی کند وفا بخوان تو فال گلخنی

شتاب کن ز رفتنت بخواه عفو عذرها

حاجی والله، مانده‌ام مات و مبهوت! مقصود و منظور هیچ کدام را نمی‌فهمم.

میرزا محمد (وارد می‌شود) جناب حاجی‌آقا، داروی جنابعالی را آوردم.

حاجی دارم دیوانه میشم بابا. دارو را می‌خواهم چه کنم؟

میرزا محمد این حرف‌ها کدامه؟ باید حتماً میل کنید. به سر عزیزتان قسم، جز شفا چیز دیگر در آن نیست ـ تخم خرقه، تخم خیار، مرزنجوش، ثعلب هندی، حنظل گجراتی، ماهی سقنقور.

ظریف‌الشعرا[8] بله حاجی‌آقا.
شتاب کن به خوردنش
ببین علاج دردها

حاجی‌آقا (رو به مردم) دارم دیگه از کوره درمی‌رم. (با گریه) محض رضای خدا مرا ول کنید، می‌خورم. (دور سن می‌دود میرزا محمد هم عقب او می‌دود)

(پرده می‌افتد)

پرده دوم

۸ . در اینجا در متن تایپی، برخلاف فهرست اسامی‌در نمایشنامه، شرف الشعرا آمده بود که تصحیح کردیم.

(پزشک الحکما روی سن است)

پزشک‌الحکما با تمام زحمتی که متحمل شدیم نمی‌دانم چه شد که فرار کرد.

چابک کسی که دشمن جان خودش است همین‌طور است.

پزشک‌الحکما وقتی که دِماغ تکان خورد و عقل متزلزل شد، همین‌طور می‌شود.

چابک ولی هزار ریال ضرر شما شد که آقای هرمز بنا بود بعد از معالجه تقدیم آقایان کند.

پزشک‌الحکما ابداً ضرر نشد برای آن‌که اگر زیر سنگ آسیاب باشد درش می‌آورم. اختیار داری! کسی که فراری از علم طب باشه و تمام قوانین حکمت را نقض بکنه، به این آسانی مگر می‌توان ولش کرد؟ حالا خبر دارید کجا است؟

چابک لابد منزل آقای طماع‌دیوان است و بی‌چاره هم خبر از جنون او ندارد و می‌خواهد دخترش را به او بدهد.

پزشک‌الحکما الان می‌روم و گیرش می‌آورم.

چابک اتفاقاً خود آقای طماع‌دیوان دارند تشریف می‌آورند. بنده مرخص می‌شوم. جنابعالی البته اقدامات لازم را خواهید نمود.

(طماع‌دیوان وارد می‌شود)

پزشک الحکما (جلو می‌رود) ببخشید، می‌خواستم سئوال کنم. شنیده‌ام شما با یک نفر، مسمی‌به حاجی مفتون‌الایاله، آشنایی دارید و می‌خواهید دختر خودتان را به ایشان بدهید.

طماع صحیح است. بنده هم انتظار او را دارم و قرار است همین امروز وارد شوند.

پزشک‌الحکما این شخص در منزل بنده بود و ما مشغول معالجه او بودیم. همین‌قدر بدانید مرض او خطرناک است و تا شفا پیدا نکند، مبادا دختر خودتان را در آتش بیندازید.

طماع (با تعجب) چه‌طور شده؟

پزشک‌الحکما عین حقیقت است که عرض کردم و به نام ناموس طب از شما استدعا داریم مبادا این کار را بکنید.

طماع راستی بیمار است؟

پزشک‌الحکما نمی‌دانید چه مرض خطرناکی!

طماع ممکن است بفرمایید چه مرضی است؟

پزشک‌الحکما متأسفانه پزشکان اسراری دارند و نمی‌توانم بگویم. لیکن، چیزی که روشن است این است که اگر به خودتان عرض می‌کنم برای این است که به صبیه بفرمایید داغ باطله نخورده و بدون رضایت من این زناشویی سر نگیرد. به علاوه، هرجا باشد باید من او را پیدا کنم چون مداوایش را تعهد کرده‌ام.

طماع با کمال میل. بنده حاضرم.

پزشک‌الحکما اگر بمیرد باید معالجه شود، و اگر من او را پیدا نکنم، ناچار به مداوای شما خواهم پرداخت .(می‌رود)

طماع اختیار دارید! بنده که مرضی ندارم.

چابک (با صورت عوض کرده وارد می‌شود و با لهجه رشتی حرف می‌زند) قربان، آقای طماع‌دیوان را شما می‌شناسید؟

طماع بله، خود بنده هستم. چه فرمایشی دارید؟

چابک بنده در ولایت بودم، شنیدم آقای طماع‌دیوان، که چه آدم خوبی است، سال‌هاست با کد یمین و عرق جبین مالی جمع کرده و یکی از اهل ولایت ما که طلب‌کارها دورش را گرفته بودند آقای حاجی مفتون‌الایاله است که آمده که بنده تاجرم و با هزار شیادی آقای طماع‌دیوان را راضی کرده که دخترش

را به او بدهد تا بیفتد روی دارائی او و کلک مالش را بکند. کاغذ محرمانه به طلب‌کارها نوشته که: یک‌خورده صبر کنید و صدا درنیاورید تا دو سه ماه دیگر پول همه را می‌دهم[۹].

طماع چه‌قدر خوشوقت و مسرورم که این اطلاع را به من دادید و مادام‌العمر شکرگزار شما خواهم بود و با اجازه شما مرخص می‌شوم. (می‌رود)

چابک پدرم درآمد. (سبیل خود را برمی‌دارد) حالا ببینیم چه حقه دیگری باید زد که این عروسی کاملاً بهم بخوره.

حاجی‌آقا (وارد می‌شود) (قدم‌زنان و نفس زنان) آخ‌آخ ...

چابک خدا خیر بده حاجی‌آقا، چه خبرتان است؟

حاجی‌آقا دستم به دامنت، روز بد نبینی. مرا که به آن آقا سپردی و دم در منتظر بودم، دو نفر آمدند که پزشکند و حرف‌ها زدند، صحبت‌ها کردند. یک دواساز آمد چیزها گفت. شاعر آوردند. بالاخره من زورم به آن‌ها نرسید فرار کردم و باز به چنگ آن‌ها افتادم ـ یعنی به دست آن دواساز. یک چیزی بِهم داد که تا حالا بیش از پنجاه دفعه... (نفس می‌کشد) بله... نفس برایم باقی نمانده.

چابک مقصودشان از این کار چه بود؟

حاجی هیچی. برای این‌که مرا مسخره ومضحکه بکنند. پدرم درآمد. ۱۲ نفر به من چسبیده بودند.

چابک عجب! من خیال کردم این آقا از دوستان صمیمی‌شما بود که آن حرف‌ها را میزد و احوال‌پرسی می‌کرد.

حاجی آره! مرگ تو نمی‌توانم حرف بزنم. تمام پاهایم ضعیف شده. دیگر قوه برای من نمانده. تو را به خدا خانه

---

۹. در متن تایپی "صبر کنند" و "درنیاورند" آمده بود که با صورت فعل در انتهای جمله نمی‌خواند. لذا آنها را تغییر دادیم.

آقای طماع‌دیوان را به من نشان بده، بلکه آن‌جا رفته راحت کنم.

چابک آنکه آن دختر قشنگ را دارد؟

حاجی بله، همان. و من هم از این راه دور و دراز برای خاطر مواصلت با او آمده‌ام.

چابک آمدید که عقدش بکنید؟

حاجی بله، مقصودت چیست؟

چابک هیچی.

حاجی نه آقا، تو را به خدا بگو ببینم منظورت چیست که این حرف را زدی؟

چابک (با خباثت) هیچی، خواهش دارم از بنده نپرسید!

حاجی شما که این همه اظهار دوستی با بنده می‌کردید، چرا حالا دوری می‌کنید؟ ببین، این انگشتر را تقدیم می‌کنم که شما آن‌چه در دل دارید برای من بگویید و مرا از این حالت مشوش بیرون بیاورید.

چابک ملاحظه بفرمایید[۱۰]، بنده وقتی که به کسی ارادت پیدا کنم، نمک‌نشناس نیستم و نمی‌توانم[۱۱] چیزی را که مطلع هستم و به صلاح و صرف اوست نگویم ـ مخصوصاً حضرت‌عالی که از راه دور و با قلبی پاک و وجدانی صاف آمدید مواصلتی کنید. انشاءالله خوش و خرم و باسعادت باشید. عرض می‌کنم چشم شما کیمیاست ـ از همان نظر اول مخلص را شناختید که چه جور آدمی‌هستم و به علاوه عنایت هم فرمودید یک انگشتر هم برای یادگاری لطف فرمودید ـ دیگر آدم باید چه تخم ناپاکی باشد به جنابعالی دروغ بگوید. (سرش را پایین می‌اندازد) بله... والله خجالت می‌کشم عرض کنم.

حاجی آقا، تو را به خدا حقیقت را بگو.

---

۱۰ . در متن تایپی "میفرمایید آمده است".

۱۱ . در متن تایپی "نمی‌دانم" آمده بود که به نظر ما اشتباه تایپی بود و ما تصحیح کردیم.

چابک اصرار نکنید حاجی‌آقا، خوب نیست. وانگهی، چه ربطی به بنده دارد.

حاجی قربانت بروم، مرا راحت کن، از خیال درم بیار.

چابک خیلی خب، دیگر هرچه هست عرض می‌کنم. والله، از دختر آقای طماع‌دیوان حرف‌های خوب نمی‌زنند.

حاجی صحیح، صحیح! (به مردم) بنده را ملانصرالدین گیر آورده‌اند؟ بسیارخوب، بسیارخوب!

چابک این را هم که عرض کردم، رفقای صمیمی‌بنده به من گفته‌اند، ولی از اشخاص دیگر چیزی نشنیده‌ام.

حاجی این را داداش بدان، که هیچ وقت بنده حاضر نیستم همچه کلاهی سرم برود. بنده مایل بودم با سرفرازی به مسقط الراس برگردم.

چابک [به حال [هشدار] پدرش آمد! خودتان که ایشان را خوب می‌شناسید. بنده مرخص می‌شوم. (می‌رود)

طماع (وارد می‌شود) حاجی‌آقا، کی تشریف آوردید؟

حاجی جنابعالی بنده و خانواده‌ام را گمان می‌کنم آدم احمق و ساده‌ای تصور فرموده‌اید.

طماع شما هم تصور می‌کنم بنده و خانواده‌ام را خر و ابله تصور کرده‌اید.

حاجی آیا فکر نمی‌کنید که آدمی‌به سن و سال بنده، چندان زن‌پرست نیست؟

طماع آیا گمان می‌کنید که دختر بنده هم برای جنابعالی و امثال شما دهنش آب افتاده[12] است؟

قمر (وارد می‌شود) آقاجان، شنیدم حاجی‌آقا وارد شده‌اند. لابد ایشانند که پهلوی شما ایستاده‌اند. چه‌قدر خوش‌قد و قامت، چه برازنده، چه خوشگل است. چه ریش‌های قشنگی دارد. چه‌قدر از شما متشکر و راضیم که همچه شوهری برای من پیدا کردید.

---

۱۲ . در متن تایپی به اشتباه "نیفتاده" آمده است.

طماع صبر کن ببینم دخترجان!

حاجی چه رفیقم خوب مطلعم کرد. دختره عجب پررویی است.

طماع خیلی حاجی‌آقا، مایل بودم علت آمدن شما را بفهمم.

قمر چه‌قدر خوشحال و مسرورم از تشریف آوردن شما. (جلو می‌رود)

حاجی (به مردم) دخترِه می‌خواهد درسته مرا قورت بدهد. چه بی‌حیایی است!

طماع می‌خواستم جواب مرا روشن بدهید. چه‌طور شما جرأت کردید آمدید؟

قمر آقاجان، اجازه بدهید من دست شوهرم را بگیرم.

طماع برو، تو حرف نزن!

قمر من می‌خواهم با حاجی این‌جا باشم.

طماع من میگم برو بیرون اگر نه ...

قمر چشم می‌روم. اوقات تلخی نکنید! (می‌رود و از بیرون در یک بوسه با دست برای حاجی‌آقا می‌فرستد و برمی‌گردد) آقاجان، آخر خود شما این شوهر را برای من انتخاب کردید، گفتید تو مادر نداری، حاجی‌آقا هم پدر و هم مادرتِ.

طماع آن‌وقت گفتم ولی حالا عقیده‌ام برگشته. برو برو!

قمر چشم. (می‌رود)

طماع چرا جواب نمی‌دهی؟

حاجی آقا، بنده کاملاً تحقیقات خودم را در اطراف این کار کرده‌ام.

طماع شما هم خیال کردید بنده پدری هستم که دخترم را به یک آدم دیوانه، که اطبا توی خانه‌شان نگاه داشته بودند، می‌دهم، که از دست من هم فرار کند؟

حاجی این حرف‌ها دروغ است آقای طماع‌دیوان.

طماع خود اطبا به من گفتند.

حاجی بگویند این‌قدر که خسته بشوند.

طماع	خوب، هرچـه مـی‌فرماییـد بفرماییـد، ولـی راجـع بـه بدهی‌هایی که دارید و می‌خواهید از تصدق سـر ایـن وصـلت حسـاب‌های خودتـان را پـاک کنیـد، چـه می‌فرمایید؟
حاجی	چه‌طور آقا؟ بنده و قرض؟
طماع	بله آقا. این را که دیگـر اطبـا نگفتنـد. یکـی از اهـل ولایت خودتان گفته‌اند.
حاجی	خیلی خوب، همچین فرض کنید.
طماع	شما هم خودتان را به کوچه علی چپ نزنید!
گلین‌باجی	(وارد می‌شـود) الهـی مـرد، نعشـت را روی تختـه مرده‌شور خونه ببینم.
حاجی	بسم‌الله‌الرحمن‌الرحیم! این دیگه کیه؟
گلین‌باجی	**من** دیگه کیم؟ (گریه می‌کند)
طماع	(جلو می‌رود) خانم، گریه نکنیـد، حرف‌تـان را بزنیـد! من اگر کمک لازم باشد، به شما خواهم کـرد. حـرف بزنید!
گلین	الهی که همین‌جور که حالا هستی عقب نـون و آب بدوی و بهش نرسی. ای آقا، مگر شما کمکی بکنید ـ امروز این‌جا دامنتان را می‌گیرم، فردا صحرای قیامت. (به حاجی‌آقا نگاه می‌کند) ببین تو را به خدا، یـک خـورده انصاف، رحم، مروت توی دلش نیست. من بـه غیر از تو که را داشتم و کی به مـن کمـک مـی‌کرد؟ ای نمک‌نشـناس،ای بی‌انصـاف، پـدر خـودم را درنیاوردم، که درآوردم... بچه‌هایت را بـزرگ نکـردم، که کردم... از خانه‌داری کوتاهی داشتم، که نداشتم ـ این‌ها را که گمان نمی‌کنم کِتمان کنی ـ هرچند کـه خدا یک خورده انصاف و رحم در دل تو خلق نکرده، مثل مجسمه چوبی یا سنگی یا گلی هسـتی. (گریـه می‌کند)
حاجی	(به مردم) والله، من که خودم از این قضیه ماتم.

گلین	والله، نمی‌دانم ۱۵ سال بود، ۱۶ سال بود، همین آدم آمد شهر ما، من بی‌چاره را با هزار حقه‌بازی و شیادی از پدر و مادرم جدا کرد. یک پسر خدا به من داد. بعد از سه سال یک دختر پیدا کردیم. من را تنها گذاشت رفت. گفت می‌روم و می‌فرستم عقب شما. الان دوتا جوان‌مُرده‌اش را بزرگ کرده‌ام، با هر زحمتی بوده آدم کرده‌ام. چه کنم؟ مادرم. کی مادر می‌تواند بچه‌هایش را ول کند؟ هرچه بهش نوشتم، مگر جواب داد! چه کنم، چه نکنم؟ بچه‌ها حالا بزرگ شده‌اند، گفتم پاشید برویم، دیگر چکش من برق ندارد. شماها را می‌برم پهلوی پدر پدرسوخته‌تان. می‌گذارم آن‌جا هر غلطی می‌خواهید بکنید. به خدا آقا، من مثل کوه بودم. از دست این ورپریده‌هاش مثل کاه شدم. از خوشگلی مثل ماه بودم حالا نگاه کنید مثل هلال شدم.
حاجی‌آقا	(به مردم) استغفرالله! استغفرالله!
گلین	(با گریه) حالا عوض همه این کارها، کم مانده که یک کتکم بزند.
حاجی	زن، از خر شیطان بیا پایین! من، شوهر تو هستم؟
گلین	آره! تا سروضعی داشتم، همه‌جا جایم بود، شوهرم بودی، اما حالا که ریختم این‌طور شده، گیس‌هایم را سر بچه‌های پدرسوخته‌ات سفید کردم، زحمت کشیدم، جانم را روی آن‌ها گذاشتم، حالا شوهرم نیستی؟ ۱۳
حاجی	(به مردم) خدا می‌داند که روحم از همه‌جا بی‌خبر است و بی‌اطلاع.
گلین	مرد، حیا نمی‌کنی؟ جواب بده! آخر به اندازه یک جو رحم داشته باش!

---

۱۳ . در متن تایپی جمله آخر به اشتباه دو بار زده شده بود که ما تصحیح کردیم.

طماع (به مردم) به عجب آدمی‌ما می‌خواستیم دخترمان را بدهیم و با دست خودمان تو چاهش بیندازیم!

گلین یادت هست آن روز که پسرت به دنیا آمده بود چه‌قدر خوشحال شده بودی؟ دم بخاری ایستاده بودی آن انگشت‌های مرده‌شود برده‌ات را جلوی بچه گرفته بودی بشکن می‌زدی، می‌گفتی این را از آن شش‌تا بچه که در ولایت هستند بیشتر دوست دارم؟

طماع صحیح! معلوم میشه در ولایت هم بر و بچه دارند.

گلین بله آقا. روزی که مرا می‌خواست بگیره اگر بدانید چه دروغ‌هایی به پدر و مادر بدبخت من گفت تا آن بی‌چاره‌ها راضی شدند! آن‌وقت که بچه‌دار شدم، معلوم شد همه را دروغ گفته. من هوو هم دارم. اگر بدانید آقا، چه بلاهایی سر من آورده، به خدا دلتان کباب می‌شود.

طماع حقیقتاً آدم چیزهایی می‌شنود که مات می‌شود.

حاجی (به مردم) یکی این می‌گوید یکی اون تصدیق می‌کند.

گلین هنوز باور نداری که من زن تو هستم؟

حاجی خیر، ابداً. محال است. من تا به حال زن نگرفته‌ام. این دوز و کلک‌ها را بینداز دور. شنیدی حاجی‌آقا پول‌داره و به اصطلاح خرپوله ـ اما مفتکی هم پول به کسی نمی‌دهد.

گلین اگر الان بچه‌های ورپریده‌ات را بیاورم، چه می‌کنی؟ (داد می‌زند) عزیز، نعیمه! بیایید تو! (عزیز و نعیمه وارد می‌شوند) همین اسم‌ها نبود که خودت روی آن‌ها گذاشتی؟

عزیز آقاجان، پس چرا جواب سلام ما را نمی‌دهی؟

نعیمه آقاجان، مگر از من بدت آمده؟ ببین چه‌قد خوشگل و قشنگ و چه خوب بزرگ شده‌ام.

حاجی (به مردم) دارم خفه می‌شوم. چیزی نمانده الان بمیرم.

نعیمه چرا گذاشتی باباجان ریشت به این بلندی شده؟ من ریش دراز دوست ندارم. تو را به خدا بیا امشب نصفش را قیچی کنیم. قشنگ می‌شود.

عزیز آقاباجیم راست میگه.

طماع عجب مرد سنگ‌دلی است به خدا!

گلین آقا، کجاش را دیدید؟ من می‌گذرم و پیر شده‌ام و اما تو را به خدا کسی را دیده‌اید که با بچه‌هایش ـ آن هم بچه‌های به این قشنگی ـ این‌طور رفتار بکند؟ حتی یک ماچشان نکند پس از چندین سال آزگار؟

حاجی خدا به دور! خدایا، به من رحم کن! دارم دیوانه می‌شوم. (می‌رود بیرون)

طماع خانم، بروید با بچه‌ها شکایت کنید. بنده هم آن‌چه بتوانم به شما کمک می‌کنم.

گلین بیایید بچه‌ها، برویم! خداانشاءالله شما را عمر بدهد. (می‌رود)

طماع حقیقتاً چیز غریبی است .مانده‌ام مات و متحیر. بروم بروم. دارم دیوانه می‌شوم . (می‌رود)

چابک (وارد می‌شود) نه، الحمدالله کارها منظم و بروفق مراد است. خانم‌باجی الحق والانصاف خوب معرکه کرد. گمان می‌کنم چیزی نمانده که حاجی‌آقا دُمِش را بگذاره روی کولش و فرار کنه، تشریف ببره ولایت.

حاجی (وارد می‌شود) عجب جایی است! به خدا دارم غش می‌کنم. این سر دیگر مال من نیست. به خدا داشتم می‌رفتم خودم را بیندازم توی رودخانه، چاه، آب‌انبار... استغفرالله.

چابک آه، حاجی‌آقا، مگر چه اتفاق افتاده که همچین حواستان پرت است که ملتفت نشدید چاکر این‌جا هستم؟

حاجی از دست این حکیم‌باشی‌ها راحت شدم، گرفتار یک زن و دوتا بچه شدم که تازه برایم دنیا آمده‌اند.

چابک چه‌طور؟ این باید خیلی تازگی داشته باشه. خوب، بفرمایید!

حاجی بله، یک زن مکاره پیدا شده ادعا داره که ۱۵ یا ۱۶ ساله که زن منه و یک پسر و یک دختر هم از من داره. آن‌ها را هم نمی‌دانم از کجا پیدا کرده، ورداشته همراهش آورده که پشت سَرِ هم هی به من می‌گفتند آقاجان، آقاجان ـ حالا هم رفته‌اند از دست من شکایت بکنند و مطالبه خرج این مدت را بکنند.

چابک این خیلی بد شد. می‌ترسم گرفتار بشوید و از چاکر هم کاری ساخته نیست.

حاجی من ابداً از این بابت نمی‌ترسم چون می‌دانم چنین چیزی نیست و می‌روم ثابت می‌کنم.

چابک خیال می‌کنید به این آسانی است؟ هزارجور زحمت داره. وکیل باید بگیری! مگر می‌شود خودت بروی!

حاجی (با فکر) چه کار باید بکنم؟ بروم قبول کنم بگویم زن و بچه‌ها مال من هستند؟

چابک بنده همچه عرضی نمی‌کنم. عرض می‌کنم باید در این باب فکر کرد، تحقیقات کرد، از این و از آن پرسید، مشورت کرد، آن‌وقت داخل کار شد. اگرنه، دیمی‌که نمی‌شود کاری را انجام داد.

حاجی راست می‌گویی. تو را به آن رفاقتی که با هم داریم قسم، اگر همچه اشخاصی را می‌شناسی برای من معرفی بکن. مرا به آن‌ها معرفی کن، تا طرح این کار را با آن‌ها بکشیم.

چابک والله، بنده دو نفر را می‌شناسم که خیلی عالم و مطلع هستند ولی اخلاق مخصوصی دارند و شما نباید از این بابت کسل بشوید. بگذارید کارتان درست بشود، به این جزئیات اهمیت ندهید.

حاجی من چه سگی هستم؟ چه کار دارم به آن‌ها؟ هرجوری می‌خواهند حرف بزنند، هرجور اخلاقشان هست باشد. من می‌خواهم کارم درست بشود دیگر به این چیزها کار ندارم.

چابک بسیار خوب. حالا که این‌طور است، بفرمایید برویم.

حاجی اطاعت می‌کنم.

ظریف (وارد می‌شود) حاجی‌آقا، الان دو ساعت تمام است که دربه‌در عقب شما می‌گردم. هر سوراخی بوده رفته‌ام و شما را پیدا نمی‌کنم. کجا هستید؟ خودتان را پنهان نموده‌اید؟

حاجی بنده کاری نکرده‌ام که خودم را پنهان کنم.

ظریف اختیار دارید! بنده برای هرکس که وارد این شهر می‌شود قصیده می‌سازم و کمتر از هزار ریال صله نگرفته‌ام ولی برای جنابعالی، که شخص محترمی‌هستید، مُخَمَّسی ساخته‌ام، تا به حال دیناری به من نداده‌اید. بنده هم شاعرم آقا، خرج دارم و روی علم خودم زندگانی می‌کنم. این نمی‌شود که بنده را دست خالی روانه بکنید. اگر خوشت نیامد چرا گوش کردی؟

حاجی والله، وقتی شما می‌خواندید بنده گوشم را گرفته بودم.

ظریف یعنی می‌خواهید بفرمایید که اشعار بنده مِعر بوده و مزخرف؟

حاجی بنده همچه عرض نکردم ولی چون کار فوری دارم و با این آقا باید جایی بروم، اجازه بدهید...

ظریف بنده آقا، مانع نیستم، فقط استدعا دارم صله مخلص را مرحمت بفرمایید.

چابک خوب حاجی‌آقا، یک چیزی بهش بدهید، برویم. وقت می‌گذرد.

حاجی چه‌قدر بهش بدهم کافی است؟

چابک پانصد ریال کافی است.

حاجی پانصد ریال برای این مزخرفات؟

چابک بله آقا، بنده شما را پاییدم.[۱۴] هر دو بیتی که این آقا می‌گوید هزار ریال بهش می‌دهند.

حاجی حقیقت می‌گی؟

چابک سر آقا، کی جرأت داره نده؟ فوراً هجوش می‌کند.

حاجی (پول درآورده می‌دهد) خیلی متشکرم.

ظریف بنده دیگر مانع نیستم. بفرمایید هر کجا که میل دارید بروید.

(حاجی جلو می‌رود که خارج شود)

چابک (دست راست را به لبش گذارده و به ظریف اشاره می‌کند ظریف نصف پول را به او می‌دهد) بفرمایید.

تارزن (وارد می‌شود) بهبه، حاجی‌آقای مفتون‌الایاله را مخلصم. به جان عزیزت همین‌قدر که شنیدم پای شما توی این شهر باز شده، دم حوض نشستم یک دو گیلاسی زدم خوب کیفور شدم تار را دست گرفتم. نمی‌دانید مضراب چه می‌کرد ـ تمام هم به یاد شما.

حاجی (به چابک) تمام دنیا بنده را می‌شناسند؟ این آقا دیگر کی هستند؟

چابک بَه آقا، اول ساززن، اول رامشگر، تالی نکیسا. فارابی به گردش نمی‌رسد.

تارزن عرض کنم حضورتان، این رقص روباه هیچ به درد نمی‌خورد.

حاجی رقص آدم شنیده بودم، رقص روباه کدام است؟

تارزن همین‌که بهش فوکسترت می‌گویند. فکس به زبان انگلیسی است یعنی روباه، ترُت یعنی راه رفتن ـ به آن جهت رقص روباه نام دارد.

---

۱۴ . این پاسخ نقص دارد.

حاجی	آقـا، مـا شصت سـال از عمرمـون رفتـه بـود ایـن را نمی‌دانستیم.
تارزن	بنده این‌ها را خوش ندارم. ملاحظه نماییـد در ابـول چپ یک گوشه درست کردم که ...
حاجی	بابا دست از سر مـن برداریـد! مـن نـه ابـول چـپ را می‌شناسم نه ابول راست را.
چابک	(می‌خندد) آقا ...
تارزن	(می‌خنـدد) نـه قربـان، ابـول چـپ آدم نیسـت ـ مایه‌ایست در بیات ترک.
حاجی	محض رضای خدا، بنده کار دارم.
تارزن	ولی بنده برای شـما زحمـت کشـیدم و ایـن مایه را ساختم.
چابک	(زیرگوشی) قربان، خوبـه یک چیـزی هـم بـه ایـن مرحمت کنیـد، بـرود. خـوب ،این‌هـا هـم بایـد نـان بخورند.
حاجی	۵۵ ریال بسش است؟
چابک	اختیـار داریـد قربـان. دیگـه کمـتر از صـد ریـال کـه نمی‌شود.
حاجی	بابا من که گنج ندارم که این‌طور پول خرج بکنم.
چابک	این‌ها چه حرفیه قربان؟ مرحمـت بفرماییـد، زودتـر برویم.
حاجی	(پول را درآورده) بگیر این هـم مـال شـما. انشـاءالله وقت دیگـری خدمـت می‌رسـیم. بفرماییـد بـرویم! (می‌رود)

(پرده می‌افتد)

پردهٔ سوم

چابک (می‌خندد) آقا، دیگر آن‌چه از دستمان برمی‌آمد کردیم. آن‌قدر توی دل یارو را پر کردیم و ترسوندیمش که حد نداره. همین الان و یک ساعت دیگه ورمال آقا را دمش می‌ده[۱۵].

هرمز راست می‌گی یا باز می‌خواهی کلاه سر ما بگذاری؟

چابک اختیار دارید! به سر عزیزتان، کار را به این‌جا رساندم که لباس زنانه تنش کردم و ریش میشش را هم تراشیدم ـ به عنوان این که کسی نشناسدش و قرار است از این شهر فرار کند.

هرمز (می‌خندد) ای بابا، اگر او را با آن لباس به من نشان بدهی به خدا ۵۰۰۰ ریال، علاوه بر آن‌چه به تو وعده کردم، خواهم داد.

چابک اطاعت می‌کنم. می‌رویم آن را می‌آوریم اما شما هم باید زودتر کارتان را تمام کنید.

هرمز آقای چابک، بنده هم کوچک شما هستم. اطاعت می‌کنم.

چابک پس زود بروید که خانم‌بزرگ دارد تشریف می‌آورد.

هرمز چابک، بر پدرت لعنت! اما عجب حرام‌زاده‌ای تو هستی. (می‌رود)

چابک آقای هرمزخان، نسیمی‌شنیدی تو. حالا کجاش را دیدی ـ خدا از ما زرنگ‌تر توی ملکش خلق نکرده.

---

۱۵ . به معنی فرار کردن. در فهرستی که نصر از اصطلاحات زبان فارسی گرد آورده است، این اصلاح به صورت "ور ملا قا" آمده است.

حاجی	(با لباس زنانه وارد می‌شود) باز هم به خدا می‌ترسم.
چابک	ابداً!وانگهی،واهمه نکن! به خدا هیچ‌کس غیرممکن است شما را در این لباس بشناسد. اما یـک خـورده باید سنگین راه بـروی. قـدم‌هاتو کوچـک‌تر بـرداری، مثل خانم‌بزرگ می‌شوی.
حاجی	به خدا دلم خون است. اگر بدانی چه‌قدر به خودم بد گفتم که این سفر را کردم.
چابک	در هر صورت با این حقه‌ای که زدی راحـت شـدی... دیگر نه مرافعه، نه دعوا ـ راحت و آسوده.
حاجی	اما به خدا من بی‌گناه بی‌گناه هستم.
چابک	البته! خوب همه کـه مثل مـن صـداقت نـدارنـد کـه حرف‌های شما را تماماً قبول کنند. تـا بخـواهی شـما حـرف خـودت را حـالی کنـی، کـلاه اولا آمـده تـا این‌جات، دوماً آب هم ده ذرع از بالای سرت گذشته.
حاجی	والله، مـن هـم خـودم مـانـدم مـات و مبهـوت. خـدا هیچ‌کس را مثل من بدبخت نکرده.
چابک	راستی، خوب است صداتان را یک خورده نازک کنید که اگر اتفاقاً یک جایی گرفتار شدید، بتوانیـد حرف بزنید و گیر نیفتید.
حاجی	به خدا من از هیچی نمی‌ترسم، فقط می‌ترسم آبرویم برود.
چابک	نه، انشاءالله آبروتون سر جای خودش می‌مانـد. حـالا که من شما را گاراژ می‌برم، مبادا یک وقتـی از شـما حرکتی سر بزند که رسوا بشویم.
حاجی	نه، خوب شد ریش و سبیلم را تراشیدی. دیگر از این بابت ترس ندارم اما از این می‌ترسـم نتـوانم صدام را عوض کنم.
چابک	نه، آن هم درست می‌شود ـ به شرط این‌کـه پهلـوی خودت مشق کنی.

حاجی	باید از این جا تا گاراژ یک درشکه پیدا کنی، که من با این وضع نمی‌توانم بیام. پدرم درمی‌آید.
چابک	البته، چشم. اطاعت می‌کنم. اما تا من این کفش شما را درست مـی‌کنم اگـر از دور درشکه دیدید، صدا کنید! (می‌نشیند)
	(حاجی به سمت در نگاه می‌کند)
چابک	ای بابا، چندتا گره کور به این کفـش زدی کـه هـیـچ نمی‌شود بازش کرد؟
حاجی	درشکه‌چی درشکه‌چی!
چابک	(می‌خندد) بَه، عجب مشق کـردی! صـدایت را نـازک کن!
حاجی	آخه پس چه‌کار کنم؟
چابک	اولاً با این دست راست این‌جای لباست را بگیر ـ بعد، خانم‌ها مثـل آقاهـا نمی‌گوینـد "درشـکه‌چی". بـرای این که صورتت هم پیدا نباشد، چترت را سرت بگیـر! یک خورده آن‌جاش پایین‌تر... (این عمل را می‌کند) تا این‌جور. حالا خوب شد. این‌طور که مـن می‌گـویم شما هم بگو! (به صدای نازک) "درشکه درشکه"!
حاجی	(تقلید می‌کند) درشکه درشکه!
چابک	حالا بهتر شد ـ ملتفت خودتان باشید که هر دو رسوا می‌شـویم. راسـتی، صـبر کنیـد تـوریِ صـورتتان را یک‌خورده پایین‌تر بکشم که هیچ لب و دهن و چانـه شما پیدا نباشد. (این عمل را می‌کند)
حاجی	خدایا، من به چه روز افتاده‌ام!
چابک	شما یک خورده این‌جا قدم بزنید تا من بروم درشکه بیاورم. (می‌رود)
حاجی	چنان دلم تپ‌تپ می‌کنه که دارم الان غش می‌کنم. (داش غـلام بـه حـال مـسـت وارد می‌شـود تلوتلو می‌خورد)

حاجی	خدایا، چه‌کار کنم؟ با این لباس و این ترکیب، گرفتارِ مست هم شدم.
داش غلام	هـی مـی‌گم لامصـب نریـز ـ مگـر می‌شـود؟ هـی بسـلامتی! هرچـی گفتـم بابـا، این شـکم گوشـت و پوسته، دیگ که نیست... هی می‌گه مرگ من، مـرگ من. اما خودمونیم، حیف نیست آدم شربت بـه‌لیمو را بگذاره، این عـرق را بخـوره؟ (تلوتلـو می‌خـورد) الان چشم‌هامون نمی‌دونیم کجـا کـار می‌کنـه، پـا کـه از خودمون نیست، سر که مال خودمون نیست... جهنم! دَرَک! گفت که "سـر کـه نـه در راه عزیـزان بـود بـار گرانی است کشیدن به دوش"
حاجی	خدایا، چه‌کار کنم؟ داره میاد جلو.
داش غلام	یکی هم نیست زیر بغلمون را بگیره ما را تا دم خونـۀ گم شدمون برسونه. (نگاهش به حاجی می‌افتد) زکی! این هم به نظرم سرش سـنگینه ـ بـارون نمیـاد کـه چتر دست گرفته، نـه آفتابـه کـه روش را بسـوزانه و سیاه کنه!
حاجی	خدایا، چه‌کار کنم؟ می‌ترسم اگر فـرار کـنم جلـوم را بگیره.
داش غلام	ببخشـید، مـا زدیـم جـا. بـه قـول رفیقمـون "قلیـف رفتیم". ای فارابی خوش گفته: من از آن بلبلان ز آن وحشیانم که نی در دشت و نی در بوستانم سراغ هستیم از نیستی جـوی ز عنقا پرس اگر خواهی نشانم
حاجی	چابک هم نیامد که از دست ایـن غـول بی‌شـاخ و دم راحت بشوم.

داش غلام	خانم جون، ایـن قـد¹⁶ مزنـگ بـرای داش غلـوم نیـا! (می‌خواند)
	روزه دارم من و افطارم از این لعل لب است
	آری افطار رطب در رمضان مستحب است
حاجی	(رو به مردم با صدای خودش) خیر، باید یک خورده از سر خودمون بازش کنیم. (با صدای نازک)
	برو این دام بر مرغ دگر نه
	که عنقا را بلند است آشیانه
غلام	ای جون! چرا تـا حـالا مهـر سکـوت بـه دهنـت زده بودی؟ بگو جونم، بگو عمرم! جون خودت، داش غلام حاضر است این قطره خون گندیده‌اش را هـم تـوی این دستش بگیـره بیـاد جلـو، بیـاد جلـو... (می‌رود بریزد) نثار قدمت کند. (می‌افتد)
حاجی	ای داد و بیداد! این هم که این‌جا افتاد. خدایا، چه‌کار کنم؟ یک درشکه هم که پیدا نمیشه.
کل ابل	(وارد می‌شود) نه، داش غلام پیدا نمیشـه. (چشمـش به حاجی‌آقا می‌افتد) خانم، تو را به خدا شـما این‌جـا یک نفر را ندیدید همچین حالش خراب باشه، برود... (جلو می‌رود) صحیح! هـزار دفعـه گفتـم بی‌غیـرت، این‌قدر کوفت نکن که به این ریخت بشـوی. (رو بـه حاجی) امیدوارم خانم، حرف یاوه از دهانش درنیامده باشه.
حاجی	تازه هم گفته باشه. شعـر مسـت بـودم را کـه بلدیـد. وانگهی، خوبست شما زود او را ببریـد حـالش خیلـی خرابست.
کل ابل	(به مردم) این خانم چرا این‌قدر صداش گره گرهه؟ (رو به حاجی) چشم خانم جون، اطاعت می‌کنم (زیر بغل داش غلام را گرفته با هم می‌روند)

---

۱۶ . اینقدر

حاجی چه‌قدر این چابک دیر کرد.

گلین‌باجی (با عزیز وارد می‌شود نعیمه هم همراه آن‌هاست) تمام این شهر را زیر و رو کردم. نمی‌دونم این پدرسوخته پدرتون کجا رفت.

نعیمه من هم همین‌طور.

عزیز به خدا، اگر این دفعه مادر پیدایش کردی، من دست از سرش برنمی‌دارم و ازش جدا نمی‌شوم.

گلین‌باجی حالا دیگر مادرتون را ول می‌کنید، صاحب پدر شدید؟

عزیز خوب خانم‌جان، الان من ۱۴ سال دارم پدرم را ندیدم... یک خورده هم پهلوی او باشم.

نعیمه من که مادر، اول باید یک پولی ازش بگیرم و زندگی خودم را تأمین کنم و جهازی برام درست کنی.

گلین‌باجی این پدر و این‌جور چیزها؟ مگر عقل از سرتون رفته؟ خدا عمرتون بده!

نعیمه به خدا، پدری ازش دربیارم که حظ کند تا ۱۵ سال آزگار اولادش را ول نکند برود.

گلین‌باجی صبر کنید، راستی از این خانم بپرسم کسی را مثل باباتون ندیده از این‌جا رد بشه. (جلو می‌رود) خانم سلام‌علیکم، تو را به خدا یک آدم شصت ساله، با ریش و سبیل، بد ترکیب، پدرسوخته ندیدید از این‌جا رد بشه؟

عزیز هرچند پدر منه اما این‌قدر بدترکیبه که حد نداره.

گلین‌باجی چرا جواب نمی‌دهید؟ (با گریه) والله، من یک زن دل‌سوخته‌ام اگر درد دلم را با شما خانم‌ها نگویم، با کی بگم؟ تو را به خدا، کسی را به این شکل دیده‌اید یا نه؟

حاجی (با صدای نازک) نه خانم، من کسی را ندیدم.

گلین‌باجی (با خودش) چرا این خانم پاهاش به این گندگیه؟

نعیمه	ای مادر، خدا هزار جـور بنـده داره، چـه کار داری بـه پای این خانم؟
عزیز	خانم جون، چه صورتی داره... مثل صورت اسبه.
گلین باجی	(با خنده) لابد خانم، شما هم منتظری دارید؟
حاجی	شوهرم رفته درشکه بیاره. خـواهش مـی کنم طرف خودتان را بشناسید این حرف ها را نزنید!
گلین باجی	ببخشید جسارت کردم. مرحمت شما زیاد! (با بچه ها می رود)
حاجی	خیر، این مردکه نیامد ـ نمـی دانم تـا کـی بایـد یـک لنگه پا این جا بایستم؟
ظریف	(وارد می شود) بد پولی از یارو نگرفتم و خوب خرش کردم. حالا باید با این پول یامفتی بریم کیفی بکنیم. (چشمش به حاجی می افتد) به به، راسـتی مـا شـعرا حال نقاش و حجار را داریم. هرقـدر طبیعـت بـه مـا نزدیک تر باشد بهتر می تـوانیم کار کنیم. (رو به مردم) مثلاً راجـع بـه همـین خـانم الان غزلـی مـی گـویم و امیدوارم صله هم دریافت کـنم. (نگـاه بـه حاجی آقـا می کند)

قدت چون سرو سرت گنبدی است بر رویت

کجاست عاشق دل خسته تا پرد سویت

دهان چو هیچ و لبان هیچ تر در آن صورت

کجاست مانی نقاش تا کشد رویت

دو چشم نرگس شهلا و بینیت چو قلم

کجا شده است رفائیل تا کشد مویت

هزار حیف که آن صورت ظریف و قشنگ

شده است مخفی و پنهان به زیر آن تورت

بُتا بناز به مردم که جان جانانـی

که جن و انس ندیده است خُلق خوش خویت

بگفت ناشی[۱۷] زار این غزل به امیدی
روا بساز امیدش مران تو از کویت

حاجی (با صدای نازک) خیر، دست‌بردار نیست. خوبه زود راهش بیندازم برود. (پول درمی‌آورد به اومی‌دهد) خیلی متشکرم، امیدوارم بعدها بیشتر بتوانم تلافی کنم.

ظریف (خندان) خانم جان خودت خوب، اخلاقت خوب، کرشمه‌ات خوب. (خداحافظی کرده می‌رود)

حاجی پدرسوخته مرا این‌جا کاشت رفت و هیچ اثری از او نیست.

قمر (گریه‌کنان وارد شده و با کرشمه) والله، پدرم یک شوهری برای من پیدا کرده بود ـ درسته خیلی پیر بود اما آن‌قدر خوش اخلاق و خوب بود که حد نداشت. روزی که من دیدمش، نه یک دل بلکه صد دل، از او خوشم آمد به‌طوری‌که می‌خواستم بروم دست گردنش بیندازم. پدرم از این بابت مکدر شد و به من دعوا کرد و از پهلوی خودش راند. در این چند روزه آن‌قدر من در عشق آن آقا بی‌تابم که حد نداره. به خدا می‌ترسم هلاک بشوم. بالاخره تصمیم گرفته‌ام به هرطور هست خودم را به او برسانم. از خانه پدرم فرار کردم. (با گریه) به خدا خانم، اگر مرا در پناه خودتان نگیرید، خون من به گردن شماست.

حاجی آخه جانم من خانه دارم، شوهر دارم، زندگی دارم ـ شما را چه‌کار کنم؟

قمر دارند عقب من می‌گردند. من نمی‌خواهم خونه شما بیام فقط اگر مرا با شما دیدند، بگویید دختر من است. توقع دیگری ندارم. (گریه می‌کند)

---

۱۷ . "ناشی" اسم مستعاریست که نصر در اشعار فکاهی خویش استفاده می‌کرده است.

حاجی (به مردم) خدایا، نمی‌دونم قسمت من چه کرده؟ (بلند) چشم خانم، راحت باشید! همین‌طور که گفتید، خواهم گفت دخترم است.

قمر خدا شما را از مادری کم نکند، خدا به شما عوض بدهد. شما نمی‌دانید من از دست این پدر طماعم چه می‌کشم. هرچه می‌گویم آخه پدرجان از آقای حاج مفتون‌الایاله آدم بهتر کجا پیدا می‌کنید، مگر حرف سرش میشه. به جان شما خانم، اگر بدانید چه فحش‌ها، چه تهمت‌ها به این مرد بی‌گناه زد که من دلم کباب شد: که این دیوانه است، خر است، ابله است، پدرسوخته است، مرده‌شور آن سرووضعش را ببرد، چی‌چی‌چی.

حاجی اهمیت ندارد خانم‌جون. غصه نخورید! دنیا از این چیزها زیاد دارد.

قمر اگرمیشد مرا خانه خودتان می‌بردید، چند روزی نگاه می‌داشتید، من خودم این‌طرف و آن‌طرف حاج مفتون‌الایاله را پیدا می‌کردم و از شر این پدرم راحت می‌شدم.

حاجی بی‌اجازه پدرتون چه‌طور این کار را می‌کردید؟

قمر اختیار دارید! من می‌دانم از حاجی هیچ‌کس بهتر پیدا نمی‌شه. آدمی‌است ۶۰ ساله، جوانیش ـ بله جوانیش ـ رفته و پک و پُزی نداره. من هم دختری ۱۸ ساله هستم، آسوده و راحت برای خودم زندگی می‌کنم ... خیلی هم حاجی پول‌دار است و خوش اخلاق.[۱۸]

حاجی (با صدای خود) عجب کلاهی برای من درست کرده! (با صدای نازک) نه خانم جون، آدم نباید این‌طور

---

۱۸ . این قسمت نارساست.

باشه. شوهر شوهر است ـ چه پیر باشد چه جوان. دوستی و محبت چیز دیگری است.

قمر حرف‌ها می‌زنید! خانم، آخر شما فکر کنید، مردی که ۶۰ سال دارد از این خریّت بالاتر می‌شود که بخواهد دختر ۱۸ ساله را بگیرد؟

حاجی خوب آدم شصت ساله هم عزیزم، دل داره. چه کنه؟

قمر مرده‌شور دلش را ببرد! حالا با این کارها چه کار داریم. تو را به خدا این قولی که به من دادید قُرص و محکم نگاه دارید. به خدا اگر مرا دست پدرم بدهید، من خودم را می‌کشم. (با گریه) خونم گردن شما است.

حاجی گریه نکن عزیزم، قول دادم و محکم سر قول خود ایستاده‌ام.

قمر خدا انشاءالله سایه شما را از سرم کم نکند ـ شما جای مادر من هستید.

حاجی (به مردم) آره عزیزم، آسوده باش! برو زود ببین یک درشکه این نزدیکی‌ها پیدا می‌کنی که زود برویم مبادا تو گیر بیفتی؟

قمر خوب گفتید. الان می‌روم یک درشکه می‌آورم اما به شرط آن‌که سر قولتان باشید.

حاجی خیالت راحت باشد.

قمر چشم. (می‌رود)

حاجی خیر، به نظرم این چابک مُرد، اگر نه این‌همه درشکه توی خیابان‌ها است. چه‌طور است تا حالا پیدا نشده؟ همین‌جور دلم تپ‌تپ می‌کند. به خدا نمی‌دانم عاقبت کار چه می‌شود. (نگاه می‌کند) ای داد بیداد! طماع دیوان دارد می‌آید.

طماع (وارد می‌شود) خیر، ببینید دخترِه چه بساطی برای من درآورده ـ حیا را خورده آبرو را... چشم توی چشمش نگاه کنه و هیچ خجالت نکشه؟ بگه خیر،

حتمـاً همـین پدرسـوخته حـاجی مفتون‌الایاله را
می‌خـواهم؟ اگـر مـرا زن او نکنـی چنیـن و چنـان
می‌کنم؟ از طرف دیگر، چون مادر ندارد، نمی‌خـواهم
برنجانمش. ولی بی‌چاره نمی‌داند که این حاجی ـ بله
این حاجی مفتون‌الایاله ـ چه‌جور آدمی‌است. بی‌چاره
بچه است و من هم نمی‌توانم تمام معایب این مردکه
مزور و پدرسوخته را به او حالی کـنم. (چشـمش بـه
حاج‌آقا می‌افتد) راستی خـانم، ببخشـید خیلـی عـذر
می‌خواهم، اما پـدرم... چـه‌کار کـنم؟ یک اولاد هـم
بیشتر ندارم ـ آن هم از منزلم فرار کرده. تـو را خـدا،
یک دختری، تقریباً ۱۸ ساله، را ندیدید که از این‌جـا
رد بشـود؟ قـدش همچـین ـ نـه بلنـد و نـه کوتـاه ـ
زلف‌های خیلی قشنگی دارد، صورت خیلی خوشگل،
یک خال کوچک مشکی طرف راست صورتش هست.

حاجی	نخیر، من الان این‌جا رسیدم کسی را ندیدم.
طماع	(با التماس) تو را به خدا خانم، قَسَمتان می‌دهم. من پدر هسـتم. اگـر او را دیدیـد، بگوییـد مـن دنبـالش می‌کنم... می‌ترسم این بچه خودش را تلف کند.
حاجی	به جان شما بنده ندیدم ـ اهل این ولایت هم نیسـتم که کسی را بشناسم.
طماع	(به مردم با خنده) بد چیزی نیست... من هم کـه ۱۵ ساله مادر قمر مرده. حالا هم که قمر می‌رود بـی‌کس و بی‌بالینم ... سنش هم متناسب بـا سـن مـن است. خوبه یک تحقیقاتی از او بکنم... به‌علاوه اهل این‌جا نیست. (به حاجی) خانم، فرمودیـد اهـل ایـن ولایـت نیسـتید؟ بله، از لهجتون هم پیداست ـ اما خودمـانیم چه لهجه شیرین و بانمکی دارید.
حاجی	مرحمت دارید.
طماع	خانم، کس و کاری در ولایت خودتان دارید، یا تنها و بی‌کس و کار مثل من هستید؟

حاجی خیر، بنده هم تقریباً مثل شما هستم. شوهر ندارم و تک و تنها هستم و یک دختر دارم.

طماع خوب، از این بهتر چیه؟ ما دو تا روحیم اندر دو بدن. چرا به گفته شاعر رفتار نکنیم و ما یک روحیم اندر دو بدن نشویم؟ دخترتون را هم روی سر جا می‌دهم.

حاجی مقصود شما را نفهمیدم[۱۹]. از حسن نظر و نیت شما متشکرم ولی افسوس که نمی‌توانم قبول کنم.

طماع (آهی کشیده) این هم نشد. (به مردم) اما اگر میشد، بد چیزی نبود.

قمر (از بیرون) خیر، اشتباه می‌کنی. بنده مادر دارم، صورت به صورت خیلی شبیه است[۲۰]. به چه حق شما دست از سر من برنمی‌دارید؟

هرمز (وارد می‌شود) غیرممکن است. پدر شما دارد دیوانه می‌شود. این حرکات چیه؟ (دست قمر را می‌گیرد) حالا بیایید، معلوم خواهد شد مادر شما کیست.

(قمر وارد می‌شود)

حاجی این رفیق ولایت ماست .بله، آن رفیق ولایت ماست.

طماع دختر بی‌حیا، کجا می‌خواهی فرار کنی؟ به پاس زحمات هرمز ـ چشمت کور شود ـ تمام دارائیم را به هرمز صلح می‌کنم و تو هم باید مواصلت با او را قبول کنی.

حاجی عجب بساطی است.

قمر شما حق همچه تکلیفی به من ندارید چون شما را نمی‌شناسم و من دختر این خانمم که [ملاحظه] می‌فرمایید.

طماع (رو به حاجی) خانم، ملاحظه می‌فرمایید دختر بنده جلو چشم بنده خودش را دختر شما قلمداد می‌کند؟

---

۱۹ . شاید باید "فهمیدم" باشد.

۲۰ . جمله نقص دارد.

قمر (می‌رود به سمت حاجی‌آقا به حال گریه) آخر خانم، مگر شما قول به من ندادید که از من دفاع کنید؟ (حاجی حرف نمی‌زند)

طماع (به قمر) حیا کن دختر، از خر شیطون بیا پایین! همین است که گفتم. بیا جلو دست تو را در دست هرمز بگذارم.

قمر تا آقای حاج مفتون‌الایاله هست، من غیرممکن است زن این آقا بشوم.

طماع ول کن جانم، آن مردکه مزور را. وقتی که فهمید ما از حقه‌بازی‌هاش مستحضر شدیم، فرار کرد رفت.

گلین‌باجی (وارد می‌شود با عزیز و نعیمه) واه‌واه، خدا به دور! چه مردهایی تو دنیا پیدا می‌شوند. بیایید جوان‌مرگ شده‌ها! بیایید تو ببینید این پدرِ پدرسوخته شما چه حقه‌بازی است درآورده. دیگه همچین آدمی‌خدا خلق نکرده.

طماع چیه خانم این‌طور شلوغ کردی؟

گلین‌باجی بَه‌بَه، خوب شد شما و این آقا و این خانم‌کوچیک شاهد من شدید. (می‌رود به سمت حاجی و او را می‌کشد جلو) بفرمایید خانم جلو، بنده در حضور شاهدهای خودم، دو کلمه با شما حرف بزنم. این چترتون را بدهید دست این ورپریده، این کلاه را هم دست این یکی ورپریده! خوب آقای حاج‌آقا، خوب گیرت آوردم. بعد از ۱۶ سال این‌جور خودت را درست کرده بودی که باز از این شهر دربروی و من و این یتیم‌شده‌ها را ویلان و سرگردان بگذاری؟

طماع (مات) ای مزور!

هرمز ای متقلب!

چابک (به عجله از بیرون) حاجی‌آقا، درشکه حاضر است. (وارد می‌شود) ای داد بیداد! بی‌چاره گیر افتاد.

هرمز چابک، این دیگر چه حقهای بـوده کـه آقـای حـاجی درآوردند؟ پدرسوخته، این عوض نان و نمکی بود که با هم خورده بودیم رفتی با این مرد متقلب دست بـه یکی کردی؟ پدرت را درمیآورم.

چابک آقا، ما چه تقصیری داشتیم؟ بیچاره خوب غریب بود و اهل ولایت نبود، گفت اگر یک کاری کنی مـا فـرار کنیم چیچی به تو میدهم ـ این انگشتر را هـم اول کار به رسم یادگار به ما داد. ما هم سر و صورتش را درست کردیم، این ریخت ساختیمش، رفتیم درشکه بیاوریم ببریمش گاراژ، ناسلامتی راهش بیندازیم کـه اینجور پیشآمد کرد.

طماع (سر تکان میدهد) قبل از اینکه تکلیف ایـن شـیاد پدرسوخته را معلوم کنم ـ به کـوری چشـمش ـ بیـا قمر! (قمر را طرف راست میبرد) بیـا هرمـز... (هرمز طـرف چـپ مـیرود) دسـت شـما را در دسـت هـم میگذارم و امیدوارم زندگانی خـوش و خرمیداشـته باشید و برای اینکه حـاجی از غصـه بمیـرد، بیایید برویم الان تشریفات عروسی را فراهم کنیم.

(پرده میافتد)

ف.ش۲۱

---

۲۱. مخفف نام و نام فامیل تایپیست بوده است.

حسادت آمدلی (آقا محمدعلی)

کمدی در یک پرده
اقتباس و ترجمه
از
Jalousie de Barbouillé
اثر مولیر
به قلم سیدعلی نصر

اشخاص:

آمدلی	(آقا محمد علی)شوهر ظریفه
ظریفه	زن میرزا
مونس	رفیق ظریفه
غضنفر	رفیق عبدالمطلب
جناب	فیلسوف
جمشید	خاطرخواه ظریفه
عبدالمطلب	پدر ظریفه

صحنه باغچه ایست. پنجره‌ای به سمت باغ پیداست.

آمدلی راسـتی کـه از مـن بـدبخت‌تر تـوی ایـن دنیـا پیـدا نمی‌شود. زنم عوض این‌که به درد من برسـد، دسـتی زیر بالم بکند، دقیقه‌ای نیست کـه جوال‌دوز بـه مـن نزند و پدر مرا در نیاورد. عـوض این‌کـه یـک دقیقـه توی خانه بماند زندگی من را اداره کنـد، شـب و روز تـوی خیابان‌هـا، کافـه‌ها و نمـی‌دانم کجاهـا پرسـه می‌زند. یک‌دفعه خواستم کلکش را بکنم و از دستش خـلاص بشـوم، دیـدم خـودم گیـر مـی‌افتم و پـدرم درمی‌آید. نمی‌دانم چه‌کار بکنم، چه شیوه خودم را از دستش خلاص کنم؟ (می‌خواند)

دارم زنی ورپریده   کسی در عالم ندیده

در همه خلق جان   مگر خدا آفریده

شدم اسیر بند او   فتاده در کمند او

ای خدا یا که مرا مرگ بده   یا که بستان جان او

پیش سر و همسر   شدم خار و خفیف

مردم ز دست این   زن کهنه حریف

الحمدلله آقای جناب دارند می‌آیند. خوب است با ایشان درددل خودم را بگویم، بلکه راه چاره پیدا کند.

(جناب وارد می‌شود)

آمدلی سلام علیکم. قربان قدمت بروم، نمی‌دانید چه‌قدر از ملاقات شما خوشحالم از این‌که موفق می‌شوم[۱] مطلبی را که مدت‌ها است می‌خواستم بپرسم حالا از حضرت‌عالی جویا می‌شوم.

جناب راستی که آمدلی، احمق و خرتر از تو در زیر این گنبد نیلگون پیدا نمی‌شود. احمق، تو نمی‌دانی که وقتی شرف ملاقات مرا پیدا می‌کنی باید کلاهت را از سر برداری و اقلاً یک مترونیم فاصله بگیری و قواعد ادب و نزاکت را از دست ندهی و بفهمی‌احمق، طرف تو کیست؟

آمدلی (کلاهش را برمی‌دارد) حق با جنابعالی است ولی بنده به‌قدری عصبانی بودم که یادم رفت مراعات این تشریفات را بکنم اگر نه مقام و فضل جنابعالی بر احدی پوشیده نیست. همه می‌دانند که شما بحرالجواهر وکنزالعلوم هستید.

جناب هیچ می‌دانی جواهر از چه مشتق است و از چه واژه ترکیب یافته؟

آمدلی نخیر قربان، به بنده چه که از چه مشتق است و از کجا آمده.

جناب احمق، بدان که جواهر از جوهر می‌آید و مُفَرَس آن گوهر است و گوهر در کتاب واژه به معنی احجار کریمه آمده. حالا فهمیدی با کی طرفی؟

آمدلی مقام و اهمیت آقا مثل آفتاب روشن است ولی اجازه بفرمایید بنده عرض خودم را بکنم.

---

۱ . در متن تایپی "شدم" آمده بود که تصحیح کردیم ولی نقص جمله را برطرف نکردیم.

جناب نادان، من از این فلاسفه نیستم که تو تصور کرده‌ای. از تمام علوم سررشته دارم و چون دوازده رشته علوم متداوله را می‌دانم و در آن تبحر دارم، ۱۲ دفعه مقامم از سایرین بالاتر و ارجمندتر است.

آمدلی بنده عرض کردم خدمتتان که در مقام و فضل و علم و بزرگواری شما هیچ شکی ندارم که محتاج به توصیه باشد.

جناب در صرف و نحو وعلم اشتقاق سرآمد روزگارم.

آمدلی (آهسته) استغفرالله ربی و اتوب‌الیه. (بلند) عرض کنم...

جناب در اصطرلاب و نجوم استادم. از کائنات جو کاملاً مطلعم، در معانی و بیان همسری برای خود نمی‌شناسم، در منطق مرشدم، در فیزیک و شیمی‌و فلسفه ثانی اثنینی ندارم.

سربه‌سر جهلی و نادان، آمدلی
واقعاً هستی تو حیوان، آمدلی
چرا باید که ندانی، آمدلی
شاعرم من عالمم من فاضلم من، آمدلی
سال‌ها رنج برده‌ام در مدرسه
کرده‌ام تحصیل علم صرف و نحو و
رمل و جبر و منطق و هم هندسه[2]

آمدلی والله بالله، به آن‌چه در دنیا مقدس است، می‌دانم که از شما عالم‌تر، فاضل‌تر، استادتر، مرشدتر نیست. خواهش دارم به عرایض من گوش بدهید. به خدا شما دارید مرا از کوره در می‌کنید، صبر و حوصله برایم باقی نگذاشتید.

جناب کتاب صرف‌اللغه را احمق، خوانده‌ای؟هیچ می‌دانی صرف اجمالی یعنی چه و صرف مکمل کدام است؟

---

۲ . این اشعار و بقیه اشعار که در نمایشنامه می‌آیند، همگی به خط نصر با جوهر سبز بعد از ماشین شدن به پشت صفحات اضافه شده اند.

آمدلی لااله الاالله!
اگر که مهلت دهی
بر من منت نهی
ای جناب اجل
عرایضم گوش کن
سخن فراموش کن
در امر مهمی‌با تو دارم مشورت
شاید رهایی یابم از این مرارت

جناب صرف اجمالی آن است که یک صیغه از هر زمانی را صرف می‌کند مثل اقترب، یقترب، تِقَرب، مقترب، اقرّب، لایقترب، لم یقترب، لا یقترب، هل یقترب و صرف مکمل آن است که تمام زمان را صرف می‌کند.

آمدلی آقا بس است، محض رضای خدا بس است، بگذارید آخر من هم عرض خودم را بکنم. اگر پول می‌خواهید بفرمایید تقدیم کنم.

جناب اختیار دارید، چه مزخرفی گفتید؟ پول؟
اگر فرو بندد لب
برون مشو از ادب
ای آقای ممدلی
حریف خود را بشناس
نگه مکن بر لباس
مرغ زیرکی پَرَد بر این بام‌ها
رو رو میفکن بهر من این دام‌ها

آمدلی بله آقای جناب، پول ـ پ و واو و لام.

جناب احمق، تو مرا آدم پولکی می‌دانی؟ عجب دنیایی شده! این را بدان اگر انبانی پر کنی از اشرفی و این انبان در جعبه گران‌بهایی باشد و آن جعبه در محفظه قرار داده شده باشد و آن محفظه در اطاق مجللی باشد و آن اطاق در قصر خُوَرَنَقی ساخته شده باشد و آن قصر خورنق در شهر آبرومندی واقع باشد

و آن شهر در مملکتی وسیع و حاصلخیز یافت شـود، من در آن مملکتـی کـه آن شـهر در آن است و آن شهری که آن قصر خورنق در آن سـاخته شـده و آن قصر خورنقی که آن اطاق مجلـل را دارد و آن اطـاق مجللی که آن محفظه در آن واقع است و آن محفظه که آن جعبه گران‌بها در آن است و آن جعبه گران‌بها که پر از اشرفی است، احمق، به آن نزدیک نمی‌شوم. نادان، این را بدان!

آن‌ها که هلاک نان و آشند پالان خروس می‌تراشند

(می‌رود)

آمدلی عجب کار بدی کردیم جناب را از خودمان رنجانـدیم. من خیال کردم این‌هم، مثل پزشک‌هاست که تا پول نگیرند نبض بیچاره بیمار را دست نمی‌زننـد. (بـرای [همین] این حرف‌ها را گفتم.بله، باید بروم از دلـش در بیاورم. بی‌خودی از خودمان نرجانیمش. (می‌رود)

(ظریفه و جمشید و مونس از خانه درمی‌آیند)

ظریفه به مرگ عزیزت جمشید، اگر بدانی من از دسـت ایـن شـوهر احمقِ مستم چه می‌کشم! دائما مست است، شب و روز در فسق فجور است. والله فکر کنید، ببینید یـک دقیقه مرا راحت نمی‌گذارد.

جمشید به جان عزیزت ظریفه، آن‌چه از دسـتم بربیایـد بـرای راحتی و آسایش تو می‌کنم بلکـه انشـاءالله از دسـت این احمق مزخرف خلاص بشوی.

مونس یواش باشید! یارو آمد. (آمدلی وارد می‌شود)

جمشید [رو به ظریفه] والله، بنده نمی‌دانم با چـه حـالی ایـن خبر را به شما اطـلاع بـدهم. بـه قـدری بـرادر شـما ناخوش و مریض است که حد نـدارد و تقریبـاً تمـام پزشـکان از مـداوای او دسـت کشـیده و مستأصـل شده‌اند.

ظریفه	(با گریه) والله من از شـما خیلـی متشـکرم کـه ایـن زحمت را قبول فرمودید و این‌جا تشریف آوردید.
جمشید	دیگر بنده مرخص می‌شوم و الان برای برادرتان خبر می‌برم. (می‌رود)
آمدلی	(آهسـته) نـه، لازم بـه محضـر رفـتن و طـلاق دادن نیست. وقتی که خودم به‌چشمم همه‌چیز را می‌بینم، نیازمندی به این کار دیگر نیست. [خطاب به ظریفه] حضرت علیه، این آقا کی بود؟
ظریفه	واه! تو را به خدا همچه آدمی‌توی دنیا پیدا می‌شـود؟ (با گریه) برادرم در حال نزع است، آن‌وقت شما ایـن را می‌خواهید دستک دمبک برای دعوا بتراشید؟
مونس	ما خیال کردیم آقا تا این خبر را بفهمنـد، بـا شـما دیگر خـوب می‌شـوند و دسـت از ایـن حرکاتشـان و حسادتشان برمی‌دارند.
	آقا ز بهر خدا
	کمتر اذیت نما
	بیچاره خانم
	چه‌طور گشته چنین مبتلا
آمدلی	خفه‌شو! تمام این بلاها کـه بـه سـرم آمـده از وقـتی است که تو با زن من رفاقت پیدا کرده‌ای و همسـر و رفیقش شده‌ای.
	از وقتی پایِ شوم تو
	این قدم مشئوم تو
	وارد خانه شد
	وارد خانه شد
	روزگار من شد سیاه
	عالَم خوشم گشته تباه
	بختم دیوانه شد
	بختم دیوانه شد
مونس	راستی که آدم عجیب و غریبی هستید.

ظریفه	ولش کن، حرف نزن! الان هم مست است ـ بوی عرق هنوز از دهنش می‌آید. مگر حس نمی‌کنی؟
آمدلی	مس کی است؟ این مزخرفات چی چی است؟
ظریفه	مست همان تو، همان تو. می‌خواهی بگویم مونس خانم بیاید جلو، دهنت را بو کند؟
عبدالمطلب	(با غضنفر وارد می‌شود) باز این داماد احمق من این جنجال را برپا کرده؟ دیگر چه خبر است؟
غضنفر	بگذارید ببینم چه خبر است.
عبدالمطلب	هیچ خبری نیست. این داماد احمق من هیچ‌وقت آدم نخواهد شد. روز و شب مرافعه است که با این دختر بیچاره من دارد.
آمدلی	به خدا شیطان می‌گوید دک و دهنت را جلو پدرت و همه خورد و خمیر کنم. آخر زنکه، من مستم؟
عبدالمطلب	خفه‌شو، مزخرف نگو!
مونس	به خدا مثل این‌که ساعتی که این‌ها را عقد کردند، ساعت خوبی نبوده واسه این‌که از روز عقدکنان تا به حال یک قطره آب شیرین از گلوی بیچاره ظریفه پایین نرفته.
غضنفر	خوب است بابا، بس است .آشتی کنید و بگذارید راحت باشیم.
آمدلی	آشتی چی چی است؟ یعنی می‌خواهید بگویید من نه چشمم چیزی می‌بیند نه گوشم چیزی می‌فهمد؟ الاغِ الاغم؟
جناب	(وارد می‌شود) بابا دیگه چه خبر است؟ این چه الم صراطی است که برپا کرده‌اید؟ مگر ما غلط کرده‌ایم همسایه شما شده‌ایم؟ تأمل کنید، ببینم می‌توانم صلح و صفایی بین شماها بدهم؟
عبدالمطلب	چیزی نیست. یک گفت‌وگوی مختصری بین دختر بنده و میرزا پیدا شده بود.

جناب این گفت‌وگو سر چه بوده و این اختلافات از کجا پیدا شده؟

عبدالمطلب بله... عرض کنم خدمتتان...

جناب اسباب صداع بنده نشوید، خلاصه بگویید!

عبدالمطلب بله البته! چون‌که ما خودمان هم وقت نداریم.

جناب هیچ نمی‌دانی وقت یعنی چه و چه واژه‌هایی دارد. وقت واژه‌ایست عربی. فارسی آن زمان است. به فرانسه تان[3] می‌گویند و به انگلیسی تایم.

عبدالمطلب خیر، ول کن نیست.

جناب حالا بفرمایید این گفت‌وگو چه بوده!

عبدالمطلب دعواشان سر این بوده...

جناب عجب احمقی هستی. از تو نمی‌شود چیزی فهمید و آنقدر مزخرف می‌گویی و پرحرف می‌زنی که من وقت شنیدن آن را ندارم. سعدی فرموده:

مزن بی‌تأمل به گفتار دم
نکو گو اگر دیر گفتی چه غم

عبدالمطلب نخیر، سر خودتان، بنده خلاصه عرض می‌کنم.

جناب ملاحظه کنید، فصل مهمی‌در فوائد خاموشی گفته‌اند. انسان باید اداء ما فی‌الضمیر خود را طوری اداء کند که جز فاعل و فعل و مُسنَد در آن چیز دیگری نباشد.

عبدالمطلب بنده هم همین نکته را متوجهم.

جناب می‌فرماید:

نگفته ندارد کسی با تو کار
ولیکن چو گفتی دلیلش بیار

عبدالمطلب اطاعت می‌کنم.

جناب

سخن گرچه دل‌بند و شیرین بود

---

۳. Le Temp

سزاوار تصدیق و تحسین بود

عبدالمطلب همین‌طور است که می‌فرمایید.

جناب

چو یکبار گفتی مگو باز پس
که حلوا چو یکبار خوردند بس

عبدالمطلب اجازه بدهید که عرض کنم...

جناب راستی که خیلی پرچانه هستی. باید از یکی دیگر بپرسم در این جا چه خبر بوده.

غضنفر آقای جناب، عرض کنم خدمتتان...

جناب راستی که احمقی. بدون چیدن صغری و کبری می‌خواهی نادان، نتیجه بگیری؟ باید از خود خانم بپرسم.

ظریفه

از ره لطف و انصاف بیا بنگر به حالم
تا به کی از غم این زندگی آخرننالم
غصه کرده پیرم
از عمر خود سیرم
دارم می‌میرم
سوز دل و آه جگر کرده کبابم
از همسری با آمدلی اندر عذابم

جناب، به سر عزیزت، از دست این شوهر احمق دائم‌الخمر به جان آمده‌ام.

جناب خانم، در مقابل فیلسوفی مانند من شما نباید به شوهرتان بی‌احترامی‌کنید. حیا و حجب از صفات کریمه است.

ظریفه برو گمشو، خفه‌شو! مرده‌شور فلسفه‌ات را ببرد! اگر فلسفه شما این جنقولک‌بازی‌هاست، بنده هم اول فیلسوفم.

جناب (می‌خندد) تو هنوز نمی‌دانی مذکر چیست و مؤنث کدام است. تازه، اگر زنی فیلسوف باشد، به او فیلسوفه می‌گویند نه فیلسوف.

آمدلی جناب آقای جناب...

جناب این شد حرف حسابی ـ جناب آقای جناب.

آمدلی جان نثار بی‌مقدار...

جناب به‌به چقدر خوب اداء مافی‌الضمیر خود را می‌کند : "جان نثار بی‌مقدار"! حجب و حیا و نزاکت، هر سهٔ این سه خصلت، در این سه کلمه موجود است.

آمدلی دیگر داری عصبانیم می‌کنی ها!

جناب از درج کلام ساقطش کن! چه‌قدر خوب شروع کرده بودی ولی صد افسوس که خرابش کردی.

آمدلی آخر محض رضای خدا، این چه بساط است در آورده‌ای؟ به آن‌چه در دنیا مقدس است و شما دوست دارید، گوش بکنید و به درد من بیچاره برسید.

جناب ارسطاطالیس در کتاب پنجم خودش می‌فرماید مَنامیسٌ خَباشَکیلٌ اِنسدادی. بله.

(تمام جمعیت جناب را در وسط گرفته می‌خوانند)

ای پرنفس ای پرنفس کم دعوی فضل و هنر کن
آزار مردم کم کن و از علم خود خلق جهان را کم خبر کن
شرم از خدا کن ما را رها کن
از سر غرور و خودستایی را به در کن (۲مرتبه)
(آمدلی با جناب بیرون می‌روند)

عبدالمطلب [به ظریفه] حالا بس است. من دیگر با آقای غضنفر و مونس خانم می‌رویم. تو هم برو تو خانه‌ات و راحت باش.
ای تو دختر جان قشنگم

ای پریچهرهٔ شوخ و شنگم

رو بهفکر شوهرداری خویش

از چه داری تشویش

خستی این دل ریش

صلح و سلامت را پیشه خودساز و غم مخور بیش

ظریفه چشم آقا جان، اطاعت میکنم.

عبدالمطلب خداحافظ دختر جان. (عبدالمطلب بـا غضنفر میروند)

جمشید (وارد میشود) خوب خانم، چه خبـر شـده؟ بـالاخره چرا تنها اینجا ایستادهاید؟

ظریفه والله اگر بدانی چه الم شنگهای این شوهر احمق مـن درآورد، به خدا دل سنگ برایم کباب میشود.

جمشید من که به شما عرض کردم. این مرد ذاتاً حسود است و کجخیال و غیرممکن است دست از ایـن حرکـاتش بردارد. حالا هم به عقیدهٔ من چـون خیلی عصبانی شدهاید، بفرمایید یکقدری گردش کنیم، هواخـوری کنیم، از اوقـاتتلخی دربیاییـد. مـن یقـین دارم اگر قدری گردش نکنید، فردا دچار سردرد سختی بشوید و خدانکرده ناخوش بشوید.

راحت طلب و مکن تو اندیشه دگر

دوری بنما ز گرگ و این بیشه دگر

جان خود از این بلا و محنت برهان

غم کم خور و باش زنده در مهد امان

من در ره تو فدا کنم جان و تنم

کاسوده شوی ز زهر هر نیش جگر

ظریفه حالا که خیلی دیر است ـ تقریباً ساعت ده است.

جمشی چه بهتر. خیابانها خلوت است، گرد و خاک نیست، شلوغ نیست. بفرمایید برویم، دل دل نکنید!

ظریفه خیلی خوب بـرویم بـه شـرط اینکه زود برگـردیم. (تانگو با فکسترت میخوانند و میروند)

دادم دل و دین به دست تو ای همه من
آباد نما تو خرمن هستی من
سیراب نما تو گلشن شادی من
تجدید نما ز عشق سرمستی من
خوشنود رَویم و چند گامی‌بزنیم
کز درد و غم و محنت آسوده شویم

آمدلی (وارد می‌شود) برویم یک لقمه نانی بخوریم، کپه مرگمان را بگذاریم، ببینیم تا صبح چه می‌شود. (می‌رود در خانه)

ظریفه (وارد می‌شود) الحمدلله این دعوا هم به خوشی گذشت. سرم یک خورده بهتر شد. بروم خانه یک‌خورده راحت کنم. (توقف) چه‌طور؟ در را کی بست؟ بابا در را باز کنید! این چه مسخره‌بازی است درآوردید؟

آمدلی (پشت پنجره) خواهش دارم تشریف ببرید همان‌جایی‌که بودید. این وقت خانه آمدن است؟

ظریفه تو را به خدا در را باز کنید و لوس نشوید! این حرف‌ها یعنی چه؟

آمدلی این‌ها همه حرف است. زنی که یکه و تنها توی کوچه‌ها هر شب هست، حالا هم خوب است برود پهلوی رفقاش و اسباب زحمت ما نشود.

ظریفه تو حق داری با من دعوا کنی وقتی‌که کسی با من باشد، اما حالا تو خودت می‌دانی و می‌بینی که من تنهای تنها هستم. (می‌خواند)[۴]

آمدلی خداحافظ. مخلص رفتم سر شام، جنابعالی هم هر کار دلتان می‌خواهد بکنید.

ظریفه در را باز نمی‌کنی؟

---

۴ . تصنیف این قسمت نوشته نشده.

آمدلی	نخیر نخیر.
ظریفه	مرگ من خودت را لوس نکن! در را باز کن، دارم یـخ می‌کُنم.
آمدلی	مزنگ نیا، برای من هیچ فایده ندارد.
ظریفه	مرگ من باز کن.
آمدلی	خداحافظ، فی‌امان‌الله.
ظریفه	باز نمی‌کنی؟
آمدلی	نخیـر نخیـر، بـرو لای دسـت پـدرت و آن مـونس پدرسوخته.
ظریفه	همسری که آنقدر تو را دوست دارد، حرفش را قبـول نمی‌کنی؟
آمدلی	نخیر، این دل من مثل سـنگ اسـت. خیالت راحت باشد.
ظریفه	به خدا اگر باز نکنی، یک کـاری مـی‌کنم پشیـمان بشوی.
آمدلی	چه غلطی خواهید فرمود؟
ظریفه	به خدا اگر حرفم را گـوش نکنـی و در را بـاز نکنـی، خودم را می‌کشم می‌افتم این‌جا درِ خانه. یقین بـدان پدرم الساعه می‌آید ببیند گفت‌وگوی ما تمام شده یـا نه. وقتـی نعـش مـرا این‌جا دیـد، خـودت می‌دانـی آن‌وقت چه‌قدر پشیمان خواهی شد و چـه بلایـی به سرت خواهد آورد.
آمدلی	تو آن‌قدر جانت را دوست داری که هیچ‌وقـت همچو کاری نمی‌کنی.
ظریفه	این قلمتراش را می‌بینی؟ به خدا اگر در را باز نکنی، الان همچین تیغش را باز می‌کنم، راست مـی‌زنم به قلبم.
آمدلی	خودت را لوس نکن! نوکش تیز است، یکدفعه بساطی برای ما راه می‌اندازی.
ظریفه	حالا بگو ببینم باز می‌کنی یا نه؟

آمدلی صدهزار دفعه گفتم باز نمی‌کنم ـ هر غلطی می‌خواهی بکنی بکن.

ظریفه خیلی خوب! حالا که این‌جور است و آنقدر سنگدلی، پس تماشا کن! (دروغی چاقو را به خود می‌زند) آخ آخ! (می‌افتد)[5]

آمدلی ای داد بیداد! نکند احمقی کرده باشد؟ بروم ببینم چه بازی درآورده.

ظریفه [آهسته] همچین حالا پدرت را در بیاورم که حظ کنی. (موقعی‌که آمدلی در را باز می‌کند و بیرون می‌آید ظریفه داخل خانه شده در را می‌بندد)

آمدلی کجا رفت این احمق؟ نفهمیدم چه بلایی به سرش آورد اما خوب شد الحمدلله این‌جا نماند و اسباب زحمت برای ما نشد. بهتر است بروم توی خانه بخوابم و راحت کنم. (دست به در می‌زند) کی در را بست؟ (در را می‌زند) (بلند) بیایید در را باز کنید، یاالله! خیر جواب نمی‌دهند. (بلند) بابا یکی بیاید در را باز کند!

ظریفه (از پنجره) بابا و زهر مار. تو که پدر مرا درآوردی. این هم وقت خانه آمدن است، مردیکه مست بی‌قباحت؟ آخر من بدبخت بیچاره چه بکنم که گرفتار مست لایعقلی مثل تو شده‌ام؟ خدایا کی این مرد می‌میرد که من از دستش راحت شوم؟

آمدلی زنکه حقه‌باز، حیا کن! در را باز کن تا الان حقت را کف دستت بگذارم.

ظریفه برو همان خراباتی که بودی کپه مرگت را بگذار!

آمدلی اِاِاِ، این دیگر چه بازی است که درآوردی؟ از خر شیطان بیا پایین. مسخره بازی هم حدی دارد. به خدا پدری از تو دربیاورم که در داستان‌ها بازگویند.

---

۵ . این ماجرا به ماجرایی نظیر این در نمایشنامه نجفقلی بیک ،که در همین کتاب آمده، شبیه است.

عبدالمطلب (با پیجامه با غضنفر و مونس وارد می‌شوند)ای بابا، این چه بساطی است شماها درآورده‌اید؟ مثل سگ و گربه دائما به‌جان همدیگر افتاده‌اید.

غضنفر عجب شری ما گرفتار شده‌ایم.

مونس مگر باز دعوا شده؟

ظریفه (با گریه) شما که رفتید ـ ملاحظه کنید ـ رفته نمی‌دانم کدام شیرکخانه. حالا آمده این‌جا و جنجال برپا کرده آن‌وقت فریاد می‌زند اگر به گیرم افتادی چنین و چنان خواهم کرد، پدرت را درمی‌آورم، نمی‌دانم چه‌کار می‌کنم، چه کار نمی‌کنم.

عبدالمطلب آخر مرد، خجالت نمی‌کشی در این موقع شب به خانه می‌آیی؟

آمدلی آخر شما که نمی‌دانید. به آنچه در دنیا مقدس است، منِ بدبخت بی‌گناهم. همه این بازی ها را دختر شما درآورده. آخر بپرسید، بازرسی کنید، تحقیق کنید کتره‌ای من بیچاره را متهم نکنید.

غضنفر حالا آشتی کنید، همدیگر را ماچ کنید، ما راحت بشویم و برویم.

عبدالمطلب آقای غضنفر راست می‌گوید. بیا دخترجان، شوهرت را ببوس و آشتی کنید.

جناب (از لای دکور با پیراهن سفید و عرقچین و چراغ در دست وارد می‌شود) بابا! این چه بساطی است درآورده‌اید؟ حیوانات هم این‌طور همسایه‌های خود را اذیت نمی‌کنند. تازه چشمم گرم شده بود که این فریاد و ماجرا از خواب بیدارم کرد.

غضنفر نه، به‌حمدالله جناب، صلح و صفا شد و محتاج به نصیحت و اندرز شما نیست.

جناب اجازه بدهید راجع به صلح و صفا مبحث مهمی‌را که در کتاب ارسطو خوانده‌ام برای شما نقل کنم.

غضنفر لابد خیلی مفصل است.

جناب نخیر، ای... شصت یا هفتاد ورق بیشتر نمی‌شود.

عبدالمطلب نخیر، محتاج به این کار نیست.

جناب پس همدیگر را ببوسید تا خیالم راحت بشود.

آمدلی استغفرالله! چشم. این کار را می‌کنم. جنابعالی تشریف ببرید.

جناب نخیر، نمی‌شود. باید من به رأی العین ببینم (می‌خوانند)[۶] (پرده می‌افتد)

در آخر پرده قسمت "ای پُرنفس"[۷] تکرار می‌شود و بعد موزیک به تنهایی می‌زند و همه طبق آن حرکات موزونی می‌کنند.[۸]

---

۶. شعر خاصی برای این قسمت درج نشده. منظور باید همان قسمت باشد که در زیر به آن اشاره شده است.

۷. رجوع به قسمتی است که همه با هم درباره جناب خوانده بودند.

۸. این دو خط به خط نصر در مقابل صفحه آخر نوشته شده است.

تا اینجوریم همین است

در سه پرده

تصنیف

سیدعلی نصر

اشخاص

میرزا علی خان
کربلائی نقی
حسنعلی شیک میرزا
میرزا عبدالمطلب
مشهدی نوروز
زیرک خان
میرزا ابوتراب
قراپط
محمود همایون
سه‌نفر لختی
شمسی
میسردفتر
عسل‌فروش
بچه
ننه
مونس
حسینعلی خان
پیرزن
ننه حسین

احمد علی خان

احمدخان

میرزاحسن خان

محمدعلی خان

خسرو خان

زن‌دائی

طرب همایون

جعفرخان

حلیمه

ملیحه خانم

زن آغا

سقا

چینی‌بندزن

آژان

پرده اول

میرزا علیخان (تنها) چند شب پیش رفتـه بـودیم تـاتر ـ امـا جـان
آقایان، کاش نرفته بـودیم! هرچنـد هـزار دفعـه ایـن
تصمیم را گرفته‌ام، ولی چه کنم؟ مجلس تفریحی که
در ایـن شـهر نیسـت کـه انسـان پـس از خسـتگی از
کارهای روز اقلاً یک ساعتی جـائی بـرود و تفریحـی
کند. اگر چند نفر هم دور هم جمع می‌شوند، یا بایـد
پای قمار میان بیاید یا مشروب، بافور یا هـوچی‌گری.
مخلـص هـم کـه در ایـن چهـار کـلاس ابـداً درس
نخوانده‌ام. چه کنم؟ باز گاهی می‌شنوم تاتری هست
می‌آیم ـ اینکه گفتم کاش نیامده بودم خیـال نکنیـد
برای تاترش بود! جان خودتان خیر ـ فقط برای جـای
تاتر بود. آخر معلوم نیست این محلی را کـه سـاخته
اند دالان است... چی چی است؟ طرف راست و چپ
که بیچاره‌ها هیچ نمی‌بینند. یک قسمت را اسمش را
گذاشته‌اند لژ بالا، که هیچ جای دنیا همچـو چیـزی
نیست. آن بیچاره‌هائی که پول می‌دهند و می‌خواهند
تماشا کنند خدا به داد دلشان برسد. اینکه مال جـای
تماشاچی است... اما بیچاره جای اکترهـا... اولاً، هـیچ
اطاق از قرار معلوم ندارند. ثانیاً، صاحب مَحـل هـیچ

دِکُر درست نمی‌کند در صورتیکه همه جای دنیا یک قسمت مهم تاتر دِکُرهای آنست. هر که تاتر رفته، ملتفت می‌شود بنده چه عرض می‌کنم. آخر ترا به خدا سِنِ تاتر شده ۶ تا چراغ داشته باشد؟ آخر سنی شده که جنگ، دریا و بیابان و میخانه و خانه و کوه و صحرا همه توی اطاق بشود؟ ما که ندیدیم ـ مگر اینجا. این است که باید بگوئیم تا اینجوریم همین است! باری، صحبت رفتن ما به تاتر بود. ما بلیط ردیف اول را داشتیم. با هزار زحمت از در توی ایوان ما را وارد کردند. درصورتیکه همه‌جای دنیا باید از یک در همه وارد بشوند و از یک در خارج. نه صندلی‌ها نمره دارد و نه بلیط، این است که انسان باید زود خودش را برساند و روبروی سن اقلاً خودش را جا دهد. به قول خودشان، آمدند بلیط را کنترل کردند ولی بیست نفر دیگر پهلوی من نشسته بودند که هیچ علامت کنترل نداشتند. گفتم چطور اینطور است؟ گفتند اینها نوکر تاتر که نیستند، برای اینکه مجانی بیایند، اسم کنترلری روشان می‌گذارند و هرکدام یک رزت بخودشان می‌زنند که علامت باشد. بله، ما نشستیم دیدیم پس از چند دقیقه یک جوانی بسیار معقول اظهار ارادتی به بنده کرد گفت آقا، آن نصف بلیطتان را لطف فرمائید، بعد رد می‌کنم. سماجت کردم و تحقیقات را به اصطلاح کامل کردم. معلوم شد به توسط این نصفه‌بلیط جمعی بدون پول دادن و بلیط گرفتن وارد می‌شوند و آن آقای معقول مؤدب گفت قاچاق، که آنقدر در جراید برای مالیات‌های انحصاری قند و شکر و تریاک و غیره می‌نویسند، پهلوی قاچاق تاتر چیزی نیست. باری، پرده اول تمام شد. خواستیم برویم بیرون قدری بگردیم یک نفر از همان کنترلرها که رزت داشت به

بنده فرمودند آقا، جنابعالی بااین یال و کوپال، شما هم قاچاق کرده‌اید؟ عرض کردم نه سر خودتان، بنده که اول آمدم بلیط داشتم کنترل شد. ممکن است آن کنترلری که اول بود بنده را بشناسد و از او تحقیق کنید! یک نفر تماشاچی، که سخت به صندلی خود چسبیده بود و بعد ملتفت شدم جزء قاچاق‌هاست، با خنده مخصوصی گفت آقا، از این شاخ به آن شاخ نپرید، اگر شما به قاچاق وارد شده‌اید،از آن کنترلرهای رزت‌دار هم قاچاقی تر هستید .بنده را می‌گوئید؟ آب شدم به زمین فرو رفتم. از اطراف هم چشم‌ها را به بنده تیز کرده بودند. دیدم فایده نداره و قریباً رسوا می‌شوم. آهسته گفتم آقا، خیلی عذر می‌خواهم، ببخشید، غلط کردم، دیگر قاچاق نمی‌کنم. این بود یواشکی خودمان را انداختیم بیرون. داشتم وارد خیابان می‌شدم دیدم یکی از رفقا وارد تاتر می‌شود. به بنده برخورد گفت فلانی، کجا؟ گفتم پرده اول تمام شد، گوش کردم، خسته شدم، حال ندارم، سرم گیج می‌خورد... بالاخره دو هزار دروغ جعل کردم. برگشت جواب داد فلانی، **حالا** وقت تاتر رفتن است، بیا برگرد برویم! گفتم پول ندارم دوباره بلیط بخرم. گفت تاتر پول نمی‌خواهد. بیا برویم تو. من کنجکاو شدم. با او برگشتم دیدم ابداً دم گیشه نایستاد. آمدیم توی دالان در شیشه‌ای که شکسته بود. نمی‌دانم با کی صحبت کرد؟ فوری یک نصفه بلیط به او دادند. گفت یارو، چون تو دست و پا نداری، تو اول وارد شو، من جای خودم را باز می‌کنم. من هم از همان در وارد شدم. همان کنترلر خوشمزه بلیط خواست. نصفه بلیط را ارائه دادم برگشت گفت آقا ازشما و بنده قبیح نیست سر به سر بنده بگذارید؟ یک دفعه بگوئید بلیط ندارم، یک دفعه

بگوئید دارم و حالا ارائه دهید؟ بنده را مسخره کرده‌اید؟ من دیدم نزدیک است مرا به دوئل دعوت کند. گفتم نه آقا، جانِ عزیزتان خیر، تَهِ جیبم بلیط مانده بود، بیرون که رفتم، گشتم پیدا کردم و خیلی عذر می‌خواهم. رفتیم نشستیم. چهار دقیقه نگذشت رفیقمان وارد شد. اتفاقاً پهلوی بنده شخص محترمی‌نشسته بود. آمد گفت آقا، این صندلی مال من است خواهش دارم پا شوید! بعد کنترلر و غیره را صدا کرد و با یک بی‌حیائی بیچاره را بلند کرده و خودش نشست. حالا ترا خدا، فکر کنید همچو چیزی هیچ‌جا ممکن است؟ پس بدانید تا اینجوریم همین است!

(می‌آید طرف چپ سن)

(سن دوم)

(میرزا عبدالمطلب و میرزا ابوتراب در حال گردش از در چپ وارد می‌شوند)

میرزا عبدالمطلب به سرخودت غیرممکن است بگذارم! به هر قیمتی شده این کار را صورت می‌دهم. تو خودت می‌دانی در آن حزب تحویلدارم، در آن پارتی رابطم، در آن انجمن عضو افتخاری، در اتحادیه هم که همه‌کاره.

میرزا ابوتراب صحیح است. بنده می‌دانم که همه کاری از شما برمی‌آید ولی این مسئله طوری پیچ خورده که هزار گره پیدا کرده به این آسانی باز نمی‌شود. (می‌رسد طرف راست)

میرزا علیخان (صدا می‌کند) آقای میرزا ابوتراب خان، آقای میرزا ابوتراب خان! عرض داشتم...

میرزا ابوتراب (می‌ایستد می‌آید طرف میرزا علیخان) سلام علیکم! بَه بَه شمائی؟ (می‌روند)

میرزا عبدالمطلب(آهسته) مسئلـه غریبــی اسـت. اینهمـه کـار دارم مردکه هیچ فکر نمی‌کنه دو نفر که با هم دارند حرف می‌زنند و می‌روند، یکی را صدا بکننـد و بـا او حـرف بزنند و دیگری تنها بایستد، چقدر از نزاکت دور است و بی‌ادبی است.

(سن سوم)

آژان   (وارد می‌شود قدم زنان ، رو به میرزا عبدالمطلب) آقا وانایستید، قدم بزنید!

میرزا عبدالمطلببنده منتظر رفیقم هستم (اشاره به میرزا ابوتراب با بی‌حوصلگی) دِ آخر بیا!

آژان   ایستادن غدغن است قربان، قدم بزنید!

میرزا عبدالمطلب(آهسته) مـن نمی‌تـوانم بابا، غـذام تحلیـل رفتـه محتاج به قدم زدن نیستم. (رو به آژان بلنـد) چشـم آقا جان!

(آژان می‌رود)

علی خان   راستی آخر او را دیدید؟

میرزا ابوتراب مگر دیدن او به این آسانی‌ها میسر می‌شود؟ یک سر دارد هزار سودا...

علی خان   بنده این چیزها را نمی‌فهمم. آن روز هـم کـه عـرض کردم. این کار را از شما می‌خواهم، هر گونـه خرجـی هم داشته باشد، حاضرم. وانگهی، خودتـان بـه بنـده فرمودید آن دو نفر وکیـل را هـم ببینـم. دیدم. سـر عزیزت، همان مهمانی‌ای که کردیم با سـاز و آواز و از آن یکی که گردن ما گذاشتند، خودش تقریباً پنجـاه شصت تومان خرج گردنم گذاشت.

میرزا ابوتراب درست است، آقا جان. اولاً بـرادر، تو سابقه نداشتی به آن زحمــت درسـت کـردم رفتم [از] مردکـه، کـه دویست سال پیش از ایـن حـاکم جوشـقان ـ و تو

هیچوقت هم اسم جوشقان را نشنیدی ـ از او کاغذ گرفتم که تو رئیس کابینه‌اش بوده‌ای و به این ترتیب سابقه ساختیم، درجه ۳ برایت درست کردیم. حالا چطور می‌شود درجه ۸ برایت درست کرد؟

علی خان اختیار دارید! جنابعالی، که از معلومات و تحصیلات بنده اطلاع دارید، این را می‌فرمائید، آنوقت فکر نمی‌کنید [چرا] آن چند نفری که نه معلومات داشتند و نه هیچی به این درجات نائل آمدند و کسی حرف نزد؟

میرزا عبدالمطلب ای بابا... برای رضای خدا... (بلند صدا می‌زند) آقا میرزا ابوتراب خان، نمی‌فرمائید؟

علی خان ببخشید آقا، الان تشریف می‌آورند.

میرزا عبدالمطلب (آهسته) چیز غریبی است! (سیگاری از جیب درآورده می‌کشد)

(سن ۴)

سقا (با خیک آب وارد می‌شود) (از بیرون) یاالله، پرهیز!
(و آب را می‌پاشد)
(تمام لباس‌های میرزا عبدالمطلب خیس می‌شود)

عبدالمطلب مردکه، این چه وضع آب پاشیدنه، پدرسوخته؟

سقا فحش نده که جواب می‌شنوی. اولاً، فریاد زدم یاالله، پرهیز! ثانیاً، کی تو کوچه بی‌جهت می‌ایستد آسمان و زمین را تماشا می‌کند؟ مگر اینکه خدا نکرده اول ما خلق‌اللهش عیب داشته باشد. (از در بیرون می‌رود)

عبدالمطلب (آهسته) حقیقتاً راست می‌گه، حق با اوست. (بلند خطاب به میرزا ابوتراب خان) آقا، اگر تشریف نمی‌آورید، بنده مرخص می‌شوم.

علی خان الساعه تشریف می‌آورند.

عبدالمطلب   خیر، فایده نداره. مردکه قبیح حیا را خورده...

میرزا ابوتراب   آنها اگر معلومات و تحصیلات ندارنـد، چیـز دیگـری دارند که هوچی‌گری باشد، برادر. این روزها هم فقط این چیزها به درد می‌خورد وگرنه در مملکت سـیاه‌ها هم یک همچو قانونی، مثل قانون استخدام ما درست نمی‌شود که تمام صاحبان علم و فضل را از خـدمت دولت محروم کنند. حقیقتاً چیـز غریبـی اسـت. هـر ملت و مذهبی مبداء تاریخی دارد. عیسـوی‌ها تـاریخ مـیلاد، مـا مسلمان‌ها تاریخمان را مبـداء هجـرت قراردادهایم. حالا در این تاریخ جدید ۹۹ را باید مبداء تاریخ قرارداد و تقویم‌هـا را از روی آن درسـت کـرد. امروز علم هیئت یکی از علوم مهمـه اسـت و هـزاران سال است که ایام ماه‌ها را از روی حرکت ماه و زمین معین کرده و برای هر کدام مدتی قائـل شده‌انـد. مـا پشت پا به همه می‌زنیم. شش مـاه را ۳۱ روز، شـش ماه را ۳۰ روز قرار مـی‌دهیم و تـا اینجـوریم همین است، فائده ندارد! ولی در هر صـورت، می‌دانیـد بایـد سماجت کرد تا کار از پیش برود. جنابعالی خیالتـان راحت باشد! بنده کار خودم را خواهم کـرد ولـی اگـر طـول کشیـد، جنابعـالی کسـل نشـوید. امـورات تدریجی‌الحصولند. فعلاً مرحمت زیاد! (دسـت می‌دهد می‌رود)

(علیخان می‌رود)

عبدالمطلب   ای آقا، چطور شما را ول کرد؟ مردکـه هیـچ نزاکت نمی‌فهمد. دو ساعت بنده را معطل کرد. آخر ملاحظه کنید، سقا بنده را خیـس کـرد. هـی می‌گویـد الان تشریف می‌آورند!

ابوتراب   (می‌خندد) اما عجب ریخت مضحکی پیـدا کرده‌ایـد. خوب، هیچی به مردکه نگفتید؟

عبدالمطلب چی دارم بگم؟ فقط شکر مـی‌کنم آب سـیرابی نبـود که مجبور بشم تمام رخت‌هایم را دور بریزم. نمی‌دانم حقیقتاً چرا غدغن نمی‌کنند آب‌پـاش وقـت عبـور و مرور مردم آب نپاشد یـا سبک دیگـری بگیرنـد کـه مردم بدبخت اینطور گرفتار نشوند.

ابوتراب از شما این حرف‌ها زدن خیلی مستبعَد است. شما که می‌دانید ما ایرانی‌ها حرف را خـوب مـی‌زنیم امـا عمل بهیچوجه نداریم ـ و خلاصه عرض کـنم ـ اهـل کار نیستیم. مثلاً بنده رفتم دکان سلمانی مـی‌بینم یک اعلان چاپی که دستورالعمل صحیح است بـا یـک ذرع عرض و طول به دیوار چسـبیده و تـوش نوشـته تیغ و قیچی وماشین را بایـد چنـد دفعـه در شـعله چراغ الکلی نگهداشت و یـا در محلـول یـک درصـد اسید سالی‌سلیک برای ضدعفونی فرو برد. خودم آنجا بودم دیدم هیچ‌کدام از این کارها را نکرد و هـیچکس هم چیزی نگفت... همینطور تـوی حمام‌هـا، تـوی چلوکبابی‌ها.

عبدالمطلب بله، این هم مثل تشکیلات خودمـان اسـت. مـرگ عزیزت، هیچ فرامـوش نمـی‌کنم یـک روز از یکـی از آقایان پرسیدم مقصود از تشکیلات چیه؟ گفت تغییر جای میز و صندلی و تلفن و غیره.

ابوتراب حقیقتاً راست گفته، بـرادر، بـرای اینکـه در ایـن ۲۴ سال مشروطیت شـما ملاحظـه کنیـد هنـوز معلـوم نیست عدهٔ اعضاء هر اداره چقـدر بایـد باشـد. گـاهی می‌بینی در یک اداره پنج نفر نشسته‌اند، گاهی پنجاه نفـر هسـتند. هنـوز وقـت کـار معـین نیسـت. یـک وزارتخانه ۸ ساعت کار می‌کند، یکـی دیگـر ۶ سـاعت. یکی یکسره، یکی دوسره. بله بـرادر، همـین اسـت کـه به قول تُرکه بودور که واردور!

(سن ۵)

(سه نفر لختی وارد می‌شوند)

لختی اول از اینجا خلوت‌تر هیچ‌جا نیست. (قاب[1] را می‌اندازد)

لختی دوم عاشق!

لختی اول بیغیرت دزد است، بده من! (یک شاهی می‌گیرد)

لختی۳ (نزدیک آمده) آقایان، یک ترحمی‌به ما بکنید، یک قران بدهید!

ابوتراب شما فقیرید، چلاقید، کورید، بیکارید، چی هستید؟

لختی اول قربون، ما لختی هستیم سرما و گرما برای ما فرقی نمی‌کنه. تابستان‌ها شمیرانات می‌رویم و آب خنک می‌خوریم، زمستان‌ها تو بازارها سر تون‌ها می‌خوابیم و شکر خدا را می‌کنیم.

عبدالمطلب خوب کاری دارید. شما از همه‌کس راحت‌تر هستید.

لختی ۳ حالا یک قران را می‌دید؟

ابوتراب ببخشید، چیزی نداریم.

لختی ۳ زِکیسه! نیم ساعت ما را معطل کرده، چرغانی[2] از ما پرسیده و هزار جور برانداز کرده، حالا می‌گه ببخشید! خدا پدر بی‌خیر را بیامرزه! بیائید بریم، بابا! (می‌روند)

(سن ۶)

عبدالمطلب حقیقتاً چیز غریبی است! هیچ‌جای دنیا این تکه دیگر پیدا نمیشه... تو هیچ کتاب. یعنی همچو کلمه‌ای "لختی"؟ مردمان گردن‌کلفت قمارباز

---

۱ . قاپ بعدها متداول تر بود.

۲ . معنای این واژه یافت نشد.

بدجنس! حقیقتاً افسوس! بفرمائید برویم! (می‌روند از در چپ)

(سن ۷)

(از بیرون سن) آی عسل، آی عسل!
(از در وسط بچه‌ای بیرون می‌آید) عسلی! عسلی!
(**عسلی** از بیرون سن)آمدم، آمدم. (وارد می‌شود)
بچه چارکی چند؟
عسلی چارکی شش قران.
بچه (دم در) ننه، میگه شش قران.
(ننه از بیرون سن)بگو بره، بگو بره!
بچه نمی‌خواهند بابا، برو!
عسلی پس چرا مرا صدا کردید؟ بر پدر هرچی مردم‌آزاره لعنت! بگو پنج هزار و دهشاهی!
بچه (صدا می‌زند) ننه، می‌گه پنج هزار و دهشاهی.
(از بیرون سن) دو ریال . اگه می‌ده، بده... نمی‌ده، خدا به همراش.
بچه دو ریال اگر می‌دی...
عسلی زکیسه! دو ریال کجا و پنجهزار و دهشاهی کجا! (لُوَکْ را برمی‌دارد) آخرش پنج هزار.
بچه ننه، می‌گه پنج هزار.
(از بیرون سن) نمی‌خواهیم، نمی‌خواهیم.
بچه میگه نمی‌خواهیم.
عسلی خوب دیگه، خودم فهمیدم شما عسل‌خر نیستید. خیال می‌کنه شیرهٔ ملایریه. نمی‌داند چقدر زحمت واسش کشیده شده. (می‌رود)
بچه ننه، رفت...
ننه (دم در) جهنم که رفت! حالا یکی دیگر میاد. الحمدلله روزی هزار تا می‌آیند و می‌روند.

بچه (به حال اصرار) ننه، می‌خواستی یکخورده بخری!

ننه باباجون، اینها بسکه دروغ می‌گویند آدم نمی‌دونه چی بگه.

بچه ننه، کاسب که دروغ نمی‌گه! معلممان تو مدرسه می‌گفت الکاسب حبیب‌الله.

ننه برو، خدا به معلمت عقل بدهد! این کاسب‌های ما اول‌دروغگو هستند... همینها هستند که آدم را وادار به چونه زدن می‌کنند.

عسلی (پیداش می‌شود) چهار هزار دهشای.

ننه همان دو ریالی که گفتم.

عسلی سه قران و دهشاهی می‌خواهی؟

ننه مگه گوشت سنگینه؟ دو ریال بابا جون، دو ریال.

عسلی مگر حرفت پیغمبری است؟ هی می‌گوید دو ریال...!

ننه استغفرالله، بابا می‌خواهی با من دعوا کنی؟ معامله که دعوا نداره!

عسلی سه قران آخرش.

ننه نخیر، همان دو ریال.

عسلی خدا خیرت بدهد باجی! ظرفت رو بیار!

بچه خوب عسلی، چرا اول نگفتی دو ریال؟ شش قران گفتی که سه برابر دو ریال بود! دروغ چه فایده داشت؟

عسلی این حرف‌ها به تو دخلی نداره، تو عسل بخور! این زمانه همین است که هست. **باید** اینجور باشید.

بچه دِ آخر من دلم می‌سوزد تو یک ربع خودت را معطل کردی، هی رفتی، هی آمدی تا آخر همان حرف ننه‌ام را قبول کردی.

عسلی (رو به مردم) بیغیرت معلوم نیست چه تخمیه؟ نمی‌داند ما همه همینطوریم. نرخ که الحمدلله توی این ملک نیست ـ هر که هر که است.

ننه [ظرف را جلو می‌برد] بگیر، اما ترا به خدا کم نکشی!

عسلی	ما حرام‌کاری بلد نیستیم. (ترازو را حرکت می‌دهد)
بچه	ننه، نگاه کن ببین یکطرف تـرازوش مشرق یکطرف مغرب. ننه، ببین چقدر پارسنگ میبره!
عسلی	سنگ‌های توی خیابان را بچه‌جون واسـه چـی خلـق کرده؟ واسه پارسنگ. حالا سنگت کو؟
ننه	بابا سنگمان کجا بود؟
عسلی	ما حالا پس چکار کنیم؟ سنگ میزان هم کـه هنـوز توی این ملک درست نشده! (لنگه گیـوه خـود را درآورده توی کفه ترازو می‌گذارد)
ننه	لنگه گیوه مگر یک چارک است، عمو؟
عسلی	آره بخدا، نخورد نداره. میگی نـه؟ وردار ببـر هـر جـا دلت می‌خواهد بکش!
ننه	من اینوقت کجا برم بکشم، بابـا؟ اگر یـک مـن گـل بهش چسبیده...
عسلی	مفت تو!
ننه	آخر من می‌دانم مفت من نمی‌شود. تو نمی‌آئی بمـن زیاد بدهی.
عسلی	شرطی باشه، هر جا بکشی، نیم سیر هم علاوه باشه.
ننه	اصلاً می‌دونی چیه؟ ما چیز حرام نمی‌توانیم بخـوریم. عسل نمی‌خواهیم... ظرف را بده به من!
عسلی	مَصَبت را شکر! (ظرف را پرت می‌کنـد می‌خـورد بـه پای بچه)
بچه	(گریه می‌کند) پدرسوخته، پام را خورد کردی.
عسلی	پدرسـوخته آن باباتـه. شـش سـاعت آدم را معطـل می‌کنـد... (لـوک را برمی‌دارد) دو ریـال می‌خواهـد بدهد، آنوقت یک چـارک تمـام عسـل زهرمـار کنـد. (می‌رود)
ننه	زهرمار خودت می‌خوری! خیال می‌کنی عسل خالص می‌دهی؟ پنج سیرش کثافت، دو سیرش گرد و خاک

و هزار چیز دیگه. تازه اگر بتونیم نیم سیر موم روغـن ازش دربیاوریم، خیلی است.(به بچه) بیا تو، بابا جون! (می‌روند تو)

(سن ٨)

(میــرزا احمـد خــان و میــرزا خسـروخان و میــرزا جعفرخان وارد می‌شوند)

جعفرخان اما حقیقتاً احمد خان، خدا بهت خیلی رحـم کـرد. چیزی نمانده بود زیر اتومبیل بروی. حتماً بایـد یـک چیزی صدقه بدهی.

احمد خان مگر پدرسوخته آن چند نفر، که روی دوچرخـه تیـر بار کرده بودند و بـه زورِ یـاعلی می‌کشـیدند، عقـب می‌رفتند؟

خسروخان مردکه دو هزار الاغ هیـزم بـار کرده غـروب تـوی خیابان لاله‌زار با آنهمه جمعیـت هـی داد می‌زنـه ده خروار هیزم خشک داریم... آنوقت اتومبیل اسـت کـه از این سـرو آن سـر مـی‌رود. آدم نمی‌توانـد از اینـور خیابان برود آنطـرف. خـدا پدرشـان را بیامـرز، بـاز خوب شد تا یک اندازه تیرهای تلفن را ورداشتند امـا هنوز این تیرهای چراغ برق وسط خیابان‌ها مانده.

احمد خان اگر من جای بلدیه بودم، حکم می‌کردم اولاً تیرهای چراغ برق را در وسط خیابان‌ها بگذارند که هم چـراغ بهش آویزان شود و آژان هر کـدام زیـر چـراغ بایستد، هم راست و چپ خیابان‌ها معلـوم باشد کـه دیگران راحت باشند ـ مثل همه‌جای دنیا. ثانیـاً، مثـل شهرهای خارجه، حکم می‌کردم در خیابان‌هـائی کـه محل تفریح و تفرج مـردم اسـت از یـک سـاعت بـه

غروب ـ مثلا تا سه از شب گذشته ـ عبور وسائل حمل‌ونقل از آنجاها ممنوع باشد.

جعفرخان خدا عقلت بدهد! **قانون‌هائی** که می‌گذارند، یا اجرا نمی‌شود یا قابل‌اجرا نیست، می‌خواهی **اعلان** اجرا شود؟ وانگهی، از ساعت ۱۲ که چراغ نیست، این حیوان و مکاری بدبخت چه شکلی عبور کند؟ یارو چطوری در دکانش بیاید تحویل بگیرد؟ کدام کاروانسرا شب باز است که کاروانسرادار بارها را تحویل بگیرد؟

جعفرخان خوب، اینها را که نداریم ببرند بریزند تو میدان با اتومبیل‌های باری وردارند بیاورند تقسیم کنند.

احمد خان مثل اینکه از ینگی دنیا تازه آمده‌ای؟ هزار جا توی این شهر اعلان کرده‌اند مسافر به تمام خطوط قبول می‌شود. یکی نیست که اولاً نرخ معین داشته باشد، ثانیاً انسان اطمینان پیدا کند سوار شود. مگر نمی‌شنوی هر روز در راه شمیران و حضرت عبدالعظیم چه سوانحی اتفاق می‌افتد؟

خسروخان من به جان شما می‌ترسم یکدفعه تمام این شهر آتش بگیره. برای اینکه تو هر خیابان و هر دکان بنزین فروشی است ـ هم بنزین توی چلیک است هم توی بطری. حرف در این است خود صاحب دکان اعلان کرده سیگار کشیدن ممنوع است اما خودش و هرکه آنجا می‌آید مشغول سیگار کشیدن است. حقیقتاً خداوند به ما رحم می‌کند اگرنه، هیچ جا اینطور نیست.

جعفرخان مرگ خودتان، پریشب خنده‌ام گرفت. بیچاره آژان سر چهارراه آن میان ایستاده بود از اطراف بوق اتومبیل بود که صدا می‌کرد، چراغ‌هاشان هم تمامی‌روشن. بیچاره آژان، که این روشنائی چشمش را می‌زد،از روی ناچاری چشمش را هم گذاشته بود

همینطور (ژست می‌دهد) دور خـودش می‌چرخید و
به اصطلاح هدایت می‌کرد که یک‌دفعه دیدم دو تا
اتومبیل چنان بهم خوردند که کارخانه۳ یکی به کلی
در میان دیگری فرو رفت و خـرد شـد. امـا الحمـدلله
مسافر تـوی یکـی نبـود. آنوقـت آژان می‌خواسـت آن
یکی را جلب کند. بیچـاره شـوفرش داد مـی‌زد "بابا
تقصیر با اوست، نه با من. خـط مخـالف راه ـ مطـابق
ترتیبات ـ اتومبیل باید چراغش را چند دفعه روشن و
خـاموش کنـد... مـن کـردم ولـی او نکـرد و تقصیـر
اوست." مگر توانست حرف خـودش را حالی بکنـد؟
من دیـدم نـه آژان بیچـاره تقصیـر داره و نـه شـوفر.
خسرو خان،ببینید برادر، همین است که هست وقتی
ترتیب و قاعده نیست، **باید** همینطور باشد.

خسرو خان   بله قربان، این هم مثـل سـایر چیزهاسـت. شما کـه
خیلی مسافرت کرده‌اید، آقا میـرزا جعفرخـان، تمـام
ممالک خارجه را به اصطلاح پا زده‌اید، کدام مملکت
است روی لوحه بالای دکانش به غیـر زبـان مملکـت
خـودش نوشـته بشـود؟ در ایـن پایتخـت خودمـان،
ملاحظـه کنیـد، اگر دو هـزار خـارجی۴ پیـدا شـود،
دویست و پنجاه هزار ایرانی مسکن دارنـد. معذالک،
روی لوحه دکاکین به فارسی و انگلیسی و روسـی و
ارمنی و آلمانی مینویسند. یکی نیست بگوید مگر مـا
مملکت مستعمره هستیم کـه اینطـور بایـد سرلوحه
مغازه‌ها با زبان‌های چند مملکت باشـد؟ اگر بگوینـد
برای اینکه خارجی‌هائی که می‌خواهند چیـز بخرنـد،
بفهمند، خارجی‌ها۵ که بیشتر با **ادارات** کـار دارنـد ـ
چرا تابلو آنها اینطور نیست؟

---

۳. منظور موتور است.
۴. در اصل "خارجه" آمده است.
۵. در اصل خارجه آمده است.

جعفرخان	حقیقتاً خوب نکته‌هائی خسروخان گفتید. باید این قبیل مسائل را اطلاع داد و به خود مردم حالی کرد که همین مسئله به این کوچکی چه نتایج بدی دارد.
خسروخان	جان خودت فایده نداره. دولت باید این کار را بکند. ملاحظه کنید در مملکت ما باید از کل به جزء یعنی از بالا به پائین پرداخت، زیرا که معارف هنوز توسعه ندارد. به این جهت دولت باید همیشه نمونه بدهد و اغلب به اجبار مردم را به این مسائل وادارد. لبوفروش تا هزار سال دیگر همین‌جور که عقب خرش می‌رود، لبو را پوست می‌کند و براش شعر می‌خواند. بلدیه باید حکم بکند که لبوفروش‌ها حق ندارند لبو را پوست کنده و یا با طبق بگردانند.
احمدخان	راست می‌گوئید والله! سنگ‌فرش خیابان‌ها به این خوبی چه عیبی داشت که خراب شد؟ اگر حکم بود که هر صاحب‌خانه حد خودش را باید جوبش را هم بپوشاند وبرای راه‌آبش دریچه بگذارد، چه می‌شد؟ ترا به خدا بهتر نبود؟ من که هر طور هست باید این را متذکر بلدیه کنم. ملتی که پیشوایان بزرگش فرموده‌اند النظافت من‌الایمان، آنوقت آبش این باشد؟ چیز غریبی است!
جعفرخان	راستی منزل میرزا حسنعلی خان دیر نشود، باید برویم!
احمدخان	چه خوب یادمان آوردید. می‌دانید انسان وقتی وارد این مسائل می‌شود، تمام‌شدنی نیست. بدبختی زیاد است مگر اینکه خودش را تسلیت بدهد و بگوید تا اینجوریم همین است! (می‌رود)
خسروخان	بله، تا اینجوریم همین است! (می‌رود)

(سن ۹)

(میرزا محمدخان از دست راست، ملیحه خانم ازدست چپ وارد می‌شوند)

محمد خان بَه‌بَه، سلام علیکم! چه عجب شما پیدا شدید! حالتان که بهتر شد.

ملیحه سلام علیکم! به مرحمت شما بد نیست. اما عجب پریشب رل قشنگی بازی کردید.

محمدخان خواهش دارم زیاد تعریفم را نکن و به اصطلاح پروپایم مَده، که دیگر من هم مثل جوان‌ها، که عصرها توی لاله‌زار قدم می‌زنند، هزار تا فیس خواهم کرد.

ملیحه نه مرگ عزیزت، من میل ندارم هیچوقت اغراق بگویم. این کار شعرا است. من می‌دانم که تاتر یک مدرسه اخلاقی است و یک مدرسه‌ایست که تمام معایب را مجسم می‌کند و همانطور که حقیقتاً دولت برای فوتبال ـ که ورزش است ـ زمین می‌خرد، باید اساساً، مثل تمام ممالک، یک تاتر دولتی کامل هم داشته باشد که مردم تربیت بشوند.

محمدخان خانم، اختیار دارید! شما خیلی مایلید که تند تند جلو بروید ولی بدانید کارها تدریجی‌الحصولند. باید آهسته آهسته به ترقی پرداخت زیرا معارف در مملکت کم است.

ملیحه خیر، به جان شما، ما زن‌ها به این عقیده نیستیم. اگر کار خوبی را بر صلاح خودمان و ملت و دولتمان دیدیم باید فورا بگوئیم. این تربیت‌ها... حالا صبر کنید ببینیم چه می‌شود. اگر گفتید به تو چه، چه خواهد شد... اگر ما را مسخره کردند و امثال اینها... اینها را باید کنار گذاشته و چهار اسبه رفت.

محمد خان آفرین خانم! کاش امثال شما زیاد بودند! من می‌دانم که از طرف دولت و هم ملت برای ساختن یک تاتر ملی اقدام شده است و قریباً شما ملاحظه خواهید

فرمود. در ضمن متشکرم که بحمدالله در این عصر طلائی که ایران رو به ترقی می‌رود، الحمدلله خانم‌ها و مادرهائی امثال شما پیدا شده‌اند که روز به روز به معرفت پسران و دختران افزوده شود. اجازه می‌فرمائید چون الساعه باید برای رپتیسیون[۶] حاضر شوم، مرخص شوم؟

ملیحه البته اوقات شما قیمتی است و بنده هیچ مانع نمی‌شوم. مرحمت شما زیاد! (می‌رود)

(پرده می‌افتد)

پایان پرده اول

---

۶. تمرین

(پردهٔ دویم)

(سن کوچه است)

کل تقی از قدیم گفته‌اند وقتی نباید بیاید، نمی‌آید. راستی هم آدم نمی‌فهمد چه شیوه‌ای است (جدّی) این دندهٔ چپ؟ راست است آدم هیچوقت نباید از روی دنده چپش صبح علی‌الطلوع بلند شود ــ اومد، نیومد داره. مثلاً ما امروز صبح نفهمیده ـ بلانسبت ـ این غلط را کردیم. هنوز صورتمان را نشسته، با ننه بچه‌هامون دعوامان شد. دو هزار نامربوط به ما گفت، ما اصلاً ـ جون همه ـ صدامان در نیامد. هرچه ما حرف نمی‌زدیم آن بیغیرت جرقه‌تر می‌شد. آخر دیدیم ول‌کن نیست. آئینه‌ای که دم دستمان بود بلند کردیم ترق زدیم زمین، خرد شد. برگشتیم گفتیم لامصب، حالا ول می‌کنی یا خیر؟ از سر جامون بلند شدیم سرمان را شونه بزنیم، دیدیم تازه دست پیش گرفته که پس نیفته، (می‌خندد) ـ راستی خنده داره ـ یک هق و هوقی راه انداخته که حد نداره. (به خنده) ما سه تا بچه داریم که با مادرشان امروز صبحی مثل گاو و گوساله یک زاق و زوقی راه انداخته بودند، یک الم صراطی توی این اطاق می‌کردند، که خدا نصیب گرگ بیابان نکنه! ما خودمان به مادر بچه‌ها عادت کرده بودیم اوقاتمان تلخ نمی‌شد اما زوزهٔ بچه‌ها دلمان را خیلی سوزاند. برگشتیم گفتیم خانم، چه مرضت است؟ سه ساعت **تو** فحش دادی، بد گفتی، ما که هیچ کاری نکردیم، یک آئینه شکستیم که آنهم ضررش دامن‌گیر خودمان می‌شود. به خودمان گفتیم بلکی درد و بلا را از سرمان بگرداند. برگشته ـ از خدا بیخبر ـ می‌گه

کاش سرم را شکسته بودی، کاشکی بچه‌هام را کشته بودی این کار را نمی‌کردی! گفتم بابا، این آینه گوربگوری از بچه‌هات عزیزتر بود؟ (تقلید صدای زنش را درمی‌آورد) بله که بهتر بود، بله که بهتر بود. آئینه بختم بود که ورداشتی شکستی. (جدی) ما را می‌گی، مثل اینکه دنیا را بلند کردند کوباندند توی سر ما. برگشتیم گفتیم شیشهٔ عمر فولادزرهٔ دیو بود، زنکه احمق! دیدیم ول کن نیست. زدیم به چاک آمدیم بیرون گفتیم حالا که مرید کلثوم ننه هستی، باش تا چشمت کور بشه! چای نخورده، گلوی خشک آمدیم بیرون. برف هم دو روز بود که ول‌کن نبود. به قول رفیقمان، رحمت خدا، قربونش برم، همه‌جا کشیده بود. آمدیم بریم قهوه‌خانه داش علی، دیدیم کن‌فیکون شده، تمام خراب شده. (تعجب) نگو برف آنقدر سنگین بود که خرابی بالا آورده! پهلوی خودمان فکر کردیم دیدیم اولاً، **باید** خراب شه برای اینکه گل و خاک است. الحمدلله تمام خانه‌هایمان کاه‌گِلی بیشتر نیست. دوماً، آدم نباید از دنده چپ بلند شه! چه کنیم؟ رفتیم در دکانمان را باز کردیم و نشستیم تا پنج بعدازظهر. یکی نیامد بگوید کل تقی، احوالت چطور است؟ دیدیم دیگه داریم آتش می‌گیریم. پاشدیم دَر و تخته کردیم دکانمان را، آمدیم بیرون... حالا هیچ خیال نداریم بچه‌ها را سر بزنیم. بریم یک زهرماری بزنیم که اقلاً فکر و خیال از کله‌مان دور بشه! (می‌رود طرف پنجره) آی قراپط، آی قراپط ... (آهسته) معلوم می‌شه این نحسی خیال نداره امروز دست از سر ما ورداره! (بلند) آی قراپط، آی قراپط!

قراپط (می‌آید لب پنجره) سلام علیکم کل تقی، اوقاتتان چرا تلخ است؟

کل تقی علیک‌السلام ای قراپط، گلی گوشهٔ جمالت! لامَصَب، یک فنجان سرشاری بده ببینم! مزه چی داری؟

قراپط مزه نداریم. به قول شما خودتان، مزه لوطی خاک است. (گیلاس را می‌دهد)

کل تقی قربون دستت، قراپط. به سلامتی! (سر می‌کشد)

قراپط نوش جون.

کل‌تقی بی‌غیرت باز از آن گندها به خورد ما دادی؟

قراپط بدزبونی نکن! این بطریش هست... ببین زنجیره می‌بندد.

کل‌تقی پس چرا مزه‌اش همچینه؟

قراپط بلکه شکمت خالی است؟

کل‌تقی قربون تو، خوب گفتی. از صبح تا حالا هیچ زهرماری نخوردیم.

مشهدی‌نوروز(وارد می‌شود) کل تقی، مصبت را شکر، (به مستی) مرگ عزیزت، ما امروز نمی‌دونیم قمردرعقرب بود، چی بود؟ هرچی انداختیم از صبح تا غروب خر نشست. ۲۰ اشرفی واگردون اینکار شد.

کل‌تقی معلوم می‌شود یارو هم از دندهٔ چپ بلند شده... اما اوقاتش بهتر ما است، دمی‌تو خمره زده. (بلند) بسم‌الله، بفرما بابا! قراپط بریز ببینیم!

مشهدی‌نوروز(به مستی) هنوز نفهمیدی واسه چی اینجور شدیم؟ همچه که رفتیم قهوه‌خونه دیدیم یک میرزا قلمدون آمد آنجا نشست دست کرد جیبش یک روزنامه در آورد، جون عزیزت، مثل یک نون سنگک. بنا کرد به خوندن... بیغیرت خیال می‌کنی سر قبر باباش قرآن می‌خونه.

کل‌تقی [به اعتراض] بسم‌الله!

مشهدی‌نوروزنوش جون! قراپط، ما را هم دریاب! بله، می‌خواند اخبار طویل را. فرنگی‌ها خیال دارند با مریخ خون‌آشام

صحبت کنند، کشتی‌ای که وقت طوفان نوح زیر آب
رفته، بی‌غیرت‌ها در آورده‌اند...

کل تقی   [اشاره می‌کند] به اینجای آدم دروغگو!

باقلا فروش   (از بیرون) باقالی، گل‌باقالی، شورباقالی، شیر و
شورمزه است باقالی.

کل تقی   آی باقالی! آی باقالی!

باقالی‌فروش   هَه؟

قراپط   اما چه خوب رسید. همیشه یک ساعت دیرتر می‌آمد.

باقالی فروش   (عرق می‌ریزد) بسم‌الله، آقا جان!

(کل تقی به سلامتی مشهدی نوروز می‌خورد)

(مشهدی‌نوروز به سلامتی کل تقی می‌خورد)

باقالی‌فروش   بابا، کی بود؟

کل تقی   اینجا بابا، ارواح مصبت، بیا تو کوچه!

باقالی‌فروش   سلام علیکم، چقدر بدهم، بابا؟

کل تقی   ده شاهی بده! بگذار ببینم از همان باقالی‌های
مازندرون است یا به قول مشهدی نوروز، از آن
جوجودار هاست؟
(نوروز می‌خندد)

باقالی فروش   از این بهتر دیگه واسه مزه خلق نشده.

قراپط   راست می‌گوید.

کل تقی   بکش حالا ببینم!

(باقالی‌فروش دو مشت می‌دهد)

نوروز   این ترازو هم مد تازه است، بی‌غیرت، چرا نمی‌کشی؟

باقالی فروش   مشت ما کیله است، هر کدامش یک سیر و نیم است.
میگی نه، برو بکش!

قراپط	مشهدی نوروز راست می‌گه، حرام‌کن نیست.
کل‌تقی	(به مستی) سُنّی‌ای که روز حشر شفیعش عمر بوَد! از روباه پرسیدند شاهدت کی است، گفت دنبم. تو دیگه قراپط، نمی‌خواهد پشتیش کنی!
باقالی‌فروش	جون سبیلات مشهدی، قراپط راست می‌گه.
نوروز	بگیر دهشاهی را، پاشو برو!
باقالی‌فروش	خدا عمرتون بده! (می‌رود)
کل‌تقی	قراپط، آن باقی بطری را بده بابا! می‌خواهی دکانت را ببندی، ببند!
قراپط	خدا عمرت بدهد، راحتمون کردی. (بطری را می‌دهد پنجره را می‌بندد)
نوروز	به علی، کل‌تقی، آدم باید راه نره، مگر با آدم‌های لوطی.
کل‌تقی	چطور مگه؟
مشهدی نوروز	(به مستی) این درد که ما داریم آخر ما را می‌کشد. این خالی که رو ما گذاشته‌اند، نمی‌توانیم جائی بگوئیم. جون عزیزت، ما دیگر تمام شدیم. چیزی که خیال را از سرمان رد کنه همین بطری لاکردار است. آی چه خوب گفته "می‌بخور منبر بسوزان مردم‌آزاری نکن". (می‌گوید) تو بمیری کل تقی، ما این جورها نبودیم... همان لحاف‌دوزی خودمان را داشتیم... پس از ۱۵ سال زحمت، پیط‌پیط پنبه، هزار جور کثافت و اینجور چیزها، صد تومان پس انداختیم. توی این شهر هم که غریب بودیم. به یک پیره‌زنی که نزدیک دکانمان بود گفتیم بابا، بیا واسه ما یک زنی پیدا کن نجیب باشه که همسر ما باشه.
کل‌تقی	خوب؟
نوروز	بله... هی رفت، هی آمد، هی رفت، هی آمد. پس از یک ماه گفت این را که می‌خواستی پیدا کردم. باید چهل تومان مِهر کنی! گفتیم خیلی خوب! پول را

دادیم. رفت یک روز آمد. خوب یادم میاد شب جمعه بود. گفت باید بیائی سر عقد. پاشدیم رفتیم، خودی درست کردیم. هزار تا کوچه ما را برد، رسیدیم توی یک خونه. از آنجا صدای لی‌لی بلند شد و گفتند آقا داماد آمد. رفتیم تو. ما را روی صندلی پهلوی عروس جلوی آئینه نشاندند. همان زنکه دلاله یک خورده نقل خلال و شاهی سفید سر ما پاشید که سه‌دانه شاهی سفید جلوی پای ما افتاد. (ژست می‌دهد) ما پهلوی خودمان گفتیم خوب، از توی آینه محرممون رو ببینیم... (سکوت) خدا نصیب کافر کنه... چه صورتی، چه دماغی، چه چیزی! گفتیم خوب بلکه اخلاقش خوب باشه ـ خدا قربونش برم از این بنده‌ها زیاد داره. ما همین‌جور چشممان به آن سه تا شاهی سفید که جلوی پای ما افتاده بود که دیدیم از زیر صندلی من دست یک بچه دراز شد که آنها را برداره. ما هم نامردی نکردیم دولّا شدیم قایم زدیم رو دست بچه. شاهی سفیدها را ازش گرفتیم. یکدفعه دیدیم یکی زد روی شانه‌ام گفت قباحت داره، قباحت داره! دلت می‌آید بچهٔ خانم را می‌زنی؟ (متغیّر) دیدم دیگر از کوره دارم در می‌آیم. پاشدم گفتم ای محتالهٔ همه‌چیز بد، خانم با آن شکل و شمایل بچه‌دار هم هست؟ دیدم سرش را تکان داد دور تا دور دیوار از ۲۲ ساله، ۲۰ ساله، ۱۸ ساله، ۱۶ ساله، ۱۴ ساله، ۱۲ ساله، ۱۰ ساله، ۸ ساله، ۶ ساله، ۴ ساله. آخری را نشان داد که خانم از ۶ شوهر اینها را داشته، مخلص هم شوهر هفتمی‌بودم...

کل تقی ای داد بیداد!

نوروز (به حال گریه) دیدم دیگر چشمم سیاه شد. گفتم این زندگی شد؟ ۱۵ سال سرمایه‌ام رفت، پدرم درآمد. آمدم بیرون دیدم دارم دیوانه می‌شم. خدا

عمرش بدهد یکی از رفقامان رسید گفت اگر می‌خواهی خیالی نشوی، دوا بخور! حالا به این لامصب عادت کرده‌ام... یک شب نخورم، پدرم درمیاد. بی‌خوابی... نمی‌دونم چی... نمی‌دونم چی. هر شب که می‌خواهم بخوابم به خودم می‌گویم نوروز، غصه نخور تا اینجوریم همین است!

کل‌تقی اما عجب حرفی یاد گرفتی! به خدا خیلی خوب گفتی. تا اینجوریم همین است!

آژان (وارد می‌شود) این وقت شب چرا توی کوچه معطلید؟

کل‌تقی آقای... آقا آجان، سلام‌علیکم. داشتیم آب وا می‌کردیم، راه آب یخ بسته دست و بال من کار نمی‌کنه.

آژان زود باشید، زود باشید! توی کوچه حرف نزنید، مردم همه خوابند. (می‌رود)

نوروز حالا کجا می‌روی، کل‌تقی؟

کل‌تقی از خدا پنهون از شما که پنهون نیست. امروز با ننه بچه‌هامون دعوامون شده نمی‌دونم کجا برم. ماندیم طفیل و سرگردون.

نوروز بابا امشب برویم تیاتر از آنجا هم بریم خونهٔ ما.

کل‌تقی ای چه خوب گفتی. مرگ تو از آن شب عروسی آقا حسین آقا[7] کیف بردیم. چه چیزها بود که یاد گرفتیم. راستی خوب جور شیوه ای مدرسه درست کرده‌اند.

نوروز همه‌اش خوب است. یک عیب دارد آنهم این مردم هستند که بیخودی دست می‌زنند. از کارهای مسخرهٔ شوخی خوششان می‌آید. آن حرف حق را که

---

۷ . اشاره است به یکی از نمایشنامه های خود نصر.

این بیچاره‌ها می‌زنند، می‌گویند لوس است به درد نمی‌خورد.

کل‌تقی خوب بابا، اولش است. یواش یواش! بیا برویم. (می‌روند)

(شمسی ، مونس ،اقدس و ننه فیروز وارد می‌شوند)

ننه فیروز ای بابا، کمتر با هم دیگه حرف بزنید! برویم مدرسه!

اقدس ما که حرفی نزدیم، ننه.

ننه فیروز به شما چه بابا، که هی چادرکرپ دوشین، شارمز، کرپ ساتین، کرپ مارکن، شیفون، کرپ دوشین کادریه، وال گل مخملی یا دله[8]، پلیسه، فانتزی را بگوئید.

شمسی چه خوب ننه فیروز این اسم‌ها را یاد گرفته.

مونس والله، ننه فیروز راست می‌گوید. چرا ما جمعیت نسوان جمع نمی‌شویم این اشیاء لوکس را که ابداً به دردمان نمی‌خورد، تبلیغ کنیم که مردم نخرند؟

شمسی بخدا مونس جون، این تقصیر روزنامه‌ها است که این چیزها را نمی‌گویند.

مونس دیروز سالنامه گمرک را نگاه می‌کردم. سه میلیون از ایران برای همین چیزهای مزخرف ما پول داده‌ایم... پول ملت ایرانِ فقیر شده.

ننه فیروز خانم‌ها، به خدا حرف‌ها می‌زنید! من دلم می‌خواست چادرم را از سرم بلند کنم به این مردهامون، که اینهمه فیس و افاده دارند، بگویم شماها که خودتان را همه اولاد سیروس و خاقان مغفور می‌دانید چرا دست عَلَم نمی‌کنید که اقلاً یک کارخانه واکس‌سازی درست کنید اینقدر قوطی واکس وارد این مملکت

۸ . معنایی مناسب متن برای این کلمه نیافتیم. شاید اشتباه تایپی باشد.

نشود؟ ما زن‌ها بی‌سوادیم، شما که اتصالاً این حرف‌های گنده گنده را می‌زنید، شما چرا مثل آدم مقوائی هستید؟

مونس بخدا قسم، چند سال پیش توی روزنامه خواندیم که می‌خواهند یک قانونی برای اشیاء لوکس درست کنند. ما خیلی خوشحال شدیم گفتیم اقلاً این یک کاری است... نفهمیدیم عاقبت چه شد؟

اقدس مونس جون، اگر قانون نباشد، عقل که سر جاش هست. ما باید پهلوی خودمان بگوئیم تا ما اینجوریم همین است! ما نباید خودمان راضی بشویم بگذاریم اینطور پول ما به خارجه برود.

شمسی ترا به خدا فکر کنید، پرتقال و نارنگی و لیمو و برنج را می‌گویند لوکس است نباید توی مملکت ما بیاید،آنوقت ما پودر، کرم، ماتیک و همه اینجور چیزها را لوکس نمی‌دانیم! به خدا من نمی‌دانم چرا ماها معطلیم؟ این کارها که دیگر دست دولت نیست! اگر ما نخریم، تاجرها وارد نمی‌کنند.

ننه فیروز به خدا ننه، حالا هی شماها من رو قدیمی‌می‌دانید، اما جونم به قربون شما برود، قدیمی‌ها چی داشتند؟ تماماً زری، مخمل و ترمه... نمی‌دانم چی... نمی‌دانم چی. دلم می‌خواهد بروید خونه فرنگی‌ها ببینید آنها هرچه ما از قدیم داشتیم توی خانه خودشان جمع کرده‌اند اما ما خودمان هیچ نداریم... چیزی که داریم همش زرمباد قرمباد، ذرعی دهشاهی

اقدس به خدا راست می‌گه. یادت می‌آید ننه فیروز، پریشب در تاتر شرکت کمدی ایران[۹] در همین خصوص چه می‌گفتند؟

---

۹ . اشاره است به کمدی ایران که نصر بنیان گذارش بود.

ننه فیروز به خدا این تیاتر حق به گردن ما تمام ایرانی‌ها دارد اما حیف که مردم معنی تیاتر را نمی‌فهمند.

مونس اقدس، تو هم وقتی با ننه فیروز حرف می‌زنی، دیگر ول‌کن نیستی.

اقدس مونس، به خدا راست می‌گویند.(رو به شمسی) پریشب در تاتر چی می‌گفتی وقتی داشتیم می‌رفتیم؟

شمسی خوب، تعریف می‌کردم که این مدرسه است... نمی‌دانم چی است... نمی‌دانم چی نیست.

اقدس خوب، الان دارم همین را می‌گویم. از چند تا تاتر ـ تو را بخدا ـ چه چیزها بهتر از این چند سال مدرسه یاد گرفته‌اید؟

مونس درست است. خیلی چیزها یاد گرفته‌ایم و به همین جهت است که همقَسَم شده‌ایم دیگر چیز لوکس نخریم.

ننه فیروز البته، البته، خانم جان! همین جوراب‌های کرمی، همین جوراب‌های رنگ و وارنگ، همین تسمه‌ها که کمربند می‌شود، ترا خدا نمی‌شود ما خودمان درست کنیم؟

اقدس بخدا من به آقاجانم گفته‌ام اگر مردهای ما همت کنند، همه این چیزها را ما می‌توانیم خودمان درست کنیم، محتاج به این مملکت‌های خارجه نشویم.

مونس بخدا اقدس جون، من به آقام گفتم بروند اقدام کنند، بگذارند همین کلاه‌های پهلوی دیگر از خارجه نیاید. آخر توی همین مملکت خودمان به ۸ قران می‌شود خرید ـ مال آنها را آوردند یکی دو تومان.

ننه فیروز برویم خانم‌ها! به خدا آنقدر درد بی‌درمان داریم که حد ندارد، اگر بگوئیم، تا غروب واسهٔ مردم می‌شه گفت. اما کو حرف‌شنو؟ بیچاره شرکت کمدی چه

زحمت‌ها باید بکشد تا حرف‌ها و کارهای خوب را بـه گوش ماها فروکند؟ برویم خانم‌ها، برویم! (می‌روند)

(میرزا احمد خان، میرزا حسن خان وارد می‌شوند)

میرزا احمدخان این حرف‌ها کدام است؟ جان عزیزتان، هرقـدر هـر ملتی جلو می‌رود ما از حیث اخـلاق عقـب مـی‌رویم. خواهش دارم به تاریخ رجوع کنید ببینید بزرگ‌تریـن صفت ایرانـی راست گفتـن بـوده و کلمـه دروغ در جامعه ایرانیتِ آن موقع معمول نبوده است. امروز بـه طوری دروغ‌گوئی شایع شده که حد نداره. آخر ایـن شد پدر به اولادش و زن به شوهرش دروغ بگه؟

میرزا حسن خان حالا از همهٔ اینها بدتر، چیزهای دیگری است کـه از دروغ‌گوئی بدتر است و آن موضوع کلاه است.

میرزا احمد (به خنده) کلاه دیگر چی است؟

میرزا حسن در همه جای دنیا کلاه یک معنی دارد و آن عبارت از این است (کلاه خود را برمی‌دارد و نشـان می‌دهـد). ولی در میان جوان‌های ما، مخصوصاً آنها کـه مملکـت آتیهٔ خود را بسته بـه آنهـا می‌دانـد، کـلاه بـه معنـی دیگری تعبیر می‌شود که به معنی دزدی است. مـثلاً اتفاقاً شما کیفتان را از جیب درمی‌آوریـد، دو تومان از جیبتـان می‌افتد ملتفت نیسـتید. بنـده ورمـی‌دارم (ژست می‌دهد) و به رفقای خودم می‌گویم دو تومان کلاه سرش رفت. صبح تا شـام می‌نشـینند دور هـم هزار جور بامبول می‌زنند کـه چـه شکلی بایـد سر فلانی کلاه گذاشت و در هر صورت ـ به اصطلاح ایـن آقایان ـ کلاه لغت آبرومند دزدی است.

میرزااحمد بله آقا، ترقی هر ملتی منوط به اخلاق آن ملت است و ما باید خیلی در تهذیب اخلاق بکوشیم وگرنه هـر پیشرفتی هم بشود نتیجه مآلی نخواهد داشت. هـیچ

فراموش نمی‌کنم یک شب رفتم تیاتر. یک عده از خانم‌ها و همچنین از آقایانی که آمده بودند به نمایش به یک عده اکترها فحش می‌دادند، از یک عده تعریف می‌کردند.

میرزاحسن چطور فحش می‌دادند؟

میرزااحمد مثلاً اگر فلان آرتیست رلی که بازی می‌کرد حقیقتاً نصیحتی داشت یا حرف مضحکی در آن نبود، بلند بلند ـ سر عزیزت من شنیدم ـ می‌گفتند مرده‌شورت ببرد، خوب است، خوب است... خفه‌شو! (توقف) آن یکی آرتیست که اساساً رل مضحک داشت، آن را تعریف می‌کردند... (توقف) هیچ فکر نمی‌کردند هر آرتیستی رل مخصوصی را باید عهده‌دار باشد ـ مثلاً یکی کمیک، یکی تراژیک، یکی یک جور دیگر. حقیقتاً خیلی اسباب تأسف بنده شد و یادم افتاد که یک وقتی از دوستان بنده نقل می‌کرد در یکی از دهات تعزیه می‌خواندند. دهاتی‌ها وقتی که شمر آمد ریختند سرش بیچاره را آنقدر کتک زدند که مرد و خیال می‌کردند شمر واقعی است.

میرزا حسن ای برادر، همین است که می‌فرمائید و اینکه بنده عرض می‌کنم **تا اینجوریم همین است** به این علت است و به همین جهت است که ما باید حقیقتاً در تهذیب اخلاق خود تا می‌توانیم سعی کنیم و مخصوصاً بچه‌هایمان را خوب تربیت کنیم و به اخلاق پسندیده آشنا کنیم تا نسل آتیه صحیح شود.

میرزااحمد یک مقداری هم دولت باید جلوگیری کند. مثلاً پریروز رفتیم بازارچه ملافه بخریم. اولاً چقدر مصیبت کشیدیم تا وارد یک مغازه شدیم. به جان خودتان، ملاحظه بفرمائید، دارید راه می‌روید دَمِ هر مغازه دو هزار خدا و پیغمبر را به آدم قسم می‌دهند که بیا توی مغازه. (با ژست) آدم از روی ناچاری می‌رود.

اتفاقاً آمد یک چیزی را انتخاب کرد پرسید ذرعی چند؟ جواب می‌دهند هرچه می‌خواهید بدهید. (ژست) بابا مگر من بزآزم یا صاحب مغازه که بدانم قیمتش چند تمام شده؟ بعد از دو ساعت اِتلاف وقت، می‌گوید چهار تومان. آنوقت ۲۰ پارچه دیگر می‌آورند پس از هزار چانه بالاخره همان پارچه اولیه را دو تومان راضی می‌شوند. تازه آنوقت آدم می‌ترسد آن پارچه اولی را [بیشتر از] دو تومان بخرد برای اینکه از ۴ تومان به سه تومان می‌دهد. مشتری هم حق دارد. نمی‌خواهد. آنوقت جناب آقا دو هزار نامربوط می‌گوید که ما از اول می‌دانستیم تو چیزبخر نیستی. بابائی هیچ خجالت نمی‌کشد با دو هزار "جنابعالی"، بنده را برده توی مغازه‌اش، حال با "تو تو" گفتن، بیرونم می‌کند.

میرزا حسن حقیقتاً همین‌جور است. هزار دفعه به سر خودم آمده.

میرزااحمد بله، رفته بودم پارچه ملافه بخرم، پس از اینکه انتخاب کردم تمام شد، گفتم ۶ ذرع لازم است. آنوقت می‌بینم جناب حاجی دستش را همچین کرده (ژست می‌دهد) دارد ذرع می‌کند. گفتم مگر ذرع یا متر نداری؟ گفت اختیار دارید قربان، از سر این انگشت سبابه مخلص تا این شاه‌رگ گردن من یک ذرع تمام است. قبول نداری، بروید یک ذرع پیدا کنید، بیاورید امتحان کنید. من از جفت دست التزام می‌دهم. حالا دیگر بفرمائید آدم چه خاکی به سرش بکند؟ کی می‌رود ذرع پیدا کند؟ (بلند) بفرمائید برویم آقا! چه کنیم؟ تا اینجوریم همین است. (می‌روند)

(چینی بندزن هم وارد می‌شود)

چینی‌بندزن چینی شکسته، چراغ شکسته بند میزنیم. کاسه افتاد شکست؟ جهنم، بچه‌ات را نزن، کلفت را غرغر نکن... ما خودمان میچسبانیم.

حلیمه ساعت هم هست الحمدلله. (صدا می‌کند) آی چینی بندزن!

چینی‌بندزن کلید قفل، کلید صندوق، کلید مجری می‌سازیم.

زن‌آقا (از در چپ وارد می‌شود) زن دائی، وردار بیار مشتری خودمان آمد.

زن‌دائی (از بیرون صحنه) آمدم، آمدم قربون دهنت. (وارد می‌شود)

(چینی بندزن هم وارد می‌شود)

حلیمه مشهدی، ترا خدا تا این شوهر پدرسوخته‌ام نیامده، این را بند بزن! اما می‌توانی طوری بند بزنی کسی ملتفت نشه؟

زن آقا مشهدی جون، دیشب رفتم آتش‌بازی این خدیجه،دخترم، که الهی پرپر خون بزنه، نمی‌دانم کلید رو انداخته کجا گم کرده که همین جور من گرفتار شدم. ترا خدا می‌توانی این کلید را بسازی که مثل اولش باشه؟

زن دائی مشهدی حسین، نمی‌دانم پدرسوخته زاق این دور لامپا چی شده که سر پیچش هیچ بند بهش نمیشه. اما ترا بخدا یک طوری درست کن که از هم دوباره ورنیاد!

چینی بندزن (می‌خواند)
کلید، قفل و کاسه و لامپا را می‌سازیم (به همه اشاره می‌کند)
زبان و روح و عُمر خودمان را می‌بازیم (تکرار ۲ بار)

سه نفر زن (با هم)قیمتش چند می‌شود؟ هر سه تا روی هم.

چینی بندزن قابلیت ندارد... بدهید به من!

سه نفر زن

تعارف و حرف مفت را بگذارید کناری

که آخر سر به درد سر نشویم دچاری (تکرار ۲بار)

چینی بندزن پنج قرون میسونم

اینها را می‌سازم

زن‌ها (با هم)

دو قرون می‌دهیم

می‌گذاری برویم

چینی بندزن راستی که کار ما همش عذاب الیم (۲ بار تکرار)

زن‌ها(با هم) یعنی بدون تا اینجوریم کارها همین است

پرده سوم

صحنه منزل حسنعلی شیک میرزاست
(اطاقی است بسیار شیک دارای سه پرده بـا مبـل و
غیره)

(پرده بالا می‌رود)

زیرک خان هیچ بهتر از ایـن نیسـت کـه آدم نـوکر یـک همچـو
اربابهائی بشود کـه مال فـراوان از باباشـون بهشـون
رسیده باشد، قدرش را ندانند، رنـدان هـم دورش را
بگیرند، همش امروز امروز، اینجا، تو کار باشـه. روزی
که ۵۰۰ تومان پول جرنگی تـوی ایـن خونـه خـرج
نشه، آن روز را خدا نیافریده... (توقف) دلمـان بـه آن
باباها می‌سوزد که به هزار شیوه این پول را درآوردنـد
یک قرونش هم از گلویشان پائین نرفت. حالا نیستند
ببیند آقا زاده چه شیوه خرج می‌کند و فاتحـه بـی
الحمد برایش می‌خواند. این اربـاب مـا پـول پهلـوش
مثل ریگ ته جوبه. چک رو چک به بانک می‌کشه،
چنگ چنگ از جیبش پول درمیـاره و بـه ایـن و آن
می‌دهد. حالا دلتان می‌خواهد ما همین‌جـور وایسـیم
تماشاچی بشیم؟ مگر بی‌عقلیم؟ ما هم با هر که اینجا
آمدورفت دارد شریکیم، تـا یـک سـرش تـوی جیـب
مخلص باشه.

مخمور همایون (وارد می‌شود) آقا تشریف ندارند؟

زیرک سلام علیک قربان، الساعه تشریف می‌آورند.

مخمور زود باش آن دوای ما را بیار ببینیم!

زیرک صبح به این زودی قربون؟

مخمور برو مردکه، به توچه ربطی داره؟ من الکلیک شده‌ام، دیگه برای من چه فرق داره صبح باشه، ظهر باشه؟ برای من حال لبو را داره که هم صبحانه است و هم ظهرانه و هم عصرانه.

زیرک بله، چشم قربان! (می‌رود)

مخمور راستی مشروب را شرع مقدس ما چه خوب نهی کرده، اما ما اینطور گرفتار شدیم. عجب چیزی است! اول آدم گولش را می‌خورد و بعد که عادت کرد، دیگر ترک عادت موجب مرض است ـ مثل مخلص. تا دیر می‌شه می‌رویم توی خمیازه، سرماسرمامون می‌شه، آب از لک و لوچه‌مان سرازیر می‌شه. حالا هر روز صبح که سرم را از خواب بلند می‌کنم، اگر مادر هرمز گیلاس را بالای سرم نگذاشته باشه، وای بحالش!

زیرک (سینی مشروب را آورده) بسم‌الله قربان! (می‌رود)

مخمور (گیلاسی می‌ریزد) به سلامتی! (می‌خورد) (خنده) دیشب اگر بدانید خانهٔ ما چه خبر بود؟ من دیدم صدای خنده آسمان خانه ما را گرفته، بچه‌ها هی مرا به ننه‌شان نشان می‌دهند که ببین آقاجانمان دیوانه شده، من هیچ نمی‌فهمیدم. (گیلاسی می‌خوَرَد) نصف شب توی خماری افتاده بودم فهمیدم بچه‌ها چشون بود ـــ مرغها بسکه صدا می‌کردند چهارتاشون را گرفته بودم فلکشان کرده بودم می‌زدم. بچه‌ها از این خنده‌شون گرفته بود.

میسر دفتر (وارد شده) آقا سلام.

مخمور به‌به، به‌به. سلام علیکم.

خوش آمدی که خوش آمد مرا از آمدنت
هزار جان گرامی‌فدای هر قدمت

برادر کجا هستی؟ صبح ساعت شش آمدم در دولت‌سرا تشریف نداشتید؟ بابا، مگر شب‌ها هم خونه نیستی؟

میسر دفتر اختیار دارید مخمور، دیشب با آقا جائی بودم که خیلی جای شما خالی بود. بدون رودربایستی بگویم، دلم می‌خواست بودی ببینی چه شکلی آس را کف می‌کشیدم.

مخمور چقدر قربان، بالا و پائین کردی؟

میسر همش توی بازی دویست، دویست و پنجاه تومان بیشتر نبود. ما وقتی بازی تمام شد، حساب کردیم دیدیم ۲۴۵ تومان برده‌ایم.

مخمور پول نیم من تریاک باندرل‌دار را در آوردی، خودت را راحت کردی.

میسر بَه! کی پول تریاک باندرل‌دار می‌ده؟ با این جوری که کار می‌کنند دویست سال دیگر هم نمی‌توانند تریاک باندرل‌دار بفروشند. وانگهی، با اینهمه تریاکی که اینهمه توی این شهر تو کش و قوس است، آدم، بلانسبت، مگر خره که تریاک باندرل‌دار بخره؟

مخمور راستی که حق داری! یک مثقالش سه برابر نقره قیمت داره. کی می‌آید قاچاق نکنه؟ اینجور ـ از بالا تا پائین گرفته.

میسر اینکه همه دنیا می‌گویند دولت نمی‌تواند تجارت کند، راست می‌گویند واسطه اینکه وقتی تجارت دست دولت باشه برای اینکه یا قانون استخدام است یا قانون اجرا و انفصال و پیشنهاد و بودجه... دِ بیا، دِ بیا! اما وقتی که کمپانی باشد، تجارت باشد، این چیزها روش نیست. کار زود پیش می‌ره، زود پدر قاچاقچی‌ها را درمی‌آورند. (صدا می‌کند) زیرک! زیرک!

زیرک (وارد می‌شود) بله قربون؟

میسر آن منقل مارو وردار بیار!

زیرک بله قربان. (می‌رود)

میسر مخمور جان، می‌تونی امروز یک بازی آس درست کنی؟

مخمور اگر راه انداختم، قسمت ما چه می‌شود؟

میسر تو بمیری، ثلث مال تو.

زیرک (منقل می‌آورد) قربان، قسمت ما؟

میسر **ما** پول می‌بازیم، خودمان را تو مهلکه می‌اندازیم، تازه قسمت جنابعالی؟ اختیار دارید!

زیرک آقای میسر دفتر، اختیار با شما است. ما از صبح تا شام یک لنگه پا بایستیم و هیچ از این نمد ما را کلاهی نباشد؟

میسر (به اطراف نگاه می‌کند) مستخدمین، زیرک خان، در این موقع تکلیف‌هائی دارند.

زیرک تکلیفشان چیه قربان؟ اگر یک نفر از آقایان دستخوش داد، داد ـ اگر نه، نه؟

میسر نه، مقصود من این نبود. اولاً اگر بازی‌کن‌ها قلیان‌کش باشند، باید زیر قلیان یک ورقه موم بمالند، وقتی قلیان را می‌آورند، راست بگذارند روی پول‌ها، یک زور یواشکی بدهند، آنوقت یک عالم بهش می‌چسبه. ثانیاً، اگر مشروب‌خور باشه، زیر گیلاس این بازی را درمی‌آورند با ته کفش خودشان[10]. هیچکدام اینها که نشد... همه فکلی یا فرنگی باشند... دور میز نشسته باشند... می‌گویند ویسکی سودا بیار یا شامپانی بده یا لیموناد بیار یا وَنْ موسو بیار! پیشخدمت زرنگ طوری در بطری را وا می‌کند که یک عالمه مشروب با کَفش بریزد روی میز. آنوقت برای اینکه کثیف نشوند، خودشان را

می‌کشند کنار. پیشخدمت (با ژست) حوله را از روی دوشش برمی‌دارد همه را پاک می‌کند، در همین موقع می‌تواند سی چهل تومانی ما فی‌الجیب کند.

زیرک ای کاشکی شما را اول‌دیپلمات این مملکت می‌کردند! به خدا چیزها بلدی که هیچکس نمی‌فهمد و نمی‌داند.

مخمور میسر، خیلی تو حرامزاده‌ای. بدت نیاد!

میسر به خدا دواهائی دارم [که] وقت قمار یواشکی آتش سیگار بهش نزدیک می‌کنم یک بوی عفونتی راه می‌افتد که ابداً کسی نمی‌تواند تحمل کند. تا همه میگردند عقبِ چی بود... چی نبود، مخلص از جلوی هر یک مبلغی برای خودش ذخیره می‌کند. حالا این حرف‌ها را بینداز دور زیرک، تریاک کو؟

زیرک تریاک ندارم، قربان. **می‌فرمائید** پول بدهم بخرند؟

میسر البته، البته! مگر می‌ترسی خدا نکرده از پول اربابت کم بیاد؟

زیرک چشم قربان. (می‌رود)

مخمور بابا میسر، تو دیگر تا چند سال دیگرت تریاک داری، این ضرر را دیگر چرا به این پدر مرده می‌زنی؟

میسر دندشون نرم شه. آقا آنقدر خرج می‌کنه... دنده‌شون نرم شه تریاک من و عرق شما را بدهند! خنده‌داره. یک چندی پیش می‌رفتیم ـ به رفیقم گفتم دارم از خماری می‌افتم، یک فکری کن دو گیلاسی به ما برسون! گفت الساعه! دو قدم رفتیم در یک خانه را زد. رفتیم تو. گفت میسر، درياب اهل فن! خیالت هم راحت باشد! مرگ عزیزت، رفت یک عرقی آورد آدم حظ می‌کرد. برگشتم گفتم بابا، خوب زحمت کشیده‌اند آقایان، جلو قاچاق را گرفتند، مرکزیت داده‌اند ـ به قول خودشون سانترالیزاسیون کرده‌اند!

مخمور تو که همهٔ این چیزها را می‌دانی، پس چرا یک پیشنهادی نمی‌کنی که اقلاً این دولت فقیر بتواند جلوی این کارها را بگیرد؟

میسر آخر برادر جون، ببین، از قدیم گفته‌اند شتر سواری دولا دولا نمی‌شه، یا زنگی زنگ یا رومی‌روم. سومی‌ببین، بین این دو تا غیرممکن است.

مخمور مقصود چیست؟

میسر مقصود من خیلی روشن است. اگر بخواهند اقدامی‌کنند باید[11] روی این شجرهٔ خبیثه مالیاتی ببندند ـ نه خیال کنی که از مثلاً باغبان یا زارع مالیات بگیرند ـ خیر! هرچی پول انگور برای این کار می‌رود، می‌خواهد این باشد می‌خواهد آن ـ خمر خمر است ـ همه را مرکزیت بدهند. آنوقت ملتفت می‌شوند دنیا چه خبر است. مگر یادت رفته آن شب مهمانی، اربابمان رفت آن شراب را از مغازه‌ای که مال فرنگستون بود بطری چهار تومان خرید؟ تازه آن فرنگی که مهمان بود، گفت به خدا شراب شیراز و سبزوار و قزوین وهمدان به صد تای این می‌ارزد. پس بدان داش، این یکی از متاع‌های بزرگ این مملکت است که می‌تواند سالی دو کرور تومان به این خاک ما بیاورد... اما کو قدردان؟

مخمور میسر، ما این را هم به تو بگوئیم، ما گلویمان پهلوی این مونس گیر کرده است. حالا فحش می‌دهی، بده! هرچه دلت می‌خواهد، بگو! تو تریاکی هستی این چیزها را نمی‌فهمی.

میسر برادر، مرگ تو یک لطیفه‌ای برای خاصیت تریاک نوشته‌ام که حد ندارد. خیال دارم این روزها در سالون کنفرانس کنفرانس بدهم.

---

۱۱ . برای روشن تر شدن این واژه را اضافه کردیم.

مخمور ترا خدا بینداز دور! دیگر این یکی را مخلص نمی‌توانم قبول کنم.

میسر تو هنوز ندیده‌ای و خیال می‌کنی. (با فکر) صبر کن ببینم جیبم هست؟ (می‌گردد) پیدا کردم. گوش کن ببین چه نوشته‌ام!

مخمور پس دلم می‌خواهد ـ مثل اینکه به قول خودت می‌خواهی کنفرانس بدهی ـ نطق کنی!

میسر البته! مگر نشنیدی آدم باید در موقع نطق‌کردن خیلی با ژست صحبت کند که معنی کلماتش در پوبلیک اثر داشته باشد؟

مخمور حالا این حرف‌ها را کنار بگذار، بگو ببینم!

میسر الان درست می‌کنم. زیرک، زیرک! یک گیلاس آب بیاور!

زیرک (وارد می‌شود) بله قربان؟ آب فرمودید؟ چشم. (می‌رود)

مخمور گیلاس برای چیست؟

میسر گیلاس آخر برای این است وقتی کنفرانسیه‌ها بقول خودشان می‌خواهند نطق کنند به واسطه اینکه گلویشان خشک نشود، یک گیلاس آب می‌گذارند که معطل نشوند.

(زیرک گیلاس را آورده روی میز می‌گذارد)

میسر (بلند می‌شود) خانم‌های محترمه و آقایان عظام من خیلی خوشوقتم از اینکه می‌بینم با یک فرح و انبساطی به کنفرانس اینجانب حاضر شده و مایل گردیده‌اید که با کمال میل و اشتیاق مایلید کِیف و سروری که از شیرهٔ پوست خشخاش ـ در اثر کشیدن یا خوردن ـ احساس می‌شود، به چشم ببینید و به ذائقه بچشید و به گوش بشنوید. خانم‌های عزیز و آقایان محترم، شیره‌ای که از پوست خشخاش جمع می‌شود رل غریبی در دنیا بازی کرده و امروزه نیز بار

دیگر بـه ایـن صحنـه آمـده اسـت. صفـات تحمـل و بردباری و اهمیت ندادن به هیچ چیز را از تریاکـی یاد بگیرید ـ همچنین عدم صُحبت و علاقه به زن و بچه و خون و وطن. تریاکی وقت‌شناس است. شـب و روز دائما شماره می‌کند که بـه ساعتِ کشیدن تریـاک بپردازد. خوبی و زشتی، پاکی و کثافت، خوش‌جنسی و بدجنسی، عصمت و بی‌عصمتی و بی‌عفتـی در نـزد تریاکی یکسان است. تریـاکی از عـزت و جـوانمردی بی‌بهره است. تریـاکی اول‌طبیـب اسـت و درد کلّیـهٔ دواها را تریاک می‌داند. تصور می‌کنید چنین نیست؟ بسم‌الله! این یک بست و این یک پُک! بکشید و بعد ملاحظه نموده نتیجهٔ آن را به آدرس شین ـ ک ـ ل اطلاع دهید. خانم‌هـا و آقایان، تریـاک علاج کـل امراض است. تسکین هـر دردی را مـرفین می‌دهـد. یک انژکیسیون برای اسکات هـر دردی کافی اسـت. پس چرا به این تریاکی که داریـم خودمـان را عـادت نمی‌دهیم که همیشه بی‌درد باشـیم؟ (یـک گیـلاس آب می‌خورد) درد دندان، خستگی، شَلی، کوری، دل درد تمام اینها با یک پک تریـاک علاج می‌شـود. آنهائی که مایلنـد شـما بـه ایـن مخـدر عـالی دچـار نشـوید، دشـمنان ایـن مملکـت هسـتند. بایـد خـط زنجیری در مقابل صفوف دشمن بیارائید! یک مثقـال را به دو مثقال برسانید و ثابت کنیـد کـه مـرد مـرد است و از تصمیم خود بازگشت نتواند کرد.

(تعظیم می‌کند)

(مخمور دست می‌زند)

(زیرک دست می‌زند)

مخمور   به خدا عجب کنفرانسـی درست کـردی! مـن جـای دولت بودم، الان هیچی هیچی نمی‌شد، اقلاً دو هـزار تومان، برای قیمت این کنفرانس می‌دادم.

زیرک اما آقای میسر، بخدا که خوب حرف می‌زنید! آتش منقل هم بدانید در ضمن دارد خاک می‌شود.
(میسر وافور می‌کشد)

(حسنعلی شیک‌میرزا، حسینعلی خان، احمد علیخان، میرزا علی خان وارد می‌شوند)
(مخمور و میسر سلام نموده ولی از جای خود بلند نمی‌شوند)

حسنعلی آقای مخموردیوان، آن را که می‌خواستی پیدا کردم. هم آواز و هم رقص، همه چیز دارد.

مخمور ای قربان تو! (گیلاس را سر می‌کشد) به سلامتی جدیدالورود.

حسنعلی هنوز نیامده؟ اختیار دارید، مخمور!

احمدعلی خان قربان، این کفش‌ها را از کجا ابتیاع کردید؟

حسنعلی شیک میرزا نمی‌دانم، زیرک خریده ـ ۱۸ تومان.

میسر دفتر چیز غریبی است! اتومبیل هم برای آقا حالِ کفش را پیدا کرده... آدم شده در ماه شش اتومبیل عوض کنه؟

میرزا علی خان به توجه مربوطه، آقای میسر دفتر؟ از قدیم گفته‌اند دارندگی است و برازندگی! تو برادر، تریاکت را بکش، قمارت را راه بینداز!

میسر اما بد نگفتی قربان. یک دست آس کار آقا نجف پیدا کرده‌ام که این روزها حکم عتیقه را دارد. براتون خریدم به ۱۲۵ تومان. ملاحظه بفرمائید چقدر قلم‌کاریش خوب شده که آدم بازی‌نکن هم میل بازی می‌کنه! بنده هم کارم تمام شده است. یک آس پنج دستی بزنیم؟

میرزاعلی نه آقا، دیگر امروز آنقدر سواری کردیم که خسته شدیم. ۴ پوت بنزین مصرف شده. چهل دفعه حقیقتاً

همان لاله‌زار را بیشتر پـا زدیـم... سـرِ مَنگُـل... کجـا وکجا و کجا.

حسنعلی   بله، حقیقتـاً خسـته شـدیم و حـال قمـار را نـداریم. راستی حسینعلی‌خان، یارو چه شد؟

حسینعلی   الان باید بیاید، قربان.

میسر   اگر شما میل قمار ندارید، بنده هم میل این کِیـف را ندارم.

احمدعلی خان تو همان سوسک سیاه رفیق خـودت را دوسـت داری که می‌خواهد همیشه باشد.

میسر   (به تمسخر) بله.

گویند که معشوق تو زشت است و سیاه
گرچه زشت و سیاه است مرا چیست گناه
من عاشقم و دلم بدو گشته تباه
عاشق نشود ز عشق[12] معشوق آگاه

زیرک   (وارد می‌شود) قربان، حاضرند.

حسینعلی   عرض نکردم قربان؟ آنقدر خوش‌قولنـد. (سـاعتش را درمی‌آورد) ملاحظه کنید، که گفته نیم‌ساعت دیگر... اینهم درست نیـم سـاعت شـده. الان اجـازه بدهیـد بیاورندشان!

حسنعلی شیک   **میرزا** زود باش!

(حسینعلی می‌رود)

مخمور   به سلامتی حاضرین و غائبین!

میسر   نوش جان!

مخمور   راستی قربان، تا مجلس شـلوغ نشـده اسـت بنـده می‌خواستم یک عرضی بکنم. از قدیم گفته‌اند مستی است و راستی. اینهمه دارائی و مکنـت و پـول نقـد ـ الحمدلله خداوند از تصدق نخوریِ مرحوم آقـا ـ بـه شما رسیده. چرا اینجور شما خرج می‌کنید؟ اتومبیل

---

۱۲ . شاید به جای این کلمه باید واژه "عیب" بیاید.

بِنْز، نمی‌دانم، با فیات چه فرقی دارد؟ آنهم در مملکتی که کار فوری اصلاً درش خلق نشده... و هم نمی‌دانم اتومبیل شورلت، فیات، دج، استودبیکر، اسکْس هودسن، ناش، رنو، الدزموبیل... چی... چی. والله یکی بسه! آدم قارون هم باشه، تمام می‌شه. بروید یک مواصلت با فامیل محترمی‌بکنید، راحت و آسوده! یا بروید ـ هنوز وقت تحصیل شما هست ـ تحصیل کنید! نمی‌خواهید، یک کارخانه کوچکی، که ده هزار تومان قیمتش باشد، باز کنید؟ هم به مملکت خدمت کرده‌اید و هم پولتان زیادتر شده. والله من نمی‌فهمم این بزرگان یا امثال حضرت‌عالی، همین‌طور پول‌هاشان را خواباندند برای چه؟ هیچ فکر نمی‌کنند که هرچه پول به کار بیفتد، هم اقتصاد مملکت بیشتر می‌شود هم پول خودشان زیادتر می‌شود.

احمدعلی خان خوبه، خوبه! آقا شورلت داشته باشند، فلان جعلق برلیه[۱۳]؟ بنده که غیرممکن است بگذارم آقا برود کارخانه باز کند درست استادکار بشه! قباحت داره! (رو به حسنعلی شیک میرزا) قربان، شعرا از قدیم گفته‌اند زن نگیرد اگرش دختر قیصر بدهند. آقا، خودتان را می‌اندازید توی زاق و زوق برای چه؟ الحمدلله الان چتون است؟ کلفت، نوکر، آشپز، شوفر، فلان... فلان...

میسر بنده هم همعقیده با آقای احمد علی خان هستم. آقا برود متاهل شود؟ خوب، می‌خواهم معنای این کار را بگویم. اول کاری که خانم می‌فرمایند عذر زیرک را خواهند خواست که از این زرنگ‌تر آدم پیدا نمی‌شه ـ با اینهمه مصیبت و فلان و فلان روزی بیست

---

۱۳. Berliet کارخانه فرانسوی سازنده ماشین

تومـان عایـدش مـی‌شـه. دویـم، خـانـم در خانـه را می‌بندد، عذر ما رفقای صمیمی ـ کـه آقـا را از جـان خودمان بیشتردوست داریم ـ می‌خواهد. همچین که خلوت شد و خودش ماند و آقـا، حـالا بیـا تماشـا کـن! آقا نیم‌ساعت دیر بیاد، توی کوچه سرما پـدرش را در آورده باشد، لبش خشکی شده، لپش از سـرمـا گـل انداختـه بـاشـد، اول کـه وارد می‌شـود خـانـم حـرف نمی‌زند. بعد که التماس کنی خانم جان، چی شده که خدا نکرده اوقاتتان تلخ است، می‌گوید بگو ببینـم کجا بودی، کی لبت را همچین کـرده، کـی لپـت را نمی‌دانم چکار کرده؟ هرچی بگوئی بابا سـرمـا، سـرمـا! مگر بـاور می‌کنـد؟ حـالا خـود ایـن چیزهـای خـانـم جهنم... آن پتیاره کـه همـراهـش بـه جهیزیـه آورده، اسمش را هم پدرسوخته دایه خانم گذاشتـه اسـت... همه یک طرف، آن یک طرف. وانگهی، تا اینجـوریم همین است و باید همینجور باشد.

میرزاعلی خان والله، آقای میسر دفتر چقـدر خـوب تشریح کردنـد. بنده هم به همین درد مبتلا بودم. الحمدلله خـودم را راحت کردم.

میسر بله قربـان، بایـد فـرد بـود... فـرد! کمـا اینکـه شـعرا فرموده‌اند دلا خو کن بـه تنهائـی کـه از تـن هـا بـلا خیزد.

حسنعلی شیک‌میرزا به خدا میسر راست می‌گه. این مخمور دیوان حرف‌هاش از روی اثر الکل است.

مخمور صحیح می‌فرمائید! بنده هم قربان، تکلیـف انسانیم این است گاهی اوقات یک مزخرفی بگویم و، به قـول شعرا، عرض کنم. تو خواه از سخنم پنـد گیـر و خـواه ملال!

میسر بنده که خواه ملال پیدا کردم.
(همه می‌خندند)

مخمور   بس است قربان! اجـازه بفرمائیـد تـا او حاضـر شـود، طرب همایون یک پنجه بزند، میرزاعلیخان هـم یـک دو دانگی بخواند.

حسنعلی شیک میرزا[اشاره به زیرک] بیا، بیا!

زیرک   بلـه قربان؟حسـنعلی شـیک میرزا،طـرب را بگـو زود بیاید! (رو به میسر) میسر، کارت تمام شد؟

میسر   چرا قربان! دو مثقال هرچند بیشتر نکشیدم،ولی برای اینکه می‌فرمائید، اطاعت می‌کنم.

(طرب واردشده تعظیم می‌کند)

مخمور   بسم‌الله! اجازه فرمودند. اما دلم می‌خواهد یـک بیـات ترک قشنگی بزنی که دود از کله همه بپرد.

میسر   بله زنگ هم از دل مخمور...

طرب   اطاعت می‌کنم.

(بعد از خواندن و رقص، در آخر رقص، پرده می‌افتد)

پایان

عوام‌فریب سالوس

کمدی در سه پرده

ترجمه و اقتباس از نمایشنامه
تارتوف[۱]
اثر
مولیر
به قلم
سیدعلی نصر

---

۱. Tartuffe

بازی‌کنان:

بلاهت‌السلطنه صاحب‌خانه

فخری   زن بلاهت‌السلطنه

ملوک   دختر بلاهت السلطنه

هرمز   پسر بلاهت السلطنه

قمر   رفیق ملوک

ننه حسین   کلفت

مشهدی احمد نوکر

جمشید   خاطرخواه ملوک

حسین‌علی   برادر زن بلاهت‌السلطنه

آقا   عوام فریب سالوس

یک نفر مامور

(سن اطاقی است)

سن اول

احمد   (روی سن) به علی باید حرف این قدیمیها را بـا آب طلا نوشت ـ خـدا همشـون را بیـامرزد! یک همچـه وقتی نور به قبرشان ببارد! راسـتی اگـر آدم احمـق ـ بلانسبت ـ توی این دنیا نبود، کار مخلـوق خـدا چـه میشد؟ بله قدیمیها میگفتند

تا که ابله یافت گردد در جهون

مفلسان باشند جمله در أمون

خداـ قربونش برم ـ خوب است بـه مخلـوقش هـیچ ندهد، مگر یک خورده اقبال، چون همه صبح تا شـام یک لنگـه پا مثـل سـگ حسـن دلـه ایـنور و آنـور میزنیم، یکی به ما نمیگه خرت به چنده. وقتی هـم مواجبمان را میخـواهیم بگیـریم، تازه آقـای هرمـز خان، پسر اربابمان، برمیگردد یک حرفی میزند کـه هفت جدمان هم معنیش را نمیداند. تو را بـه خـدا فکر کنید ببینید شما چیزی میفهمید؟ از اول ماه تا آخر ماه جون بکن، آخر ماه تازه بـه آدم بگوینـد، بـه

قول عرب‌ها، "ماکو". یک دوازدهم نگذشته ـ به قول یارو گفتنی ـ خوشا به حالش که گذشته، یا بدا به حالش که نگذشته، به ما چه دخلی دارد! از قدیم گفته‌اند که نوکر بی‌جیره و مواجب تاج سر آقا است ـ جواب ما این است. اما از هر سوراخی شده اربابمون باید هرچه این مردکه می‌خواهد برایش تهیه کند. لحاف به ما نمی‌دهد، رو اندازمون آسمون کبود، زیراندازمون زمین گرم ـ آن‌وقت می‌فرستد پر قو از سیستان واسهٔ این همه‌چیز بد، که چهار سال پیش شپش از سر و کله‌اش بالا می‌رفت، می‌آورد. پس وقتی ما می‌گوییم قربانِ یک جو بخت و اقبال، کسی نباید تعجب کند.

ننه حسین (وارد می‌شود) مگر مشهدی احمد، دیوانه شدی تنها تنهایی با خودت حرف می‌زنی؟ خانم بزرگ راست می‌گفت گاهی پریون به تو اذیت می‌کنند.

احمد زکی! گلی به جمالت ننه حسین. از در درآ و شبستان ما منور کن! اگر خانم بزرگ این حرف را نزند، این اُمّل‌ها از کجا پیدا می‌شوند؟ نمی‌دانم این مردکه چه حقه‌ای به خانم و آقا زده که همچین شیفته خودش کرده که دیگر دست از دختر و پسر و نوکر و کلفت، تایه و خانم کشیده‌اند ـ راستی تاتوله توی هوا پاچیده‌اند.

ننه حسین تورو خدا دلت میاد این حرف‌ها را می‌زنی به آقا[۲] ـ آن صورت نورانی آدم حظ می‌کند به خدا. اگر طلسم‌ها و دعاهای آقا برای خانم بزرگ نبود، این خانه تا حالا هزار دفعه با این کارهایی که این جوان‌ها می‌کنند و این حرف‌هایی که می‌زنند به زمین فرو می‌رفت. مرگ تو مشهدی احمد، به جون

---

۲ . منظور اینجا عوام فریب سالوس است

بچه‌هات، زمانه برگشته. تورا به خدا ببین این همه حیوانات را کنار گذاشته‌اند هُتُول[3] آورده‌اند، بالون آورده‌اند. حمام‌ها دیگر از کار افتاده‌اند، سوخت پیدا نمی‌شود. قربون قدیمی‌ها یک جانی خانی[4] آدم می‌خرید پانزده شاهی ـ حالا دلم می‌خواهد بخری ـ پنج قران! این هم شد زمانه؟

احمد (به طرفی نگاه می‌کند) اما این از آن قدیمی‌ها که تعریفش را کردم نیست. هرچه این‌ها زودتر کلکشان کنده بشه بهتر است. (رو به ننه حسین) چرا این را چسبیدی، چیز دیگر را نمی‌گویی که برای زیارت رفتن دو ماه پدرت درمی‌آمد، اگر سالم می‌رسیدی شش ماه از کارت بیکار می‌شدی، اما حالا یک هفته می‌توانی بری و برگردی و یک زیارت خوب و قشنگ بکنی از کارت هم بیکار نمونی و خرج زیاد هم نکنی؟

ننه خوب است! عوضش ثوابش آن وقت‌ها زیادتر بود.

احمد دیگر این را نمی‌دانم تو کدام کتاب پیدا کردی ـ مگر مردکه این را گفته باشد. راستی ننه حسین، گفتند امروز ارباب بعد از سه سال سفر برمی‌گردد. دیگر اوقات تلخی بچه‌ها باید خوب بشود. راستی من نمی‌دانم پدری سه سال به سفر برود، به بچه‌هایش هیچی ننویسد، هیچ هل و گلی برای آن‌ها نفرستد، یک یاردان‌قلی‌بک را تو خونه‌اش بیاورد، هفته‌ای سه دفعه برایش کاغذ بنویسه!

ننه به تو چه این حرف‌ها را می‌زنی؟ آقا حق به گردنش دارد. امروز هم آقا باید وارد شود. راستی بس که حرف تو حرف آوردی یادم رفت ـ هرمز خان کارِت دارد. برو ببین چه خبر است.

---

۳ . همان که اصطلاح امروزیش اتل است.

۴ . جوال

احمد ما رفتیم. اگر این جناب آقا آخر تقش بالا نیامد...! (می‌رود)

ننه اما خودمونیم، به خدا مشهدی احمد راست می‌گوید. اما چه کنم؟ باید نون را به نرخ روز خورد. زنکه دختر بزرگ خودش را ترشی انداخته، هیچ فکرش نیست، شب و روز آقا را تر و خشک می‌کند.

(حسین‌علی با قمر وارد می‌شوند)

ننه آقا سلام‌علیکم! ازآقا چه خبر دارید؟

حسین‌علی الان تلفون رسید وارد شدند. باید الساعه برسند. برو زود سماور را آتش کن!

ننه برم اول مژدگانی به ملوک خانم بدهم. (می‌رود)

حسین‌علی بیچاره خیال می‌کند بلاهت‌السلطنه که وارد شد اول زنش و دخترش را خواهد دید و با آغوش باز استقبال خواهد کرد در صورتی‌که چیزی که در میان نیست همین است.

قمر راستی آقای حسین‌علی خان، شما فکری بکنید که از دست این شیاد عوام‌فریب این فامیل راحت بشود.

حسین‌علی تصور می‌کنید خانم، کار آسانی است؟ به قدری من در این خصوص زحمت کشیده‌ام که حد ندارد. جان شما نمی‌دانید این‌ها را مثل راسپوتین معروف هیپنوتیزم کرده[5]. غیرممکن اس من موفق بشوم و حقیقتاً خداوند خودش باید یک چاره‌ای برای رفع شر این مردکه بکند بلکه بلاهت‌السلطنه دست از او بردارد.

بلاهت (با لباس سفری وارد می‌شود با حسین‌علی روبوسی می‌کند)دایی جان سلام.

حسین‌علی سلام‌علیکم! انشاءالله سفر خوش گذشت.

---

۵ . ترتیب جمله را برای روشنی عوض کردیم. به نظر میرسید که در تایپ کلمات جابجا شده باشند.

بلاهت (به عجله) خوب، از اخبار بگو! چه خبرها بود؟ بد نگذشته؟ حالش که خوب است؟[۶] تو بگو قمر جون، خان دایی که حرفی نمی‌زند.

قمر خانم فخری خانم دو روز قبل یک تب سختی کرده بودند ـ جان عزیزتان ۴۰ درجه. آن‌وقت یک دردسری هم داشتند خدا به دور...

بلاهت آقا حالشان چه‌طور بود؟

حسین‌علی جناب آقا مثل ببراز خان[۷] ختایی سر و مر و گنده خون از صورتشان می‌چکد.

بلاهت بیچارهٔ بدبخت.

قمر [به حرف قبلی خود ادامه می‌دهد]...بله، دو شب هیچ اشتها نداشتند و همه‌اش را از درد می‌نالیدند.

بلاهت آقا چه‌طور؟

حسین‌علی لااله‌الله! برعکس. حالا یاد گرفته‌اند اول سوپ می‌خورند بعد با کمال اشتها یک قاب پلو ـ یک دوایی هم مثل کُنیاک وسط غذا می‌خورند که هضمشان زودتر بشود.

بلاهت چه آدم نجیبی است.

قمر [در ادامه] ...صبح تا شام خانم بی‌چاره چشم‌هایش را هم نگذاشته همش هذیان گفت و ما هم تا صبح نشسته بودیم.

بلاهت آقا چه‌طور؟

حسین‌علی استغفرالله! (بلند) ایشان هم، همچنین که سرشان را گذاشتند روی آن متکای پر قو، خر و پفشان بلند شد و از این دنده به آن دنده هم نشدند.

بلاهت چه آدم دین‌داری است.

---

۶ . مبهم حرف می‌زند.

۷ . شخصیتی از داستان حسین کرد شبستری

قمر	[به دنبال صحبت خود]...بله، نزدیک صبح، آخرالامر، بس که ما اصرار کردیم راضی شدند زالـو بیانـدازنـد. کم کم حالشان بهتر شد.
بلاهت	جناب آقا را بگو!
حسین‌علی	(آهسته) ول کن نیست. (بلنـد) ایشـان صـبـح کـه از خواب بیدار شدند همین‌جور صورت نشـسـتـه نـان و عسل و کره و چهار تخم مرغ و پنج سیر نان با چایی روی هم دادند، قدری توی این ایوان قدم زدند، دوتـا قلیان هم بعد زوزه کردند.
بلاهت	چه آدم عفیفی است.
قمر	...فعلاً به سلامتی شما، هم خانم و هم آقـا خوبنـد و بنده هم الان می‌روم مژدگانی بدهم و عرض کنم کـه چه‌قـدر مایـل بـه شـنیدن احـوالات خـانم بودیـد. (می‌رود)
حسین‌علی	حالا که تنها شدیم ـ کسی هم جز خدا این‌جا نیست ـ صریحاً آقای بلاهت‌السـلطنه، بـه جنابعـالی عـرض می‌کنم که با این همه مهر و محبت جناب، آقـا بـه ریش جنابعالی می‌خندد و مسخره می‌کند و خواهش دارم اوقاتتان تلخ نشود. تو را به خدا آدم شـده بـرای این جوزعلی دست از زن و بچه و کسانش بکشد؟ تـو را به خدا این زندگی شد؟
بلاهت	کسی را که هنوز نشناخته‌ای دایی جان، از او غیبـت نکن!
حسین‌علی	بسیار خـوب ،بنـده آن قـدوس مـآب را نمی‌شنـاسـم ولی...
بلاهت	به مرگ خودت اگر بشناسی، عاشـق می‌شـوی. آقـا آدمی‌اسـت... (سـرفه می‌کنـد و آب دهـنـش را قـورت می‌دهد) به جان خودت، آدمی‌است کـه جـز هـدایت صراط مستقیم و آسایش خلق منظوری ندارد و مردم را مثل فضولات می‌داند. (سـرفه می‌کنـد)من از آن

موقعی که او را به خانه خودم آوردم، آدم دیگری شده‌ام و ربطی به شما ندارم. (سرفه) یکی از معلوماتی که به من آموخته است عدم انس و علاقه و محبت می‌باشد. به مرگ عزیزت، اگر زنم، که خواهرت است، بمیرد، پسرم غرق شود، دخترم آتش بگیرد ـ تو بمیری، تو بمیری ـ الان کفن کردهٔ تو را ببینم، ذره‌ای در من اثر نمی‌کند.

حسین‌علی (رو به مردم) معنی بی‌غیرتی صِرف همین است.(رو به بلاهت) احساسات انسان‌پروری و شفقت نوع خواستن، **همین است**، که به شما آموخته‌اند؟

بلاهت تو اگر بدانی به چه ترتیب من به شرف ملاقاتشان رسیدم و چه زحمتی کشیدم، مات و مبهوت می‌شوی. (خیلی سنگین) یک روز در یک مسجدی رفتم دست بشویم، دم حوض آقا را دیدم که مشغول تطهیر است. به جان عزیزت، دائماً لب‌هایش تکان می‌خورد و مشغول اوراد و ذکر بود. به مرگ خودت، گاهی چنان چشم‌هایش را با خلوص به سمت آسمان می‌دوخت و آه می‌کشید و حال خفقانی برای او پیدا می‌شد که دل هر سنگی کباب می‌شد. مرا می‌گویی، طاقت نیاوردم. اتفاقاً دو قران فقط جیبم بود. آهسته آهسته جلوش آمدم ولی او مات و مبهوت و در عالم خلسه بود و با وجود این‌که من دستش را گرفته بوسیدم و آهسته دو قران را در دستش گذاشتم، ملتفت من نشد. پس از یک دقیقه دستش را باز کرد و تا چشمش به دو قران افتاد آن را پرت کرد و به من گفت: (با تشدّد) ای مردم دنیایی، چرا دست از من بدبخت نمی‌کشید و مرا می‌خواهید به آتش خودتان بسوزانید؟ من دنیوی نیستم و احتیاج به مال دنیا ندارم. (آهسته) بعد جلو چشم من دو قران را به دو نفر فقیر داد. بله دایی جان، این آدم از آن‌ها

نیست که تو خیال کردی. به مرگ خواهرت، خدا به ما تفضل کرده که همچه نعمتی نصیب ما نموده که هم دنیا خواهیم داشت و هم آخرت. من به قدری از او خوشم آمده که حد ندارد. چنان زن مرا دوست دارد و محبت می‌کند، مثل این‌که شوهر اوست. (با عجله) حالا می‌خواهی به تو بگویم چه‌قدر مرتاض است؟ قبل از سفر، یک روز دیدم صدای ناله و استغفارش می‌آید. رفتم آن‌جا دیدم این بی‌چاره افتاده گریه می‌کند، ناله می‌کند، دائماً توبه می‌کند برای این‌که در موقع نماز یک مورچه زیر دستش مرده بوده. حالا فهمیدی دایی جان، چه نعمتی است که به دست آورده‌ام؟[مصرانه] غیر ممکن است به این حرف‌ها از دست بدهم.

حسین‌علی برادر عزیزم، حقیقت دیوانه شده‌ای یا چیزی به خوردت داده‌اند؟ مالیخولیا پیدا کرده‌ای؟ این حرف‌ها چیست؟ وقتی بوقلمون و بره را سر سفره تشریح می‌کند، چرا چشمت نمی‌بیند؟ چرا وقتی می‌گوید "من گوشت گوسفند را دوست ندارم بره بخرید و بکشید" و شما از ده این بره‌های بی‌چاره را می‌آورید، به یاد نمی‌آورید؟

بلاهت دایی جان، این حرف‌ها چیست؟ کنار بگذارید! من از آدم فاسق بدم می‌آید و یقین دارم خللی در عقیده‌ات پیدا شده است.

حسین‌علی هیچ همچه چیزی نیست. این آدم دلش می‌خواهد همه کور باشند و اگر کسی چشم بینا داشته باشد، باید گفت خللی در عقایدش پیدا شده است؟ به همان خدای یکتا، که هر دو می‌پرستیم، این آدم نه عقیده دارد نه وجدان. من به شما می‌گویم در هر ملکی آدم خوب یا بد زیاد است و انسان عاقل کسی است که آدم خوب را پیدا کند، نه این قبیل عوام

فریب مزّور را. باید تقوی و تزویر را تشخیص داد، صحیح را از سقیم و حقیقت را از تزویر معلوم نمود. پول قلب و پول صحیح با یکدیگر فرقی ندارند ـ بلکه پول قلب درخشان‌تر است ـ ولی به سنگ محک فرق دارند. به جان خواهرم قسم که اولین وظیفه شما بیرون کردن این مردکه مزور است و دوم وظیفه شما آن است که تزویر او را در همه جرائد اعلان کنید که مردم بدانند و به دام نیفتند.

بلاهت خوب، خوب ! تو اول عالم دنیا هستی و افلاطون و سقراط پهلوی تو از حُمَقا به شمار می‌روند! فقط تویی که آدم شناسی!

حسین‌علی بنده همچین ادعایی نکردم. پست‌ترین آدم‌ها هستم و خودم را از مورچه هم کمتر می‌دانم ولی فرق بین آدم خوب و بدَ را می‌دهم. به این شارلاتان‌ها هم عقیده ندارم. سعدی می‌گوید:

گناه کردن پنهان به از عبادت فاش
اگر خدای پرستی هواپرست مباش

من دلم می‌خواهد شما برای من بگویید این عالی‌جناب در راه خدا و مخلوق خدا چه کرده که همچین عزیز شما شده و دهن شما را ـ ببخشید ـ افسار زده؟ صبح تا شام می‌خورد، توی باغ می‌گردد، تا شما را می‌بیند این حال سمبرقو و تقوی را به خودش می‌دهد. اگر آدم خوبی است چرا پا نمی‌شود صبح برود توی همین مسجد سَرِ کوچهٔ خودمان این مردم بدبخت را یک چیزی یاد بدهد که اقلاً قرآن بتوانند بخوانند؟ مملکتی که از هزار نفر یک نفرش سواد ندارد، این قلتشن آقا، که خودش را اهل آن دنیا می‌داند، با وجود این‌که این همه راجع به تحصیل علم گفته شده، "طلب‌العلم فریضه علی کل مسلم و مسلمه"، "اطلبواالعلم ولو بالسین"،

"اطلبواالعلم من المهد الی الحد"، چرا نمی‌رود این کار را بکند؟ ظهر می‌آید نهارش را زهر مار می‌کند، همین‌طور صبح تا شام نشسته این لباس را برای عوام فریبی پوشیده. برادر جان، والله سواد ندارد. از قدیم برای این‌جور آدم‌ها شعر گفته‌اند:

رزق صلحا که مکر و شید است همه
از بهر فریب عمرو زید است همه

بلاهت	[خشمگین] تمام شد؟ تمام شد؟
حسین‌علی	[کلافه و از ناچاری] بله بله.
بلاهت	(در حال رفتن به مسخره) بنده نوکر جنابعالی هستم.
حسین‌علی	یک عرضی دارم ـ آن را خواهش دارم قبول و گوش کنید. البته خاطرتان مستحضر است که به بنده قول دادید ملوک را به جمشید بدهید.
بلاهت	بنده همچه وعده‌ای ندادم.
حسین‌علی	آه، آدم متدیّن که دروغ نمی‌گوید.
بلاهت	اولاً، این جمشید شنیدم فیزیک می‌خواند. فلسفه فرنگی‌ها را خوانده، چهار عنصر اربعه را، که چهار هزار سال پیش مفرد و بسیط می‌دانستند، مرکب می‌داند ـ چیزی که مخالف عقیده ارسطاطالیس است. من غیرممکن است همچه دامادی را انتخاب کنم که خلل در عقاید دختر من پیدا بشود. وانگهی،اگر من بخواهم ملوک را شوهر بدهم، از آقا بهتر که را پیدا می‌کنم؟ (می‌رود)
حسین‌علی	[به جمعیت] صحیح صحیح! معلوم شد جناب آقا خیالی برای بی‌چاره ملوک بافته. دیگر این را نمی‌شود تحمل کرد و هرطور است باید جلو این کار را بگیرم وگرنه این مردکه احمق دست بردار نیست. هرچه زودتر باید با کمک قمر و جمشید مانع این

کار بشوم. (صدا می‌کند) مشهدی احمد، مشهدی احمد!

احمد (وارد می‌شود) بله قربون آقا! امروز که آقا تشریف آوردند باید خوشحال و خرم باشید، چرا اوقاتتان تلخ است؟ بلکه باز وضعیت و صحبت این بی‌غیرت توی کار آمده است که شما از جا دررفتید؟

حسین‌علی ها مشهدی احمد. این ارباب تو غیرممکن است آدم بشود. می‌دانی چه خیالی به سرش زده؟

احمد قربان، نخیر.

حسین‌علی بله، می‌خواهد ملوک را به آقا بدهد.

احمد (با تعجب) کی؟ ملوک را به آقا؟ غیرممکن است.

حسین‌علی چه‌طور غیرممکن است؟ خودش الان به من گفت ـ وقتی من صحبت جمشید را می‌کردم.

احمد به جون مرتضی علی، امشب پدرش را درمی‌آورم. **خانم کوچک** را بگیرد؟ جون خودتان اگر فردا سراغ کرباس محله نفرستادمش!

حسین‌علی نه، مبادا از تو همچه حرکتی بشود! خیر، حقیقت حال آفتاب را دارد که گاهی ابر جلویش را می‌گیرد ولی عاقبت باز می‌شود و دنیا را روشن می‌کند. خیر خیر، باید **اعمالِ بد** او را مفتضح کند تا بلکه به ارباب تو ثابت بشود که امثال این آدم جز فریفتن خلق منظور دیگری ندارند.

احمد ما حوصله‌مان آقاجون، کم است. مثل شما ـ خدا عمرتون بده ـ نیست.

حسین‌علی حالا "آقا" کجاست؟

احمد تا شنفت آقا آمده، اون پیراهن پاره، که نمی‌دانم کجا قایمش می‌کند، درآورده تنش کرد، همین‌جور کنار باغچه روی زمین افتاده بی‌غیرت الغوث الغوث می‌کند. جون آقا، من نمی‌دانم چه شیوه‌ای به

صورتش می‌زند مثل این‌که هـزار سـال اسـت چیـز نخورده. نمی‌دانید قربان چه جنسی است.

حسین‌علی   حالا زود باش! باهم می‌رویم منزل جمشـید خـان تـا من یک ترتیب صحیحی برای این کار بدهم. (هـر دو می‌روند)

پرده می‌افتد

پرده دوم
(سن در باغ است)

(بلاهت با ملوک روی سن هستند)

بلاهت	ملوک جان، آقا کجا تشریف بردند؟
ملوک	(سر پایین) من خبر ندارم.
بلاهت	چه آدم شـریفی اسـت. چـه آدم بـاتقوی و متـدینی است. اگر حقیقت، می‌شـد انسـان خـودش را عـوض کند، حاضر بـودم دار و نـدارم را بـدهم جـای آقـا را بگیرم.
ملوک	خوب، الحمدلله که نمی‌شود.
بلاهت	تو راضی نبودی؟
ملوک	نه آقا جان. مگر آدم قحط اسـت کـه شـما جـای او را بگیرید؟ علمای خوب، اعیان خوب، زیادند. چرا جـای آن‌ها را نگیرید که جای "آقا" را بگیرید؟
بلاهت	خوب ملوک جان، تـو جـوانی هنـوز ایـن چیزهـا را نمی‌فهمـی. راسـتی این‌کـه تـو را صـدا کـردم بـرای مسئله‌ای بود که با تو در این‌جا صحبت کنم. (دسـت او را می‌گیرد) بیـا این‌جـا بنشـین، می‌خـواهم چنـد کلمه با تو حرف بزنم.
ملوک	(می‌نشیند) بفرمایید، بنده اطاعت می‌کنم.
بلاهت	(سرفه می‌کند) دختر جان، می‌دانی روزی که خداوند آدم را خلق کرد، حوایی را هم خلق نمود، برای چـی بـود؟ بـرای این‌کـه مـرد همسـر می‌خواهـد، زن هـم همین‌طور.

(ملوک سرش را پایین می‌اندازد)

بلاهت من دیگر خوب پنجاه سال دارم، تو هم ماشاءالله بزرگ شدی، من هم از آن پدرها نیستم که تا کسی بیاد دهنم آب بیفتد دخترم را بهش بدهم و خودم را خوشحال بکنم که داماد پیدا کردم. خیر، من تا از اخلاق و کردار و روحیات طرف مطمئن نشوم، دخترم را نمی‌دهم ومیل ندارم دخترم توی آتیش بیفتد و هر روز دعوا داشته باشد.

ملوک البته! پدر **باید** همین‌طور باشد. اما آقا جان، اخلاق خوب تنها کافی نیست و چون مسئلهٔ همسری مسئلهٔ یک روز و دو روز نیست و باید عمری را به سر برد، باید طرفین صاحب هنر و کار باشند تا از حیث اعاشه زندگانی در زحمت نباشند. به این جهت استدعا دارم از هنر و کارشان اگر اطلاعی دارید بفرمایید.

بلاهت دختر جون از هنرش نپرس که خیلی از پدرت بهتر است.

ملوک خیلی خب. کیست آقا جان؟

بلاهت آقا.

(ملوک سرش را زیر می‌اندازد)

بلاهت دیدی دختر جان؟ خودت هم پسند کردی. از قدیم گفته اند سکوت موجب رضا است. آفرین دختر جان که حرف پدرت را شنیدی. خدا از تو راضی باشد.

قمر (وارد می‌شود) ملوک، با آقا جانت تنهایی چه می‌کنی؟ چرا سرت را زیر انداخته‌ای؟

بلاهت قمر خانم، شما این‌جا چه می‌کنید؟ ای ناقلا، به نظرم بویی برده‌ای که یکدفعه این‌جا پیدا شدی.

قمر راستی این حرف‌ها که می‌زنید چی است؟ مزخرفات است یا حقیقت دارد؟ یک خبر عروسی شنیدم. حقیقت دارد؟ من که باور نمی‌کنم.

بلاهت چه‌طور باور نمی‌کنی؟ چیز عجیب و غریبی نیست.

قمر من که سر خودتان باور نمی‌کنم.

بلاهت چه‌طور باور نمی‌کنی؟ چیز غریبی نیست.

قمر آخه باورکردنی نیست.

بلاهت من به شما می‌باورانم.

قمر حقیقت شوخی می‌کنید؟

بلاهت چه شوخی دارم؟ قریباً ملاحظه خواهید فرمود.

قمر چه حرف‌هایی!

بلاهت عرض کردم قریباً ملاحظه خواهید فرمود.

قمر ملوک جان، آقا جانت مسخره‌ات کرده این حرف‌ها را می‌زند.

بلاهت (با تغیّر) فضولی موقوف!

قمر خودتان را خواهش می‌کنم نگیرید، کسی گوش نمی‌کند.

بلاهت (با تغیّر) دیگر داری مرا از کوره به در می‌کنی.

قمر نخیر، باور کردم که یک آدمی‌مثل جنابعالی، با این ریش دراز، عقلش این باشد!

بلاهت قمر خانم، شما چون با ملوک بزرگ شده‌اید و کسی تا به حال به شما حرفی نزده کم کم دارید پایتان را از حدود خودتان خارج می‌کنید.

قمر ابداً، اصلاً. اوقاتتان تلخ نشود! بنده دو کلمه راست حسینی می‌خواهم با شما صحبت کنم. شما عبا دوستید[۸] که همچین دامادی را برای خودتان انتخاب کردید؟ حیف این تحصیلات که ملوک کرده، حیف یک موی ملوک. مرده شور! مگر آدم قحط است که شما این لش و لوش‌ها را پیدا کردید؟

---

۸ . در متن غلط تایپی بود "عباس دوسید " آمده بود که ما چنین تصحیح کردیم.

بلاهت فضولی نکن! اگر چیزی ندارد، همین فخرش است. آدم فقیر متدین است. آدم فقیر را من ترجیح می‌دهم. وانگهی، دارایی را من خودم به او می‌دهم.

قمر به‌به، دست شما درد نکند ـ مگر شما تنهایی از او تعریف کنید. آخر این همه حرز ابو دجانه⁹ که برای شما نوشت، کجا را گرفتید؟ شما فکر کنید چهار سال پیش چی داشتید حالا از تصدق سر الغوث‌های این چی دارید. شما که اوقاتتان تلخ می‌شود اگر من به شما بگویم این چه کاره بوده و حالا خودش را به این لباس درآورده این حرف‌های قلمبه را می‌زند. این گرگ است به لباس میش درآمده. من که این چیزها را نمی‌دانم. خداوند فرموده الرجال قوامون علی‌النساء برای این‌که مردها از حیث کار و هنر و قوت عقل پیش از زن‌ها هستند ـ نه این مردها که سواد ندارند و نه پدرشان معلوم است نه مادرشان و معلوم نیست از زیر چه بوته‌ای بیرون آمده‌اند¹⁰.

بلاهت این‌ها صحبت است. ملوک باید از او ترتیب زندگی را یاد بگیرد.

قمر خیر، شما باید حرف‌های مرا گوش بدهید.

بلاهت (به ملوک) دختر جان، حرف این دختره را گوش نکن! مزخرف می‌گوید. من پدر تو هستم. اگر گفتم توی آتش برو، باید بروی. من اول به جمشید خان قول داده بودم¹¹ اما بعد فهمیدم برای این درس‌هایی که خوانده در عقایدش خللی وارد شده.

قمر [با تمسخر]آره، ملوک عقیده‌اش فاسد است برای این که مردکه را شارلاتان می‌داند.

---

۹. دعاییست منسوب به ابودجانه از صحابه حضرت پیغمبر ص.

۱۰. این جمله نیمی‌به صورت جمع و نیمی‌به صورت مفرد آمده بود. ما بنابر آغاز جمله همه را به صورت جمع درآوردیم.

۱۱. در متن تایپی "داده ام" آمده بود که تصحیح کردیم.

بلاهت	(بلند می‌شود) از شما که نپرسیدم قمر خـانم. دخـتر جان، (دست روی سر ملوک می‌گذارد) همـین است کـه گفتم. امیـدوارم سـال‌هـای سـال بـه خوشـی و سعادت با یکدیگر زندگانی کنید.
قمر	غیرممکن است.
بلاهت	(با تغیّر) چه‌طور؟
قمر	چه‌طور ندارد. تا من زنده‌ام محال اسـت بگـذارم ایـن کار را بکنید.
بلاهت	عجب معرکه‌ای از دست این دختر داریم! دست وردار نیست همین هی توی حرف من مـی‌دود! می‌گـذاری ما با هم باشیم؟
قمر	من برای فایده **شما و ملوک خانم** دخالت می‌کنم.
بلاهت	لازم نیست سرکار علیه دخالت کنید. یا ساکت باشید یا تشریف ببرید.
قمر	خوب آقا، جوش نزنید صفراتون بـه حرکـت می‌آیـد. من شما را دوست دارم و به این جهت راضی نیسـتم ....
بلاهت	من نمی‌خواهم شما مرا دوست داشته باشید.
قمر	شما نخواهید! بنده که دوست دارم.
بلاهت	بله؟
قمر	بله ندارد. بنده حاضر نیستم ـ چون جزو ایـن فامیـل هستم ـ حیثیت خانواده لکه‌دار بشود.
بلاهت	اسم فرنگی[۱۲] جلوی من نبر! خفه شو!
قمر	خیلی خوب، ولی عرض کردم مانعم.
بلاهت	عجب زنی شده!
قمر	آدم زاهد که اوقات تلخی نمی‌کند.
بلاهت	صفرایم را به حرکت آوردی، تمام بـدنم را در تشـنج انداختی، بس است دیگر!

---

۱۲ . اشاره به استفاده از واژه فامیل است.

قمر خیلی خوب. جلو خیال مرا که نمی‌توانی بگیری.

بلاهت خیلی خوب، این شد حسابی. (به ملوک) دختر جان، گوش نکن زیرا که همه کارهای من عاقلانه است.

قمر (آهسته) نمی‌توانم حرف نزنم. دارم خفه می‌شوم.

بلاهت آقاخوش مزه و خوش صحبت نیست ولی در عوض بسیار سنگین است و جا افتاده ...

قمر آره ارواح پدرش.

بلاهت [به ملوک] و یقین دارم که خودت خواهی گفت پدر جان از این انتخاب تو راضی هستم.

قمر (آهسته)[عصبانی از سکوت ملوک] آه آه. ببین چه‌طور نِشسته یک کلمه نمی‌گوید! (دندان‌هایش را فشار می‌دهد) حالا من بودم، حالی می‌کردم سنگین و جا افتاده معنیش چیست.

بلاهت دیدی قمر خانم؟ آن‌چه من می‌گویم باید کرد.

قمر بنده که حرف نزدم. قسم خوردم چیزی نگویم.

بلاهت پس چی‌چی غرغر می‌کنی؟

قمر با خودم حرف نزنم؟

بلاهت (مثل این‌که می‌خواهد سیلی بزند) تو دست بردار نیستی؟

قمر (با حال گریه کنار می‌رود) من که حرفی نزدم.

بلاهت ملوک جان، قصد مرا که خوب فهمیدی؟ (به قمر) چرا خفه شدی؟

قمر به من چه ربطی دارد.

بلاهت نخیر، باز دُر فشانی کن!

قمر میل حرف زدن ندارم.

بلاهت نخیر، میل داشته باش تا حالیت کنم.

قمر حیفِ حرف زدن.

بلاهت ملوک جون، باید مطیع صرف باشی.

قمر (در حال فرار) اگر گذاشتم به امید خودتان برسید. (می‌رود)

بلاهت (عقب او می‌کند) ملوک جان، این چه رفیقی است تو داری؟ من که یک دقیقه نمی‌توانم با او زندگانی کنم ـ مرا حقیقتاً دیوانه کرد. دختره حیا را خورده آبرو را ... لااله‌الله، دارم خفه میشم. یک خورده بروم قدم بزنم. (می‌رود)

ملوک (بلند شده آه می‌کشد راه می‌رود) خدایا چه کار کنم؟

قمر (از لای در) چمچاره. مثل چوب خشک آن‌جا نشستی یک کلمه حرف نمی‌زنی؟ حیف این همه درس که توی مدرسه خواندی. صالحه خانم چه‌قدر از این حرف‌ها می‌گفت: "مطابق فرمایش مذهب تا زن و مرد راضی نباشند مواصلت صحیح نیست." مگر نمی‌گفت وقتی آقا برای خواندن صیغه می‌آید چندین دفعه تکرار می‌کند، همه چیز را می‌گوید تا خود زن قبول بکند؟ مثل مجسمه چوب خشک آن‌جا نشسته‌ای زبان توی دهنت خشک شده.

جمشید (وارد می‌شود) بَه‌بَه دختر عمو جان، این حقیقت دارد که رضایت داده‌ای؟ آفرین به وعده‌های شما.

ملوک جمشید خان، شما خیلی بی‌ادبی کردید بدون اطلاع وارد شدید. پسر عمو هستید باشید ولی جایی که ما تنها داریم صحبت می‌کنیم شما نباید بدون خبر و اجازه وارد شوید و من این اخلاق شما را به هیچ وجه نمی‌پسندم و به شما ملامت می‌کنم.

جمشید بله، حق دارید اوقاتتان تلخ باشد، ولی راضی هستید بنده همین‌طور بنشینم و تماشاچی باشم؟

قمر نه جمشید، این‌جا حق با ملوک است. شما که آدم تربیت شده‌اید چرا بایستی این قسم رفتار نمایید؟

جمشید من خیلی عذر می‌خواهم و خودم را مقصر می‌دانم ولی آیا در این قبیل مواقع می‌توان ساکت نشست؟ من همین‌قدر، قمر خانم، به شما بگویم که اگر آمال آقای بلاهت‌السلطنه صورت بگیرد، دیگر امید من مقطوع و زندگانیم در خطر خواهد بود.

قمر (با غمزه) بنده نمی‌توانم جلو میل یک پدری را بگیرم ولی در ضمن جنابعالی را بد همسری نمی‌دانم.

جمشید دیگر قمر خانم، خود دانید.

قمر اگر من حرف بزنم غیرممکن است[۱۳]. تو از این‌جا بیرون برو تا ببینم.

جمشید (به طرف در می‌رود برمی‌گردد) یقین؟

قمر (او را بیرون می‌کند) عجب آدم سریشی هستی! برو حالا بیرون!

(جمشید می‌رود)

قمر حالا ملوک جان، تو هم اوقاتت تلخ نشود. ببین جمشید هم حق دارد. از کوچکی، اسم شما روی هم بوده، مردم هم می‌گویند عقد پسرعمو، دخترعمو در آسمان‌ها بسته شده. حالا وقتی این بی‌عقلی را از عموش ببیند و این سکوت را از تو، بی‌چاره دیوانه می‌شود. اما عیب ندارد. من آقا جانت را دیوانه کردم، تو هم جمشید خان را، و این "آقا" همهٔ این خانه را. اما من پهلویم روشن است که تیر آقا جانت به سنگ می‌خورد و این عروسی، که خودش خیال کرده، همان **خیال** خواهد بود. آخر تو را به خدا فکر کن! من نمی‌گویم کِی ما زن‌ها آدم می‌شویم، من می‌گویم که کِی مردهامون آدم خواهند شد؟

---

۱۳ . جمله کامل نیست.

ملوک مرگ تو قمر جون، سردرد دارد مرا می‌کشد. تو **خیال می‌کنی** سکوت من موجب رضا بود، ولی می‌دانی در مدرسه چه‌قدر من مودب و معقول بودم و همه از اخلاق من رضایت داشتند. پدر انسان از هرچیز بالاتر است. والله من در مقابل او باید منتهای ادب را داشته باشم ولی خیال داشتم توسط تو یا داداشم به آقا جانم اطلاع بدهم. حالا من می‌گویم بهتر است هردو برویم به خانم بزرگ بگوییم و یقین دارم او خودش بهتر از ما می‌تواند پدرم را از این خیال برگرداند.
(می‌روند)

پرده می‌افتد

پردهٔ سوم

(سن همان اطاق پردهٔ اول است)

آقا نته حسین، شب و روز به درگاه خدا در راز و نیاز باش! من هروقت که محبوسین را در خیابان می‌بینم اشک از چشمانم جاری می‌شود و فکر می‌کنم که این بی‌گناهان چه کرده‌اند که آن‌قدر طرف بغض وکینهٔ این مردم دنیا واقع شده‌اند؟

قمر (آهسته) دیگر حالا دلش به حال دزدها می‌سوزد! ببین چه حقه‌ای پهلوی خودش دارد جور می‌کند.

آقا قمر خانم، چه فرمایشی حضرت‌علیه دارید؟

قمر می‌خواستم عرض کنم...

آقا (عبای خود را درمی‌آورد و روی خود را می‌گیرد) قبل از ورود خواهش می‌کنم خودتان را با این عبا بپوشانید که این دست‌های شما پیدا نباشد که چشم‌های من مستوجب عقوبت شود. استرو الیدین والوجه!

قمر آقا، شما چرا این حرف‌ها را می‌زنید؟ **چشم شما** اگر به این زودی به دیدن دست من به خیالات واهی بیفتد، پس سایرین چه باید خیال کنند؟ خوب است، تو را به خدا، من که می‌دانید از شما رو و روگیری ندارم.

آقا این‌طور حرف زدن صحیح نیست. اگر می‌خواهید به این گرمی‌صحبت کنید، من مرخص می‌شوم و در این مواقع است که گفته‌اند ففرّوا! یعنی فرار کنید، دوری و پرهیز نمایید!

قمر اختیار دارید! من به هیچ وجه مُخل آسایش شما نیستم. خدا نکند! فقط دو کلمه با جنابعالی عرض دارم. خانم همین الان تشریف می‌آورند که مذاکره نمایند. دیگه این موضوع فِرّفِر ندارد!

آقا علی عینی و علی رآسی.

قمر (آهسته)[به جمعیت] خیر، همان است که عرض کردم. چه زود حاضر شد تنهایی در این اطاق باشد.

آقا زود تشریف خواهند آورد یا خیر؟

قمر گوش کنید! بله صدای خودشان است. آمدند. برای این‌که به راحتی صحبت کنید، بنده مرخص می‌شوم. (می‌رود)

فخری (با چادر نماز وارد می‌شود) سلام‌علیکم!

آقا علیک‌السلام خانم عزیز و دوست شفیقم ـ باد آمد و بوی عنبر آورد بادام شکوفه بر سر آورد. چه شد که از راه مهر و محبت شفقت فرمودید و این مسکین فقیر را نوازش کردید؟ راستی که امروز بخت به من روآورده تا جمال آفتاب مثال شما را زیارت کنم. (نزدیک می‌شود) خانم فخری خانم، حقیقت من صدای شما را که از دور می‌شنوم طوری اعصابم در تشنج می‌افتد که خودم را نمی‌شناسم. حیف از شما که گرفتار یک همچه احمقی مثل بلاهت‌السلطنه هستید. (دست فخری را می‌گیرد) به‌به عجب ساعد سیمینی! حقیقت خانم، من نمی‌دانم شما در این مدت با این آدم چگونه زندگانی کرده‌اید؟ تو را به خدا شما و این آدم؟ چه خوب گفته‌اند: هرجا که پریوشی است دیوی با اوست. انت حور بهشتی و هو عفریت آفریقایی.

فخری این حرف‌ها چیست می‌زنید؟ خجالت بکشید! از شما قباحت دارد که [او] این همه مهر و محبت در حق

شما می‌کند، (و [شما]این‌طور حرف‌ها می‌زنید. وانگهی، دیگر از من گذشته است.

آقا اختیار دارید خانم، "هرچه کنی بکن، مکن ترک من ای نگار من هرچه زنی بزن، مزن طعنه به روزگار من". شما نمی‌دانید چه آتشی در قلب من مشتعل کرده‌اید. به جان خودت، هروقت این صفحهٔ "عاشقم من" را در باغ می‌زنید، یا در قهوه‌خانه‌هایی که در کوچه‌ها رد می‌شوم می‌شنوم، یاد خودم می‌افتم و به قدری خوب این اشعار را حفظ کرده‌ام که همیشه ورد زبان من است: "عاشقم من منعم مکنید دردم برسید جانم در خطر است".

فخری (آهسته) باید برای حفظ دخترم قدری حوصله به خرج دهم. (بلند) آقا، خوب دیگه، سن من و شما موقع عشق بازی نیست.

آقا بَه‌بَه، خدا شاهد است من شما را به همه جوان‌ها ترجیح می‌دهم. چه حرف‌ها می‌زنید! جان مرا بخواهید، دریغ نمی‌کنم ـ دل و جان را نتوان گفت که مقداری هست.

فخری شما، که شب و روز مشغول اوراد هستید و دست از دنیا شسته‌اید، قباحت دارد. این حرف‌ها را نزنید و این خیالات را نکنید!

آقا آنها برای دیگران است، خانم. من برای شما شیشهٔ سالوس[۱۴] بشکنم به سنگ. اگر جمعی احمق من پیدا نکنم و از آن‌ها استفاده ننمایم، چه کنم؟ برای خاطر شما است که این کار را می‌کنم. تا این‌طور حُمَقا، مثل بلاهت‌السلطنه و خانم بزرگ نباشند، کار دنیا سر نمی‌گیرد ـ فمن مجنون لا یعقل.

---

۱۴ . استفاده از حکایت شیخ صنعان عطار است.

فخری	به خدا اگر از این حرف‌ها یک دفعـه دیگـر بـه مـن بزنید، به آقا خواهم گفت که شما چه خیالاتی بر سر دارید.
آقا	شـما ابـداً جـرأت نخواهیـد کـرد و همچـو کـاری نمی‌کنید.
فخری	چه‌طور؟
آقا	برای این که اگر از دهن شما چنـین حرفـی دربیایـد، فوراً عروسی ملوک را راه می‌انـدازم و او را در آتشـی می‌کشانم که شب و روز خودتـان را نفهمیـد. و لقـد ففروا.
فخری	(با گریه) تو را به خدا این خیـال را از سـرتان بـه در کنید.
آقا	ها، آفرین! اگر می‌خواهی که این کار را نکنم، باید بـه آن‌چه می‌گویم تن دردهید.
فخری	(آهسته) پدری ازت درآرم که حظ کنی. (بلنـد) مـن قول می‌دهم، شما هم قول بدهید که اگر آقا خواست این کار را بکند شما نگذارید.
آقا	مـن قـول مـی‌دهم. خیـر، ملـوک بـه چـه درد مـن می‌خورد؟ تازه باید بچه‌داری کنم! حالا اجازه بدهید دست شما را ببوسم. (هرمز از خارج سرفه می‌کند)
فخری	آقـا دارد می‌آیـد. باشـد بعـد همـدیگر را مـی‌بینیم. (می‌رود)
آقا	پدرسوخته سر بزنگاه مثل سرخر وارد می‌شود.
هرمز	(از پشت نیمکت بیرون می‌آید) پدرسوخته خـودتی. خوب این دفعه گیرت آوردم. الان بهت حالی می‌کنم.
آقا	(آب دهن خود را قورت می‌دهد) اگر خودت را قیمـه قیمه کنی، هیچ غلطی نمی‌توانی بکنی. تو خیـال کردی که مرا به این شلی بافته‌اند؟
بلاهت	(از بیرون) هرمز، آقا این‌جا تشریف دارند؟
هرمز	بله، بفرمایید تا عرض کنم کجا تشریف دارند.

بلاهت (وارد می‌شود) حضرت آقا، لابد مشغول وعظ و نصیحت به این جوان هستید؟

اقا بله نصیحت داروی تلخ است، هشدار که چون جلاب در حلقت چکانند. نصیحت به این اشخاص فرو نمی‌رود. اولائک کالانعام بلهم اضل. حقیقتاً مثل چهارپایی می‌مانند که کتاب بارشان کرده باشند.

هرمز پدر جان، مجلسی که امروز در مقابل چشم خود دو دقیقه قبل دیدم از آن مجلس‌ها نیست که جنابعالی تصور کنید. من با این نکره ظرفیت دارم. پدرسوخته با مادر من عشق بازی می‌کند، هزار حرف‌های نامربوط می‌زند. من خودم با گوش خودم شنیدم و حرکات او را که می‌کرد به چشم خودم دیدم. او هزار نامربوط به شما گفت و به خانم جانم می‌گفت حیف از شما که با این مردکهٔ الاغ به سر می‌برید.

بلاهت (با حالت خشم) این حرف‌ها چیست؟ چه‌طور می‌شود همچه چیزی را باور کرد؟

هرمز به آن‌چه در دنیا مقدس است، عین حقیقت بود عرض کردم و اگر شما فورا تکلیف او را معین نکنید ـ چون طاقت من تمام شده ـ تکلیف او را معلوم خواهم کرد.

بلاهت (رو به آقا) هرمز چه می‌گوید؟ چه صحبتی این‌جا شده؟ خانم مگر این‌جا بود؟

آقا (آه می‌کشد و دست‌ها را رو به آسمان بلند می‌کند) الهی، اگر کار به گفتار است، بر سر همه تاجم و اگر به کردار است، به پشه و مور محتاج[۱۵]. (اشاره به هرمز) الهی، بر بَدان رحم کن! (به بلاهت) ای برادرجان، من **این دفعه** تقصیر ندارم **همیشه** مقصرم. اول‌خائنم و به همین جهت است که دائماً تائب و از

---

۱۵ . نصر در اینجا ار مناجات نامه خواجه عبدالله انصاری استفاده برده است.

خداوند مغفرت می‌طلبم. آه، بله، "چنین است رسم سرای درشت گهی زین به پشت و گهی پشت به زین". (گریه) من به حال شما دلم می‌سوزد که الان خشمگین و غضبناک هستید. غضب کار شیطان، دشمن خداست. مرا بزنید، مرا بکشید، از حلق آویزان کنید، اما ای آقا و ای سرور من، غضبناک نشوید! الکاظمین‌الغیظ العافین عن‌الناس .(آه می‌کشد)

بلاهت	[رو به هرمز] ای پدرسوخته، این‌طور بهتان می‌زنی؟ برو تا زود است از جلو چشمم دور شو ـ دارد دلم کباب می‌شود.
هرمز	به این زودی از جا دررفتید؟
بلاهت	خفه شو ملعون! تو پسر من نیستی. الهی عاق والدین شوی.
آقا	استغفرالله ربی و اتوب الیه. متحمل باشید! بگذارید صحبت کند. بگذارید تیرهای بهتان را به من پرتاب کند و خواهش دارم که شما هم قبول کنید. مرا زجر بدهید که مستوجب عقوبتم زیرا ظاهر امثال شما را ندارم. اگر من هم به این البسه فاخره دنیوی متلبس بودم، این خیالات راجع به من نمی‌شد. اما البته این قبا و پیراهن کهنه همیشه به نظر امثال شما پست است. بگویید "گر دست ما تهیست ولی چشم ما پر است". پسر عزیزم، **بگو** هرچه دلت می‌خواهد! هر نسبتی، که از آن بالاتر نباشد، به من استناد بده ـ دزد، آدم کش، جانی، خائن، مزور. حق با توست. انا جانی و تائب بل عتاب (گریه) اقتلونی اقتلونی! رضیت برضاک. من صبر ایوب دارم.
بلاهت	خواهش دارم او را ببخشید. (به هرمز) بی‌قباحت بی‌آبرو، دل سنگت آب نمی‌شود؟
هرمز	از مزخرفات این؟
بلاهت	خفه شو پدرسوخته! آقا، خواهش دارم بلند شوید.

هرمز من بی‌قباحتم یا...

بلاهت خفه می‌شوی؟

هرمز بسیار خوب، بسم‌الله!

بلاهت اگر یک کلمه حرف بزنی، اولاد من نیستی.

آقا آقای بلاهت‌السلطنه، من ابداً راضی نیستم که برای خاطر من، که عبدی ضعیف هستم، شما با آقازاده خودتان تغیّر کنید. هذا ولدک و انا عبدک.

بلاهت (به هرمز)ای نمک به حرام!

آقا (به زانو می‌افتد) محض رضای خدا دست بردارید. ارحم مولانا!

بلاهت (آقا را بلند می‌کند)(به هرمز) می‌بینی برای تو چه محبتی دارد؟ بله، من می‌دانم چرا تو و مادرت و خواهرت و جمشید و قمر با او بدید ـ خوب می‌دانم. همه دلتان می‌خواهد یک همچه آدمی، که به واسطه قدوم او ما دارای سعادت و اقبال شده‌ایم، از این خانه بیرون برود. خودتان را بکشید، به قناره بزنید، ممکن نیست و برای این‌که خیالتان کاملاً راحت بشود، دست ملوک را الان توی دستش می‌گذارم تا دندتان نرم بشود. من صاحب خانه هستم. همه باید مطیع میل من باشید. الان پاشو پای آقا را ببوس!

هرمز بنده را می‌فرمایید؟

بلاهت نمی‌کنی؟ پدرسوخته، زود برو از خانه بیرون. اگر غیرت داری، دیگر برنگرد.

هرمز چشم میرم ولی ...

بلاهت ولی ندارد. از ارث محرومت می‌کنم، دارائیم را به آقا می‌بخشم تا چشم همه کور شود.

آقا هرچه خدا خواست همان می‌شود ـ رضیت به رضاک، رضیت به رضاک.

هرمز خواهید دید. (می‌رود)

بلاهت پدرسوخته مدعی من است. آقا، خواهش دارم شما مکدر نشوید. تشریف ببرید قدری استراحت کنید.

آقا (در حال رفتن) نخیر، چه تکدری؟ انسان در کشاکش دهر باید حال سنگ زیرین آسیا باشد[۱۶]. (می‌رود)

بلاهت بی‌چاره را پسره چه‌قدر اذیت کرد، چه دروغی به او نسبت داد! (صدا می‌کند) کسی توی این خانه نیست؟ عجب! همه پاشون را توی یک کفش کرده‌اند که این بی‌چاره بدبخت را از این خانه آواره کنند. یکی نیست بگوید پدرسوخته‌ها، آخر این چه اذیتی به شما دارد؟ چی‌چی شما را خورده است؟ چه خرجی برایش کرده‌اید؟

فخری (وارد می‌شود) چه خبر است؟ چرا این پسره را برای این مردکه شیاد آن‌قدر اذیت می‌کنید؟ آخر انسان شده دست از اولادش برای خاطر یک مرد اجنبی بکشد؟

بلاهت آخر شما نبودید ببینید چه حرف‌ها می‌زند. می‌گوید تو که این‌جا نبودی، آقا با مادر من عشق بازی می‌کرد. حرف‌ها می‌زد، فحش‌ها می‌داد. تو را به خدا حقیقت دارد؟

فخری حالا که می‌خواهید حقیقت را بفهمید، همین‌قدر به شما می‌گویم به آن عشق زن و شوهری و آن عشق مادری که به این دو بچه دارم و به حقیقت قسم، آن‌چه هرمز گفته راست است ولی افسوس که در شما اثر نمی‌کند.

بلاهت بله؟ تو را به خدا؟ (روی پای فخری می‌افتد)

فخری عرض کردم، به همان خدا، که راست است، ولی من از ترس این‌که اگر به شما بگویم، این مرد جور

---

۱۶ . نصر از سخن سعدی استفاده کرده است.

دیگری به شما خواهد گفت و آخر ملوک را در آتش خواهد انداخت، به او گفتم و وعده دادم اگر دست از ملوک بردارد و حرف آقا را نشنود من به آقا حرفی نخواهم زد.

بلاهت	(بلند می‌شود با خنده) خوب جور کردید. ملوک را به او ندهم؟ بدهم به جمشید؟ چه خوب فهمیدم.
فخری	به خدا قسم این‌طور نیست. آخر من که سی سال با شما زندگانی کردم، کی به شما دروغ گفتم؟ حیف نمی‌توانم یک طور کنم که شما خودتان بفهمید.
بلاهت	من تا خودم به چشم خودم نبینم باور نمی‌کنم.
فخری	(با فکر) اگر می‌خواهید با چشم ببینید، شما هم کار هرمز را بکنید. بروید پشت همین نیمکت. او که آمد این‌جا، حرف‌هایش را بشنوید. آنوقت اگر دیدید صحیح بود، بفهمید که در این مدت هرچه ما گفته‌ایم صحت داشته تا مردم اقلاً از دست این قبیل عوام فریب‌ها راحت شوند.
بلاهت	اگر نشد، چه کنم؟
فخری	مرا سه طلاقه کنید.
بلاهت	نه نه، هرچه بگویی قبول می‌کنم. مرا قایم کن! زود باش! قلبم طوری به هم خورده که دارم کم‌کم حرف شما را قبول می‌کنم.
فخری	(او را می‌برد زیر نیمکت مخفی می‌کند بعد صدا می‌کند) ننه حسین، ننه حسین!
ننه	(وارد می‌شود) بله خانم، چه فرمایشی است؟ آقا کجا تشریف دارند؟
فخری	آقا امشب جایی مهمانی رفتند و فرمودند شب نمی‌آیند. برو آقا را از قول من اطلاع بده و عرض کن خانم می‌گویند من تنها هستم یک قدری تشریف بیاورید این‌جا.
ننه	چشم خانم. (می‌رود)

فخری (به بلاهت)آقا، خواهش دارم زود شلوغ نکنید. قدری صبر کنید، همه چیز بر شما ثابت شود.

بلاهت (از پشت نیمکت) اما اگر دروغ **شما** ثابت شود، من می‌دانم و شما.

فخری شما حوصله داشته باش، معلوم می‌شود.

(آقا از بیرون سرفه می‌کند)

فخری تو را به خدا دیگر حرف نزنید. آمد ـ مبادا ملتفت بشود.

آقا (وارد می‌شود) بَه‌بَه، الحمدالله بعد از چند سال یک دفعه شما را بی‌سرخر دیدم و این مردکه نره خر ما را تنها گذاشته است.

بلاهت (آهسته) چشمم روشن. عجب درآمد خوبی!

فخری نمی‌دانم کجا تشریف بردند. فرمودند امشب هم تشریف نمی‌آورند.

آقا برود آن‌جا که برنگردد ـ مردکهٔ گردن کلفت.

فخری باز شروع به این حرف‌ها کردید؟ من هیچ‌وقت حاضر نیستم شما از شوهرم بد بگویید.

آقا به جان عزیزت، که خودم قربانت بشوم، از این بدتر هم باید گفت. آدم هم آن‌قدر احمق دیده شده؟

بلاهت (آهسته)احمق آن پدرت است.

فخری یک آدم مرتاضی مثل شما، که شب و روز مشغول اوراد است و این همه شوهر من به او محبت می‌کند، آیا باید به او این‌طور حرف بزند[۱۷]؟

آقا چه اورادی خانم؟ چه ریاضتی ؟
جانا، از ازل قبله من روی تو بود
محراب نمازم خم ابروی تو بود

---

۱۷ در متن تایپی "زد" آمده بود ما آن را عوض کردیم.

کردم چو طلب گمشده دل را دیدم
در سلسلهٔ طرهٔ گیسوی تو بود
اوراد و اذکار من همان تصنیف "عاشقم من" است.

فخری اما من اگر کسی آن‌قدر محبت به من داشته باشد که از زن و بچه‌اش بگذرد، تمام به حرف من باشد، این‌طور با او رفتار نمی‌کنم.

آقا از خریتش خانم جان ـ من فدای آن قد و بالای تو بروم.

بلاهت (آهسته) فدای قد و بالای پدر قرمساقت برو! شیطان می‌گوید بیا بیرون پدرش را دربیار.

فخری حالا خوب شما قدری یواش حرف بزنید، نکند از بچه‌ها کسی این‌جا رد بشود.

آقا (می‌خندد) بَه خانم، گوساله‌ای که من به دامش آوردم چنان افسار در دهانش زده‌ام که در حقیقت کالمِیُت فی یدی‌الغسّال می‌ماند. به جان عزیزت ـ استغفرالله ـ به جان خودم ـ هرمز خان آن‌وقت که شما این‌جا بودید و زیارت جمال بی‌مثالتان نصیب من شده بود، حرامزاده قایم شده بود. تا شما رفتید آمد بیرون به بلاهت آن‌چه گذشته بود گفت. به دو نگاهِ قوه مغناطیسی، چنان خرش کردم که هرمز را بیرون کرد و قرار گذاشت که از ارث خود محرومش کند. خانم جان، **آقایی** شنیده‌اید! من از این بیدها نیستم که از این بادها بترسم. خانم جون، این حرف‌ها را بینداز دور! بفرمایید این‌جا قدری پهلویم بنشین صحبت کنیم. مرگ من قدری بنشینید. (دست فخری را می‌خواهد بگیرد)

فخری من خودم می‌نشینم. **شما** بفرمایید! قلیان میل دارید بگویم بیاورند؟

آقا تو را به خدا باز می‌خواهی سرخر برای ما بتراشی، این پدرسوخته ننه حسین بیاید تو؟ هیچ لازم نیست.

من برای این‌که همیشه مترصد یک همچه موقعی بودم همه چیز با خودم آورده‌ام ـ برای این که کسی مخل آسایش ما نشود سیگار هم آورده‌ام. (سیگار درمی‌آورد با قدری آجیل)

فخری پس شما همه‌کاره‌اید! چرا پس داخل این سلک شده‌اید که مقام مقدسی است و به تمام افراد ما لازم است این مقام را مقدس بشماریم؟

آقا قربانت بروم خانم جان، هر دم به لباس دیگر آن یار برآید. آدم باید عاقل باشد ببیند چه شکل می‌شود کسی را خر کرد، استفاده نمود. حالا خانم، تو را به خدا این حرف‌ها را بیندازید دور! "شب است و شاهد و شمع و شراب و شیرینی غنیمت است دمی‌روی گلرخان بینی". تو را به خدا بگذار از آن ساعد سیمین و از آن لبان نمکین استفاضه کنم. خانم جون، راستی دل سنگ داری. چه زحمت‌ها کشیده‌ام در این ۸ سال و ابداً نگاه شفقتی به من نکردی. (جلو می‌رود)

بلاهت (آهسته)دیگر دارم از کوره در می‌روم. هیچ‌کس مثل من احمق نیست که این‌جور بلا برای خودش درست کند.

فخری (عقب می‌رود) آخر این حرکت‌ها چیست؟ شما که جوان نیستید؟ شصت سال از عمرتان رفته ـ این حرکات هیچ از شما پسندیده نیست.

آقا (جلو می‌رود) خانم جان، کاسه صبرم لبریز شده. اگر شما نظر التفات به من نکنید، پس کِی برای من میسر خواهد شد روی ماهت را ببوسم؟

بلاهت (حرکتی می‌کند)[آهسته] پدرسوختهٔ بی‌قباحت را ببین! فریاد بکشم پدرش را دربیارم؟

فخری	[خطاب به آقا]به تو صریحاً بگویم. غلط می‌کنی این حرف‌ها را از دهنت خارج می‌کنی ـ در یک خـانواده نجیبی، مردکه مزور.
آقا	بد بگو، فحش بده. فحش از قبل تـو نوش‌داروست. (بلنـد شـده دسـت فخـری را می‌گیـرد) مگـر مـن می‌گـذارم از ایـن جـا بـروی قربانـت بـروم؟ تصـدق شکلت، عزیزم.
بلاهت	(با حال عصبانی یکدفعه بیرون می‌آید) قربـان شکل پـدرت بـرو، مردکـه پدرسـوخته متقلـب! (زمیـن می‌خورد)
آقا	(یکمرتبه دویده گلوی او را می‌گیرد) خوب برای مـن درست کرده بودی. مگر من می‌گذارم فرار کنی؟

(فخری فرار می‌کند)

بلاهت	(با حال ناله) به دادم برسید! الان خفه می‌شوم.
آقا	پدرسوخته، پاپوش خوبی برایم دوخته بودی.

(جمشید و هرمز و یک پاسبان وارد می‌شوند)

جمشید	آقـای پاسـبان، خـوب بـه چشـم خودتـان دیدیـد؟ پدرسوخته به طوری قباحت چشمش را گرفته کـه هیچ از ورود ما ملتفت نشد.
هرمز	(حلق آقا را می‌گیرد) پدرسوخته، دیگر آدم‌کش هـم شدی؟
پاسبان	(بلاهت را بلند می‌کند) آقا، شما استراحت کنید!

(جمشید بلاهت را مالش می‌دهد)

بلاهت (به جمشید)آفرین به تو داماد عزیزم. اگر دو دقیقه دیگر دیر رسیده بودی خفه شده بودم.

پاسبان این حرکت چه بود شما می‌کردید؟

آقا (آه می‌کشد و به آسمان نگاه می‌کند با صدای نازک) هشت سال است که من در این خانه هستم و اطفال آقا را تربیت می‌کنم. آقای بلاهت‌السلطنه به مرض صرع و تشنج مبتلا هستند. هروقت این حالت برایشان پیدا می‌شود باید شریان‌های گردنشان را مالش داد که خون به سمت کله صعود نکند و باعث سکته نگردد. دو دقیقه پیش هم این حالت برایشان پیدا شده بود که من مشغول مداوا شدم که یک دفعه نفهمیدم این آقای هرمز خان این حرکت قبیح را کردند. الان چشمم همه جا را سیاه می‌بیند و الساعه عرض حال به مدعی‌العموم خواهم داد. اثرات پنجه ایشان را، خواهش دارم شما که مامور دولتید، ملاحظه کنید. این نتیجه خدمت من در این خانه و بر پدر بزرگوارشان بود.

جمشید تو را به خدا همچه آدمی‌در دنیا پیدا شده؟ خیر آقا، ما و مامور دولت تماماً از پشت پنجره مدتی است به طرز رفتار و حرکات شما ناظر بودیم و دیدیم چگونه هشت سال خدمت آقا را تلافی کردید.

هرمز (به آقا) بله، آقای پاسبان آن‌چه لازم بود ملاحظه فرمودند ـ باقی را در مقامات مربوطه باید جواب بدهید.

آقا ابداً چنین نیست. ادعای شرف خواهم کرد. الحمدالله قانون مجازات عمومی‌تصویب شده، ماده مخصوصی برای استراق سمع دارد. خیالتان راحت باشد!

پاسبان بفرمایید آقا! (او را جلو می‌اندازد)

آقا (در حال رفتن) مرا از تار عنکبوت نساخته‌اند. آقای بلاهت‌السلطنه، عنقریب به کیفر اعمالت خواهی رسید.

(فخری و قمر[۱۸] و ملوک وارد می‌شوند)

بلاهت [به قمر]آفرین بر تو خانم عفیف نجیب. هزار دفعه دست و پای تو را می‌بوسم و عفو می‌طلبم که در این مدت هرچه گفتی نشنیدم و این عوام فریب سالوس مرا مسخره کرده بود.

قمر هرچه به شما عرض می‌کردم، حقیقت "نرود میخ آهنگین بر سنگ" بود.

بلاهت قمر جون، نمی‌دانید چه‌قدر از شما خجلم و نمی‌دانم چه‌طور از تو معذرت بخواهم؟ مگر این که... (بلند می‌شود) فخری جان بیا! من که نمی‌توانم سرپا بایستم. اگر بدانی این چند دقیقه چه کشیدم؟

(فخری جلو می‌رود)

بلاهت هرمز بیا![۱۹] (به فخری)خانم جان، تو هم دست جمشید را بگیر مثل من.

فخری چشم. (دست او را می‌گیرد)

(ننه وارد می‌شود)
(مشهدی احمد وارد می‌شود)

بلاهت همین‌طور که من دست این دو نفر را به دست همدیگر می‌دهم و این دقیقه، که به زحمت سرپا

---

۱۸ . در متن تایپی به اشتباه "شمسی" آمده است که تصحیح کردیم.

۱۹ . شاید منظور از صدا کردن هرمز دست به دست دادن او با قمر باشد . جمله ناقص است.

ایستاده ام، بهترین ساعت زندگانی خود دانسته[٢٠] و این قبیل بدبختی‌ها که به سر ما می‌رسد فقط به واسطه بی علمی‌است و بر فرد فرد ما واجب است که کاری بکنیم معارف در تمام مملکت روز به روز بیش‌تر شود تا پی به حقوق حقهٔ خود ببریم. حالا برویم عروسی را ترتیب بدهیم.

پرده می‌افتد.

---

٢٠ . جمله ناقص است.

عجب پوکری[۱]

کمدی در یک پرده

اقتباس از
مارک میشل و آلبر مورن[۲]

به قلم سید علی نصر

---

۱ . این نمایشنامه در مجموعه ای که آقای وحید ایوبی گردآورده اند هم آمده است.
۲ . Marc Michel et Albert Maurin

بازی‌کنان:

بهرام	رفیق جمشید
جمشید	رفیق بهرام
مهری	زن بهرام
اقدس	زن جمشید

(اطاقی است مبله و در وسط میز کوچک قمار است
و چهار طرف آن صندلی گذارده شده یک دست ورق
بازی روی میز است آقایان روبروی هم و خانم‌ها نیـز
روبروی یکدیگر نشسته‌اند و چون پـرده بـالا مـی‌رود
مهری خانم مشغول ورق‌دادن است)

سن ۱

جمشید (به ورق‌های خود نگاه می‌کند) یک دفعـه نشـد یـک
دست خوبی نصیب ما بشود.

بهرام (ورق‌هایش را برمی‌دارد) اما راستی دندان‌سازی از هر
شغلی بهتر است. من آرزویـم همیشـه ایـن بـود کـه
دندان‌ساز بشوم برای اینکه آدم چند کار در آن واحد
می‌کند ـــ یکی آنکه اگر مریض خانم باشد و خوشگل
کیف مخصوص می‌برد،اگر بـدترکیب و بدلعاب شـد،
کندن دندانش مثل آب خوردن می‌شود. از این‌ها
گذشته، هر قیمتی آدم معین کند، بیمار بایـد بـدون
چون و چرا بدهد.

اقدس واه چـه آرزوهـایی شـما داریـد. بـدترین دردهـا درد
دندان است. من که هر وقت فکر این کـار را مـی‌کنم
تمام موهایم راست می‌شود.

بهرام تو را به خدا راست می‌گویید؟

مهری (ورق در دست) حالا بالاخره بازی می‌کنید یا خیر؟

بهرام (قدری متغیّر) مگر چه خبر است؟ خوب یک خورده دیرتر که کفر نمی‌شود!

مهری بس که تو حرف می‌زنی مگرمی‌شود کاری کرد؟ الان ساعت نه بعد از ظهر است و یک‌دست هم ورق نگشته.

بهرام خیلی خوب، سه ساعت به نصف شب مانده، دو ساعت دیگر هم می‌مانیم. پس آن‌قدر وقت خواهد بود که دو دست بزنیم.

جمشید بله، چه اهمیت دارد.

مهری البته هر چی بهرام می‌گوید شما هم پشتش را بگیرید.

جمشید خوب خانم، آخر یک دقیقه دیر بشود مگر آسمان به زمین می‌افتد؟

بهرام بله، دنیا حالا کن‌فیکون شد؟ چرا جواب نمی‌دهی؟

مهری جواب ندادن بهتر است.

اقدس ای بابا، مسخره‌بازی درآوردید.

مهری من مسخره‌بازی درآوردم؟

بهرام از مسخره‌بازی هم بدتر. (ورق‌هایش را روی میز می‌گذارد)

اقدس خواهش دارم با خانمتان دعوا نکنید، هم به شما خوش نمی‌گذرد و هم به ما. وانگهی، شما امشب اینجا آمدید که یک پوکربازی کنیم، چه‌کار دارید به این حرف‌ها؟

جمشید به خدا اقدس راست می‌گوید. ول کنید بابا جان! بازی کنیم!

بهرام بسیار خوب، خیلی خوب. حالا که بنده نباید اظهاری کنم، چشم. (ورق‌هایش را برمی‌دارد)

مهری اولین کار با قاعده‌ای که می‌کنی همین است.

بهرام (با تغیّر) مهری، می‌گذاری؟

جمشید	خواهش می‌کنم این صحبت‌ها را خانهٔ خودتان بکنید و از شما هم مهری خانم، تمنایی دارم ـ کمتر بهـرام را تحریک کنید.
مهری	من تحریکش می‌کنم؟ اختیار دارید!
اقدس	این حرف‌ها چی است جمشید می‌زنی؟ کِی مهری آقا را تحریک می‌کند؟
بهرام	تحریک کدام است؟ خانم یک‌دقیقه نیست که به من نیش نزند. به خدا از زنبور، از عقرب نیش این زن بدتر است.
مهری	بله بگو اژدها، از رطیل، از هر چیزی بدتر است.
جمشید	یواش بابا! چه خبر است؟ خیلی عـذر می‌خواهم کـه منزل مخلص هستید و بنده اینطور بی‌نزاکت صحبت می‌کنم . هر چند به من مربوط نیست که کی مقصر است، ولی خواهش دارم همان‌طوری که جمعه‌ها مـا برای بلوت منزل شما می‌آییم، شما هم همانطور با ما معامله کنیـد. بـاقی چیزهـا را بگذاریـد تـوی خانهٔ خودتان! می‌خواهد نـاز و کرشـمه باشد، می‌خواهـد بوس و کنار باشد یا چوب و چماق، بـرای بنـده علی السویه است. ببخشید، مقصـودم این نبـود ـ یعنـی کتک‌کاری به ما مربوط نیست.
مهری	کتک‌کاری چیست؟ باید کُشتِش.
بهرام	می‌بینی چه می‌گوید؟
اقدس	بابا بیندازید دور! بازی کنیم! من گفتم پُت.
جمشید	بهرام جون زود باش، تو بگو.
بهرام	(رو به مهری) چه مزخرف گفتی؟
مهری	مزخرف توی دهنت است.
بهرام	حرفت را پس بگیر، بگو غلط کردم.
مهری	تیری که از شصت جسـت دیگـر نمی‌شـود گـرفتش، جناب آقا.
جمشید	زود باش بابا، نوبت تو است.

بهرام	از قدیم گفته‌اند خانم علیه، مــه فشــاند نــور و ســگ عوعو کند.
مهری	سگ شوهرم دارد.
بهرام	مثل سگ نازی آباد میمانی. نه خودی را می‌شناسی نه بیگانه.
مهری	آقای جمشید خــان، حــالا کــه شــما بــه مــا بیگانــه شده‌اید....
بهرام	خفه شو!
مهری	هیچ خری نمی‌تواند جلو دهن مرا بگیرد.
اقدس	(بلند می‌شود) اجازه بدهید یک شــربتی بیــاورم رفــع عطش کنید،التهابتان کم بشود. (می‌رود)
بهرام	(از جــایش بلنــد می‌شــود) مهری، می‌دانــی چــه مزخرف‌هایی می‌گویی؟ نگذار از کوره در بروم.
مهری	اینجا اطاق است، کوره نیست آقای باشعور.
جمشید	بابا، محض رضای خدا!
بهرام	بی حیای بی‌قباحت بس کن!
مهری	(بلند می‌شود) محال است، محال.
بهرام	(جلو می‌رود) تا من دک و دهن تو را خورد نکنم تــو آدم نمی‌شی.
جمشید	آقای بهرام، خواهش می‌کنم شما ...
مهری	(جلو می‌آید) آنکه این‌کار را بکند هنوز مــادرش او را به دنیا نیاورده. از تو بدتر در دنیا آدم پیدا نمی‌شود.
جمشید	خانم عزیزم، از شما این حرف‌ها برازنده نیست.
اقدس	(دو گیلاس شربت روی میز می‌گذارد) بسم‌الله آقــای بهرام!
بهرام	[رو به مهری]الان بِهِت حالی می‌کنم آدم کی است؟
مهری	برو این افاده‌هــا رو پهلــوی خــانم همشــیره‌ات بکن! خیال می‌کند من از زیر بوته درآمدم! هر چــی محــل سگش نمی‌گذارم بدتر می‌شود.

بهرام (ســیلی می‌زنــد) محــل ســگ کــی نمی‌گــذاری، بی‌قباحت؟

مهری (با گریه) مردکهٔ نـره خـر، حیـا نمی‌کنـی بی‌غیـرت بی‌درد؟ (گریه می‌کند)

اقدس (مهری را می‌برد) بیا عزیزم! گریه نکن! بیـا عزیـزم برویم آن اطاق! (می‌روند)

سن ۲

بهرام زنیکه حیا نمی‌کند. ملاحظه می‌کنید چه اخلاقی دارد؟

جمشید حقیقتاً اسباب تأسف است. بنده هیچ همچو حالتی را از شما انتظار نداشتم.

بهرام (آهی می‌کشد) پانزده سال است که من بیچاره اینطور گرفتارم و زندگانی می‌کنم. می‌ترسم آخرالامر بکشمش.

جمشید از خر شیطان بیا پایین بابا! این حرف‌ها یعنی چه؟

بهرام ملاحظه بفرمایید! آخر این هم وضع شد؟ به هر چه می‌گویم و به هر کاری که دست می‌زنم یک نیشی به من می‌زند.

جمشید عجب دعوتی ما امشب کردیم و عجب جوری پوکرمون درآمد.

بهرام تو هم که دست‌بردار نیستی. این هم کار شد؟ تمام شب سه‌شنبه، تمام روز جمعه را آدم صرف بازی کند؟

جمشید عجب بازی کردیم! اختیار دارید!

بهرام آخر تو فکر کن می‌شه ساکت باشم در مقابل این هتاکی‌ها و این مزخرفات؟ هر چند اهمیتی من به این مسئله نمی‌دهم ولی خوشم نمی‌آید این اتفاق توی خانهء شما پیش‌آمد کند.

جمشید اصلاً می‌دانی چیه؟ هر سه‌شنبه که شما اینجا آمدید، این بازی را درآوردید. جمعه‌ها هم که ما خانهٔ شما آمده‌ایم همین‌جور بُقت توی هم بود، ولی چون عدهٔ مهمان‌ها زیاد بود شروع به داد و فریاد نکردی.

بهرام مقصودت چیست؟ حالا ملالتم هم می‌کنی؟

جمشید بنده غلط می‌کنم.

بهرام ببین جمشید، من یقین دارم که تو مثل من از این عروسی‌ای که کردی راضی نیستی.

جمشید بنده برعکس خیلی راضی و خیلی خوشبختم.

بهرام به خدا دروغ می‌گویی و نمی‌خواهی مثل من راست و پوست‌کنده بگویی اشتباه کردم. ولی بنده خیر، علی رؤس الاشهاد عرض می‌کنم در این مزاوجت اشتباه کردم و کلاه تا اینجا به سرم رفته.

جمشید جنابعالی مختارید راجع به خودتان هر چه بفرمایید ولی بنده، چنانکه عرض کردم، گله‌ای ندارم.

بهرام (به تمسخر) یعنی می‌خواهی بگویی که در این مدت هیچوقت جر و منجری با هم نداشتید؟ صحبتی، گفتگویی بین شما نشده؟

جمشید اغراق که نباید گفت. البته گاهی اوقات بعضی چیزها پیش آمده ولی یکخورده من کوتاه میایم، به اصطلاح دیپلماسی به خرج می‌دهم. ولو اینکه حق با من باشد، معذلک وانمود می‌کنم که تقصیر از طرف من بوده و به این نحو زود آشتی می‌شود.

بهرام این خیانتی است که تو به وجدانت می‌کنی. مرد نباید اینطور باشد و من از این کار خوشم نمی‌آید.

جمشید هر چه می‌خواهی فرض کن. ولی با همین حقه‌بازی و دیپلماسی همیشه ما در حال خوشی و صلح و آشتی هستیم.

بهرام خوب است، خوب است! مرده‌شور اینجور مردها را ببرد.

جمشید صحیح! مرده‌شور امثال بنده را ببرد؟ بسیارخوب. جنابعالی که زنت را می‌زنی بهت چی باید گفت؟

بهرام اختیار داری! تو هم اگر از او نمی‌ترسیدی، بدتر از من می‌کردی.

جمشید می‌دانی چیست؟ امشب اصلاً تو حالت سر جا نیست. این حرف‌ها را بندازیم کنار، پوکرمون را بزنیم.

بهرام	دو نفری مگر می‌شود؟
جمشید	خوب بله. چون اقدس تا خانم تو را سر حـال نیـارد برنمی‌گردد. مشغول می‌شویم.
بهرام	نـه دو نفـری تعریفـی نـدارد. (می‌نشـیند شـربت را برمی‌دارد)
جمشید	خیال می‌کنی! خیلی از چهار نفری بهتر است .(ورق ها را دست می‌گیرد)
بهرام	در هر صورت جمشـید، تـو آدم خـوبی هسـتی ـ بـا وجـود اینکـه از زنـت می‌ترسـی و یـک‌خورده هـم کم‌جرئتی.

سن ۳

جمشید	حالا بُر بزن، مفت نگو!
اقدس	(وارد می‌شود) مهری حالش خیلی بد است و سخت التهاب دارد.
بهرام	هیچ خبری نیست، خیالت راحت باشد! بگذار این افعی در همین حال باشد!
اقدس	به خدا به طوری سرش گیج می‌خورد که نمی‌تواند سرش را نگاه بدارد. [اما شما] چه حرف‌هایی می‌زنید؟ به خدا من تا حالا نگاهش داشتم. می‌خواست برود.
بهرام	جهنم! یک دیزی شکسته هم بیاندازید عقب سرش که برنگردد.
اقدس	به‌به من خیال می‌کردم این حرف‌ها را به شما بزنم خودتان سراغش می‌روید و از او عذرخواهی خواهید کرد و حواستان پرت می‌شود، دلتان به حالش می‌سوزد. بَه بَه بَه!
بهرام	عذرخواهی را خوب فرمودید!
اقدس	تو را به خدا این هم بازی شد که دوست و آشنا دور هم جمع بشوند اینجور پیش بیاید.
جمشید	بیا عزیزم! بهرام راست می‌گوید. مهری خانم تنها باشد زودتر حالش جا می‌آید.
اقدس	عجب! خیال می‌کنی. نمی‌دانی بیچاره در چه حالتی است.
بهرام	تصور می‌کنی! تقصیر خودش است. می‌خواست اینقدر سر به سر من نگذارد.
جمشید	حالا بس است، بیایید بابا سه تایی بازی کنیم.
اقدس	به خدا راست می‌گویی. اما من اوقاتم تلخ است که مهری را آنجا تنها گذاردم.

بهرام	بـرعکس، وقتـی کسـی پهلـوی او نباشـد زودتـر آرام می‌شود. سعدی در کتاب گلستان خوب گفته: ظالمی‌را خفته دیدم نیمروز گفتم این فتنه است خوابش برده به
جمشید	درست است، ولی به من خیلی سـخت می‌گـذرد مـا سه نفر این‌جا بـازی کنیـم آنوقـت خانـم تـو آن‌جـا مشغول گریه و زاری باشد.
بهرام	چه دل نازکی داری.
اقدس	جمشیـد، تو خودت الان گفتی بهتر است قدری تنهـا باشد و ما بازی کنیم.
جمشید	درست است ولی حالا مـی‌بینم دلـم جـوش می‌زنـد. خیالم راحت نیست. (بلند می‌شود) من مـی‌روم حـالا میارمش.
اقدس	خیالت راحت باشد، او نمی‌آید.
بهرام	تو او را نمی‌شناسی، یک لجبازی است که تا ندارد.
جمشید	حالا امتحانی است می‌کنیم. (می‌رود)

سن ۴

بهرام امتحان را خوب می‌گوید- مثل این است که به زنبور بگویی نیش نزن. اگر او فهمید، مخدرهٔ بنده هم خواهد فهمید.

اقدس شما چه آدم سختی هستید. والله مهری مثل ماه می‌ماند.

بهرام با سایرین خانم، ممکن است، ولی با بنده خیر.

اقدس تو را به خدا شما از این دعواها خسته نمی‌شوید؟

بهرام خسته کدام است؟ دیگر ما عادت کردیم. البته حال و حکایت را برای شما، که از بهترین و صمیمی‌ترین دوستانش هستید، نقل کرده است.

اقدس بَه، مهری اینقدر سِرّ نگهدار است که یک کلمه از دهنش بیرون نمی‌آید.

بهرام (خند، مسخره) بله، ولی نه به اندازهٔ شما. وانگهی، خانم مقصود شما چی است؟ مهری یک فرشته است و بنده یک آدم شقیِ بدِ پدر سوختهٔ چی و چی و چی...

اقدس من دلم می‌خواهد که با او آشتی کنید و هیچ‌وقت منازعه نداشته باشید.

بهرام خانم عزیزم، چیزیه که شده! پاره وصله برنمی‌دارد. کاسه وقتی شکست، دیگر درست نمی‌شود قطعات آن را به هم چسبانید.

اقدس بسیارخوب، پس بیایید بازی کنیم.

بهرام مخلص حاضرم. بفرمایید!

اقدس من دلم می‌خواهد چهار نفری باشیم، مهری هم نمی‌خواهد برگردد.

بهرام چکار کنیم؟

اقدس شما بروید بیاریدش!

بهرام	خواهش دارم دست از سر من بردارید و این توقـع را نکنید و به‌علاوه، او بایـد بیایـد و از مـن عـذرخواهی بکند.
اقدس	دِه؟ آخر شما آمده بودید اینجا با هم پوکر بازی کنیم نه اینکه دعوا و مرافعه با هم بکنید.
بهرام	حیف که شوهر شما نیستم تا بعضی صـحبت‌ها را بـا شما بکنم. دست از این حرف‌هایتان کـه مـرا بیشـتر عصبانی می‌کند بردارید! بسـم‌الله بُـر بزنیـد! (ورق را جلوی او می‌برد)

سن ۵

جمشید	(خنده‌کنان وارد می‌شود) آن‌قدر خوشحال هستم که حد ندارد برای اینکه با وجود این اخلاق ضمخت تـو قلبت مثل ماه می‌ماند.
بهرام	چطور؟
جمشید	خانمت خـودش درک کرده که زیـادی رفتـه و بـه اصطلاح حق با تو بوده است.
بهرام	الحمدالله که خودش فهمید و حقیقتاً از این جهت از شما متشکرم.
جمشید	پس برو بیارش و شرط کرده که عـذر هـم بخواهـد. مـی‌روی تـوی آن اطـاق، دسـتی بـه سـر و گوشـش می‌کشـی، یـک ماچی هـم از او می‌کنی، او هـم عذرخواهی خواهد کرد.
بهرام	تو حتماً این حقه را یادش دادی.
جمشید	استغفرالله! مگه من حقه‌بازم؟
اقدس	آه چقدر معطل می‌کنید. زود باشید بروید و بیاریدش بنشینیم پوکرمون را بازی کنیم.
بهرام	به خدا فقط محض خاطر شما است که این کـار را می‌کنم تا پوکرمون عقب نیفتد. (می‌رود)

سن ۶

جمشید	واه واه چه آدمی!
اقدس	راستی که مردکهٔ غیرقابل تحملی است.
جمشید	زنش هم بی‌تقصیر نیست.
اقدس	مردکه حیا نمی‌کند.
جمشید	آخر زنی که باید مادام العمر با شوهرش باشد نبایـد این‌طـور رفتـار کنـد. (گـوش می‌دهـد و می‌خنـدد) آشتی‌کنان شروع شد.
اقدس	به خدا این دفعه قبل از اینکه دعوتشان کنـیم شـرط اول من ایـن اسـت کـه دعواشـان را خانـهٔ خودشـان بکنند.
جمشید	من هم مخصوصاً به بهرام سفارش می‌کنم.

سن ۷

بهرام این هم مهری جون! دیگه چی می‌خواهید؟

اقدس ای قربون مهری، بیا این‌جا!

مهری نه، من همین‌جا می‌نشینم.

اقدس (ورق را به هم می‌زند) بسم‌الله بهرام، بُر بزن!

بهرام (بُر می‌زند و اقدس ورق را می‌دهد)

جمشید به شگون این صلح و صفا، هر چند من نطق بلد نیستم بکنم، ولی دو کلمه عرض می‌کنم. در زندگانی از این پیش‌آمدهای جزیی در خانواده‌ها بین زن و شوهر زیاد است ولی باید عاقل بود و خود را اذیت نکرده به دیگران سخت نگذرانید. مخلص هم با اقدس گاهی اوقات جر و منجری داریم ولی از آنجایی که شعار من این است که اگر حق هم با من است کوتاه بیایم تا زودتر صلح و صفا باشد، به این جهت من به همین قِسم رفتار نموده‌ام ـ (خنده) ـ به اصطلاح علمی، دیپلماسی به خرج داده‌ام و به قول خودمان حقه. حالا بسم‌الله، برویم سر بازی!

اقدس (ورق‌هایش را روی میز می‌گذارد) اینهایی را که گفتی از روی حقیقت بود مرگ من؟

جمشید (با خنده) عزیزم، معلوم است. چه دروغی دارد؟

اقدس مقصودت این است که همیشه حق با تو است و تقصیر با دیگری؟

جمشید بیشتر اوقات بله.

اقدس (با اوقات تلخی) پس پانزده سال تمام است که به من دروغ می‌گویی و مرا گول می‌زنی؟

جمشید آره عزیزم، برای اینکه دروغ مصلحت‌آمیز به از راست فتنه‌انگیز است.

اقدس (بلند می‌شود) ای مزور کذاب دروغگو!

جمشید (بلند می‌شود) اقدس جان، یعنی چه؟

اقدس	نمی‌خواهم بـه مـن دسـت بزنی. مـن نمی‌خـواهم چشم‌هایم به آن چشم‌های طرّار و به آن صورت مزور تو نگاه کند. (گریه می‌کند)
جمشید	مهـری خـانم، بـه جـان شـما گـاهی اقـدس اینقـدر عصبانی می‌شود که حدی ندارد. حالا هـم بـه نظـرم همان حال برایش پیدا شده.
اقدس	نه، اینطور نیست. من دلم خون شده از اینکه می‌بینم ۱۵ سال تمام با یک دروغگو محشور بوده‌ام.
جمشید	(اوقات تلخ) اقدس جون، داری مرا از جا درمی‌بری.
اقدس	جون جون به من نگو! حق نداری.
بهرام	(می‌رود جلو) چه خبرتان است بابا؟ یک‌خورده تأمـل داشته باشید.
جمشید	(اوقات تلخ) خواهش دارم تو در کار خـودت دخالـت کن نه به کار سایرین!
بهرام	بسیارخوب، اطاعت می‌کنم. (می‌نشیند)
جمشید	تو اینقدر نفهمی‌کـه نمی‌دانی وقتـی مهمـان داریـم تکلیف ما مهمان‌نوازی است نه این اخلاق و کـرداری که تو نشان می‌دهی.
اقدس	خوب است، در دهانت را بگذار!
مهری	(جلو می‌رود) اقدس جون، بس است!
اقدس	(او را بغل می‌کند) اگر تو دیدی من با او دیگر حـرف بزنم!
مهری	(رو به جمشید) بروید عقب، جمشید خان! می‌بینید که شما بیشتر او را عصبانی می‌کنیـد! (بـه اقدس) بیا برویم آن اطاق! این مردها... واه واه... وقتی که ادایشان می‌گیرد، مگر آدم می‌شوند؟ (می‌روند)

سن ۸

بهرام (می‌خندد) چه می‌فرمایید آقای جمشید؟

جمشید این اقدس یک حالت عصبانی دارد که انسان نمی‌داند چه بکند. تا می‌روی یک حرفی بزنی به قول خودش پنچر می‌شود. (راه می‌رود اوقات تلخ) بالأخره نمی‌دانم چه کنم؟ ۱۵ سال تمام است گرفتار این حالت عصبانی هستم و راحت نمی‌شود. (می‌رود جلو بهرام) ملتفتی؟

بهرام اختیار داری! ترسیدم. بنده اقدس نیستم. چرا به من حمله می‌کنید؟ خوب پس آن اصولی را که برای من نیم‌ساعت پیش راجع به اخلاقت تعریف می‌کردی چه شد؟

جمشید ول کن بابا! چه اصولی؟ چه چیزی؟ درست است مردم اصرار دارند که من از زنم می‌ترسم، ولی به خدا اینطور نیست. نمی‌دانی چقدر وقتی روی قوز بیفتم، سختم ـ شمر هم جلو دارم نمی‌شود. اگر تو هم مثل مردم این خیال را می‌کنی، به کلی در اشتباهی.

بهرام خوب بعد؟

جمشید من اوقات تلخیم از این است که شب و روز با هم دعوا داشتیم اما هیچوقت شاهد نداریم. متأسفانه امروز شاهد هم پیدا کردیم.

بهرام این مزخرفات را بیانداز دور! تو مرد این کار نیستی و حرف‌هایت دیمی‌است. بیا بازی کنیم! وانگهی، تقصیر با تو بود که بهش گفتی ۱۵ سال است به او دروغ می‌گویی. عزیز من، چیزی که شوهرها با زنشان دارند همین دروغ است و در زناشویی جز دروغ چیز دیگری پیشرفت ندارد و به این جهت نباید روشن و پوست‌کنده آدم به زنش این حرف را بزند. آدم باید دروغ را قشنگ و خوب درست کند، بعد پی

شوهرشان هم می‌روند. بیا ول کن! بیـا عزیـزم! (ورق می‌دهد)

جمشید بله بد شد دیگر هـر راسـتی را هـم کـه بگـویم دروغ خیال خواهد کرد.

بهرام (می‌خندد) از این به بعد باید راست و دروغ را قـاطی کنی. بعد به ایشـان بگوییـد. آنوقت حـظ می‌کننـد، قربان و صدقۀ شوهرشان هم می‌روند. بیا ول کن، بیا عزیزم! (ورق می‌دهد)

جمشید بله بد شد. دیگر هر راستی هم بگـویم، دروغ خیـال خواهد کرد.

بهرام (می‌خندد) از این به بعد باید راست و دروغ را قـاطی کنی!

سن ۹

مهری (وارد می‌شود) بیچاره اقدس حالش خیلی بد است. می‌گوید زندگانی دیگر به درد من نمی‌خورد.

بهرام آه، چقدر این خانم‌ها از اغراق‌گویی خوششان می‌آید- کاه را کوه می‌کنند. مگر چی شده است؟

مهری تو خیال می‌کنی من مثل او نیستم؟ اگر تو هم ۱۵ سال به من دروغ گفته بودی... (می‌خندد) اما الحمدالله این اخلاق را نداری و اگر یک‌وقتی هم بخواهی دروغی بگویی زود از صورتت معلوم می‌شود.

جمشید (به مردم) عجب غلطی کردم این شوخی را کردم، یا این حقیقت را گفتم.

بهرام می‌دانی چیست مهری، تو برو بگو جمشید خواسته شوخی کنه این حرف را زده اما شوخی خَرکی بوده.

مهری خانم‌ها از همدیگر حرف نمی‌شنَوند. تو پاشو برو!

بهرام من نمی‌روم چون جمشید گفت دخالت به کار من نکن.

جمشید تو هم چه دل نازکی! بنده غلط کردم. حرفم را پس گرفتم. شد؟ پاشو، این یک راهی است.

بهرام (می‌خندد) آره، غائله زود تمام می‌شود، می‌توانیم پوکری بزنیم... با وجود اینکه ساعت ده‌ونیم شده است. (می‌رود)

مهری می‌دانی چی است جمشید خان؟ الان مدتی است من همچو فهمیدم که شما خیال دارید میانهٔ من و بهرام را به هم بزنی و امشب هم خوب به مقصود رسیدی.

جمشید (متعجب) اختیار دارید! خدا شاهد است که بد فهمیدید. ابداً در این خیال ثانیه ای هم نبوده‌ام.

مهری	عوض این که ما زحمت کشیدیم و آمدیم اینجا شبی بگذرانیم و پوکری بازی کنیم، ببین چه الم شنگه ای درست شده!
جمشید	برای اینکه ثابت کنم که شما بد فهمیده‌اید و کج خیالید، بسم‌الله! بفرمایید دوبدو مـی‌زنیم! (ورق می‌دهد)

.

سن ۱۰

بهرام	(سراسـیمه وارد مـی‌شـود دسـتش را روی گونـه‌اش گذارده)(رو به جمشید) من پـدرت را درمـی‌آورم. بـه چه علت زنت به من سیلی زده؟
مهری	اقدس این کار را کرده؟ غلط کرده! (می‌خواهـد بـرود به آن اطاق بهرام جلویش را می‌گیرد)
بهرام	صبر کن بنده حسابم را با این آدم روشن کنم!
جمشید	معلوم است خبط دماغ پیدا کردی!
بهرام	دیوانه خودتی و هفت جد و آبادت!
جمشید	از خر شیطان پایین بیا! زن من عصبانی بوده، غلطـی کرده، حالا تو هم دو دستی چسـبیدی و مـی‌خـواهی رفاقت چندین ساله را به هم بزنی؟

سن ۱۱

اقدس (وارد می‌شود) خیر، تقصیر با خود بهرام بود، می‌خواست حرف مزخرف نزند.

مهری اقدس جون، چی به تو گفت؟

اقدس حیا نمی‌کند، برگشته به من می‌گوید بیایید بازی را خراب نکنید! جمشید یه خریتی کرده، **شما** ببخشید!

مهری (به مردم) الحمدالله.

جمشید جانم، پس تو از شوهرت دفاع کردی، قربانت بروم؟

اقدس ابداً،ولی من نخواستم یک نفر به شوهرم همچو اسنادی بدهد.

بهرام با تمام این حرف‌ها باید من حسابم را برای این سیلی روشن کنم.

اقدس راست می‌گویی بیا جلو، که تمام تنت را با وشگون آبی کنم.

مهری جرئت داری؟ به خدا دماغت را با دندان می‌کنم.

اقدس تو دیگر درِ دهانت را بگذار!

(مهری که می‌خواهد جلو او برود به جمشید برمی‌خورد و به او یک سیلی می‌زند)

(اقدس می‌دود جلو که او را بگیرد و بهرام دست او را می‌گیرد)

بهرام (خنده می‌کند) سن بالسن و الجروح قصاص.[۳] تلافی به طور کامل شد. اقدس به من سیلی زد، مهری هم به جنابعالی. دعوا ختم شد.

جمشید حالا که بحمدالله دعوا ختم شد، برویم سر پوکرمون! (همه می‌خندند) آره والله، آره والله.

(پایان)

---

۳ . در امثال و حکم دهخدا آمده است "مقتبس از آیه شریفه، السن بالسن و الجروح قصاص" نظیر چیزی که عوض دارد گله ندارد.